JN273562

近世東アジア海域の文化交渉

松浦　章　著

思文閣出版

序

中国大陸・朝鮮半島・日本列島・琉球諸島・台湾に囲まれた東アジア海域の交流は、永らく各国・各地域の帆船により進められてきた。その帆船の航運能力において最も優秀な技術や運航能力を誇っていたのが中国帆船であった。このため東シナ海を中心に台湾海峡や南シナ海の海洋において跋扈していたのが中国帆船であり、永らくこれらの海域の制海権を掌握していたということができるであろう。とりわけ中国の王朝でいえば明・清の時代である一四世紀後半から二〇世紀の初頭にいたる五四〇余年の間は、東アジア世界の国々の多くがある種の閉関政策・鎖国政策を堅持して、積極的に海洋に進出した時期は永くはなかった。そのようなことも遠因となって中国帆船はこれらの海域において永らく優位にあったのである。本書はこの時期を中心とした文化交渉に関する問題を中心課題としてとりあげたものである。

本書があつかう東アジア海域には、日本列島・朝鮮半島・中国大陸・台湾・南西諸島等の陸地に囲まれた渤海・黄海・朝鮮海峡（韓国：南海）・東シナ海（中国：東海）・台湾海峡等の海域が存在している。古代よりこれらの海域は、陸路による相互地域の直接的な文化交渉を阻んでいたため、これら海域に接する人々は船舶を利用して相互に文化交渉を展開してきた。序章「前近代東アジア海域間の文化交渉」において、その状況を船舶による文化交渉という視角からとらえ、船舶に視点をおいて海洋史という手法により、東アジア海域研究の事例を提示した。

第一編「日中の文化交渉」においては、第一章「清「展海令」施行と長崎唐館設置の関係」において清朝中国の政策変更が、外交関係のなかった〝鎖国〟日本にどのような影響を与えたかを論じた。そして第二章「来船清人と日中文化交流」では、その海外渡航が禁止されていた日本の長崎に毎年のように来航した中国帆船の乗員によって日中文化交流がどのようにおこなわれたかを述べた。第三章「近代日中の架橋――上海航路の開設――」は、開国した日本が最初の海外航路として日本から上海への汽船航路を開設し、それが近代の日中間を結ぶ重要な架橋となったことを述べた。これに対して第四章「輪船招商局汽船の日本航行」では、清国の輪船招商局も日本への航路を開設しようとしたものの、日本政府の抵抗にあった問題を論じた。

第二編「海域を越えた文化交渉」では、中国を中心として朝鮮国等の周辺諸国との関係や海域を越えた交渉などについて述べている。第一章「朝鮮使節が北京で邂逅した琉球使節」は明中国の首都北京に来朝した朝鮮国の使節と、同じく来朝した琉球国の使節とのあいだでどのような接触があったかについて述べた。第二章「清代帆船で波濤を越えた人々」は、中国から海外へ渡航し新天地で生活を築いた人々が、どのように中国帆船を利用していたかについて、渡航の過程を中心にとりあげた。第三章「海域を越えた船神たち」は、中国から海域諸国へ伝播された中国の神々について、その伝播の一端として中国帆船の中でどのような神々が祭祀されていたかを論じた。第四章「清代沿海帆船に搭乗した日本漂流民」は、〝鎖国〟時代に海難に遭遇してアジア地域に漂着した日本の人々がどのように日本に帰国できたかを述べた。

第三編「言語接触に見る文化交渉」では、第一章「袁枚『随園詩話』と市河寛斎編『随園詩鈔』」において、江戸時代後期の漢詩人市河寛斎が、漢詩の普及を考えて出版した『随園詩鈔』が、袁枚随園の『随園詩話』に基づいたものではなく、袁枚の『小倉山房詩集』の簡略版である『小倉山房詩鈔』に依拠したものであることを考証し、江戸時代における文化交渉の形態を述べた。第二章「一九世紀初期に朝鮮・中国へ漂着した難民との言語接触」においては、中国に漂着した漢字がわからない朝鮮半島出身者と、朝鮮半島に漂着した東南アジア出身者の本国特定がどのようにおこなわれたかを明らかにしている。第三章「清代前期の広東・澳門における買辦」

では、清代における中外交流史において中国と外国との交渉の接点になった商業機能のひとつとして知られる「買辦」をとりあげた。買辦〝Mae pan〟は商人の一種であり、外国商館におけるコンプラドル Comprador として解釈されている。清朝末期には欧米の外国人の間では買辦にコンプラドルをあてることが定着していたが、この考えがいつ頃から発生したかについて考察してみた。第四章「清朝中国人とイギリス人との言語接触」では、イギリス東インド会社の社員として中国に来航したフリントの中国語会話の能力について、またイギリス人ジョージ・トーマス・ストーントンの中国語習得の状況と、彼を中国側はどのように見ていたかについて述べた。

第四編「物流による文化交渉」では、海を越えて運ばれた物品、特に書籍・陶磁器・豚・茶などに焦点をあて、物流による文化交渉の形態の一端を明らかにした。第一章「清代帆船が持ち帰った日本書籍――『知不足斎叢書』所収の日本刻書――」は、〝鎖国〟日本の長崎から中国帆船によって持ち帰られた、日本で翻刻された中国の佚書に対する中国学術界の反応について述べた。第二章「明清時代中国の海上貿易と陶磁器の流通」は、中国産の陶磁器がどのように帆船航運で輸送されていたかを述べている。第三章「清国産豚の日本統治台湾への搬出」は、中国大陸産の豚が植民地時代の台湾へ帆船によって運ばれていた事実を明らかにし、植民地台湾において新たな養豚業が成立し発展したのかについて述べた。第四章「日本植民地時代における台湾産包種茶の海外販路」は、日本が台湾を植民地化した時代において台湾で生産された包種茶の生産と、その海外への販路について述べている。

終章「近世東アジア文化交渉と中国帆船」は、本書の総括として、近世東アジア海域の文化交渉において最も有力な中国帆船の航運による効果がどのように見られるかを予見する一例として、中国と日本、中国と琉球との交易品の推移を帆船航運の視点からとりあげた。

現在関西大学のグローバルCOEにおいて構築されつつある〝文化交渉学〟は、「東アジアという一定のまとまりを持つ文化複合体を想定し、その内部での文化生成、伝播、接触、変容に注目しつつ、トータルな文化交渉のあり方を複眼的で総合的な見地から解明しようとする新しい学問研究」（「文化交渉学とは」関西大学大学院文学研究科文化交渉学専攻パンフレットによる）である。従来の一国史の枠組みや二国間の交流史を越え、さらには既存の学問の領域を越えて多国間に及ぶ相互の文化交渉を主たる研究の対象とするものである。そのような視点から多国間・多領域に及ぶ文化交渉学とはどのようなものであるかに関して思考している。しかし本書に収めた論考には、従来の二国間の文化交渉の域を出ないものも含まれるが、文化交渉学という新分野の学問の構築を思考する過程において少しでも参考になればと願うものである。

近世東アジア海域の文化交渉◆目　次

第三編　言語接触に見る文化交渉

第四編　物流による文化交渉

近世東アジア海域の文化交渉

序　章　前近代東アジア海域間の文化交渉

一　緒　言

日本列島・朝鮮半島・中国大陸・台湾・南西諸島の陸地に囲まれた海域に渤海・黄海・朝鮮海峡（韓国：南海）・東シナ海（中国：東海）が存在している。古代よりこれらの海域は相互地域の直接的な交渉を阻んでいたため、これら海域に接する人々は船舶を利用して相互に文化交渉を展開してきた。

その文化交渉の中心となったのは人であり船であり物であった。人とは公的な面から見れば、それぞれの国が相手国に派遣した使節や、その随行員であり、また留学の僧侶などであった。私的な面から見ると一攫千金を夢見た商人たちがいた。(1)

船舶にはこれらの海域を自由に航行でき、短時間で目的地に到達できる船体堅固なものが求められた。海洋を航行できる帆船は世界各地で古くから利用されてきた。ペルシャ湾のダウ、スリランカのアウトリッガー、エジプトのギアッサ、南ニューギニアのラカトイ……、そして中国大陸沿海ではジャンクと呼称される帆船が活動し、人々の移動や物資の輸送に利用されてきたのである。(2)

物は、人々によってこれら船舶を使って相手国に運ばれた。その中には繊維や金属や陶磁器さらには書籍など、さまざまなものが含まれ、相互の国が求める物は時代によっても異なっていた。

本章では特に前近代の東アジア海域における相互の文化交渉を海洋史の面から考察してみたい。

二　東アジア海域史の研究成果

これまで、東アジア海域に面する多くの国々の歴史に関する研究成果は膨大な量にのぼるが、しかしこの海域に関する海洋史の研究蓄積はそれほど多くない。

しかしその中でも海洋史の視点から歴史を構築しようとした先学はいる。それは藤田元春である。藤田の代表的著作には『上代日支交通史の研究』(3)や『日支交通の研究　中近世編』(4)がある。藤田は『上代日支交通史の研究』の第八章「東亜海路の発展」において中国大陸と朝鮮半島そして日本との間に介在する海洋の航行について考察し、さらに『日支交通の研究　中近世編』では、明代の地理書を使用して東アジア海域の航路の復元を試みた。一方、青山公亮は、帆船時代の日本と朝鮮半島との海上交通による文化交渉について解明を試み(5)、佐久間重男は明代における中国—琉球間の海上交通路について分析している(6)。

このような先学による成果は、史書による海上航路の解明を目指したもので、今日の東アジアにおける海洋史研究の範疇に含められる先駆的な成果といえるであろう。

これら先学の研究でも指摘されているように、東アジア世界においても古代から船舶が海上交通の主要な手段として利用されてきた。その具体例を中国の正史から見てみることにする。

『史記』列伝巻一一八、淮南衡山列伝第五八に、

使徐福入海求神異物、還為偽辭曰、臣見海中大神、言曰、汝西皇之使邪。臣答曰、然。汝何求。曰、願請延年益壽藥。神曰、汝秦王之禮薄、得觀而不得取。即從臣東南至蓬萊山、見芝成宮闕、有使者銅色而龍形、光上照天。於是臣再拜問曰、宜何資以獻。海神曰、以令名男子若振女與百工之事、即得之矣。秦皇帝大說、遣

振男女三千人、資之五穀種種百工而行。(7)

とあり、秦の始皇帝が、徐福を派遣して海外に神異物を求めさせたとされることが記されている。これが事実とすれば、船舶に搭乗して海を渡った古い記録のひとつとして見ることができよう。

また『三国志』魏書巻三〇、東夷、韓の条に、

侯準既僭號稱王、為燕亡人海、居韓地、自號韓王、滅、今韓人猶有奉其祭祀者、漢時屬樂浪郡、四時朝謁。(8)

とあるように、侯準が海を渡って朝鮮半島にあった韓にいたり韓王と自称したとされ、侯準は死後も韓の人々から慕われていたとされる。どのような船舶を利用したかは不明であるが、海を渡って新天地である韓の地に赴いた証拠といえる。

『三国志』魏書巻三〇、東夷、倭には次のようにある。

倭人在帯方東南大海之中、依山島為國邑。舊百餘國、漢時有朝見者、今使譯所通三十國。從郡至倭、循海岸水行、歴韓國、乍南乍東、到其北岸狗邪韓國、七千餘里、始度一海、千餘里至對馬國。……又南渡一海千餘里、名曰瀚海、至一大國、……又渡一海、千餘里至末盧國、有四千餘戸。(9)

朝鮮半島にあった後漢朝が設置したとされる帯方郡から東南の海上に倭国があり、そこにいたるには帯方郡から海岸に沿って船で行き韓国を経て狗邪韓国にいたり、さらに海洋を渡って対馬国に到着した。対馬国からさらに瀚海と呼称された大海原を渡り、一大国に到着してまた海を越えて末盧国にいたるとされた。このように記されているように船舶を用いて渡海することは困難ではあったが、不可能なことではなかった。

他方、倭国からも中国にいたるには渡海が必要であったことは、『三国志』魏書巻三〇、東夷、倭に、「其行來渡海詣中國、恆使一人」(10)とあり、倭国の使者も海を渡って中国にいたったとあることからも知られよう。

このように、古代の人々にとって渡海は困難なことではあったと想像されるが、決して海を恐れて海上を航行

しなかったわけではない。

『旧唐書』本紀巻一九上、懿宗李漼、咸通三年（八六二）の条に、

夏、淮南、河南蝗旱、民饑。南蠻陷交阯、徵諸道兵赴嶺南。詔湖南水運、自湘江入澪渠、江西造切粥以饋行營。湘、灕泝運、功役艱難、軍屯廣州乏食。潤州人陳磻石詣闕上書、言、江西、湖南、泝流運糧、不濟軍師、士卒食盡則散、此宜深慮。臣有奇計、以饋南軍。天子召見、磻石因奏、臣弟聽思曾任雷州刺史、家人隨海船至福建、往來大船一隻、可致千石、自福建裝船、不一月至廣州。得船數十艘、便可致三萬石至廣府矣。又引劉裕海路進軍破盧循故事。執政是之、以磻石為鹽鐵巡官、往楊子院專督海運。(11)

とあり、懿宗李漼の咸通三年の夏に淮南・河南で蝗の被害が発生し、さらに南蛮が交阯を陥落させたため、湖南に水運による税糧輸送を命じた。しかし水運が阻まれさらに広州の食料も乏しくなった。この時、潤州人の陳磻石が奏上して、福建から一隻当たり一〇〇〇石を積載して航行すれば広州には一か月を要しないで赴けるとして、数十隻の船を得て三万石を輸送したことが記されている。三万石を輸送したのであれば、最低三〇隻の海船が得られたことになる。唐代の一石は約七二キロであるから、九世紀後半には一〇〇〇石、およそ七二トンの物資を積載することが可能な海船が存在していたことを示す史料といえる。

『元史』巻二〇五、列伝第九二、姦臣、盧世榮の伝によると、至元二二年（一二八五）には、元の姦臣で財政家とされた盧世榮が元朝のインフレ財政を立て直すために登用され、その方策のひとつとして次のように奏上している。

又奏、於泉・杭二州立市舶都轉運司、造船給本、令人商販、官有其利七、商有其三。禁私泛海者、拘其先所蓄寶貨、官買之、匿者、許告、沒其財、半給告者。今國家雖有常平倉、實無所畜。臣將不費一錢、但盡禁權勢所擅產鐵之所、官立鑪鼓鑄為器鬻之、以所得利合常平鹽課、糴粟積於倉、待貴時糶之、必能使物價恒賤、

而獲厚利。……(12)

世榮は泉州や杭州に市舶都転運司を設けて海外貿易を盛んにしようとした。そのさいに船舶を造船すれば「本」すなわち許可証を給付して、商人の海外貿易を推進するが、その利益は政府が七〇％、商人自身は三〇％との取り分として、私的な海外貿易を禁止して国庫を満たそうとはかっている。これは海外貿易が恒常的におこなわれていた証拠といえる。

その後、元朝は市舶司を設置して民衆の海外貿易を許可した。『元史』巻九一、志第四一上、百官七、市舶提挙司には、

市舶提擧司、至元二十三年、立鹽課市舶提擧司、隷廣東宣慰司。三十年、立海南博易提擧司。至大四年罷之、禁下番船隻。延祐元年、弛其禁、改立泉州・廣東・慶元三市舶提擧司。(13)

とある。至元三〇年（一二九三）に海南博易提挙司を設置したが、至大四年（一三一一）にこれを廃止した。しかし延祐元年（一三一四）に、民間の海外貿易制限を緩和し、泉州・広東、後の上海に当たる慶元に市舶司を設けている。これらの記録も海洋史に関する重要な史料を提供しているといえるであろう。

以上、掲げたのは海洋と係わった人々の歴史を中国の正史から抜粋したものであるが、このように検討すれば正史にも海洋の渡海に関する記録は残されているのである。

三　東アジア海域史の視点から見た文化交渉の可能性

次に東アジアの海洋史の視点に立脚した時に、史料の中に海洋と恒常的に係わった人々の姿がどのように見られるのか、九世紀から二〇世紀までの事例をいくつか掲げてみたい。

表1（章末掲載）は九世紀中葉から一三世紀中葉にかけて日本に渡来したことのわかる中国商人の一覧表であ

る。これに対する日本側の対応としては次のような記録が知られる。

延喜三年（九〇三）　唐物使、公易唐物使の設置。

延喜九年（九〇九）　大宰府の府吏が唐物を直接検進。唐商を大宰府鴻臚館に宿泊させる。

万寿三年（一〇二六）　宋商周良史、名籍を関白藤原頼通に献上。生母が日本人として爵位を望む。砂金三〇両を与える。

建長六年（一二五四）四月　鎌倉幕府、唐船の数を五艘と定める。(14)

寛平六年（八九四）に遣唐使の廃止が決定されると、中国へ渡り仏法を求めんとした僧侶のほとんどは日本へ来航してきた中国商人の船舶で中国へ渡航している。成尋の場合は、『参天台五臺山記』巻一の冒頭に、

延久四年三月十五日乙未、寅時、於肥前國松浦郡壁島、乗唐人船。(15)

と記しているように、延久四年（一〇七二）三月一五日、肥前の松浦郡壁島において中国船に搭乗しているが、そのさいの中国船頭について、

一ノ船頭曾聚　字曾三郎　南雄州人。二ノ船頭呉鋳　字呉十郎　福州人。三ノ船頭鄭慶　字鄭三郎　泉州人。三人同心令乗船也。(16)

とあるように、第一船の船主は曾聚で宋代には広南西路に属する南雄州すなわち今の広東省南雄の人であった。第二の船主は呉鋳で宋代の福建路の福建の福州の人、第三の船主は鄭慶で同じく福建路の福建の泉州の人であった。成尋は彼らの日本からの帰国時に、その船舶に搭乗して入宋したのであった。成尋が明州に到着したさいに歓迎してくれた人に次の人物がいた。

［延久二年］四月十九日、……陳一郎來向、五度渡日本人也。(17)

とある。陳一郎は五度も日本へ渡海した経験のある人物であった。

これらの人々は自己の思いをかなえるために、生死を懸けた厳しい条件を乗り越えて渡海に挑戦している。一一世紀前半から一三世紀初期にかけて東アジア海域を広範囲に活動した人々に、宋代の海商がいる。これら宋代海商の具体的活動を証明できる史料に、『高麗史』がある。朝鮮半島において興起した高麗には、多くの宋代の中国商人が来航していたのであった。『高麗史』には「宋商」「宋都綱」あるいは「宋綱首」として宋人の名が頻繁に記録されており、いずれも地理的関係から海船で高麗に来航していたことは確かであろう。

『高麗史』の記事で宋代の中国人の肩書きとして書かれた「都綱」「綱首」に関しては、宋代の運送船の経営構造を研究した斯波義信の解釈を参考としたい。斯波は「都綱」に関して「『高麗史』には宋より来航した商舶の代表者として「都綱某」の名が頻出している」[18]として「都綱」は船舶の代表者と解釈した。また「綱首」については「「綱首」は「組頭」、仲間の統率者の義であろう」[19]とした。

佐伯富は『雅俗漢語訳解』において「綱主　にぬし。荷物の事を綱と云う。縄からげにしたる荷物と云うこと也」[20]と解している。そこで先学の解釈を参考にして『高麗史』に見える「宋商」「宋都綱」「宋綱首」の記録を列記したのが章末の表2である。

表2に見える「宋商」「宋都綱」「宋綱首」が、すべて宋代の海商であったとすれば、彼らは二四五年間に一三五回も東シナ海そして黄海を越えて航行し、高麗へ来航したことが知られるのである。単純に見ても二年以内に一度の来航があったことになる。そして貿易のみならず、宋代において出版された『大蔵経』や宋朝の重要な政治情報なども高麗にもたらしているのである。これらのことは、海により隔てられ、そのため船舶で海洋航行しなければ到達できない地域であったにもかかわらず、人々が極めて積極的に相手国に赴いていたことを示している。一方で、それらはやはり稀有な例として当時の人々にとらえられていたために、記録が残されたと考えられる。

以上は、長期間にわたって記録をみてきたが、次に短期間に数多くの記録を残している近世・近代における海洋史の場合として、中国船の航運事例を見てみたい。

清代において台湾の鄭氏が清朝に降り、海禁令の遷界令が解除されると、中国大陸から多くの中国商船が日本の長崎に来航して来た。その最大の船数を数えた年が貞享五年（一六八八）であった。貞享五年は九月に改元して元禄元年となった。この年に長崎に来航した中国船については、『華夷変態』によって中国大陸の出港地がほぼわかる。

章末の表3は、貞享五年の一年間に長崎へ入港した中国の貿易船の一覧である。同年の年頭の正月一日は、西暦一六八八年二月二日に当たり、年末の一二月大晦日二九日は一六八九年一月二〇日で、一年間は三五三日になる。

この一年三五三日間に長崎に来航した中国船は一九四隻にのぼり、ほぼ二日に一隻が長崎に入港したことになる。そして中国貿易船で長崎に上陸したのは、送還されてきた日本人漂流者一〇名を除き、不明の二隻を除去しても一九二隻で、中国人の乗員数が九二七一名にのぼる。一隻当たり四八名の乗員が長崎に上陸したといえる。すなわち、同年には九千余人もの外国人、中国人が長崎に上陸したことになり、歴史上画期的な事であったことは想像に難くない。貿易のためとはいえ、このような多数の人間の移動が可能であった事実は看過できないであろう。

次に上海を中心に活動していた平底型の帆船であった沙船《させん》の航運事例を見てみたい。

上海の棉布専門店であった徳大号は、帆船の沙船を使った航運事業をおこなっていた。光緒一五年（一八七九）の上海綺藻堂布業公所の『同業牌號簿』(21)には、「林大成、倪徳成、徳大號、王永盛、協美號、萃昌號、順昌號」などと専門の棉布業者の名前が知られるが、その中に徳大号の名がある。

上海で刊行されていた新聞の『中外日報』の第九三九号、一九〇一年（光緒二七、明治三四）三月二七日から第一二六二号、一九〇二年二月一四日まで[22]、ほぼ一年間に上海の南市埠頭に入港した沙船のうち、徳大号が運航していたことがわかる沙船を五〇音順に掲げれば次の通りである。

夏福順　金永和　金魁順　金吉興　金義泰　金元寶　金合順　金茂福　金全順　金長順　金萬利　周乾順
朱源泰　朱長興　朱長順　朱長利　徐義順　徐廣興　陳安順　陳恒順　陳合順　陳信順　陳寶順　陳同順
陳隆順　陳和順　陳怡順　陳馥順　鄭福興　唐萬順　陸同順　陸廣順

これら実数三二隻の沙船が、徳大号の所有船もしくは運船契約を結んだ傭船であった。

徳大号はこれらの沙船を運航させて四七航海をおこなっている。ほとんどが江蘇省北東部沿海の青口と上海・南市との間の航行であるが、その沙船による航運輸送は徳大号の経営に大きな比重を占めていたと思われる。その運航事例を表4に示してみた。

表4のなかで三航海以上をおこなったことがわかる沙船は次の三隻である。

陳安順沙船は『中外日報』第九六七号（一九〇一年四月二四日）、同第一〇〇七号（六月三日）、同第一二二〇号（一九〇二年一月三日）の各紙に、江蘇省東北沿海の青口鎮から上海の南市に入港していたことが記されている。

同様に陳合順沙船は『中外日報』第九七五号（一九〇一年五月二日）、同第九九六号（五月二三日）、同第一二三二号（一九〇二年一月一五日）の各紙から、江蘇省東北沿海の青口鎮から上海の南市に入港していたことがわかる。

陳和順沙船は『中外日報』第九三九号（一九〇一年三月二七日）、同第九六〇号（四月一七日）、同第九八四号（五月一一日）、同第一〇九〇号（八月二五日）、同第一二一五号（一二月二九日）の各紙に記録があり、第一〇九〇号掲載時期には萊陽から、他の四回は江蘇省東北沿海の青口鎮から上海の南市に入港していたことがわかる。

以上のように、一年間と限定された期間ではあるが、棉布専門業者の徳大号が、三二隻もの沙船を運航し、ま

表4　徳大号沙船航運一覧(記事掲載順)

号数	刊行月日(西暦)	沙船名	来航地	号数	刊行月日(西暦)	沙船名	来航地
939	1901. 3.27	陳和順	青口	1090	1901. 8.25	陳和順	萊陽
944	1901. 4. 1	朱長利	青口	1114	1901. 9.18	唐万順	青口
945	1901. 4. 2	徐広興	青口	1188	1901.12. 2	金永和	青口
952	1901. 4. 9	陸広順	青口	1188	1901.12. 2	陸同順	青口
952	1901. 4. 9	金全順	青口	1188	1901.12. 2	鄭福興	青口
955	1901. 4.12	金合順	青口	1191	1901.12. 5	陳怡順	青口
955	1901. 4.12	金長順	青口	1191	1901.12. 5	陳馥順	青口
960	1901. 4.17	陳和順	青口	1209	1901.12.23	陳恒順	青口
967	1901. 4.24	朱長利	青口	1215	1901.12.29	陳和順	青口
967	1901. 4.24	陳安順	青口	1220	1902. 1. 3	陳安順	青口
967	1901. 4.24	陳隆順	青口	1220	1902. 1. 3	陳同順	青口
975	1901. 5. 2	陳合順	青口	1220	1902. 1. 3	金元宝	青口
978	1901. 5. 5	金長順	青口	1232	1902. 1.15	陳馥順	青口
984	1901. 5.11	陳同順	青口	1232	1902. 1.15	陳合順	青口
984	1901. 5.11	陳和順	青口	1237	1902. 1.20	金茂福	泊児
984	1901. 5.11	陳宝順	青口	1244	1902. 1.27	金万利	青口
984	1901. 5.11	金全順	青口	1244	1902. 1.27	周乾順	青口
996	1901. 5.23	陳合順	青口	1249	1902. 2. 1	金魁順	青口
1007	1901. 6. 3	陳安順	青口	1262	1902. 2.14	金義泰	青口
1007	1901. 6. 3	陳同順	青口	1262	1902. 2.14	徐義順	青口
1024	1901. 6.20	夏福順	青口	1262	1902. 2.14	朱源泰	青口
1024	1901. 6.20	朱長順	青口	1262	1902. 2.14	陳信順	青口
1032	1901. 6.28	金吉興	青口	1262	1902. 2.14	陳恒順	青口
1034	1901. 6.30	朱長興	青口	1262	1902. 2.14	金魁順	青口

注：号数は『中外日報』の号数。刊行月日はその発刊日。

たなかには一年間に五航海もおこなっていた沙船が存在するなど、航運事業と棉布専門業を兼業していたことがわかる。上海産の棉布を、沙船を使って北部の江蘇東北沿海の青口鎮を中心とする消費地へ積極的に輸送し販売していたと考えられる。

四　小　結

前近代の東アジア海域間の文化交渉を考える場合、文献の記録から見る限り、この時期の主役は中国の海商であったことは確かであろう。彼らの活動についてはこれまであまりとりあげられることはなかった。しかし、さまざまな記録を精査することで、海商が沿海や外洋などの海と深く係わりを持ち、多くの足跡を残していることがわかる。彼らが海外からもたらした富が中国の経済発展に寄与した。中国海商が海外から持ち帰ったものには、香料や銀・米・乾物海産物などさまざまな物があり、逆に彼らが海外の国々へもたらした物には、生糸・絹織物・陶磁器・漢方薬剤・茶葉やさまざまな日用品があった。それらを渇望していた国々も多かった。その活動は中国と外国に限らず、中国国内すなわち沿海航運による物流にも船舶輸送は大いに貢献していた[23]。

これら中国海商の帆船航運の活動に対して被害を与え、時には寄生していたのが海賊・海盗であり、時の政府に大きな打撃を与えた海賊もあった。その意味でも、海賊も海洋史を構築するのに必用な視点である[24]。

海洋を対象とした歴史研究は近年始まったばかりである。これまで海洋史の視点を明確にした研究は少なかった。ところが、海洋史研究に利用できる先学の成果も史料も少なくはない。これらの先行研究を吟味し、また史料を精査すれば、新たなる海洋史研究の展開に大いに利用できるものと考える。

さらに海洋史という視点に立脚して史料を見るとき、海洋史に直接関係する史料は少ないかも知れないが、海洋史に利用できるものは決して少なくない。これまで海洋史の視点を明確にして利用されてこなかっただけであり、研究の視点や力点を明確にすることで利用可能な史料は多く存在するのである。それらの一部を利用することで、上述したような一覧表の作成も可能であり、それらを一覧することでも海洋史に関する新しい視点を構築できるのではないかと考える。さらに海洋史の構築は東アジアの海域世界における文化交渉研究にも有効な手段となろう。

（1）松浦章『中国の海商と海賊』世界史リブレット六三、山川出版社、二〇〇三年一二月、四～八頁。
（2）楊熺『帆船史』上海交通大学出版社、二〇〇五年五月、一五～六九頁。
（3）藤田元春『上代日支交通史の研究』刀江書院、一九四三年九月。
（4）藤田元春『日支交通の研究　中近世編』冨山房、一九三八年四月。
（5）青山公亮「帆船時代に於ける日鮮関係の基本性格」『駿台史学』第三号、一九五三年三月。
（6）佐久間重男「明代の琉球と中国との関係――交易路を中心として――」『明代史研究』第三号、一九七五年一二月。
（7）『史記』第一〇冊、中華書局、一九五九年九月第一版、一九八二年一一月第二版、三〇九六頁。
（8）『三国志』第三冊（全五冊）、中華書局、一九五九年一二月第一版、一九七五年四月第六次印刷、八五〇頁。
（9）同右書、第三冊、八五四頁。
（10）同右書、第三冊、八五五頁。
（11）『旧唐書』第三冊、中華書局、一九七五年五月、六五二一～六五三三頁。
（12）『元史』第一五冊、中華書局、一九七六年四月、四五六六頁。
（13）同右書、第八冊、二三二一五頁。
（14）長沼賢海『日本の海賊』至文堂、一九五五年、八「宋の商客と国際児」（五五～六二頁）。
森克己「日・宋・麗交通貿易年表」『新訂日宋貿易の研究』森克己著作選集第一巻、国書刊行会、一九七五年八月、五二八～五六四頁。
（15）『大日本仏教全書』一一五　遊方傳叢書三、名著普及会、一九八〇年三月、覆刻版一刷、一頁。

(16) 同右書、一頁。
(17) 同右書、六頁。
(18) 斯波義信『宋代商業史研究』風間書房、一九六八年二月、一〇六頁。
(19) 同右書、一〇六頁。
(20) 佐伯富『雅俗漢語訳解』同朋舎、一九七六年二月、八五頁。
(21) 『江南土布史』上海社会科学院出版社、一九九二年七月、三三一頁。
(22) 松浦章『清代上海沙船航運業史の研究』関西大学出版部、二〇〇四年一一月、三八九～四〇〇頁。
(23) 松浦章『清代帆船沿海航運史の研究』関西大学出版部、二〇一〇年一月。
(24) 松浦章『中国の海賊』東方書店、東方選書二八、一九九五年一二月。
松浦章『中国の海商と海賊』。
松浦章『東アジア海域の海賊と琉球』榕樹書林、二〇〇八年一一月。

表1　9～11世紀における日本来航の中国商人

西暦	日本年号	月	肩書き	姓　名	備　　考
847	承和14年			張支信	
849	嘉祥2年	8	唐商		53人
852	仁寿2年	閏8	唐商	欽良軍	
858	天安2年	6	唐商	李延孝	鴻臚館
862	貞観4年	7	唐商	李延孝	43人　鴻臚館
862	4年	9	唐商	張支信	
863	5年	4	唐商	張支信	
863	5年		唐商	詹景全	
864	6年		唐商	詹景全	
865	7年	7	唐商	李延孝	63人
865	7年		唐商	詹景全	
866	8年	9	唐商	張　言	41人　王仲元
874	16年	6	唐商	崔　及	36人
876	18年	7	唐商	楊　清	31人
877	元慶元年	7	唐商	崔　鐸	63人
881	5年		唐商	張　蒙	
883	7年		唐商	柏志貞	
885	仁和元年		唐商		
891	寛平3年		唐商	陳泰信	
893	5年		唐商	王　納	
893	5年		唐商	周　汾	60人
919	延喜19年		大陸商人	鮑置求	
935	承平5年		呉越商人	蔣承勲	
936	6年		呉越商人	蔣承勲	
936	6年		呉越商人	季盈張	
938	天慶元年		呉越商人	蔣承勲	
945	8年		呉越商人	蔣　袞	
945	8年		呉越商人	兪仁秀	
945	8年		呉越商人	張支遇	
947	天暦元年		呉越商人	蔣　袞	
953	7年		呉越商客	蔣承勲	
978	天元元年		宋商客		
979	2年		宋商		
982	5年	3	宋商		
983	永観元年	8	呉越商人	陳仁爽	

983	永観元年	8	呉越商人	徐仁満	
986	寛和２年	1	宋商	周文徳	
986	２年	7	宋商	鄭仁徳	
987	永延元年	10	宋商	朱仁徳	
988	２年	2	宋商	鄭仁徳	
988	２年		宋商	朱仁聡	
990	正暦元年		宋商	周文徳	
990	元年		宋商	楊仁紹	
992	３年	3	宋商	楊仁紹	
994	５年	9	宋商	朱仁聡	
994	５年	9	宋商	林庭幹	
995	長徳元年	9	宋商	朱仁聡	70余人
995	元年	9	宋商	林庭幹	
996	２年	閏７	宋商		
996	２年	11	宋商	朱仁聡	
997	３年	6	宋商		
997	３年	11	宋商	朱仁聡	
998	４年		宋商	曾令文	
999	長保元年			曾令文	
999	元年			朱仁聡	
1000	２年	7	宋商	曾令文	
1000	２年	8	宋商	朱仁聡	
1002	４年		宋海賈	周世昌	
1003	５年	7	宋商		
1005	寛弘２年	8	宋商	曾令文	
1005	２年	8	宋商		
1006	３年	10	宋商	曾令文	五臣注文選文集
1013	長和２年	2	宋商		
1015	４年	閏６	宋商	周文裔	
1020	寛仁４年	9	宋商客		
1026	万寿３年	6	宋商	周良史	生母日本人
1026	３年	7	宋商客	周文裔	台州商客
1026	３年		宋商客	陳文裕	福州商客
1026	３年	10	宋商	周良史	
1027	４年	8	宋商	承輔二郎	
1027	４年	秋	宋商	陳文裕	
1028	長元元年	8	宋商客	周　良	汝南郡商客
1028	元年	9	宋商	周文裔	

1028	長元元年	11	宋商		
1028	元年	12	宋商	周文裔	
1029	2年	3	宋商	周文裔	
1034	7年	1	宋商	周良史	
1037	長暦元年	5	宋商	慕晏誠	
1038	2年	10	宋商	慕晏誠	
1040	長久元年	4	宋商	慕晏誠	
1044	寛徳元年	7	宋商	張守隆	
1045	2年	8	宋商	張守隆	
1047	永承2年	11	宋商		
1048	3年	8	宋商		
1050	5年	9	宋人	張守隆	
1051	6年	7	宋商		漂着
1060	康平3年	8	宋商	林　養	
1060	3年	8	宋商	俊　政	
1065	治暦元年		宋商	陳　詠	
1066	2年	5	宋商	王　満	
1068	4年		宋商客	潘懐清	福州商客
1068	4年	10	宋商	孫　吉	
1068	4年	10	宋商	懐清	
1068	4年	10	宋商	王　宗	
1069	延久元年		宋商	潘懐清	
1070	2年		宋商	潘懐清	仏像献上
1072	4年	3	宋商	曾　聚	成尋入宋
1072	4年	3	宋商	呉　鋳	
1072	4年	3	宋商	鄭　慶	
1072	4年	10	宋商	曾　聚	
1073	5年	10	宋商	孫　忠	
1077	承暦元年	2	宋商		
1077	元年	10	宋商		
1078	2年		宋商	孫　忠	牒状
1080	4年	閏8	宋商	孫　忠	明州よりの牒状
1080	4年	9	宋商	黄　逢	
1080	4年	10	宋商		
1080	4年	9	宋商	劉勝参	
1081	永保元年		宋商	劉　昆	
1082	2年	8	宋商	楊　有	
1082	2年	8	宋商	孫　忠	

1082	永保 2 年	9	宋商	劉　昆	
1085	応徳 2 年	7	宋商		
1085	2 年	10	宋商	孫　忠	
1085	2 年	10	宋商	林　皐	
1091	寛治 5 年	7	宋商	堯　忠	
1091	5 年	8	宋商	季居簡	
1092	6 年	6	宋商	隆　昆	契丹経由
1093	7 年	4	宋商客	林　通	福州商客
1102	康和 4 年		宋商客	李　充	泉州商客
1104	長治元年		宋商客	李　充	泉州商客
1105	2 年	8	宋商客	李　充	泉州商客
1110	天永元年	4	宋商	李　先	
1118	元永元年	2	宋商	陳次明	
1127	大治 2 年	12	宋商		
1128	3 年	8	宋商	曾周意	
1133	長承 2 年	8	宋商	周　新	
1148	久安 4 年		宋商		
1150	6 年		宋商	劉文仲	
1151	仁平元年	9	宋商	劉文仲	
1169	嘉応元年		宋綱首		文献通考
1179	治承 3 年	2			新渡・太平御覧
1180	4 年	10	宋商船		摂津輪田泊に入港
1191	建久 2 年		宋綱首	楊三綱	栄西帰朝
1218	建保 6 年		宋綱首	張光安	
1254	建長 6 年	4			唐船数五隻と定む

出典：森克己「日・宋・麗交通貿易年表」『新訂日宋貿易の研究』森克己著作選集第 1 巻、国書刊行会、1975年 8 月、528～564頁。

表 2　『高麗史』に見える宋商・宋都綱・宋綱首の一覧

西暦	高麗国王年	月日	地名	肩書き	人名	人数	備　　考
1034	靖宗即位年	12.14		商客			
1036	2 年	7.5		商	陳　諒	67	
1036	2 年	11.15		商			
1037	3 年	8.16		商	朱如玉	20	
1037	3 年	8.18		商	林　贇		
1038	4 年	8.24	明州	商	陳維績	147	
1039	5 年	8.1		商	惟　績	50	

1041	靖宗7年	11.13		商	王　諾		
1045	11年	5.11	泉州	商	林　禧		
1047	文宗元年	9.6		商	林　機		
1049	3年	8.9	台州	商	徐　贇	71	
1049	3年	8.21	泉州	商	王易従	62	
1052	6年	8.13		商	林　興	35	
1052	6年	9.1		商	趙　受	26	
1052	6年	9.11		商	蕭宗明	40	
1054	8年	7.9		商	趙　受	69	
1054	8年	9.11		商	黄　助	48	
1055	9年	2.21		商	葉徳龍	87	
1055	9年	2.21		商	黄　丞	105	
1055	9年	2.21		商	黄　助	48	
1055	9年	9.16		都綱	黄　忻		
1056	10年	11.3		商	黄　丞	29	
1057	11年	8.3		商	葉徳龍	25	
1057	11年	8.11		商	郭　満	33	
1058	12年	8.7		商	黄文景		
1059	13年	4.12		商	蕭宗明		
1059	13年	8.6	泉州	商	黄文景		
1059	13年	8.6	泉州	商	蕭宗明		
1059	13年	8.23		商	傅　男		
1060	14年	7.19		商	黄　助	36	
1060	14年	8.7		商	徐　意	39	
1060	14年	8.19		商	黄元載	49	
1061	15年	8.26		商	郭　満		
1061	15年	12.27		商	蕭宗明		権知閤門祇候
1063	17年	9.4		商	郭　満		
1063	17年	10.3		商	林　寧		
1063	17年	10.3		商	黄文景		
1064	18年	7.23		商	陳　鞏		
1064	18年	8.1		商	林　寧		
1069	23年	7.13		商	王　寧		
1071	25年	8.25		商	郭　満	33	
1071	25年	9.4		商	元　積	36	
1071	25年	9.16		商	王　華	30	
1071	25年	10.4		商	許　満	61	
1075	29年	5.25		商	王舜満	39	

1075	文宗29年	6.26	商	林　寧	35	
1077	31年	7.1	商	林　慶	28	
1077	31年	9.4	商	楊従盛	49	
1079	33年	8.22	商	林　慶	29	
1081	35年	2.17	商	林　慶	30	
1081	35年	8.14	商	李元績	68	
1082	36年	8.26	商	陳　儀	26	
1087	宣宗4年	3.22	商	徐　晋	20	新註華厳経板
1087	4年	4.5	商	傅　高	20	
1089	6年	10.3	商	楊　註	40	
1089	6年	10.13	商	徐　成	59	
1089	6年	10.22	商	李　珠	127	
1089	6年	10.22	商	楊　甫		
1089	6年	10.22	商	楊　俊		
1090	7年	3.4	商	徐　成	150	
1094	献宗即位年	6.19	都綱	徐　祐	69	
1094	即位年	7.28	都綱	徐　義	28	
1094	即位年	8.5	都綱	欧保劉	64	
1094	即位年	8.5	都綱	楊　保		
1095	元年	2.25	商	黄　沖	31	慈恩宗僧恵珍
1095	元年	8.11	商	陳　義	62	
1095	元年	8.11	商	黄　宜		
1096	粛宗元年	10.22	商	洪　輔	30	
1097	2年	6.6	商	慎　奐	36	
1098	3年	11.6	商	洪　保	20	
1100	5年	9.25	都綱	李　琦	30	
1100	5年	11.16	商			
1101	6年	11.14	商			
1102	7年	6.14	商	黄　朱	52	
1102	7年	閏6.1	商	徐　脩	3	
1102	7年	閏6.23	商	朱　保	40余	
1102	7年	9.21	商	林白徇	20	
1103	8年	2.21	綱首	楊　招	30	
1104	9年	8.16	都綱	周　頌		
1110	睿宗5年	6.7	商	李　栄	38	
1110	5年	7.2	商	池　貴	42	
1113	8年	5.9	都綱	陳　守		
1116	11年	4.24	都綱	楊　明		

1120	睿宗15年	6.16	商	林　清		花木
1124	仁宗２年	5.24	商	柳　誠	49	
1128	６年	3.3	綱首	蔡世章		高宗即位詔
1131	９年	4.23	都綱	卓　栄		来奏
1138	16年	3.15	商	呉　廸	63	明州牒(徽宗崩御)
1147	毅宗元年	5.8	都綱	黄　鵬	84	
1147	元年	5.8	都綱	陳　誠		
1148	２年	８月	都綱	郭　英	330	
1148	２年	８月	都綱	荘　華		
1148	２年	８月	都綱	黄世英		
1148	２年	８月	都綱	陳　誠		
1148	２年	８月	都綱	林大有		
1148	２年	10.13	商	彭　寅		
1148	２年	10.13	都綱	林大有		
1148	２年	12.2	商	譚　宝	14	
1149	３年	7.27	都綱	丘　廸	105	
1149	３年	7.27	都綱	徐徳栄		
1149	３年	8.1	都綱	寥　悌	64	
1149	３年	8.8	都綱	林大有	71	
1149	３年	8.8	都綱	黄　辜		
1149	３年	8.11	都綱	陳　誠	87	
1151	５年	7.8	都綱	丘　通	41	
1151	５年	7.27	都綱	丘　廸	35	
1151	５年	7.27	都綱	徐徳栄	67	
1151	５年	8.5	都綱	陳　誠	97	
1151	５年	8.6	都綱	林大有	99	
1152	６年	7.21	都綱	許　序	49	
1152	６年	7.23	都綱	黄　鵬	91	
1152	６年	8.7	都綱	寥　悌	77	
1157	11年	7.25	商			鸚鵡・孔雀・異花
1162	16年	3.22	都綱	侯　林	43	明州牒(宋金戦争)
1162	16年	6.6	都綱	登　成	47	
1162	16年	6.25	都綱	徐徳栄	89	
1162	16年	6.25	都綱	呉世全	142	
1162	16年	7.25	都綱	河　富	43	
1163	17年	7.16	都綱	徐徳栄		宋帝密旨・孔雀・沈香
1173	明宗３年	6.23	都綱	徐徳栄		
1175	５年	8.1	都綱	張鵬挙		

1175	明宗５年	8．1		都綱	謝敦禮		
1175	５年	8．1		都綱	呉秉直		
1175	５年	8．1		都綱	呉克忠		
1192	22年	8．23		商			太平御覧
1205	熙宗元年	8月		商			
1221	高宗８年	10．4		商	鄭文挙	115	
1229	16年	2．26		商・都綱	金仁恙	2	
1260	元宗元年	10．21		商	陳文広		
1278	忠烈王４年	10．7		商人	馬　曄		

出典：金渭顯編著『高麗史中中韓關係史料彙編』上・下册、食貨出版社、1983年3月。

表3　貞享五年・元禄元年(1688)年長崎来航中国船一覧

日暦	番立	船　名	出港名	乗員	備　　考
貞享５年	1				不明
５年	2	南　京			『唐通事会所日録』一
５年	3	寧　波	寧　波	65	
５年	4	寧　波	寧　波	42	
５年	5	南　京	上　海	51	
５年	6	温　州	温　州	88	
５年	7	南　京	上　海	38	
５年	8	潮　州	潮　州	44	温州—潮州　砂糖
５年	10	南　京	上　海	45	
５年	11	南　京	上　海	64	
５年	12	福　州	福　州	25	
５年	13	福　州	普陀山	35	
５年	14	福　州	寧　波	40	
５年	15	南　京	上　海	45	
５年	16	寧　波	寧　波	32	
５年	17	広　東	広　南	95	
５年	18	寧　波	寧　波	43	
５年	19	寧　波	寧　波	46	
５年	20	普陀山	普陀山	66	福州で借船
５年	21	高　州	高　州	40	
５年	22	泉　州	泉　州	44	
５年	23	厦　門	厦　門	43	
５年	24	高　州	高　州	43	
５年	25	厦　門	厦　門	55	

貞享5年	26	福　州	普陀山	38	
5年	27	泉　州	泉　州	35	
5年	28	福　州	福　州	37	
5年	29	福　州	福　州	59	厦門—福州
5年	30	南　京	上　海	58	
5年	31	寧　波	寧　波	31	寧波船多い
5年	32	福　州	福　州	31	
5年	33	広　南	広　南	59	
5年	34	福　州	福　州	46	
5年	35	高　州	高　州	61	砂糖類多い
5年	36	普陀山	普陀山	63	
5年	37	福　州	福　州	36	
5年	38	寧　波	普陀山	40	
5年	39	福　州	福　州	56	
5年	40	寧　波	普陀山	27	
5年	41	寧　波	寧　波	53	122番積戻
5年	42	福　州	福　州	54	
5年	43	福　州	長　楽	36	
5年	44	南　京	上　海	50	
5年	45	海　南	海　口	32	厦門船—海南
5年	46	福　州	福　州	38	
5年	47	福　州	普陀山	36	福州—普陀山
5年	48	福　州	福　州	68	
5年	49	福　州	福　州	63	
5年	50	厦　門	厦　門	57	
5年	51	福　州	福　州	62	
5年	52	泉　州	泉　州	32	福州船—泉州
5年	53	厦　門	厦　門	42	
5年	54	厦　門	厦　門	29	船主は浙江人厦門居住
5年	55	厦　門	厦　門	33	
5年	56	泉　州	泉　州	31	
5年	57	厦　門	厦　門	33	
5年	58	厦　門	厦　門	35	船主は福州人
5年	59	福　州	福　州	51	閩江河口五虎門出帆
5年	60	寧　波	寧　波	50	
5年	61	福　州	福　州	50	
5年	62	厦　門	厦　門	55	
5年	63	厦　門	厦　門	54	

貞享5年	64	寧　波	普陀山	58	元福州船
5年	65	福　州	福　州	62	元厦門船　船員全員厦門人
5年	66	寧　波	普陀山	50	
5年	67	寧　波	普陀山	36	
5年	68	寧　波	寧　波	53	
5年	69	海　南	海　口	47	
5年	70	寧　波	普陀山	36	
5年	71	厦　門	厦　門	53	
5年	72	厦　門	寧　波	46	厦門—寧波
5年	73	寧　波	普陀山	34	福州—寧波で積荷
5年	74	南　京	上　海	33	
5年	75	厦　門	厦　門	73	
5年	76	厦　門	厦　門	38	
5年	77	安　海	安　海	60	泉州・安海
5年	78	福　州	福　州	36	
5年	79	広　東	広　東	88	洋上漂流　筑前漂着
5年	80	厦　門	三　盤	28	厦門—普陀山・三盤
5年	81	厦　門	普陀山	24	厦門—普陀山
5年	82	広　東	揭　陽	37	広東揭陽—福州磁澳—天草
5年	83	福　州	福　州	42	
5年	84	泉　州	揭　陽	34	泉州—揭陽—甑島
5年	85	広　東	広　州	68	広州—薩摩・山川
5年	86	南　京	上　海	51	
5年	87	潮　州	潮　州	68	
5年	88	広　東	広　東	61	中国人51人、日本人10人
5年	89	南　京	上　海	47	
5年	90	潮　州	潮　州	78	
5年	91	南　京	上　海	27	小船
5年	92	福　州	長　楽	46	
5年	93	広　東	潮　州	39	
5年	94	広　東	南　澳	58	潮州・南澳
5年	95	潮　州	潮　州	40	
5年	96	広　東	南　澳	70	潮州・南澳
5年	97	咬留吧	咬留吧	45	じゃわ国咬留吧
5年	98	寧　波	寧　波	42	6/10—6/19
5年	99	寧　波	寧　波	44	元福州船
5年	100	福　州	福　州	34	福州—厦門　砂糖—福州
5年	101	福　州	福　州	35	

貞享5年	102	福　州	福　州	38	
5年	103	福　州	福　州	35	
5年	104	福　州	福　州	43	
5年	105	厦　門	普陀山	36	厦門―普陀山
5年	106	福　州	福　州	36	
5年	107	厦　門	厦　門	51	
5年	108	福　州	寧　波	33	
5年	109	普陀山	普陀山	38	元福州船
5年	110	寧　波	普陀山	59	
5年	111	厦　門	厦　門	36	按針山見損　五島漂着
5年	112	広　東	南　澳	51	元福州船　南澳で砂糖荷物
5年	113	福　州	福　州	44	
5年	114	寧　波	普陀山	36	元福州船　寧波で絲類
5年	115	福　州	福　州	35	
5年	116	福　州	福　州	31	
5年	117	高　州	高　州	53	元寧波船　高州で砂糖
5年	118	厦　門	厦　門	30	6/15―6/23
5年	119	福　州	福　州	40	6/18―6/24
5年	120	福　州	福　州	41	
5年	121	福　州	福　州	57	
5年	122	福　州	福　州	38	
5年	123	南　京	上　海	60	日本新造船
5年	124	寧　波	普陀山	44	
5年	125	福　州	福　州	39	
5年	126	福　州	福　州	40	
5年	127	寧　波	普陀山	51	
5年	128	福　州	福　州	43	
5年	129	厦　門	厦　門	31	
5年	130	福　州	福　州	87	
5年	131	泉　州	泉　州	28	
5年	132	広　東	十二門	33	十二門―温州舵損傷
5年	133	南　京	上　海	49	
5年	134	台　湾	台　湾	35	
5年	135	普陀山	普陀山	43	元福州船　厦門砂糖　普陀山糸反物
5年	136	南　京	上　海	51	
5年	137	福　州	福　州	49	
5年	138	咬留吧	咬留吧	61	
5年	139	普陀山	普陀山	41	重実《おもみ》の荷物を寧波　普陀山で糸反物

貞享5年	140	広　東	広　東	37	
5年	141	泉　州	泉　州	24	
5年	142	潮　州	潮　州	47	
5年	143	福　州	福　州	49	
5年	144	麻六甲	広　東	15	麻六甲—広東
5年	145	寧　波	寧　波	66	
5年	146	広　東	広　東	60	
5年	147	広　東	厦　門	62	広東—厦門
5年	148	厦　門	厦　門	46	
5年	149	寧　波	寧　波	78	元大泥船　積戻船
5年	150	暹　羅	暹　羅	61	5/24—7/9
5年	151	広　東	広　東	69	
5年	152	暹　羅	暹　羅	103	うち4人暹羅人
5年	153	南　京	上　海	75	
5年	154	南　京	上　海	37	
5年	155	寧　波	寧　波	69	元福州船
5年	156	広　東	広　東	25	難破　長門漂着
5年	157	福　州	福　州	48	
5年	158	厦　門	厦　門	59	厦門—咬留吧—厦門
5年	159	台　湾	台　湾	33	鹿皮・砂糖少ない
5年	160	漳　州	漳　州	42	
5年	161	海　南	台　湾	32	海口—台湾　鹿皮砂糖
5年	162	咬留吧	厦　門	65	厦門寄港＝水薪野菜積込み
5年	163	咬留吧	咬留吧	38	
5年	164	広　東	広　東	41	
5年	165	台　湾	台　湾	61	
5年	166	寧　波	寧　波	34	
5年	167	沙　埕	沙　埕	55	
5年	168	沙　埕	沙　埕	53	
5年	169	南　京	上　海	58	
5年	170	麻六甲	広　東	25	麻六甲—広東—五島漂着
5年	171	南　京	上　海	67	
5年	172	寧　波	普陀山	41	
5年	173	寧　波	寧　波	60	
5年	174	福　州	普陀山	49	福州—普陀山
5年	175	南　京	上　海	82	
5年	176	潮　州	南　窖	27	小船　浙江南窖に避難
5年	177	厦　門	沙　埕	50	沙埕へ避難

貞享5年	178	厦門	厦門	49	
5年	179	南京	上海	65	
5年	180	厦門	厦門	64	
5年	181	南京	上海	52	
5年	182	厦門	厦門	81	
5年	183	寧波	寧波	39	
5年	184	厦門	厦門	72	厦門—じゃがたら—厦門
5年	185	広南	広南	95	元厦門船
5年	186	広南	広南	51	元福州船
5年	187	台湾	台湾	58	
5年	188	広東	広州	62	
5年	189	安南	安南	77	
5年	190	寧波	寧波	34	
5年	191	広南	広南	52	元寧波船
元禄元年	192	寧波	寧波	46	
元年	193	広南	広南	73	元厦門船　薩摩漂着
元年	194	南京	上海	101	上海—山東—薩摩漂着
		乗員合計		9291	(うち10名の日本人漂流者を含む)

出典:『華夷変態』東洋文庫、平凡社、1958年3月、上冊838頁～中冊1058頁による。

第一編　日中の文化交渉

第一章　清「展海令」施行と長崎唐館設置の関係

一　緒　言

清代中国と江戸時代の日本との関係は、基本的には長期にわたって、中国船が長崎に毎年ほぼ欠くことなく貿易品を積載して来航する形態で続けられていた。その状況について魏源は『海国図志』巻一七、東南洋、日本島国録において、

惟中國商船往、無倭船來也。其與中國貿易、在長崎島、百貨所聚、商旅通焉。(1)

と記し、また清末の王韜も同様に、

惟中國商船往、無倭船來也。其與中國貿易、在長崎島、百貨所聚、商旅通焉。(2)

と記しているように、中国船が日本へ赴き、日本船が中国に渡来することはなく、長崎でのみ通商がおこなわれるという形態は、中国の知識人の間においても認識されていた。

このような両国関係は、世界史の中でも稀有な形態であった。そのため清代の日中関係を考察するには中国と日本との間を往来する中国船、そしてその中国船を運航する中国商人の存在を無視することはできない。

外国との関係で相互の往来がおこなわれるさいに、相手国を訪問した使節等の人々が相手国においてどのような宿舎に滞在していたかは、相互間の国情を知る上で興味深いことである。たとえば明代・清代に中国を訪れた

朝鮮使節や琉球使節については、中国政府が提供した宿舎に滞在していたことが知られる(3)。

他方、冊封などの外交関係が存在せず、通商関係のみで続けられていた清代の日中関係の場合、長崎に来航した中国商人たちは、長崎における通商中は、どのように滞在していたのであろうか。本章ではその問題について述べてみたい。

二　長崎の船宿から唐館へ

明代末期になると明朝の祖法であった〝海禁〟政策が緩和され、沿海の民衆が海外へと進出する。ただし倭寇の害があるとされた日本への渡航は禁止された。ところが、その禁止にもかかわらず、多くの沿海の人々が日本へ渡航したのであった。そのことに関して明『熹宗実録』巻五八、天啓五年（一六二五）四月戊寅朔の条に、

福建巡撫南居益題、海上之民、以海為田、大者為商賈、販於東西洋、官為給引、軍國且半資之、法所不禁。烏知商艘之不之倭而之於別國也。……聞閩・越・三吳之人、住於倭島者、不知幾千百家、與倭婚媾、長子孫、名曰唐市。此數千百家之宗族姻識、潛與之通者、實繁有徒。其往來之船名曰唐船、大都載漢物以市於倭、而結連萑符、出沒洋中、官兵不得過而問焉。

とあり、明末に海禁が緩和されると、福建や浙江・江蘇などの沿海地域の人々が海路で比較的近い日本へ進出し居住するようになった。その数は数千家とも見られ日本人とも結婚し子孫をもうけ、それらの人々が住みついた地区は「唐市」と呼称されるようになっていた。そしてこれらの人々がさらにそれに続く人々の先駆けとなったのである。その地区と中国とを結ぶ船が「唐船《とうせん》」と呼ばれ、多くは中国の物産を日本へもたらしているると指摘されている。このように、一七世紀初頭以来、中国と日本との関係は密接になっていた。

明末万暦年間の李言恭・赫杰の『日本考』巻二、商船所聚によると、

國有三津、皆通海之江、集聚商船貨物。西海道有坊津地方、諭江通海、薩摩州所屬。花旭塔津有通海、筑前州所屬。東海有洞津、本國郷音曰阿乃次、以津呼次是也、有江通海、係伊勢州所屬。三津乃人煙輳集之地、皆集各處通番商貨。我國海商聚住花旭塔津者多。此地有松林、方長十里、即我國百里之状、名曰十里松、土名法哥煞機、乃廂先是也。有一街名大唐街、而有唐人留戀於彼、生男育女者有之、昔雖唐人、今爲倭也。(4)

とある。明末に日本へ来航した中国海商は日本の三津――鹿児島県の坊津、花旭塔津すなわち福岡県の博多津、洞津すなわちいまの三重県津市――を目指した。その中でも博多津が最も中国海商が参集する地として知られ、博多津の箱崎には大きな唐人町が形成されていたとされ、そこに居住し結婚して子供を養育して、もとは中国人でも今では日本人となるような者がいたとしている。

しかし、一七世紀初頭に成立した徳川幕府は漸次外国、とりわけ西欧諸国との関係を制限し、寛永一六年（崇禎一二、一六三九）には、長崎を窓口とするオランダと中国との関係と、対馬を経由する朝鮮国との関係にのみ限定したのである。

その長崎について『長崎記』によれば、古くは深江浦と呼称された辺鄙な所であったが、源頼朝から同地に知行地を与えられた長崎小太郎が港を整備したことから、商船が来航するようになったとされる。その後、徳川幕府がここを天領として支配し、寛永の鎖国政策によって中国船とオランダ船の入港のみを許可する唯一の港となって繁栄するようになった。

この当時、長崎に来航した中国商人等の長崎での滞在形態がどのようなものであったかは、先に触れた『熹宗実録』に見える福建巡撫南居益の題本に「聞閩・越・三呉之人、住於倭島者、不知幾千百家、與倭婚媾、長子孫、名曰唐市。此數千百家之宗族姻識、潛與之通者、實繁有徒」とあるように、日本に来航していた中国人は日本人と区域を特定せず混住し、彼らの多くが居住していた一帯は「唐市」と呼ばれていたと思われる。

長崎の人である西川如見（一六四八〜一七二四）の享保四年（康熙五八、一七一九）序の『長崎夜話草』巻四に、

其頃長崎に來れるもろこし船は、いづれも因にしたがひ、商家を旅舎と定めありて、その荷物悉く宿のあるじのまかにひにて、徳を得ること山の如くにて、一夜がほどにも富る身と成ことなれば、……(5)

とあるように、長崎に来航したもろこし船、すなわち唐船の乗員は、長崎市内の商家を旅館として滞在していたのであった。その宿主には大金が入ることになったという。

事実『長崎記』中冊の「唐船渡海長崎津ニ御究并船改之事」によれば、寛永鎖国令が施行されるまで、中国船は日本各地とりわけ九州の諸港に来航しており、先の『熹宗実録』の記事と一致する。日本へ来航する中国人にとって、その居住に特別な制限があったわけではなかった。

寛永鎖国令以降、中国船の日本への来航は長崎に制限されたが、その時期に長崎へ中国から来航した貿易船の乗員の滞在中の住居については、『長崎記』中冊の「唐人番始ル事」に見える次の記事が参考になる。

元禄元辰年迄ハ唐人町屋ニ在留シテ商賣ス。則此年町屋ニ居候事御停止ニナル。十善寺御菜園ノ地ヲ引小屋ヲ立、翌年ヨリ入津ノ唐人此園ノ内ニ悉被召置、依之番人ドモ拘右ノ者共、唐人屋鋪ノ門番ヲ勤、其外出嶋門番ニ相加リ、奉行川口源左衛門山岡十兵衛宮城主殿。

このように、唐人屋敷が設置されるまでは、長崎に来航する中国船の乗員は市中の町家に滞在していた。ところが、元禄元年（康熙二七、一六八八）に唐人屋敷が設立されることになる。

『長崎実録大成』巻一〇、唐人船宿並宿町附町之事によっても、

唐船入津ノ節、長崎市中ノ者、家宅ヲ船宿トシテ一船ノ唐人ヲ寄宿セシメ、其船積渡ル反物、薬種、諸品ニ口銭ヲ掛ケ、其宿主ノ得分トセシム。依之唐船入津ヲ見掛ル時、市中船宿ノ者小船ニテ迎ニ出テ、我方ニ船

図1　寛文長崎図屏風(長崎歴史文化博物館所蔵)

宿ノ約諾ヲ成ス。唐人方ヨリモ何町誰某方ニ船宿スヘキト書付近ヲ差出ス。是レヲ差宿ト云習セル。

入津ノ内、船宿ノ心當無之者、或ハ唐人書付ニ町宿名苗字等相違ノ節、又ハ漂着船ノ分振船ト名付ケ、惣町割ヲ定置、順番ニ町宿セシム。是ヲ宿町ト云。其後寛文六年、差宿ヲ相止メ、入津ノ船不残宿町附町ノ順番ヲ定メ、其町ノ乙名居宅ニ船頭・役者ヲ宿セシメ、其餘ハ家々ニ在留セシメ、其町中ニ口銭銀ヲ取セ、其外惣町中ニ令配分ラル(6)。

とあるように、最初は、船宿と中国船との間の契約で長崎に宿泊していたが、寛文六年（一六六六）以降は、長崎市中の町衆の住居に順番に割当て居住させていた。これは町衆にとって宿泊料に相当する収入を得る機会となった。

図1としてここに掲げた「寛文長崎図屏風(7)」は、唐人屋敷が成立する以前の長崎の状況を描いている。

『唐通事会所日録』には、長崎に来航した唐船が、長崎市内のいくつかの宿町に滞在していた記録が断片的ながらみられる。たとえば寛文元年（順治一八、一六六一）に長崎へ来航した中国船の乗員について、「丑之十九番船之唐人張沖明、年七十四、今朝船津七左衛門子之所にて相果申候(8)」とあるように、中国人の張沖明が長崎市内に居住していたが、その居住宅で死去していることがわかる。さらに、宿町の事例として次のものが見られる。

〈年〉	〈番立名〉	〈宿町名〉	〈宿主名〉
寛文六年（康熙五、一六六六）	一番潮州船	宿・本鍛冶屋町	平石次郎左衛門(9)
寛文六年	七番潮州船	宿・東中町中乙名	小柳太兵衛(10)
寛文七年（康熙六、一六六七）	三十五番福州船	宿・新高麗町乙名	日高長左衛門(11)
寛文七年	三十六番船	宿・浦五島町乙名	茶屋甚兵衛(12)
寛文七年	三十七番船	宿・銀屋町乙名	河本甚兵衛(13)

このような僅少の例ではあるが、長崎に来航した唐人たちは市内の宿町に分散して居住していた事実が知られるであろう。

その後、元禄元年（一六八八）には一時とはいえ、一年に九〇〇〇人を越える異国人(14)を受け入れることになった。しかしその宿泊の施設が整っていなかった。とりわけ受入人数が多かった六月一か月だけで四四三二名もの中国人が来航した(15)。特に六月一九日には最高の五五六人が長崎に来航したのであった(16)。この結果、七月二三日付の幕府奉書により長崎奉行に唐人屋敷の設立が通告され、翌元禄二年四月一五日までに、「普請成就シ、唐人不残構ノ内に在住セシメタル(17)」として、敷地九三七三余坪の面積を持ち、出島の三九二四坪に倍する唐人屋敷・唐館が完成し、来航中国人はその中に隔離されたのである(18)。

ここにおいて寛永以来の唐人船宿のシステムが、半隔離的な宿町制から完全隔離の唐人屋敷制に変更されたのである。幕末の安政二年（咸豊五、一八五五）の「諸書留」によれば、唐人屋敷の面積は「唐人屋鋪総坪数九千四百三十三坪(19)」とあり、元禄二年とほぼ同面積の居住区が一六〇余年間存続したのである。

図2は長崎歴史文化博物館が復元した元禄元年（一六八八）頃の唐人屋敷・唐館の模型である。当時の面積は

約三一〇アール（約九三〇〇坪）であった。江戸時代の唐人屋敷すなわち唐館の変遷は、絵図にも多く残されている[20]。

また中国側の史料においても、雍正時期の童華が『長崎紀聞』において、

倭人以中國為大唐、初通洋時、見客商甚啓畏、……初洋商到倭、分住各街、往来無節、継則止令住大唐街一處、而街之居民、復厭苦之、乃置土庫一所名、曰唐人館、実土牢也。三面背山、一面臨海、洋船到岸、捜査明白人貨、倶入庫中、重門厳守、不聴出入[21]、……

と記しているように、中国商人が長崎へ来航するようになった当初は、「分住各街、往来無節」と、彼らは特に指定された場所ではなく、比較的自由に居住できたのであった。それが、一定の区画――ここでいう「大唐街一處」――にのみ滞在を許す形態に改変されたのであった。それが中国の人々から「土庫」と呼称され、また「土牢」ともされたとあり、隔離された一区画のみの居住であったことを明確に記している。

これまでの唐人屋敷に関する研究では、特に設立の問題が論議されたが、その背景について議論されることはなかった。唐人屋敷設置の最大の理由は、上述したようにこれら中国からの大量の長崎来航者による人口増加に対応する新政策であったことは確かであろう。

図２　唐人屋敷・唐館の復元模型（長崎歴史文化博物館）

それでは、この隔離された一画となった「唐館」は、中国側にどのような印象を与えたのであろうか。これについて次節で述べてみたい。

三　清代史料に見る長崎の「唐館」

清末の外交官として来日した何如璋が著した『使東述略』によれば、

中土商此者、已數百年、畫地以居、名唐館。估貨大者糖棉、小則擇其所無者、反購海物間以木板、歸無他産也。

とあるように、中国商船で長崎に来航した人々が滞在していた所が、「唐館」と呼称された一区画であった。それを何如璋は、「畫地以居、名唐館」と記したのであった。

それでは、その唐館は、いつの頃から中国で知られるようになったのであろうか。初期の史料として、雍正六年（享保一三、一七二八）八月初八日付の浙江総督管巡撫事の李衛が記した奏摺に次のようにある。

凡平常貿易之人、到彼、皆圈禁城中、周囲又砌高牆、内有房屋、開行甚多、名爲土庫、止有総門、重兵把守、不許出外、鬧得知消息。(22)

このように、日本へ貿易に赴いた中国商人はすべて隔離された一区画に住まわされていた。それが土庫と呼称され、外出もままならぬ状態であった。

同年九月二五日付の李衛の奏摺には、

伊等若到彼國、亦與別商同土庫。惟請去之教習人等、則另居他處。(23)

とあり、日本へ行った商人はすべて土庫に住まわされたが、日本が招聘した「教習」人は別の所に居住していたとしている。

さらに同年一〇月初八日付の両広総督孔毓珣の奏摺では、

據洋商稱東洋例雖不禁、但必商船領有倭照、方能前往、近年以來、粤商並無倭照、所以未去貿易、其從前有到過日本之閩商、臣密傳訪察情形、據稱自粤前往日本、計九十餘更、商船泊于該國之長崎、一到即入圍墻屋中、不得外出、貨物一經兌易、即押出口、倭人出入、俱佩利刃、性極兇悍、凡有街口把守嚴密、不知該國情事等語。(24)

とあって、正徳新例の施行以降、広東商人で長崎の通商に必要な信牌を得た者が少なく(25)、この頃には日本へ赴く者が少なかったため、孔毓珣は以前に日本へ貿易に行った福建商人から事情を探っている。その商人の話として、長崎に到着すると直ちに一区画に住まわされ外出を許されず、貿易業務が完済するまでは特に厳しく、終わっても厳しい監視がおこなわれ、日本の事情を探ることは困難であったと報告している。

また李衛は同年一〇月一七日付の奏摺においても、

彝人築檣立柵、名爲土庫、凡中国商人到彼、俱住其中、撥兵看守、不許私自出入。……常往東洋貿易、皆住土庫之内、(26)

と、日本人は柵を築いて隔離してそれを土庫と呼称し、長崎へ行った中国商人はすべてその中に居住させられ、看守に見張られ勝手な出入りは禁じられていたと記している。

同年一〇月二八日付の署理山東巡撫印務布政使岳濬の奏摺から、この頃清朝が日本へ渡航する中国人を注視していたことがわかる。

雍正六年八月二十八日、奉上諭、聞得有内地之人、潛往日本國、在彼教習射箭、及打造船隻等事。且有福建・浙江革退之千總、及武舉等人、亦在其内。此雖傳聞之説、然亦不可不察。從前聖祖皇帝、欲訪問彼國情形、曾遣人同商人前往、及至彼國、設有名曰土庫處所。將内地貿易之人、另住此地、不令聞知伊國之事、且防範

甚密。(27)

右に引用されている雍正帝の上諭にも見られるように、中国人の中には日本へ渡って武術を教え、造船建造に関係するものもいること、さらにその具体的人物名も知られていた。ここでも来航中国人たちが日本で滞在する地が、「土庫」として認識されていた。

このようなことは、同年一二月一一日付の署理江蘇巡撫尹繼善もその奏摺において記している。

留意査訊、彼處消息、凡内地商人、到去原另在土庫居住。自来防閑甚密、外番之人視中華之物、新竒可喜。往往多方購求。(28)

日本人は中国産品を喜び崇めていた。しかし、それらを日本へもたらした中国商人等は「土庫」において居住していたと記している。

また雍正七年（享保一四、一七二九）六月三〇日付の補授漕運総督署理浙江総督印務性桂と浙江観風整俗使署巡撫事蔡仕彤の奏摺に、

據前差之朱來章、寄稟回稱、此番到時、倭人頗覺疑、他留在土庫相待、雖優但不令出來行醫。(29)

とあり、医師として日本に招かれた朱來章は、日本に渡ったものの、日本側から疑いの目で見られ、土庫にとどめ置かれて優遇はされたが外出を許されず、土庫においてのみ医業を命ぜられたことが、帰国した朱來章の供述から知られたことを報告している。

雍正九年（享保一六、一七三一）六月一九日付の李衛の奏摺においても、

據商総回棹、稟稱倭彝聞知内地訪拿發覚、分別處治、已将張恒晫等、盡行交出土庫、同衆商居住、不敢私留。(30)

とあり、日本では清朝側が日本へ赴く不審人物を探索していることを聞知して、それらの人に対する優遇処置を改め、土庫において他の中国商人たちと共に居住させていたと報告している。

その後、乾隆年間に長崎へ来航した汪鵬が著した「袖海編」[31]には、当時の唐館の状況が記されている。汪鵬は浙江の銭塘の人で、長崎貿易では汪竹里と称して貿易していた。[32]彼の来航は日本の明和～天明年間（一七六四～一七八九）におよんでいる。その著のはじめに、

乾隆甲申、重九日、竹里慢識于日本長崎唐館。

と記して、乾隆甲申すなわち二九年（明和元年、一七六四）に長崎の唐館において記したとある。その中で、唐館の環境を次のように記している。

唐館外四山環繞、煙火萬家、紫翠迷離、錦紛繡錯、海門別開屛、嶂雄奇峭、拔軒敞高、華如十洲三島、可望而不可、卽允為鉅觀、不同凡境。

館週遭僅一里有半、土垣竹茨如棘。闤然庫不滿二十街、分三路、附而屋者、曰棚子。庫必有樓棚、則惟平屋而已、庫製樓數楹。舟主及掌財賦者、各居其半、下則梢人雜處、棚子之構、始自搭客梢人之稍豐者、別營以居、今多架樓、頗尚精潔、而庫之為樓、俱開拓宏敞、添設前後露臺、或翼其左右、靡麗鋪張、與初創時大不侔矣。庫屬正辦有官。派執役者三人、名曰守番、棚則無有也。

舘中有宴會、極繁交相酧荅、有上辦・下辦酒、有通辦酒、有飲福酒、有春酒、有宴妓酒、有清庫出貨酒、尋常醵飲尤多。……

右のように、唐館は見晴らしの良い場所にあるが、周囲は一里半ほどの面積に限られ、周囲は土塀や竹垣で囲まれていて、常に監視の役人がいることなど、基本的には雍正時代の状況とはほとんど変化がなかったことが知られる。

四　浙江総督管巡撫李衛の日本探索

次に、雍正年間に長崎に来航した中国商人の一部が、日本でどのように過ごしていたかを、当時の沿海部の官吏が調査した記録からとりあげ、その状況を述べてみたい。

当時、日中間の状況をもっとも危惧した地方官が浙江総督であった李衛である。雍正六年（享保一三、一七二八）八月八日付の李衛の奏摺には、

……海外諸國與浙最近者、莫如日本、臣毎留心査訪、初時風聞、彼國有招致内地之人、教習弓箭、不甚守分、因尚未得確實、不敢冒味瑣奏。近於各處出洋商船、時常設法、密探信息、有蘇州余姓、洋客露出口聲、言倭王原係中國人苗裔、歴世相傳、如土著為之、則該王不能享祚、倭民皆有天災、其臣下雖極強盛、猶奉以虚名、故本處従、無争奪之事。而號令征伐、一秉於将軍、不由國王、主持反受、節制久矣。因此伊國将軍、肯出重聘、倩内地之人、教演弓箭藤牌、偸買盔甲式様、初時有福州民王應如、於天文戦陣之事、渉獵不精、巧為談論、首受其萬金厚利、排演陣法年餘、即伏宜誅。復薦引一廣東長鬚年満、千総不知姓名、毎年受伊数千金、為之打造戦船二百餘號、習學水師。又有洋商鍾近天・沈順昌、久領倭照貿易、彼國信託鍾、則為之帯去杭州武挙張燦若、教習弓箭、毎年亦得受銀数十両。沈則為之帯　去蘇州獣医宋姓、在彼療治馬匹。又有商人費贊侯、曾爲薦一紹興人革退書辦、往彼講解律例考、其不通逐歸、曾留該商銅船質當。凡平常貿易之人、到彼皆圏禁城中周圍、又砌高牆、内有房屋、開行甚多、名為土庫。止有総門、重兵把守、不許出外間走、得知消息、到時将貨収去、官為發賣一切、飲食妓女皆所給。回棹時、逐一銷算扣除、交還所換銅斤貨物、押往開行。……(33)

とあるように、浙江省から最も近い外国である日本は、最近中国の人々を招いて武術を習っている。それに協力する中国商人がいたのである。その実情を探るべく李衛は蘇州の余という商人から情報収集をおこなった。

長崎の記録では余姓として知られるのは余一観のみである。余一観は、享保二年（一七一七）四二番寧波船、同四年の三六番寧波船、同七年一三番寧波船、同一〇年二〇番寧波船、同一三年一一番寧波船の船主として知られる(34)。この最後の記録である享保一三年一一番寧波船は、同年五月二七日に長崎に入港し、一二月二一日に長崎から帰国したので、上記の李衛が事情聴取したのは、五月以前のことと考えられる(35)。

次に見える王應如は、享保三年一七番寧波船で三月二二日に長崎に来航し、同年の閏一〇月二六日に帰国したことがわかる(36)。

洋商鍾近天・沈順昌の二人は見えないが、鍾近天に類似する鍾覲天は知られ、享保六年二〇番寧波船船主、同八年一三番寧波船の牌主、同一二年二〇番寧波船船主、同一五年一七番寧波船船主として来日し、そして同一八年二七番寧波船は鍾覲天の代わりに長崎に来航した(37)。

商人費贊侯は、享保六年三〇番南京船、同八年一五番南京船、同一〇年一四番南京船、同一一年四一番厦門《アモイ》船の船主として知られ、同一四年二六番南京船では費贊侯に代わって長崎に来航している(38)。このことから李衛がこの奏摺の作成にあたり、現実に長崎に赴いた商人たちから事情聴取したことは確かである。

このような、李衛の日本の状況に対する危惧に対して、雍正帝は特に、「聖祖亦曾風聞此事、特遣織造烏林達麥爾森、做辦商人、往日本探聽……(39)」と、かつて康熙帝が織造烏林達の麥爾森を密偵として日本に行かせて様子を探らせたことを明らかにして、李衛の心配を和らげる硃批を与えている(40)。

しかし李衛の危惧は沈静化していない。雍正六年（享保一三、一七二八）一〇月一七日付の李衛奏摺によれば、長崎に赴いた医師朱來章（「曾在彼(日本)地行医之朱來章」）からも日本事情を聴取した。

……供吐實情云。東洋惟日本為大、與普陀洋面相対、所轄六十六島、不在一處、其與江浙貿易、馬頭名曰長崎、離國王将軍駐劄之山城、自稱京師、程途尚有二十餘日。長崎設頭目二員、稱號皆有王家字様、非係國王。

一管貨物交易、毎年更換、一管地方事務、常川住守。皆専生殺之権。此處夷人築牆立柵、名為土庫、凡中國商人到彼、倶住其中、撥兵看守、不許私自出入。彼向日無聊、因往東洋行医、曾治痊長崎頭目王家、得有厚贈、故不與商人一同拘管庫内、遂酬以倭照、貿易数年、家漸豊盈。後因見夷人射箭、不堪笑其無用、并誇中國三尺童子、倶善弓矢之語。是年回棹時、通事傳話、囑其聘帯弓箭教師、并要黄牡丹、及二尺濶面之紫檀木三種。［朱］來章復往時、畏法不敢携帯教師。其紫檀因遍覓無此、濶者亦不曾得、止帯牡丹一株前去、到彼開花乃此紫色、以此夷人怒之、将伊倭照、追繳船貨、原物發回、倶有海關及口岸、出入案巻、可憑所有萬餘両、経営貲本、因而析耗、盡為烏有、以後未曾復往、現今止託別船、順帯些須貨物貿易餬口。……(41)

長崎を訪れた朱來章は、李衛の追求に対して、日本の事情を吐露している。「東洋」では日本が最大で、浙江省の普舵山に対峙し六六の島々を領有している。その港は長崎であり、支配する国王・将軍は長崎から遠く離れた「山城」を「京師」と自称していて、長崎から「二十餘日」の距離に居住している。長崎の統治者には二人がおり、一人は貿易を管理し、もう一人は地方の事務を管轄している。長崎には外国人を隔離する場所があり、それは「土庫」と呼ばれ、長崎を訪れる中国商人は必ずその中に住まわされ、自由に市内を闊歩することはできない。朱來章は医師として日本から呼ばれ、長崎の統治者を治療し厚遇され、その御礼として「倭照」すなわち信牌を贈与され、それを使って数年の間貿易を行い、彼の家は極めて豊かになったといわれる。また武術に秀でた人物を連れ渡るように依頼されたことなどを語ったのである。

朱來章が長崎に赴いたのは、享保一〇年（一七二五）のことであった。長崎の記録に、享保一〇年二月初五日に長崎に入港した船主朱允光の六番寧波船について、

此船ヨリ朱佩章六十四歳、朱子章五十二歳、朱來章四十七歳兄弟三人來、寓官梅三十郎宅。(42)

とあることから、李衛が朱來章から事情聴取をおこなったのは、この来航から帰国してからのことであるとわか

る。しかもこの船の船主朱允光は「船頭朱允光儀ハ唐醫朱來章甥ニテ(43)」とあるように、朱來章の甥であった。そして「今度朱來章并同人兄朱佩章・朱子章此三人、私共船ヨリ一同ニ乗渡リ申候(44)」とあることから、この船で朱氏三兄弟が長崎に来航したのであった。

朱來章が日本で残した業績として、「南京朱來章治験(45)」が知られる。これは、朱來章が長崎滞在中に診察した長崎の人々——平岡平左衛門の女、大黒町喜兵衛、丈助姪女、大工町招小児宗六、伊勢屋三郎兵衛、龍左衛門、東築町清太郎の妻女、西市即左衛門の母、高尾藤次平三、内田清助内室、七兵衛、三浦専兵衛、中島市三郎、石垣平太夫の一四名——についての診察の記録である。症状の診断と治癒薬について記している。

李衛はさらに鍾覲天からも事情を調べている。雍正六年（享保一三、一七二八）一二月一一日付の李衛の奏摺には、「商人鍾覲天等」の供述が見られる。鍾覲天は先に触れたように享保六年二〇番寧波船船主、同八年一三番寧波船の牌主、同一二年二〇番寧波船船主、同一五年一七番寧波船船主としての来日が知られ、そして同一八年二七番寧波船は鍾覲天の代わりとして長崎に来航した(46)。このことから、次の供述は鍾覲天が享保一二年二〇番寧波船として、六月二一日に長崎に来航し、享保一三年二月初四日に長崎から帰国した後(47)に、李衛から事情聴取されたものと考えられる。

……訊據各商鍾覲天等供出、尚有楊澹齋帯去秀才孫太源・沈登偉在彼、講習大清會典中原律例、未曾歸浙。又朱來章之兄朱佩章、先曾帯去閩人王應如教書、已經病歿在洋。又閩商陳良選帯去廣東人、稱係寧波住居之年満千総沈大成、實属楊姓冒頂、前往教習陣法、其的名不知確切、現在彼地。又郭裕観代帯僧人・馬匹各等情。今朱來章先經臣訪誘喚、至署問知情由。前已奏明、後又供出、曾帯過各項書籍五百本、當即取具的保同兪孝行、給與銀両、各自置貨、密往東洋探信、去訖其陳良選、因在日本、船隻未回、已令海口文武等候緝拿、郭裕観係廈門人、密咨福建、尚未獲到、已上各情、倶據供明、與臣前所訪聞不異。惟輿圖盔甲軍器式様、因

未曾現獲、雖在狡飾、而臣揆其情節。(48)

長崎に来航した鍾観天によると、彼は、楊澹齋を長崎につれ渡わたった。その楊澹齋と一緒に長崎に来航したのは秀才の孫太源と沈登偉であった。彼らが長崎に呼ばれた最大の目的は清の法典『大清会典』中原律例を翻案することにあった。(49)

雍正一三年（享保二〇、一七三五）六月初四日付の直隷総督に転じた李衛の奏摺には、

自浙江放洋離長崎、順風止有五六日之程、即遇風阻不出一月。自康熙五十四年以前、商船去来自由、最遅往返不至一年、後有浙江姦商胡雲客、欲圖壟斷、勾通夷目、設立倭照、江浙各二十一張、分年輪番、無照不許貿易。商人惟恐不得倭照、毎次必重賂譯司、歴年積有厚貲。

とあり、浙江沿海から長崎へは、帆船に搭乗して順風を得られれば五日か六日ほどの航海距離にある。たとえ逆風にあったとしても一か月以内には到着する行程にあった。そして康熙五四年（正徳五、一七一五）以前においては、中国商人の来航は自由であったのが、浙江商人胡雲客が長崎貿易の独占を企図してからは、長崎の通商証である「倭照」を発行して江南（江蘇）・浙江には各二一張を与え、この照がなければ貿易を許可しないことになった。中国商人たちは照を授与されるために、通事に賄賂を渡して照の授与に戦々恐々としていたと認識されていた。

五　小　結

上述のように、徳川幕府が長崎のみに外国貿易を限定した当初は、来航した中国人は「分住各街、往来無節」として、中国船の船主ら乗員と宿町や船宿と呼称された長崎の宿泊先の主人との契約で適宜滞在していた状況であった。

それが、日本では唐人屋敷と呼称し、中国商人は「土庫」とか「唐館」と呼んだ一定の区画においてのみ、長崎来航の中国商人を滞在させるようになるのは、長崎においてそれが設立された元禄元年(康熙二七、一六八八)以降のことであった。なぜこの年に唐人屋敷が設立されたかの理由は、日本側の史書に記されていない。しかし、その背景として無視できないのが清朝による「遷界令」の撤廃である。

康熙二三年(貞享元、一六八四)に、清朝は前年に平定した鄭氏一族の海上政権に対抗するために発令していた海禁令である「遷界令」を廃止して、「展海令」を発布し沿海民衆の海外貿易を許可した。すると一攫千金を夢見た中国商人は海外、とりわけ日本を目指した。その結果、長崎に来航する中国船が急増し、長崎に短期間とはいえ滞在する中国商人が急増したのである。僅か四~五万の長崎住民に対して、数千人もの外国人が訪れ、長崎の人口が急増する状況になったのである。この状況は徳川幕府としては無視することができなかった。そのため短期滞在の外国人である中国人を隔離する方法として考えられたのが、唐人屋敷すなわち中国で呼称された「土庫」であり、「唐館」であったのである。

清朝中国と江戸時代の日本との間には、長崎における貿易による通商関係だけが存在していた。しかしこれは両国間相互の政策変更が、如実に影響するという関係であった。その後に日本が貿易制限政策として発布した海舶互市新例すなわち「正徳新例」は、今度は逆に中国商人間の信牌争奪となって清朝側に影響を与え、最終結論は康熙帝の裁可を仰ぐ事態になったのであった。(50)

(1) 魏源『海國圖志』上、岳麓書社、一九九八年一一月、六一九頁。
(2) 王韜『甕牖餘談』巻四(『筆記小説大観』江蘇広陵古籍刻印社、一九八三年四月、第二七冊所収)。
(3) 松浦章『清代中国琉球貿易史の研究』榕樹書林、二〇〇三年一〇月、二一五~五二頁。松浦章編著『明清時代中国與朝鮮的交流――朝鮮使節與漂着船――』楽学書局（台北）、二〇〇二年三月、四七～七六頁。
(4) 中外交通史籍叢刊『日本考』中華書局、一九八三年五月、八八～八九頁。
(5) 西川如見著飯島忠夫・西川忠幸校訂『町人嚢・百姓嚢・長崎夜話草』岩波書店、一九四二年六月、二八六頁。
(6) 『長崎文献叢書　第一集・第二巻　長崎実録大成正編』長崎文献社、一九七三年一二月、二四二～二四三頁。
(7) 長崎市立博物館編集『日蘭交流四〇〇周年記念　大出島展――ライデン・長崎・江戸――異国文化の窓口』長崎市立博物館、二〇〇〇年四月、三八頁。
(8) 『唐通事会所日録』第一冊、東京大学出版会、一九五五年二月、二四頁。
(9) 同右書、五四頁。
(10) 同右書、五四頁。
(11) 同右書、八八頁。
(12) 同右書、八八頁。
(13) 同右書、八八～八九頁。
(14) 松浦章「元禄元年長崎来航中国商船について」『アジア文化交流研究』第一号、二〇〇六年三月。
(15) 同右、一一七頁。
(16) 同右、表二、一一七頁。
(17) 『長崎文献叢書　第一集・第二巻　長崎実録大成正編』二四七頁。
(18) 山脇悌二郎『長崎の唐人貿易』七三～七四頁。大庭脩編『長崎唐館図集成――近世日中交渉資料集六――』関西大学東西学術研究所資料集刊九―六、関西大学出版部、二〇〇三年一一月。
(19) 長崎歴史文化博物館、文書資料室所蔵「諸書留」安政二年（図書番号：H―DS―O、渡辺一四・六一）。
(20) 大庭脩編著『長崎唐館図集成――近世日中交渉史料集六――』参照。
(21) 松浦章「童華『長崎紀聞』について」『関西大学東西学術研究所紀要』三三輯、二〇〇〇年。
(22) 『宮中檔雍正朝奏摺』第一一輯、國立故宮博物院、一九七八年九月、五四頁。
(23) 同右書、四一一頁。

(24) 同右書、五〇〇頁。
(25) 松浦章『江戸時代唐船による日中文化交流』思文閣出版、二〇〇七年七月。
(26)『宮中檔雍正朝奏摺』第一一輯、五五五頁。
(27) 同右書、六五二頁。
(28)『宮中檔雍正朝奏摺』第一二輯、國立故宮博物院、一九七八年一〇月、四六頁。
(29)『宮中檔雍正朝奏摺』第一三輯、國立故宮博物院、一九七八年一一月、五〇四頁。
『雍正硃批諭旨』第八冊、文源書局、一九六五年一一月、四九八六頁。
(30)『宮中檔雍正朝奏摺』第一八輯、國立故宮博物院、一九七九年四月、四〇六頁。
(31)「袖海編」、『昭代叢書』戊集、第二九、世楷堂藏板、所収。
(32) 松浦章『江戸時代唐船による日中文化交流』。
(33)『宮中檔雍正朝奏摺』第一一輯、五三～五四頁
(34) 大庭脩編著『唐船進港回棹録・島原本唐人風説書・割符留帳――近世日中交渉史料集――』関西大学東西学術研究所、一九七四年三月、六九・七二・七六・八一・八七頁。
(35) 同右書、八七頁。
(36) 同右書、七〇頁。
(37) 同右書、七五・七八・八五・九〇・九六頁。
(38) 同右書、七五・七八・八〇・八四・八九頁。
(39)『宮中檔雍正朝奏摺』第一一輯、五四頁。松浦章『江戸時代唐船による日中文化交流』七八頁参照。
(40) 松浦章『江戸時代唐船による日中文化交流』七八、九二～九三頁。
(41)『宮中檔雍正朝奏摺』第一一輯、五五八頁。
(42) 大庭脩編著『唐船進港回棹録・島原本唐人風説書・割符留帳――近世日中交渉史料集――』八〇頁。
(43) 同右書、一〇七頁。
(44) 同右書、一〇八頁。

(45) 大庭脩編著『享保時代の日中関係資料二〈朱氏三兄弟集〉――近世日中交渉史料集三――』関大大学出版部、一九九五年三月、六三七〜六四四頁。
(46) 同右書、七五・七八・八五・九〇・九六頁。
(47) 大庭脩編著『唐船進港回棹録・島原本唐人風説書・割符留帳――近世日中交渉史料集――』八五頁。
(48) 『宮中檔雍正朝奏摺』第一二輯、五七頁。
(49) 大庭脩『江戸時代における中国文化受容の研究』同朋舎出版、一九八六年六月。
(50) 松浦章「康熙帝と正徳新例」箭内健次編『鎖国日本と国際交流』下巻、吉川弘文館、一九八八年二月。松浦章『江戸時代唐船による日中文化交流』。

第二章　来船清人と日中文化交流

一　緒　言

寛政七年（一七九五）より同九年に長崎奉行であった中川忠英[1]は配下のものを使って来船清人から聞き取らせたことをまとめて『清俗紀聞』を出版した。その冒頭の附言において忠英は次のように述べている。

この書は崎陽へ来る清人にその国民間の風俗を尋ねて問いて、この邦の語に直してしるす処なり。もとより清国東西風を異にし南北俗を殊にすれば、この編をもて普く清国の風俗と思い誤ることなかれ。いま崎陽へ来る清人多くは江南浙江の人なれば、ここにしるす処もまた多く江南浙江の風俗としるべし。[2]

長崎に来航する清国人に、その国の庶民の風俗を問い尋ね日本語でまとめたのであるが、清国の風俗は地方一律ではないこと、そして江戸も半ばを過ぎると、長崎に来航する清国人も江南・浙江など長江口地帯の人々が主であることが理解されていた。中川忠英は、鎖国時代といわれる閉鎖的な日本に生き、生の外国を知らない人物ではあったが、長崎に来航していた清国の人々の様相を、単に清国人とする漠然とした理解ではなく的確に把握し、来航する人々に、地域による風俗・文化などの差異があることを明確に理解していたといえよう。

江戸時代において中国大陸から貿易のために数多くの貿易船が来航していたが、その多くは貿易のための商人であって、目的は日中の文化交流ではなかった。しかし、海外との関係が厳しく制限されているため、長崎に来航する唐船・蘭船の乗員との交流は江戸時代の人々にとって唯一ともいえる機会であったろう。それを目的に長崎を訪れた文人も少なくはない(3)。

そこで本章では、それではこのような清国人と日本の文人たちとの間でどのような文化交流がなされていたのか、その一端を述べてみたい。

二　江戸時代に長崎に来航した儒者・医師・画工

江戸時代の日本と清朝中国は、外交的な関係を持たず、通商のみを長崎一か所においておこなう形態が一七世紀前半から一九世紀の後半まで維持された、特異な二国関係であった(4)。そのため欠けることなく毎年長崎に中国商船が来航してきた。中国商船に乗船していた人々は、宝永六年（康熙四八、一七〇九）の序を付して上梓された西川如見『増補　華夷通商考』巻二、「唐船役者　漳州ノ詞ヲ記ス」に次のように見られる。

夥長《ホイテウ》　海上ノ乗方ヲ主ドル者也。羅經《ハリ》ノ法ヲ能知テ日月星ヲ計リ、天氣ヲ考へ、地理ヲ察スル役ナリ。
舵工《タイコン》　舵ノ役ナリ、夥長ト心ヲ合セ風ヲ辦ジ濤ヲ凌グ、大事ノ役ナリ。
頭掟《タウテン》　碇ヲ主ル役ナリ、湊ニテハ肝要ノ役ナリ、機轉ノ入役ナリ。
亞班《アパン》　帆柱ノ役ナリ、用アルトキハ自身檣ノ上ニ升ル事モ有テ、苦労ノ役ナリ。
財附《ツアイフウ》　荷物商賣諸事ノ日記算用ヲ主ドル役ナリ。
總官《ツヲンクワン》　船中諸事ヲ肝煎奉行スル者ナリ。
杉板工《サンパンコン》　梯舟ヲ主ドル者ナリ、サンパントハ、ハシ舟ヲ云。
工社《コンシヤ》　水主ヲ云、大船ハ百人、中船ハ六七十人、小船ハ三四十人ナリ。
香工《ヒヨンコン》　菩薩ニ香華燈明ヲ勤メ、朝夕ノ倶拜ヲ主ル役ナリ。

船主《ツニツウ》　船頭ナリ、船中ニテ役ナシ、日本ニテ商賣ノ下知ヲシ公儀ヲ勤メ、一船ノ人數ヲ治ム、船頭ニ二種アリ、荷物ノ主人則船頭ト成レ來ルモノアリ、又荷物ノ主ハ不來手代親類船頭ト成テ來ルモアリ。(5)

右のように、貿易取引に関係する船主の他に当時の中国帆船の運航に従事する乗組員がほとんどであったが、中には下記に掲げるような知識人や技術者も若干含まれている。

船主や乗員以外の搭乗者で長崎に来航した人々についての略歴的な記録が『長崎実録大成』巻一〇に「長崎渡来儒士医師等之事」として列記されている。次にそのすべての人々を掲げてみることにする。

（1）長崎に来航した清人

『長崎実録大成』巻一〇、長崎渡来儒士医師等之事に記録された人物を順次あげてみたい。

陳明徳は、浙江金華府の人、医師であった。『長崎実録大成』巻一〇には、「寛永四年（一六二七）渡来リ長崎住居ヲ願ヒ、姓名ヲ改テ頴川入徳ト名付、醫業ヲ勤ム。今ニ至テ子孫長崎町醫ト成ル(6)」とあり、明朝が瓦解する以前に長崎に来航して医業をおこない、日本名を頴川入徳と名乗り、その子孫も長崎で医師となっていた。

朱　水（朱舜水）は、浙江餘姚の人で儒士であり、『長崎実録大成』巻一〇に、

萬治二年（一六五九）明末ノ乱ヲ避ケ長崎ニ渡来、在留七年、寛文五年（一六六五）水戸黄門公其徳義ヲ被爲及聞召、公儀ニ聘召ノ事ヲ御願アリ、同年七月舜水、其門弟並通譯高尾兵左衛門附添江府へ参上シ、同九月水戸ニ到ル。禮接尤鄭重ニシテ、数年ノ間經史ヲ談論シ、道儀ヲ講究セラレ、厚ク其學才ヲ尊信有之。天和二年（一六八二）四月八十三歳ニテ卒(7)

とあるように、明朝が瓦解し満洲族の清朝による中国支配を避けて日本に来航し、後に水戸光圀の信奉を受けて水戸の地で死去した。朱舜水の日本に与えた学術的影響については近年の台湾大学徐興慶教授の成果に詳しい(8)。

陸文齊は浙江杭州府の人で医師で、「元禄十六年（一七〇三）八月四日渡来、同十一月二十四日帰唐」[9]とある。

呉戴南は、江南蘇州府の人で医師であった。『長崎実録大成』巻一〇に、「享保四年（一七一九）三月十六日渡来、同六月十二日病死」[10]とあり、また同書巻一一、唐船入津並雜事之部の享保四年の条に「三月唐醫呉戴南渡ル。福濟寺ニ在留、同六月病死」[11]とある。長崎で医業をおこなうために渡来したものの、滞在三か月ほどで客死している。

朱佩章は福建汀州府の人で儒士であり、その兄弟も来日している。医師の朱子章、同じく医師の朱來章である。『長崎実録大成』巻一〇には「享保十年（一七二五）二月五日渡来、内朱佩章ハ同十一年二月十八日帰唐、朱子章ハ同年三月二日病死、朱來章ハ同年五月十三日帰唐」[12]とあり、同書巻一一、享保一〇年の条に「二月五日六番船ヨリ朱佩章、朱子章、朱來章兄弟三人渡海ス。官梅三十郎宅ニ在留セシメラル」[13]とある。また同書享保一一年の条には「在留ノ朱佩章、唐國射騎ノ者可連渡旨、前年ヨリ御請合申上信牌被下置ノ處、當年三十三番船右ノ牌ニテ入津シ、射騎ノ者ハ跡船ヨリ渡來筈ノ由。當年中ヨリ翌未六月迄不渡來故一船積戻仰付ラル」[14]とある。朱氏三兄弟の事績に関しては、大庭脩の成果に詳しい[15]。

周岐來は、江南蘇州府の人で医師であった。『長崎実録大成』巻一〇に「享保十年六月十八日渡来、同十二年五月十一日帰唐」[16]とあり、同書巻一一の享保一〇年の条に「六月十八日十四番船ヨリ唐醫周岐來渡海ス。柳屋治左衛門宅ニ令在留ラル」[17]とある。周岐來については次項で触れたい。

趙淞陽は、江南蘇州府の人で医師であり、『長崎実録大成』巻一〇に「享保十一年十月九日渡来、同十四年八月二十八日帰唐」[18]とある。

享保一二年六月二一日に長崎に一緒に来航した陳采若は浙江杭州府の人で射騎を専門とし、劉經先は江南蘇州府人で馬医であり、沈大成は浙江寧波府人で射騎を得意とした。『長崎実録大成』巻一〇「享保十二年六月二十一日渡来、内陳采若、劉經先ハ同十六年四月十二日歸唐、沈大成ハ同年十月昨日歸唐[19]」とある。また同書巻一一、享保一二年条に「六月二十一日唐國射騎陳采若、沈大成、馬醫劉經先渡[20]」とある。

沈燮庵は浙江杭州府の人で儒士であった。『長崎実録大成』巻一〇条に「享保十二年十二月九日渡來、同十六年四月十一日歸唐[21]」とあり、同書巻一一、享保一二年条に「十二月九日四十一番船ヨリ儒士沈燮庵渡来[22]」とある。沈燮庵は日本で唐律の校訂をおこなっている[23]。

画工として知られる沈南蘋は、『長崎実録大成』巻一〇に「享保十六年（一七三一）渡来、同十八年九月十八日歸唐[24]」とあり、また同書巻一一、享保一六年条に「十二月三日三十七番船ヨリ畫工沈南蘋連渡ル[25]」とある。彼については後に触れたい。

（2）唐絵の注文

享保時代に長崎に来航していた清商にはさまざまなものが注文され[26]、日本にもたらされた。その清商の一人に費贊侯がいる。彼は徳川吉宗の時代に中国絵画の舶載の注文を受けている。

吉宗の好んだものの一つに絵画があった。『有徳院殿御実紀附録』巻一六に、

> 公の御父光貞卿には、狩野探幽守信を学び、世にすぐれ給ひければ、公にも御幼稚より畫をこのみ学ばせ給ひける。常に探幽が畫をば、南無妙法蓮華教の境にいれりと御賞歎ありけるが、そのころ探幽ははや世にあらざれば、かれが從子養朴常信を召て師とし給ひけり、……[27]

とあり、吉宗の絵画に関する関心は極めて高かったと思われる。同書には吉宗が絵画の鑑定にも長じていたことが見られる。

> 唐畫は畫工もいまだ見及ばざる奇珍のもの多かりしに、畫者の名を仰られてのち、印面を見せたまひしに、

大かたたがふ事なし。(28)

このように、唐絵についても詳しい知識を持っていたものと思われる。それが新しい唐絵を求めることに繋がったのではあるまいか。

費贊侯が中国絵画の日本への舶載を引き受けたさいの記録が、『和漢寄文』巻三、明朝以前之名畫持渡候儀費贊侯御請之書付として見える。

蒙諭委帯明朝以前之名畫十家至十四五家、要総臨七八十張至一百張内、其畫幅一様寛大臨就倣成冊頁、毎家五六張、若罕有之名畫、即一幅亦不妨、其畫様山水・人物・花鳥・草虫等總要照本畫筆勢・彩色・濃淡・墨色、須要酷似各家儀之別、致臨來畫之總数内、彩色七八分、水墨二三分、敢不遵依、但名家古畫、係罕有之物、官府富家珍蔵、惟恐借來臨畫、勢必延遅歳月、贊自當端力承辦、須俟臨就帯來進上、爲此具呈。

享保十年十一月　日　　第十四番南京船主費贊侯(29)

享保一〇年(雍正三、一七二五)六月一八日に長崎に来航し、翌一一年二月一九日に帰帆した(30)費贊侯が、長崎滞在中に中国名画の注文を受けた。その注文を受けた中国絵画とは、明朝以前の名画の中から一〇家ないし一四、五家の作品を七、八〇枚から一〇〇枚程度で、それらを画冊にして一家につき五、六枚をまとめたものであった。もし名品であれば一枚でも可能で、その内容は山水や人物そして花鳥と草虫など、筆勢・彩色・濃淡・墨色に留意し、作品の特徴がよくわかるようなものを選び、彩色のものは七、八割とし水墨画は二、三割となるようにとのことであった。これに対し費贊侯は、有名な絵画は大官や富家が珍蔵しているので借用し臨写するのには時間がかかるが、彼の差配で手配して持ち渡ることを申し出ている。

このように、来舶の商人への注文という方法で中国絵画を輸入しようとしていたことが知られるのである。

この費贊侯は、長崎に中国の知識人を搭載して連れてきたり、さまざまな物を持ち渡っていたことから、中国官憲から注目される人物であった。そのことは雍正期の官吏の奏摺にも見えている。

雍正六年（享保一三、一七二八）八月初八日付の浙江総督管巡撫事李衛の奏摺によれば、

海外諸國與浙最近者、莫如日本。臣毎留心査訪、初時風聞、彼國有招致内地之人、教習弓箭、不甚守分、因尚未得確實、不敢冒昧瑣奏。……又有商人費贊侯、曾爲薦一紹興人革退書辦、往彼講解律例考、其不通逐歸、曾留該銅船質當。凡平常貿易之人、到彼皆圈禁城中周圍、……其鍾・沈・費姓三人、現在毎年領照、出洋貿易、帯銅回繳。……(31)

とあり、浙江総督であった李衛が、当時日本が盛んに中国の人を招致して武術を習っているなどの情報を得て調べており、その中に費贊侯もいた（前章第四節参照）。彼は一人の退職書生を日本に連れて行き、清の律例などを教授したが役に立たず、連れ帰ったことなどが調べられていた。

さらに、雍正六年一二月一一日付の浙江総督管巡撫事李衛の奏摺では、帰国した費贊侯が取調べを受けている。

……又費贊侯供認、曾帯崇明縣醫生周岐來、往彼治病、業經回籍、經臣於途間、喚到岐來面訊是實。據稱夷人毎事、訪求天朝故實・新聞・諸様書籍、無所不有。……(32)

費贊侯の供述では、かつて崇明県の医生周岐來を日本に連れて行き治療に当たらせたことなどが判明した。さらにその周岐來を連行し取調べた結果、日本は中国の動静に極めて熱心で、さまざまなことが調べていたことなどが明らかになっている。

この周岐來とは『長崎実録大成』に見える「江南蘇州府人　醫師」のことである。彼は、『長崎実録大成』巻一〇、長崎渡来儒士医師等之事に「享保十年（一七二五）六月十八日渡来、同十二年五月十一日帰唐」(33)とあり、また同書巻一一、唐船入津並雜事之部、享保一〇年条に「六月十八日十四番船ヨリ唐醫周岐來渡海ス。柳屋治左衛門宅ニ令在留ラル」(34)とあるが、『信牌方記録』享保一〇年の条に、

六月十八日拾四番費贊侯船入津仕候、此船より唐醫連渡候事
周岐來　年五十六歳　江南蘇州府崇明縣人
樊方宜　周維全　僕　毛天禄
右四人七月十一日柳屋治左衛門宅ニ御預ケ在留被仰付候、其後爲製薬手傳孫輔齋壹人右同断ニ在留被仰付候事。(35)

とあるように、周岐來を日本に連れ来たのが費贊侯であったのは確かである。

周岐來は、明の秦昌遇の『幼科折衷』二巻に、その序を著した。この医書は小児科に関する専門書で、その序の末尾に、

丙午清和既望古瀛州後學周岐來氏題(36)

と記している。丙午は享保一一年（雍正四、一七二六）のことで、これは日本で刊行された。現在その一部が内閣文庫に「享保十一年跋　刊　4冊(37)」として所蔵されている。

三　来船清人と日中文化交流

江戸時代に長崎に来航した清人に対する当時の人々の一般的評価として、特に「漢学者間の流行は、苟も長崎に遊んで清客と交際せないものは学者の恥辱とせる風習であつた(38)」とされる環境が存在していた。

そのため多くの文人たちが長崎を訪れたり、それが適わない場合であっても唐船による舶来品を好み購入するような環境が存在した。そのひとつが絵画である。来舶清人の中で著名な画家として知られる人物に、沈南蘋・伊孚九・費漢源などがいる。これまで特に絵画史の面から多くの成果が積み重ねてきたが(39)、ここでは画家としてよりも、来航時期を中心に日本人との接触などの面を重視して述べてみたい。

（1）沈南蘋

内藤湖南の『支那絵畫史』の「清朝の絵畫」において、

其の外乾隆頃の人で沈銓といふ畫家がある。即ち我邦で有名な沈南蘋で、乾隆時代のような、従来の畫風が一変した新しい時代に於て、明代の書院などのような、写生としても平凡な雅趣のない畫を畫いたのである。日本では沈南蘋と云へば、写生では無上の名畫のように考へるが、支那人から見ると聊か時代後れの気の利かない畫を畫いたものといふべきである。處が当時日本人には此畫が大いに人気に投じたので、幕府から聘ばれて長崎へ来て畫を畫いたが、其畫が又日本の畫風に大なる感化を與へて、それ迄は明の邊景昭などばかりを手本として居つた日本の畫風が、それから新しく開けて、應擧などの大家も其の影響から出て来たといふことである。……(40)

と述べ、近世の日本絵画に大いなる影響を与えた人物として沈銓（沈南蘋）の来日の業績をあげている。

彭城百川『元明清書画人名録』清人来船の「シ」の部には、

沈銓シンセン、字衡齋、号南蘋。呉興人、花卉翎毛。

とある。沈南蘋は絵画に優れ、特に花鳥画に優れた画人として知られていた。

画工と知られる沈南蘋は、『長崎実録大成』巻一〇、長崎渡来儒士医師等之事に「享保十六年（一七三一）渡来、同十八年九月十八日歸唐」(41)とあり、同書巻一一、唐船入津並雜事之部、享保一六年条には「十二月三日三十七番船ヨリ畫工沈南蘋連渡ル」(42)とあるように、享保一六年に長崎に来航した。天明己酉（九年、寛政元年、乾隆五四、一七八九）発行の新鐫『費氏山水画式』に見える、江戸中後期の儒者として知られる平澤元愷が天明七年に記した序にも、

舶賈能画沈南蘋、花卉翎毛最著、相継而来伊孚九、費漢源、名于山水、余在長崎、方巨川者適来、亦稱能画。

　属者木文熙爲徒弟、刻費氏画式、就余而請正因需一言、余已爲文熙序、其新摸名山圖而略言此際画、興時汚隆矣。……

　天明丁未（七年）仲春、兎道山樵澤元愷撰并書。

とあるように、沈南蘋は来舶の有名画家として知られていた。

沈南蘋の記事は、中国側の記録にも見られる。正史に準ずる『清史稿』巻五〇四、列伝二九一、芸術三には、

　沈銓、字南蘋、浙江徳清人。工寫花鳥、専精設色、妍麗絶人。雍正中、日本國王聘往授畫、三年乃歸、故其國尤重銓畫、於［惲］格為別派。(43)

とあり、諱が銓、字が南蘋であり、浙江省湖州府の徳清県の人であった。彼は花鳥画に優れその色彩が特に絶品であった。雍正年間に日本からの要請で長崎に渡って絵画術を伝え二年にして帰国したとされ、日本でもっとも重んぜられたとあり、彼の画風は惲格の流派の別派と見られていた。惲格は、清初の文人画壇を代表する六大家の一人であり、王時敏・王鑑・王原祁・王翬・呉歴らとともに四王・呉惲と呼称される画人である。彼らは明代の董其昌によって確立された文人画を発展させ、清代の文人画の基本を確立した画人たちであった。(44)『清史稿』巻五一一、列伝二九一、芸術三に「惲格、字壽平、後以字行、改字正叔、號南田。江南武進人」とあるように、惲格は江蘇省常州府武進県の人であった。その作品の特徴について乾隆『江南通志』巻一六八、人物志、隠逸、常州府には、

　惲格、一名壽平、字正叔。武進人、生而敏慧、八歳咏蓮花、驚其長老。尤工繪畫花卉蟲鳥意態飛動、而題語書法兼工、故世稱南田三絶。

とあるように、花草や鳥・虫などの描写を得意としていた画人であった。

沈南蘋の記録はさらに地方志にも見られる。

嘉慶一三年（一八〇八）の『徳清県続志』巻八、人物志、三五丁表には、

沈銓、字南蘋、嘗畫花蘂宮詞爲圖進御、又嘗随賈舶至日本、日本凡人尤重其畫、姪天驤門人童衡皆傳銓法。

とあり、嘉慶一三年にはすでに七〇余年も経過していたが沈南蘋が日本へ赴いたことと、彼の絵画が日本で珍重されていたことが明確に記されている。

その直後の嘉慶一七年（一八一二）刻『新市鎮続志』巻四、芸術、国朝には、

沈銓、字南蘋、工畫樹石花鳥、名譟一時、晩年專精松鹿、人争蔵弆之、姪天驤最得銓法、惜其年不永傳者甚稀。(45)

とあり、沈南蘋の樹木や石さらには花鳥の絵画が人気を博していたことが知られる。そして同書には、

呉錡字補之、畫師南蘋、而尤長於松夭矯離奇、令人心目、倶駭不知者、疑其自以意造、後有人遊粤西、還者言自桂林之全州山中古松幾二百里、怪怪奇奇、與呉所畫絶肖、於是人益居爲奇貨矣。(46)

とあり、沈南蘋の弟子に呉錡という人物がいたことが知られる。ちなみに新市鎮は徳清県の東北にある市鎮であり、沈南蘋の郷里であったと思われる。

さらに同治一三年（一八七四）刻『湖州府志』巻八〇、人物伝、芸術にも、

沈銓、字衡之、號南蘋、徳清人。工寫花卉翎毛、設色妍麗畫人物、得不傳之、秘曾寫花蘂夫人宮辭爲圖以進。雍正間、日本國王持倭牌、聘往授畫、三年辭歸。時國王贈予累萬、同舟人受簿録之累、傾所有以償歸家、不名一錢。(47)

とあり、沈南蘋は湖州府の徳清県の人で花草などの静物画に優れ、雍正年間に日本に渡り優遇され信牌を受けたこと、日本で絵画を教えた事などが記されている。

民国一二年（一九二三）修『徳清県新志』巻八、人物志、三五丁表によれば、

沈銓、字衡之、號南蘋、新市人。工寫花卉翎毛、設色妍麗畫人物得不傳之秘工秀絶倫。雍正間、日本國王持倭牌、聘往授畫、三年辭歸。國王贈予鉅萬、同舟人受簿録累傾所有以償歸家、不名一錢[48]。

とあり、上記の地方志とほぼ同様な事が記されている。

（2）伊孚九

彭城百川『元明清書画人名録』清人来舶の「イ」の部に、

伊海イカイ字孚九　號莘野、又號滙川、又號也堂、呉郡人。書画。

とある。現存の伊孚九の絵画で最も有名なものが、三重県松阪市の個人蔵になる重要文化財の三幅の「離合山水図」である。

画家として知られる伊孚九であるが、『長崎実録大成』巻一一、唐船入津並雑事之部の享保五庚子年（康熙五九、一七二〇）の条に、

同月（二月）二番伊孚九船ヨリ御誂ノ唐國牝馬二疋牽渡ル。但夜ニ入本船ヨリ馬ヲ卸ス。則御用ニ差上ラル。

とある。そして、『信牌方記録』の同年二月の記事に、

同（二月）十一日、貳番伊孚九船入津仕申上候へハ、去々年伊韜吉に就御用唐國之軍馬牽渡可申由ニて、臨時牌被下置候ニ付、去春南京ニ相調可申之處、澤旺阿刺蒲坦と申西韃之部類、清朝ニ叛き申ニ付、爲征伐軍勢を被差向候砌ニて、諸國より軍馬を撰ハれ候故、調申儀難成候。且又伊韜吉御當地（長崎）へ馬を牽渡申筈之由所々ニて風聞仕候故、何角脇より差支リ、及延引候夫故、浙江之内舟山と申所之官府ニ手寄リ有之候ニ付、則良馬貳疋相求メ牽渡申候。尤伊韜吉ハ無據用事ニ付、弟伊孚九渡海仕候。在館諸唐人之見聞を憚リ度由申上候ニ付、夜中本船より馬を卸し候事[49]。

とあり、同年一二月の記事に、

伊孚九事　御用唐馬を牽渡候為御褒美新銀被下候事(50)。

ともあるように、伊孚九は兄伊韜吉に代わって牝馬二頭を長崎にもたらした。当時の清朝は西北地域に興起した最後の遊牧帝国といわれるジュンガル部(51)が強固で、その鎮圧に苦慮していた。康熙時代の末はジュンガル部の澤旺阿剌蒲坦すなわちツエワン・アラプタンが最強の時代であった。清朝はジュンガル部に対抗するため優秀な軍馬が必要であったことは事実であり、このため伊孚九が軍馬の調達に苦慮したといっていることは、決して嘘ではない、正直な報告であったと思われる。長崎に持ち込んだ二頭の牝馬を、他の中国商人に気づかれずに夜陰に紛れて船から降ろしたというのは、当時の清朝中国の事情に配慮してであったことは確かであろう。

伊孚九がもたらした唐馬については、徳川吉宗の実録である『有徳院御実紀』巻一四、享保七年六月二二日の条によれば、

大番田中主膳元陳馬やしなふこと熟せしをもて、さきに唐土の馬をあづけられしが、よく成立せしをもて、銀十枚を賜はり、これを賞せらる(52)。

とあるように、幕府の警備役であった大番を勤めていた田中元陳に養育を委ねたようであったが、養馬に慣れた田中によって順調に日本の地に適合していったようである。

伊孚九の兄である伊韜吉は正徳六年（享保元年、一七一六）四番広南船の客として来日し、その後は享保二年四番南京船船主、同三年三一番南京船船主として長崎来航が知られる商人であった(53)。

一方、伊孚九の最初の来日は、『崎港商説』巻三に、享保五年二月二一日に二番南京船船主として長崎に入港したことを記して、

船頭伊孚九儀は、今度初て罷渡り申候、乗渡り之船は、去々年之二十八番船にて御座候(54)。

とあるので、これが初めての来日であった。彼が使ったのは享保三年の二八番寧波船で、当時の船主は鄭孔琬であった(55)。

その後、伊孚九は享保一一年二八番占城船の客、同一五年二三番南京船船主、同一八年七番南京船船主として来日している(56)。

なお、享保六年一二月には、

船頭伊敬心儀は、初て致渡海候、但去年二番船頭伊孚九帰帆之節、當丑年之信牌御與へ遊候、其身來朝仕筈之處に、無據用事御座候て、渡海不仕候、依之伊敬心事は、伊孚九兄にて御座候故、右之信牌相譲り、此度持渡り申候、乗渡り之船も、去年之二番船にて御座候(57)。

とあるように、同月一八日に入港した三三番南京船で、伊孚九に代わって兄の伊敬心が来日している。その後、伊敬心は、享保一〇年正月二八日に四番占城船船主として陸培元の名で来日している。この時に伊孚九も来日し「伊敬心ノ客ト成テ來テ願フ(58)」とある。

また延享四年（乾隆一二、一七四七）八月の「歸帆冊(59)」に伊孚九の記録が見られる。

丑三番南京船主伊孚九本船于子年（享保五）十二月初十日由乍浦駕至十七日收入長崎港内、其貨交易俱竣合笑□□准帯版銀銅觔包頭什色俱已収明毫無差錯今欲開棹理合報明本船客目共八十一人、但開船之日、除准帯貨物之外、不敢私帯違禁之物、入敢前往呂宋其外天主教□住等處、来時不敢儎天主教門黨類、及犯禁貨物假薬材信石斑猫芫青等毒薬併不敢歸日本別處港門放人衆上岸来往一如従前條約甘結確守若有毫犯人船及貨物受罰爲此船亦併宿主花押存証。

計開

船主伊孚九年五十歳

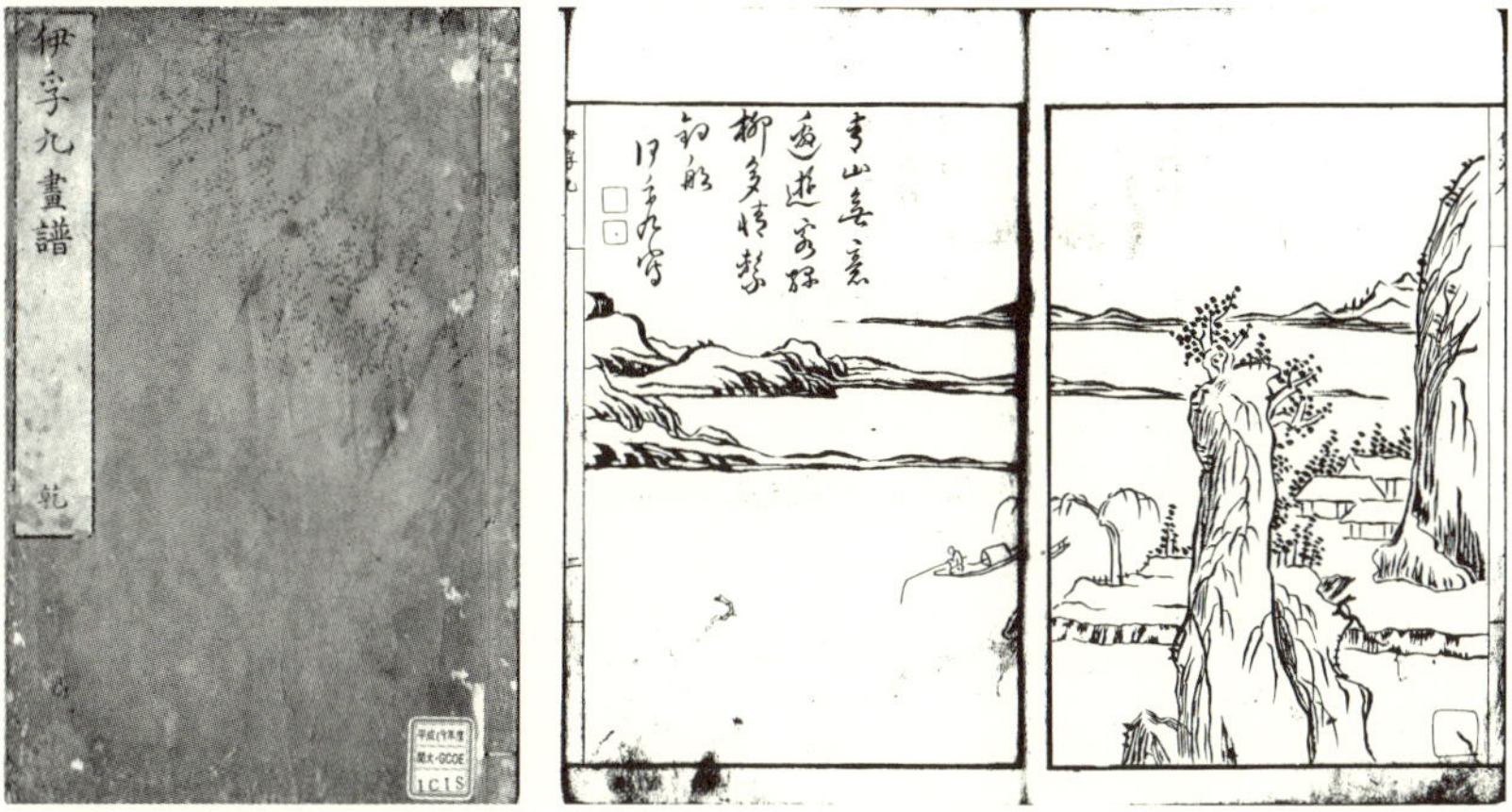

図１　『伊孚重・池大雅山水画譜』

……

延享四年八月　　　日丑三番南京船主伊孚九(60)

とあり、伊孚九は享保五年（一七二〇）に初めて来日し、延享四年（一七四七）にも来日したことが知られる。伊孚九は延享四年に五〇歳であったから、康熙三八年（元禄一二、一六九九）の生まれで、最初の来日時は二三歳であったことになる。

伊孚九の延享四年の来日は、後に大田南畝の『瓊浦雑綴』に記録された次の記事に、

千字文一巻、乾隆丁卯秋七月望前三日、書於長崎客館曠心楼
山唐伊海孚九氏

伊孚九楷書、甚乙丑仲夏十九日清晨観(61)

とあることからも確認できる。乾隆丁卯は乾隆一二年すなわち延享四年であることから、もちろん毎年来日していたわけではないが、伊孚九の来日時期は享保五年から延享四年までの二七年間に及ぶことがやはり確認できる。また、乙丑は乾隆一〇年（延享二）であるから、同年にも来日していたと考えられる。

伊孚九の絵画は江戸時代の画人に影響を与えたようで、池大雅の画譜とともに『伊孚九・池大雅山水画譜』として出版されている。図１はその一部である。

（3）長久保赤水と明和期の清商

長久保赤水は江戸時代の代表的な地理学者で水戸藩の人であるが、中国へ漂着し長崎へ帰国した水戸藩の者の引き取りを命ぜられ、公務で長崎へ赴いた。そのさいの彼の記録が『長崎行役日記』である。長崎滞在中の明和四年（乾隆三二、一七六七）一〇月一三日の条に、来航中国商人のことが記されている。

今客舘の清客に文才の人あるよし、詩文贈答の紹介をなし給はらんやといひおくる。(62)

つづいて同一四日の条に、

それより十禅寺の唐人舘へ行く。大門に入るときに村雨驟にふる。当所の前なる家に入て晴を待つ。其時に唐人ども十人ばかり此辺に徘徊して相共に笑語す。唐音の中に和語を用うる者もあり。その人物賤しからず。面体この方の人にかはらず。しかれ共頭髪を剃りて百会の所を径二寸ほど丸く剃残したる髪の毛を三組にして、羽織の紐に似たるを後へ乗れ下る。帽は鍪頭巾のしころなき様なる物也。頂の尖の所へ赤き絹糸の如くなるを括り付け、猩々の髪のやうに散し下す。外套は此方の半合羽に似て前を釗じめにし、裙は裳の両脇を合せず。前垂を前後より懸けたる如くみゆ。凡て清朝は韃風にて公卿大夫に至る迄、衣冠を用ゐず。此風俗也と云ふ。しばらくありて雨歇む。中門をこえて土神堂を礼し、夫より厨下口の口の腋より階子をのぼり楼に入る。唐人二三輩出て長揖して饗導す。坐敷には毛氈をしきつめたり。案内の通事人高尾嘉左衛門、その子兵右衛門、華語にて唐人とかたる。即ち茶を瀹していだす。味ひはなはだ淡薄なり。饅頭、カステラ、茘枝、竜眼肉等の果子を案に盛りて三十膳など座敷の中央にならべおく。彼国の風と見えたり。この中に四ツ人形の如きかざりものあり。四隅ともに大根のつくり花なり。唐人どもの給仕にて我等まで賞味す。游樸庵か学才かねて聞けども、ゆるしなければ臂を交へて筆談する事を得ず、唯目礼して退く。悵恨に堪えたり。(63)

とあるように、長久保赤水は、この長崎滞在の機会に何とかして唐人の文化人たちと接触を持とうとしていたことがわかる。そして、彼らと筆談等をと考えていた。

同書、同一六日の条に、

此とき熊氏よりも一封到来す。即ち清客游樸庵が返翰和章なり。暫くありて又来る。張蘊文、龔廷賢の二清客が和韻の詩なり。この二客へは予初より詩文を贈らず、熊氏と游樸庵との乞なるべし。実に望外の事なり。予も謝状を書きて亭主に托せしとき鶏鳴に過ぐ。(64)

とあるように、「熊氏」こと唐通事熊代太郎右衛門を通じて游樸庵との接触に成功し、さらに思いもしなかった張蘊文や龔廷賢からも詩文を得たのであった。

長久保赤水は、さらに長崎における清人との交流に関して、詩文の贈与されたものを中心にして『清槎唱和集』一巻として残した。その書の題言に岡津の名越南渓が、

本藩之漁舟、為颶風所漂至於安南、会有南京賈客之來崎港者、寄其船而得還。本藩遣吏卒、塩其事、長子玉亦與焉。留数日、乃與清人之在崎港者、唱和為数扁、題曰清槎唱和。

と書いている。ベトナムへ漂着した水戸藩の者が、ベトナムに赴きさらに長崎へ来航した唐船の救助を得て帰国できたのであるが、その難民を長崎にもらい受けに赴いた長久保赤水が、その機会を利用して唐人との接触をはかった結果としてこの書ができたのである。なお、文中の子玉とは長久保赤水の号である。

そして、唱和した唐人とは同書に見える次の人々である。

游樸庵、姓游、名勲、字元周、古閩人、福州船商主。

張蘊文、名煥、南京人。

龔廷賢、字克顕、温陵人。

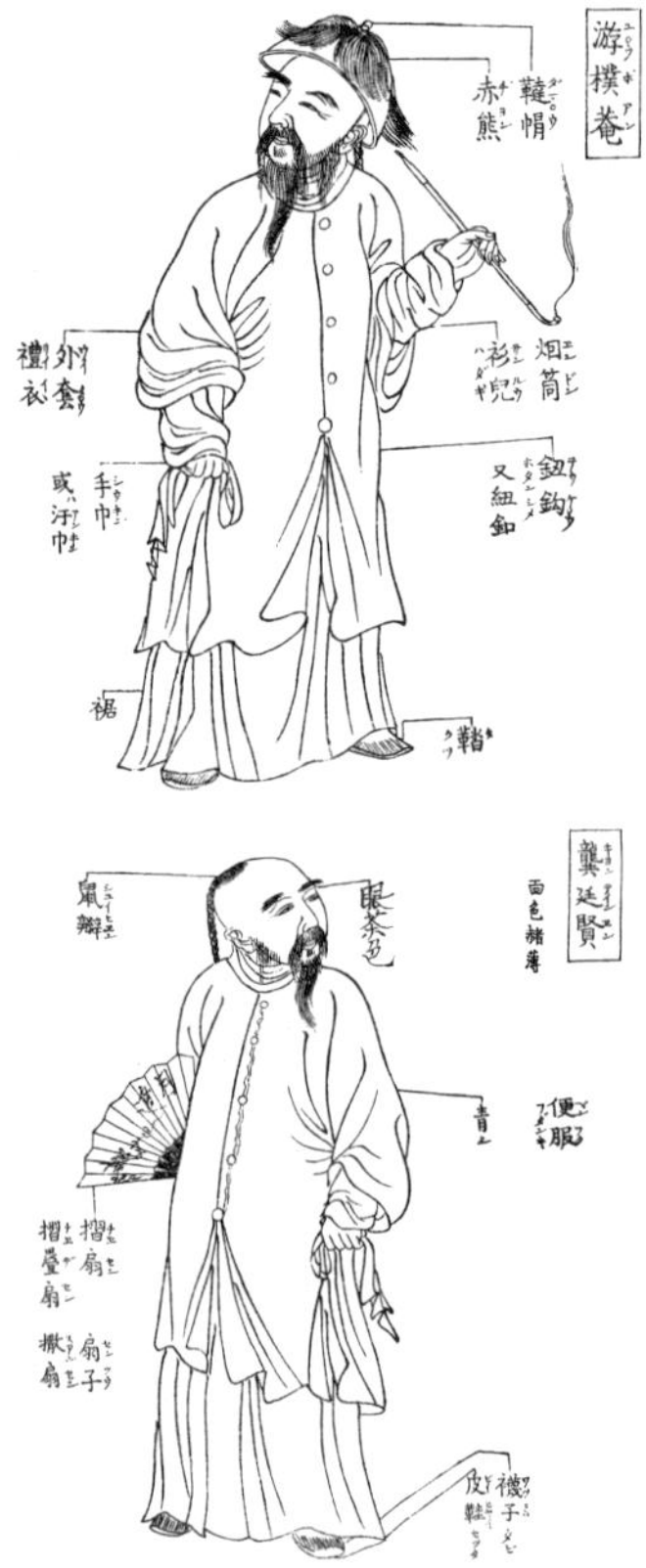

図２　游樸庵と龔廷賢
（長久保赤水『長崎行役日記』より）

王世吉、名遠昌、山西汾州府汾陽県之貢士、南京上海船之商主。

この四名は、いずれも長崎に来航した船主として知られるので、順に彼らの事績の一端を記してみることにする。

游樸庵は、『元明清書画人名録』に「游勲　ユウクン　字元周、一字樸庵、古閩人。行草」とあり、彼の船主としての来航は、明和二年（乾隆三〇、一七六五）の酉八番船より安永三年（乾隆三九、一七七四）午四番船[65]までで、一〇年間に及んでいる。

彼は『清槎唱和集』に、

謹答赤水長先生執事、僕生中国、長客瓊江、嗜訪名人、好交高士、凡東海之名士先生、雖不能面談促膝、亦差可已諾通情、椰心猶未足也。

という文を残していて、長崎へ来航し、高士と交わることを希望していたが、十分にできていないといっている。

次の張蘊文は、前述の明和四年の来航以後は、明和五年（乾隆三三、一七六八）子七番船より安永四年（乾隆四〇、一七七五）申二番船(66)までが知られ、長崎来航は九年に及ぶ。

龔廷賢は、『元明清書画人名録』に「龔標　キヨウヘウ　字克賢、温陵人。行書」とある龔標のことであろう。来航船主として龔克賢の名で知られるのは、明和三年（乾隆三一、一七六六）の戌一二番船主、明和四年の亥五番船主(67)とある二度だけである。彼の詩は『清槎唱和集』に三首見える。

図３　『清槎唱和集』の唐人図

最後の王世吉は、『元明清書画人名録』に「王遠昌　ワウエンショウ　字世吉、西河人。行草」とある。西河は山西の汾陽の唐代以後の古名なので、王世吉は山西人である。彼の来航記録は、明和三年の戌九番船主より安永八年（乾隆四四、一七七九）の亥七番船主(68)までで一四年間に及んでいる。そして彼こそが、このうちの明和四年七月一六日に長崎に入港した亥四番船主の時、安南（ベトナム）に漂着した水戸藩の難民を長崎へ連れ渡ってきたのである(69)。

（4）平澤元愷と汪竹里

昌平黌に学んだ江戸中後期の儒者として知られる平澤元愷(70)は、安永三年九月に長崎を訪れている。その時の記録が『瓊浦偶筆』七巻として残されている。その巻二が「筆語」として当時長崎に来航していた清人との筆談によるさまざまな質問や回答を記録したものである。特に平澤元愷が心を許して筆談した相手が汪竹里であった。

同書に、

余嘗聞、唐商多瞞人、言説不足信也。獨汪竹里者、其人信愨、亦好讀書、其言足可踐矣。今茲幸留于此、因就譯司、問所畜、實解惑者多。

と記すように、来舶清人の多くは人を騙すような人物が多く、言説は信用できないが、ただ一人信用できるのが汪竹里であるとし、汪は信頼できる人物で学問もあり、その言説は信用できると見なしたのであった。そこで、平澤は唐通事を通じてさまざまな質問を送りその回答を得て、おおかたの満足を得て「筆語」として記録したのであろう。

ちなみに、汪竹里は長崎における商人としての名前であった。彼の名は汪鵬であり、長崎滞在中の記事を「袖海編」として残した人物である。そして日本に残された逸書を中国に持ち帰った人物でもあった。その逸書の刻書に貢献した人でもあった(71)。

汪竹里こと汪鵬はその著「袖海編」において、長崎の印象を次のように記している。

長崎一名瓊浦、風土甚佳、山輝川媚、人之聰慧靈敏、不亞中華、男女無廢時曠職、其教頗有方、斯民也。三代之所以直道而行也。向使明周官之禮習、孔氏之書、大體以明彝倫增佚事、擧政修何多讓焉。

このように、長崎の印象を極めて良く述べている。

平澤元愷は汪竹里との応接問答を「筆語」中に九〇問近く往来させている。その応答は『瓊浦偶筆』巻二のほとんどを占めている。これほど汪竹里と意気投合したようであった。その筆語の中で、興味深い次の例を掲げてみたい。

〔平澤元愷〕余問。近時載來諸器皿彩畫、或山水、或花卉、或雀鹿、其側多畫一鶣鶝、殊不相關、有何意旨。

汪〔竹里〕曰、鶣鶝、音同福字、故彩繪中、多間襍之。如畫一鶣鶝、共一壽字、即爲福壽、或畫水中小山、如一鶣鶝、即壽山福海。

この問答は、中国から船載される諸物に描かれた絵画に関する質問であった。山水や花草や雀や鹿の絵の側に鶺鴒（フクロウ）が描かれるのはどのような理由からかを平澤元愷が問うたのに対して、汪竹里は、鶺鴒の音は福の字と同じであって絵画中に多くこれを描く。もし一羽の鶺鴒を描いてさらに寿の字があればこれで福寿を意味するのであり、絵に水中の小山が描かれそして鶺鴒があれば寿山福海を意味すると説明した。

つまり、平澤元愷が疑問を持った船載の品々の中に広く見られる鶺鴒の絵は、中国の人々にとって縁起が良いものの象徴として描かれ、当然日本でも好まれるものと考えて持ち渡られていたものと思われる。なお、江戸時代において鹿の絵が好まれたのは漢音の「ロク」が俸禄の「ロク」に音通し、俸禄が上がり、また富や財産が増えると解釈されたからで、猿の絵が好まれたのは猿猴が幸に字音が通じると解され幸福になるとの意味で縁起の良い表象として流行し、鹿や猿を画題にした絵画が持て囃されたといわれる(72)。

（5）　費漢源・費晴湖

彭城百川『元明清書画人名録』清人来船の「ヒ」の部に、

費瀾、字漢源。山水人物。

とあり、長崎に来航していた画家として費瀾、字漢源が知られる。

天明己酉九年（寛政元、乾隆五四、一七八九）新鐫の『費氏山水画式』（図4）に見る費晴湖の序は漢源に触れており、

漢源公余族之従祖也。世居苕渓、余少時雖未獲親、承其指授。

……余茲来崎、得展芙蓉先生所摸山水画式三巻、

……是爲跋、乾隆五十七年壬子秋七月　　　苕渓費晴湖浅并書

とある。費晴湖が記した乾隆五七年は寛政四年（一七九二）であり、晴湖のこの年の来日は後述の長崎聖堂文書からも確かである。

鶴田武良の成果によれば、費漢源は「享保十九年始めて長崎に来航、元文二年には南京船主として渡来、宝暦六年ごろまでの間に数回来日した」[73]とされる画家であったが、伝存の作品は多くない[74]。

一方、費晴湖については春木南湖の『西遊日簿』に記述がある。南湖は天明八年（乾隆五三、一七八八）九月二八日に長崎にいたり、一〇月朔日に長崎港を見物して、唐船の船名を記している。

永寶鵤一艘　萬安一艘　常慶一艘　得順一艘　安利一艘　大順意一艘

都合六艘梅崎掛リアル。萬安船上ニ内ニ聯アリ。

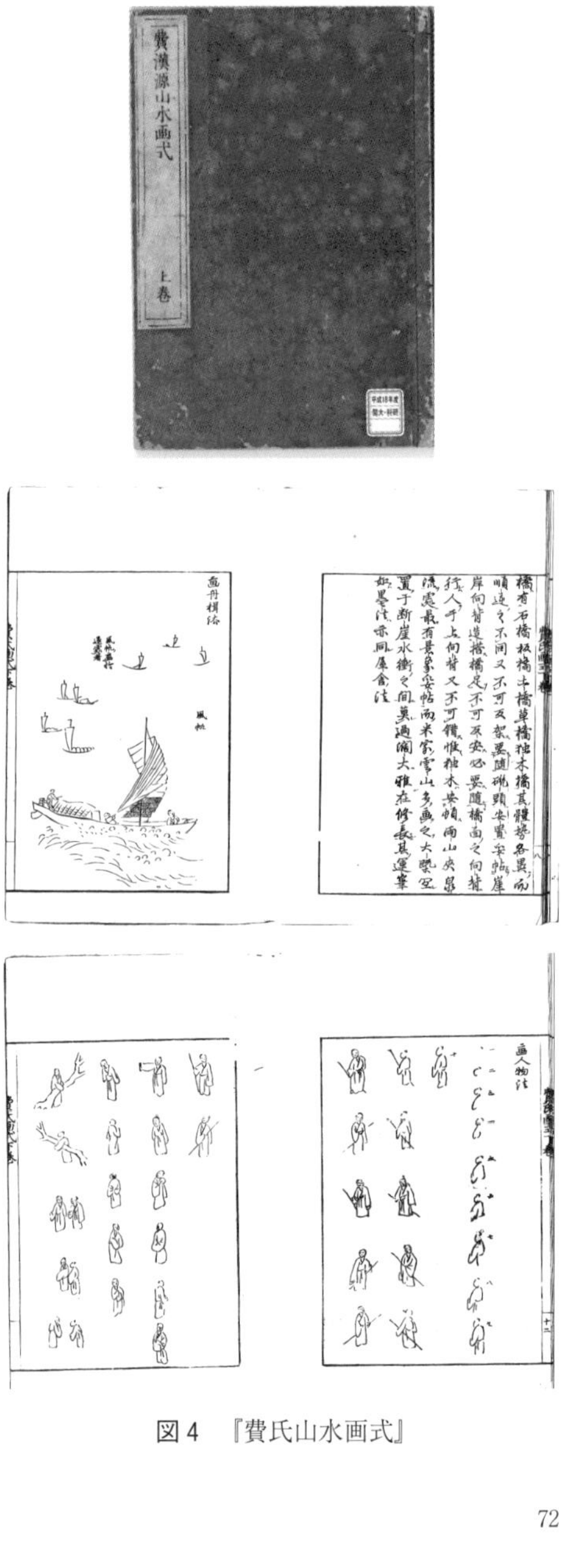

図４　『費氏山水画式』

浪静自悟流水送
帆軽常便順風推

右聯萬安船ニアル。(75)

このいずれかの唐船で来日していた唐人の一人と南湖が筆談を交わし、姓名を記した人物がいた。

姓　費名肇陽　字得天　別號晴湖　浙江湖州府居住　苕溪人也

この費晴湖は、先の『費氏山水画式』に見えるように費漢源の一族であった。

費晴湖が来日したことが確認できるものとして次の年代が知られる。

天明八年春木南湖『西遊日簿』
寛政二年一一月一五日夜　戌四番船　船主(76)
寛政三年(77)　寛政四年(78)　寛政六年(79)
寛政七年(80)　寛政七年(81)　寛政八年(82)

さらに費肇陽の名が知られるものとして寛政一一年（嘉慶四、一七九九）己未八月新鐫の『清俗紀聞』の末尾に記された清国の協力者の中に「湖州　費肇陽」の名が見える。編者の中川忠英の長崎在任が寛政七年〜九年であったことから、費晴湖はこの時期にも長崎に来航し滞在していたことは確実である。

また同書の附言に、

圖繪は崎陽の畫師を清人の旅館へ遣し聞に随ひて圖し、聊違ふ事あれハ清人即これを正し、或は清人圖して示すものも多し。問答数度にして始て全き事も得たり。見る者うたがひを生ずる事なかれ。

と記しているように、来舶清人も『清俗紀聞』の挿絵図に協力したことがわかることから、費晴湖もそれに係わったことは想像に難くない。

費漢源の作品として「柳塘漁楽圖[83]」、晴湖のものに「山水圖[84]」が知られる。

（6）文化初年の大田南畝と来舶清人

狂歌作家として知られる大田南畝が文化元年（一八〇四）九月から一〇月初旬までのほぼ一年間、幕府の命を受けて長崎に滞在した。この間に、公務の傍ら来舶清人と通事等を介してではあったが、積極的に係わっている。大田南畝は長崎における清人との接触を切望していたようである。彼の『瓊浦雑綴』において、

けふは十二月十日なり。僅か一閲月にして海外の近詩をむる事、昇平の代の大幸といふべし[85]。

とまで記している。来舶清人と面談し、詩作を通じて交流することを大いに期待していたことが、この記述から理解できるであろう。

以下、長崎滞在中の南畝に関して『大田南畝全集』第二〇巻を参照してまとめた[86]。

文化元年（一八〇四）一〇月一日には、来舶中の医師であった胡兆新や程赤城からの揮毫を受け取っている。

そして下旬には唐人屋敷を訪問した。

一一月二五日には中国船の丸荷役に立ち会っている。

一一月二日には唐船全勝号の荷揚げに立ち会った。

一二月七日は丑四番船の丸荷役に立ち会う。

一二月一〇日は、丑二番船の精荷役に立ち会い、清人の最近の詩作を一見している。

文化二年一月二四日には、子九番船・丑二番船の持ち渡り唐本目録を借用して写している。

二月二日、唐人屋敷内にて双貴図の劇を見ている。

三月一五日、新地庫においてこんぶ積み込みを見学。

四月一日、胡兆新書の竹の画賛を見る。

四月二六日、梅ケ崎の唐船の停泊地の浚渫を見聞する。

五月一九日、朝に伊孚九の書を見て、のち崇福寺において書画を見る。

六月一八日、丑五番船・本船の起貨を監督。

六月二二日、新地に貨物倉庫において丑八番船の起貨を監督。

六月二七日には新地において丑七番船の清庫を監督。

七月一三日、六月一六日入津の丑五番船舶載の官板の『二十一史』目録と『四朝別史総叙』序を書き留める。

八月一六日、張秋琴より『縉紳全書』が四か月ごとに改訂されることを聞く。

八月三〇日、丑六番船の荷揚げを監督。

閏八月八日、丑七番船の出庫の日、銭位吉と詩を唱和する。

閏八月二六日、丑四番船永興号出港に当たり、本船装載を監督し、銭位吉と別れを惜しむ(87)。


大田南畝が長崎滞在中に何度か接触を試みた胡兆新については『続長崎実録大成』巻八、唐船進港并雑事之部に、

〔享和三癸亥〕當年十二月子二番船ヨリ唐醫胡兆新ト申者連渡ル處、市中ノ者ドモ療治トシテ、毎月二七日、聖福寺・崇福寺エ寺出致スニ付、療治請度者有ラバ、願ノ上同寺エ可罷出旨命ゼラル。翌々丑四月子九番船ヨリ歸唐ス(88)。

とあるように、享和三年（一八〇三）一二月から文化二年（一八〇五）四月まで長崎に滞在して長崎市中の人々の病気治療に当たっていた。

本草家である佐藤成裕が五十余国を経歴し、また長崎も訪れて記した随筆の『中陵漫録』に、清医胡兆新として記している。

文化元子の年、蘇州の醫師胡兆新、長崎の唐館に來れ、毎月、二寺に出て治療を請ふ人を待つ。凡そ尋來る病者多くは痼疾にして、百に一も効なき事あり。しかれども、醫は小伎なるを以て、みづから誇りて、日本に醫なしと思ふ。又手跡を以て鳴らんとす。人、書を請ふと雖も、漫に書して與へず。余、其醫案及方術を細に聞に、尤凡醫にして秀工にあらず、擧て論ずる處なし、其書も亦誇る處なし。……(89)

医薬に通じた専門家である佐藤成裕が、文化元年（一八〇四）来日していた医師である胡兆新が、毎月長崎の唐寺二寺において治療していること、患者の多くが不明な持病の診療を願い出ていたことを記している。

大田南畝は来航船主張秋琴との間にも交流を持ち、『瓊浦雑綴』に彼の詩を収録している。その末尾には、

南畝先生教政　　葬花菴主張秋琴草

右乙丑五月五日、張秋琴題詩扇、訳司彭城仁左衛門携来、扇面有江稼圃画蘭(90)

とある。乙丑は文化二年（嘉慶一〇、一八〇五）のことで、その詩は五月五日の日付で張秋琴が南畝に送り、唐通事の彭城仁左衛門を通じて南畝のもとにもたらされたのであった。詩は扇に書かれ、張秋琴の詩の他に画家としても知られた江稼圃による蘭の絵が描かれてあったのである。

（7）　頼山陽と来舶清人

江戸後期の儒者の一人として著名な頼山陽が三九歳の時、長崎を訪れている。頼山陽は文政元年（一八一八）五月二三日より八月二三日までの三か月の間長崎に滞在している。山陽が長崎を訪れた時は、すでに中国船が帰帆して長崎港に停泊する唐船はなかったようで(91)、七月八日付にて、

唐船も一向参居不申、是切にて罷帰候ては、長崎へ参候甲斐無之。……いづれ唐船参、筆談贈答にても出来候様の奴参、左様候事略相済候て、肥後へまわり、早々帰候様致度奉存候。(92)

と、母親梅颸に書き送っている。

山陽が待ち望んだ同年の寅一番船が七月二一日に長崎に来航した[93]。続いて二番・三番船が七月二七日に来航し、山陽が長崎に滞在した三か月の間はこの寅一番・二番・三番船の三隻だけであった。

この時期の『割符留帳』は不完全であるのでオランダ商館日記によって補ってみたい。

八月二二日（陰暦七月二一日）には、

第一番のジャンク船がやって来た。それは四三日の航海をした[94]。

八月二八日（七月二七日）には、

二隻のジャンク船が碇泊所に来たが、両船は四九日間の航海をした[95]。

と記されている。

頼山陽が面会・筆談した清人とは楊西亭と陸品三であった[96]。山陽が長崎滞在中に来航した唐船の船主は次の人々である。

文政元年寅一番船　船主　蔣春洲　沈愚谷
寅二番船　船主　楊西亭
寅三番船　船主　王宗鼎[97]

このことから楊西亭は寅二番船主であったとわかる。楊西亭と山陽との最初のやりとりで、山陽が扇面に、

萍水相逢且擧杯、酔魂恍訝到蘇臺、看君眉宇秀如許、猶帯虎邱山翠來[98]。

と題したところ、楊西亭は、

九詠時當聊奉杯、詩家秀士適臨臺、羨君落筆驚風雨、立意清新誰道來。
蒙足下題詠粗扇、令我頓開茅塞、今勉爲效顰、漫和原韻、呈山陽先生、斧改[99]。

と和して返した。

一方、陸品三との間の筆談については、次のようにある。

老兄、及び江芸閣兄［この船にて來らす］の大名を稔聞し、一たび謦咳を仰ぎ、以て渇瞻を慰めんと欲す。

今日、光霽に接するを得て、吾心降れり。襄

右のように、山陽が書したのに対して、陸品三は、

晩［生］は、乍浦の人、姓は陸、名は如金、字は品三。崎に到る［來る］こと已に有八年なり、今、貴地諸老先生の醫法に招かるるを蒙れり。但、理學［宋儒學説］明らかならず、甚だ是れ歉仄なり。我が子成と盤桓せんと欲すること日久し、方に精通を得たり。素と足下の才學深沈にして、詩書貫通を仰ぎしも、但未だ教に接することは能はず、實に我が心の蘊結たり。今、稍くにして、寸衷を叙し、已に渇飲に足る、來湯これ命のままなり。如金拜[100]。

と返した。

また後日、陸品三と楊西亭との再度の筆談の機会を得ている。

展慕す、足下の文才俊雅にして、気、春風に叶ふを。恨むらくは、盤桓を久うせず、悵、何ぞこれに如かん。今、枉顧を承く、請ふ暢懐を得ん。未だ識らず、文旌、何れの日に駕歸し、何れの日に再び崎陽に臨まんことを、共に欣希する所なり。如金拜復。

僕、見に京城に住し、道里遼遠にして、再遊に難る。然れども、今の來れる、未だ諸君の徳に厭飫せず、佗日、粗蛸冗を了らば、まさに西轅を圖るべきのみ。襄[101]

右の筆談の応答に対して、再度の筆談が行われた。

聞く、呉中は人文の淵藪なりと。見今、最も著稱せらるるは、何人ぞ。襄謹問。

下問　只、潘石泉、黄山霞の二先生、最たり、その餘は、申數すべからず。如再覆。
袁随園先生、陋邦に在りて、亦大名を耳にす、料るにすでに下世せん。同時、名を齊うせしは、何人。襄
随園は、すでに故［歿］せり。その時、名を齊うせしは、沈歸愚、字は徳潜、諱は恪士なり、才學相同く、
而も貌も相若けり。如。
虎邱と西湖とは、景勝いづれか勝れる。襄問。
西湖には、十景の名あり。虎邱には十八古蹟ありて、各雅趣あり。杭州西湖は、乃ち眞山水なり。少谿［西
亭］復。
聞く、秦淮は、昔日の繁華に如かずと。然るか、否。襄問。
秦淮河は、金陵城外、貢院の前に在り、この處、一帯の河房、歌妓彙集し、夏秋には、遊人甚だ聚り、科場
に遇ふ毎に、仍昔日の如し。少再復。(102)

頼山陽が筆談した相手の一人である楊西亭は、文化五年（一八〇八）から天保一三年（一八四二）まで三四年間もの期間にわたって長崎来航が知られる清商で、また清医としても知られていた人物である。彼の奉納した扁額が長崎の興福寺の媽祖堂に現在も残されている。(103)

なお頼山陽が対面を期待していた江芸閣は、山陽が長崎を訪れた翌年の文政二年二月二四日に卯一番船船主として来航している。(104)

（8）河井継之助と銭少虎

幕末越後長岡藩の家臣であった河井継之助が、安政六年（一八五九）に備中松山藩（現在の岡山県高梁市）の儒者山田方谷を慕って遊学し、方谷の留守中にさらに長崎まで遊学したさいの旅日記が『鹿壺』(105)として残されている。

その『鹿壺』の安政六年一〇月五日以降、一八日に長崎を出立するまでの間の日記に、長崎滞在中の唐人との交流の一端が記録されている。

『鹿壺』安政六年一〇月一七日の条に、「長崎逗留中は、合わせて記す(106)」とあり、六日から一六日までの記事が一括にして記録されている。

唐館は、刀と袴と誂え、足袋をぬぎ、脇差一本にて供の積りか、前に番所あり、又門を始め、夫々番所ありて六ケしき者なり。容易に［見物］出来ざる事なり。

番所ごとに、断わりてひかえ居る。室に入りて見るに、一々額あり。聯の様なる者あり。在来人ならん。其の姓名を朱唐紙に書き、張附け置く。入口の間に豕の干物、沢山掛置けり。ラカンと云う二階へ上る、幾間もあり、重立者は別に夫々間あり、中に錢小虎（原注。字をしらず）の居処、一番リッパなり。阿片を吸うしかけ、油火にて、横に寝、枕に付て吸うなり。……(107)錢小虎に逢う、其の外、数唐人に逢う。錢小虎始め此節、帰国前、甚だ忙し、荷物等皆こうり。皮小袖ビツの様なる［もの］多く、何ツ《幾つ》もあれば、まだ大勢居る由。帰り前故、皆出あるきする故、不在と云う事なり。掛物数幅、掛軸中に隷書など別して美事なり。其の脇に又、仏壇の様なるありて掛物あり。夫々縫物あり、万事雅なる事なり。色々の所へ通り、唐人に扇子を書いて貰う。先に予思う、下唐人などに頼むはダメと、只弐本粗なるを持てるのみ。本日、［書く］処を見るに中々上手、且つ苦のなきには感心なり。必ず筆は直筆なり、扇の悪きを恥じて、其の旨云いければ、「字甚だヘタ」と、真に辞譲の心あり。頼めば幾等も書呉るなり、残念の事をしたり。……(108)

継之助は唐通事の石崎次郎太の案内によって唐人屋敷を訪れている。彼は唐通事について唐人屋敷の中に入って、その様子の一端を記している。唐人屋敷の一部といえども、このように記された記録は稀有である。おそらく、幕末の唐船来航も閑散としていた時期の特別な事情によると思われる。事実、継之助が唐人屋敷に入って以降に長崎に入港してきた貿易船は二隻のみで、唐船の来航は終焉を迎えている[109]。

ところで、河井継之助が一面した錢小虎とは、錢少虎のことであろう。彼は安政六年一一月七日に「本船之船主錢少虎今日於御役所就被遊御渡候」[110]とあるように信牌を受けている。河井が、錢らを「帰国前」と記したのは誇張ではなかった。それでは、河井が「一番リッパ」な部屋に居住していたと伝えた錢少虎について若干述べてみたい。

錢少虎の名が、長崎貿易で記録される最初は、弘化四年（一八四七）一一月二六日に長崎に入港した未五番船の在留脇財副としてであるが[111]、このときすでに長崎在留中であったからそれ以前に長崎に来航していたと考えられる。その後、嘉永二年酉七番船財副[112]、嘉永三年戌一番船財副[113]、同戌二番船脇船主[114]、嘉永五年子四番船[115]、安政二年卯二番船[116]、安政四年巳四番船[117]、安政六年未一番船船主[118]、そして未二番船船主として知られ[119]、さらに未二番船の帰帆にさいしての信牌を万延元年閏三月二七日に長崎奉行所で受け取っている[120]。前述のように、河井が訪れた長崎は、永らく続いてきた中国からの貿易船による形態の終焉を迎えていた。当時、安政元年（一八五四）の日米和親条約の後を受け、安政五年（一八五八）にオランダとの和親通商条約の締結により開港され、欧米船の来港が見られていた。事実、河井が接触した唐人の一人は、

廣東人馮障如と云う唐人来れり。これは我等への馳走に呼びしなり。才名のある男の由。英吉利船に雇われ来れる者なり。……馮霜は字。それより書画を書く。予も一枚頼む。兼て《予て》錢小虎に頼むつもりしけれ共、彼は出立前、且つ予も程無く立つ。其の中に錢小虎の書もありけれ共、見るに足らずと思い、慰みに此の男に書かせたり。予の分は、別して不出来なり。書画共に巧にあらざる様なれ共、如何にも苦のなき者なり。度々爪にて書く、風雅人なり[121]。

とあるように、中国船の搭乗者ではなく、イギリス船に雇傭され搭乗して長崎に来航したと考えられる清国人で

あったのである。河井の日記『鹿壺』に見られる「廣東人馮障如と云う唐人」とは「竹図」[122]を残した馮鏡如のことであろう。そうすると、馮鏡如も幕末に唐船ではなくイギリス船の船員として雇傭されて長崎に来航していたことになる。

江戸時代の日中文化交流も終焉を迎え、新時代への移行を如実に示しているであろう。

四　小　結

中国から漢字を受容して以来、日本人の中国文化に対する憧憬の念は永く維持され、江戸時代においてもなお多くの文人の中に深く浸透していたことは、上述した日本の文人たちと長崎に来航した清人との間の交渉の記録からも知られるであろう。

とりわけ漢学に係わった儒者の多くは、対外的に閉鎖社会であった日本で、唯一生の中国に接することができる長崎に、何らかの機会を得て訪れた。同地に来航する中国人と接することには、彼らが机上において学んだ学問の価値を評定する意味も込められていたであろう。しかし、長崎に来航する中国からの人々の多くは船の乗員で、まま学才のある商人がいたが、日本の文人を完全に満足させるものではなかった。

また絵画研究の観点からも「日本的な感触を持つ花鳥画の沈南蘋……山水画の王古山、費漢源らがいずれも浙江省北西部の出身であること、及び時代が康熙から乾隆年間に集中していることは、中国の清代康熙年間から乾隆年間にかけて浙江省北西部の一定の地域に、日本的な感触を持つた幅広い画風が行われていたことを推測させる」[123]との時代性・地域性に偏在した特色を持っていたことが指摘されている。

江戸時代中後期に長崎に来航した貿易船はほとんどが浙江省嘉興府平湖県乍浦鎮からの船であり、清代中国の中でも最先端の文化を維持していた地域ではあったが、必ずしもその最先端の知識人が、またはそれらを持ち合わせた船主等が来航していたわけではない。多くの船主たちは永年貿易業務に係わった家やその周辺の人であったと考えられることから[124]、決して学問的・技術的に最先端の人たちであったとはいえないであろう。しかし、対外的に閉鎖的な社会であったが故に、日本の文人たちが何らかの方法で生の中国人に接することを切望していたことは明らかである。

（1）中川飛騨守忠英の長崎奉行在任期間については下記参照。「寛政七乙卯年ヨリ同九丁巳年迄三年在任」『長崎志続篇』巻一、『長崎文献叢書　第一集・第四巻　続長崎実録大成』長崎文献社、一九七四年一一月、二頁。
（2）中川忠英著、孫伯醇・村上一弥編『清俗紀聞』一、東洋文庫六二、平凡社、一九六六年三月、附言一頁。
（3）中村久四郎「近世支那の日本文化に及ぼしたる勢力影響（近世支那を背景としたる日本文化史）」『史学雑誌』第二五編第二号、一九一四年二月。以降同第二六編第二号、一九一五年二月まで八回にわたり連載された論考にも散見する。徳田武『近世日中文人交流史の研究』研文出版、二〇〇四年一一月。
（4）松浦章『江戸時代唐船による日中文化交流』思文閣出版、二〇〇七年七月。
（5）滝本誠一編『日本経済叢書巻五』日本経済叢書刊行会、一九一四年一〇月、二四一頁。
（6）『長崎文献叢書　第一集・第二巻　長崎実録大成正編』長崎文献社、一九七三年一二月、二四五頁。
（7）同右書、二四五頁。
（8）徐興慶『近代中日思想交流史の研究』朋友書店、二〇〇四年二月。
（9）『長崎文献叢書　第一集・第二巻　長崎実録大成正編』二四五頁。
（10）同右書、二四五頁。
（11）同右書、二六四頁。
（12）同右書、二四五頁。
（13）同右書、二六七頁。
（14）同右書、二六七頁。

(15) 大庭脩編著『享保時代の日中關係資料二〈朱氏三兄弟集〉――近世日中交渉史料集――』関西大学東西学術研究所資料集刊行九―三、関西大学出版部、一九九五年三月。
(16)『長崎文献叢書　第一集・第二巻　長崎実録大成正編』二四五頁。
(17) 同右書、二六七頁。
(18) 同右書、二四五頁。
(19) 同右書、二四六頁。
(20) 同右書、二六七頁。
(21) 同右書、二四六頁。
(22) 同右書、二六七頁。
(23) 大庭脩『江戸時代における中国文化受容の研究』同朋舎出版、一九八四年六月、二六〇～二六三頁。
(24)『長崎文献叢書　第一集・第二巻　長崎実録大成正編』二四六頁。
(25) 同右書、二六八頁。
(26) 大庭脩『江戸時代における中国文化受容の研究』同朋舎出版、一九八四年六月。
(27)『徳川実紀』第九編、吉川弘文館、一九八二年二月、三〇四頁。
(28) 同右書、三〇五頁。
(29) 大庭脩編著『享保時代の日中關係資料一――近世日中交渉史料集二――』関西大学東西学術研究所資料集刊九―二、関西大学出版部、一九八六年三月、二三二頁。
(30) 大庭脩編著『唐船進港回棹録　島原本唐人風説書　割符留帳――近世日中交渉史料集――』関西大学東西学術研究所資料集刊九、関西大学東西学術研究所、一九七四年三月、八〇頁。
(31)『宮中檔雍正朝奏摺』第一一輯、國立故宮博物院、一九七八年九月、五三、五四頁。
(32)『宮中檔雍正朝奏摺』第一二輯、國立故宮博物院、一九七八年一〇月、五七頁。
(33)『長崎文献叢書　第一集・第二巻　長崎実録大成正編』二四五頁。
(34) 同右書、二六七頁。

(35) 大庭脩編著『享保時代の日中關係資料一——近世日中交渉史料集二——』八一頁。
(36) 同右書、二九四頁。
(37) 国立公文書館蔵、医学館本、内閣文庫　三〇四—二四。
(38) 坂本辰之助『頼山陽』三陽書院、一九二九年六月増補改訂版、五四七～五七五頁。
(39) 鶴田武良「宋紫嵒について——来舶画人研究——」『國華』第一〇二八号、一九七九年一一月、三五～三九頁。同「方濟筆富岳圖と漂客奇賞圖——来舶画人研究二——」『國華』第一〇三二号、一九八〇年二月、二五～三四頁。同「来舶画人研究——蔡簡・謝時中・王吉山——」『美術研究』第三一二号、一九八〇年二月、三七～四七頁。同「費漢源と費晴湖——来舶画人研究三——」『國華』第一〇三六号、一九八〇年七月、一五～二四頁。同「金邠について——来舶画人研究——」『美術研究』第三一四号、一九八〇年九月、一三四～一四五頁。同「伊孚九と李用雲——来舶画人研究——」『美術研究』第三一五号、一九八〇年一二月、一六～二七頁。同「方濟筆富岳圖と漂客奇賞圖・補遺」『國華』第一〇四二号、一九八一年五月、三九～四四頁。同「陳逸舟と陳子逸——来舶画人研究四——」『國華』第一〇四四号、一九八一年八月、三四～四一頁。同「何元鼎と梁基——沈南蘋の周邊　来舶画人研究五——」『國華』第一〇六九号、一九八三年一二月、三九～四五頁。同「王克三と徐雨亭——来舶画人研究六——」『國華』第一〇七〇号、一九八四年一月、二〇～三二頁。
(40) 渋谷区立松濤美術館編『特別展　橋本コレクション　中国の絵画——来舶画人——』渋谷区立松濤美術館、一九八六年。
(41) 内藤虎次郎『支那絵畫史』弘文堂書房、一九三八年一〇月、一七二頁。
(42) 『長崎文献叢書　第一集・第二巻　長崎実録大成正編』二四六頁。
(43) 同右書、二六八頁。
(44) 『清史稿』四五冊、中華書局、一三九〇七頁。
(45) 鈴木敬「四王・呉惲」『アジア歴史事典』第四巻、平凡社、一九六〇年五月、一二四頁。
(46) 『中国地方志集成　郷鎮志専輯二四』上海書店、一九九二年七月、一三四頁。
(47) 同右書、一三四頁。
(48) 『中国地方志集成　浙江府縣志専輯二五』上海書店、一九九三年六月、六二八～六二九頁。
『中国地方志集成　浙江府縣志専輯二八』上海書店、一九九三年六月、九二四頁。

(49) 大庭脩編著『享保時代の日中關係資料一——近世日中交渉史料集二——』四六頁。
(50) 大庭脩編著『享保時代の日中關係資料一——近世日中交渉史料集二——』五〇頁。
(51) 佐口透『ロシアとアジア草原』ユーラシア文化史叢書、吉川弘文館、一九八二年。
(52) 『徳川実紀』第八編、吉川弘文館、一九八二年一月、二七四～二七五頁。
(53) 『華夷変態』下冊、東方書店、一九八一年一一月、二七四二・二八二〇頁。
(54) 同右書、二八六七～二八六八頁。
(55) 同右書、二八一七頁。
(56) 大庭脩編著『唐船進港回棹録　島原本唐人風説書　割符留帳——近世日中交渉史料集——』八三・九〇・九五頁。
(57) 『華夷変態』下冊、二九二二頁。
(58) 大庭脩編著『唐船進港回棹録　島原本唐人風説書　割符留帳——近世日中交渉史料集——』八三頁。
(59) 『和漢寄文』巻一に同形式の文書が見え、「歸帆冊」とある。前文は入港期日と貿易の簡単な内容、そして日本の禁教令に違反しないことが記され、乗員の名簿が見られる。大庭脩編著『享保時代の日中關係資料一——近世日中交渉史料集二——』一五四頁。
(60) 長崎歴史文化博物館蔵「伊孚九書上船員名簿」（渡辺文庫　三一六／一七／三七）。
(61) 『大田南畝全集』第八巻、岩波書店、一九八六年四月、五八〇頁。
(62) 柳田国男校訂『紀行文集』、帝国文庫三一二二、博文館、一九三〇年、一二三六頁。
(63) 同右書、二四〇～二四一頁。
(64) 同右書、二四四頁。
(65) 『明安調方記』の「唐船宿町順」、『長崎県史・史料編第四』吉川弘文館、一九六五年三月、五六五～五六九頁。
(66) 同右書、五六六・五六七・五六九・五七〇頁。
(67) 同右書、五六五頁。
(68) 同右書、五六五～五六八・五七〇・五七一頁。同書では、明和三年・六年、安永元年の分を「黄世吉」とあるが、長崎市立博物館所蔵の「販銀額配銅之数」文書によって、この三年の来航を確認でき、「黄世吉」は見えない故、「唐船宿町順」は「王」を「黄」に誤ったと考えられる。
(69)『長崎文献叢書　第一集第二巻　長崎実録大成正編』三〇七～三一一頁。
(70)關儀一郎・關義直共編『近世漢學者傳記著作大事典』關義直、一九三三年六月、四三一頁。
(71)松浦章『江戸時代唐船による日中文化交流』二〇二～二一六頁。
(72)大阪市立美術館『近世大阪画壇』同朋舎出版、一九八三年一〇月、二四八～二四九頁の「図版解説」や中谷伸生教授の教示による。
(73)鶴田武良「費漢源と費晴湖――来舶画人研究三――」『國華』第一〇三六号、一八頁。
(74)同右論文、一六頁。
(75)『西遊日簿』稀書複製會第四期第十九回、米山堂、一九一六年五月。
(76)松浦章編著『寛政元年土佐漂着安利船資料――江戸時代漂着唐船資料集三――』関西大学出版部、一九八九年三月、三九〇頁。
(77)長崎聖堂文庫資料三〇三　販銀額配銅之数　寛政三（旧長崎市立博物館所蔵『資料目録』長崎市立博物館、一九六八年六月、九四頁）。
(78)長崎聖堂文庫資料三一四　販銀額配銅之数　寛政四（同右書、九四頁）。
(79)長崎聖堂文庫資料三二〇　販銀額配銅之数　寛政六（同右書、九五頁）。
(80)長崎聖堂文庫資料三二一　販銀額配銅之数　寛政七（同右書、九五頁）。
(81)長崎聖堂文庫資料三二三　販銀額配銅之数　寛政七（同右書、九五頁）。
(82)長崎聖堂文庫資料三三三　販銀額配銅之数　寛政八（同右書、九五頁）。
(83)鶴田武良「費漢源と費晴湖――来舶画人研究三――」『國華』第一〇三六号に掲載。
(84)鶴田武良「費晴湖の山水図」『國華』第一〇六九号に掲載。
(85)濱田義一郎編集代表『大田南畝全集』第八巻、岩波書店、一九八六年四月、四八七頁。
(86)濱田義一郎編集代表『大田南畝全集』第二〇巻、岩波書店、一九九〇年三月、一九五～二一八頁。
(87)同右書、一九五～二一八頁。

(88)『長崎文献叢書　第一集・第四巻　続長崎実録大成』長崎文献社、一九七四年一一月、二〇〇頁。
(89)『中陵漫録』日本随筆大成第三期第二巻、日本随筆大成刊行会、一九二九年七月、二五五頁。
(90)『大田南畝全集』第八巻、五七七頁。
(91)「長崎オランダ商館日記」によれば、一八一八年五月二〇日（文政元年四月一六日）の記述に「二隻の最後のジャンク船が、高鉾島に向かって出発した」（日蘭学会編『長崎オランダ商館日記』七、雄松堂出版、一九九六年三月、一四九頁）とある。
(92)『頼山陽全傳』頼山陽先生遺蹟顕彰會、一九三一年一一月、四五三頁。
(93)大庭脩編著『唐船進港回棹録　島原本唐人風説書　割符留帳――近世日中交渉史料集――』一四六頁。
(94)日蘭学会編『長崎オランダ商館日記』七、一八〇頁。
(95)同右書、一八六頁。
(96)『頼山陽全傳』四五四頁。
(97)大庭脩編著『唐船進港回棹録　島原本唐人風説書　割符留帳――近世日中交渉史料集――』九頁。
(98)『頼山陽全傳』四五四頁。
(99)同右書、四五四頁。
(100)同右書、四五四頁。
(101)同右書、四五四～四五五頁。
(102)同右書、四五五頁。
(103)松浦章『清代海外貿易史の研究』朋友書店、二〇〇二年一月、二四七～二五一頁。
(104)大庭脩編著『唐船進港回棹録　島原本唐人風説書　割符留帳――近世日中交渉史料集――』九頁。
(105)安藤英男校注『鹿壺――河井継之助日記――』東洋文庫二五七、平凡社、一九七四年八月。
(106)同右書、一〇五頁。
(107)同右書、一〇八頁。
(108)同右書、一〇八～一〇九頁。

(109) 大庭脩編著『唐船進港回棹録　島原本唐人風説書　割符留帳——近世日中交渉史料集——』九頁。
(110) 同右書、二五六頁。
(111) 同右書、二三七頁。
(112) 同右書、二四二頁。
(113) 同右書、二四六頁。
(114) 同右書、二四一頁。
(115) 同右書、二四七頁。
(116) 同右書、二四六頁。
(117) 同右書、二四八頁。
(118) 同右書、二四五頁。
(119) 同右書、二五六頁。
(120) 同右書、二五七頁。
(121) 安藤英男校注『鹿壺——河井継之助日記——』一二八頁
(122) 渋谷区立松濤美術館編『特別展　橋本コレクション　中国の絵画——来舶画人——』八九頁。
(123) 鶴田武良「何元鼎と梁基——沈南蘋の周邊　来舶畫人研究五——」四四頁に掲載。
(124) 松浦章『清代海外貿易史の研究』。

第三章　近代日中の架橋——上海航路の開設——

一　緒　言

古来より日中の交流は船舶を用いて行われていた。古くは帆船が利用され、三世紀に卑弥呼が三国時代の魏に使者を派遣したさいも、魏国からの使者が来日するさいにも、遣隋使や遣唐使も、唐商や宋商が日本に来航するさいにも、また入唐僧や入宋僧・入元僧、そして遣明船も同様に帆船を利用した。江戸時代の長崎に来航した中国商人の乗船したいわゆる「唐船」も帆船であった。(1)しかし、一九世紀後半に欧米列強がアジアに進出して来るに当たっては、多くの場合は汽船が利用されることになった。

日本に汽船の時代の到来をセンセーショナルに伝えたのはアメリカ合衆国のペリー艦隊の浦賀沖来航であった。これは鎖国時代の終焉を象徴する事件となり、その後、多くの欧米船が日本に現れる。

中国においてはさらに早く一九世紀前半にイギリスの汽船が広州に来航し、汽船の必要が喚起されることになるが、中国独自の汽船会社が設立されるのは一九世紀後半の同治二年（明治五、一八七二）における輪船招商局の設立によってである。しかし、それより前から中国大陸沿海、長江流域の漢口までの航路において欧米船が就航していたのである。(2)

このような時代の中で、日中交流もその影響を受けて汽船の時代に突入する。幕末明治初期において日中間の汽船航路はアメリカ・イギリス・フランスの汽船会社が競合するが、明治八年（一八七五）に、日本政府は日本最初の海外航路として横浜・神戸・下関・長崎と上海を結ぶ航路の開設を三菱汽船会社（のち郵便汽船三菱会社）に認可し、その後、同社は日本郵船会社となり日中間の幹線航路となったのである。(3) これに対して中国の輪船招商局も日本航路の開設を試みるものの、日本側の抵抗にあってそれを断念することになる(4)（これについては次章で詳述）。

この結果、日本の汽船会社による日本と上海を結ぶ定期航路は、近代日中交流の架橋として重要な役割を担うことになる。

近代日中間を交流した人々がどのようにこの幹線航路を利用したかを述べてみたい。

二　近代日中間の外国汽船航路

日本と中国とを結ぶ定期航路の開始は、一八五九年（安政六、咸豊九）九月に英国のＰ＆Ｏ汽船会社(5)が開設した月二回の上海─長崎間の航路に始まる。(6) そして同社は一八六四年（元治元年、同治三年）には上海と横浜の間にも月二回の定期航路を開設した。(7)

この頃から多くの外国船が日本に来航するようになる。その具体例として、長崎において一八六一年七月から一〇月一日まで全二八号が発刊された *The Nagasaki Shipping List and Advertiser*(8) の毎号に“Shipping Intelligence”という船舶情報がある。ここに掲載された船舶情報から、長崎に入港・出港した外国船の船名等が知られる。このうち、第一、二号は不明であるが、第三号から最終の第二八号までを通覧すると、戦艦を除いて商船と見られるものが七月二日から九月三〇日までの九一日間に、入港がのべ四八隻、出港が四九隻あり、ほぼ二日に一隻の割合で外国船が長崎に入港していたことになる。

入港した外国船四八隻の内訳を見ると、イギリス籍船が二四隻（五〇％）、アメリカ籍船が一三隻（二七％）、オランダ籍船が八隻（一七％）、フランス籍船が三隻（六％）の計四八隻（一〇〇％）である。汽船は少なくイギリス籍の二隻、アメリカ籍の一隻、フランス籍の二隻の計五隻のみで、他はすべて三本マストの帆船であるバーク型、二本マストの帆船であるブリック型、二、三本マストの縦帆式帆船であるスクーナー型などの洋式帆船である。この四八隻の長崎へ入港する直前の来航地を見ると、三二隻（六七％）が上海から（内訳は表1参照）、三隻（六％）が天津から、二隻（四％）が神奈川からとシンガポール・山東半島の芝罘《チーフー》からであり、一隻（二％）が寧波・香港・アムステルダムとロッテルダムで、他の三隻は不明である。

限定された記録からではあるが、当時の日本と上海との関係がいかに緊密であったか、さらに日本と上海を結ぶ航路が、日本にとっていかに重要な海外への幹線航路であったかが知られよう。

ついで一八六五年（慶応元年、同治四年）にフランス郵船が同じく上海—横浜間に月一回の定期航路を開設する。[9]そして一八六七年（慶応三）一月一日にアメリカのパシフィック・メール汽船会社（太平洋郵船汽船会社）がコロラド号を発船し、サンフランシスコから横浜を経て香港を結ぶ航路を開設し、さらに木造外輪船のグレイト・リパブリック号、チャイナ号、ジャパン号、そしてアメリカ号を新造してこの航路に投入した。その後、パシフィック・メール汽船会社は同航路の支線のひとつとして横浜—神戸—長崎を経て上海を結ぶ航路を開設している。[10]『横浜毎日新聞』第一号、明治三年（一八七〇）一二月八日の広告、[11]同第三号、一二月一四日の広告[12]によれば、アメリカのパシフィック・メール汽船会社がサンフランシスコ—横浜—香港を結ぶ航路を運航していた。翌明治四年（一八七一）の『横浜毎日新聞』第二九号、一月二〇日付の一面に掲載された広告「太平海飛脚蒸気船社中」によれば、ゴールデンエイジ、ニューヨーク、コスタリカ、オレゴン、エリエルの五隻の蒸気船を使用して「兵庫長崎上海」への定期航路を開設している[13]（図1）。

表1　1861年7月6日～10月1日上海発長崎入港の外国船舶表

号数	発刊日	入港月日	船　　名	船　長　名	船　籍・船　式	噸数	出港地
3	7／2	7／6	Philippe Delanoy	Terry	American barque	384	Shanghai
3	7／4	7／6	Gharra	Burkitt	British barque	501	Shanghai
4	7／9	7／10	General Michiels	Visser	Dutch barque	393	Shanghai
6	7／14	7／17	Templeman	Spencer	American barque	344	Shanghai
7	7／17	7／20	Helolse	Rogerie	French barque		Shanghai
8	7／23	7／24	Inman	Ward	American barque	263	Shanghai
9	7／26	7／27	Armistices	Richardoson	British barque	358	Shanghai
10	7／30	7／31	Anna Maria	Huust	British barque	480	Shanghai
12	8／4	8／7	Alicia	Morse	British barque	230	Shanghai
13	8／8	8／10	Lady Amherst	Harrison	British barque	421	Shanghai
14	8／10	8／14	Marylamd	Godfrey	American barque	200	Shanghai
15	8／16	8／17	Confucins	M.Olry	French steamer		Shanghai
16	8／18	8／21	Encounter	R. Dew	H.M.S.Ship		Shanghai
16	8／20	8／21	Fire-fly	Martin	American barque	401	Shanghai
16	8／21	8／21	James Shepherd	Purdy	British barque	272	Shanghai
18	8／26	8／28	Flora	Williamson	British barque	304	Shanghai
18	8／26	8／28	Marmora	Lyell	British barque	363	Shanghai
18	8／26	8／28	St. Helena	Sterkenburg	Dutch brigantine	189	Shanghai
18	8／26	8／28	Templeman	Spencer	American barque	344	Shanghai
18	8／27	8／28	Valee de Lus	Lafltte	Dutsh barque	300	Shanghai
20	9／1	9／4	C. E. Tilton	Coche	American barque	448	Shanghai
20	9／1	9／4	Geelong	Grate	British barque	396	Shanghai
21	9／5	9／7	Saginaw	Schonck	U.S.Steamer		Shanghai
22	9／9	9／11	Imogen	Sturge	British brig	195	Shanghai
22	9／9	9／11	Teresa	Staats	British barque	346	Shanghai
23	9／9	9／14	Malaqca	Garland	British barque	600	Shanghai
24	9／17	9／18	St Louis	Robinet	American barque	700	Shanghai
25	9／20	9／21	Alicia	Morse	British barque	236	Shanghai
26	9／23	9／25	Marylamd	Godfrey	American barque	184	Shanghai
27	9／25	9／28	Syrian	Stopher	British barque	228	Shanghai
28	9／29	10／1	Gharra	Batkitt	British barque	501	Shanghai
28	9／30	10／1	Remigius Adolphus	Rodwing	Dutch ship	707	Shanghai

出典：*The Nagasaki Shipping List and Advertiser.*
注：「号数」「発刊日」は同誌のもの。

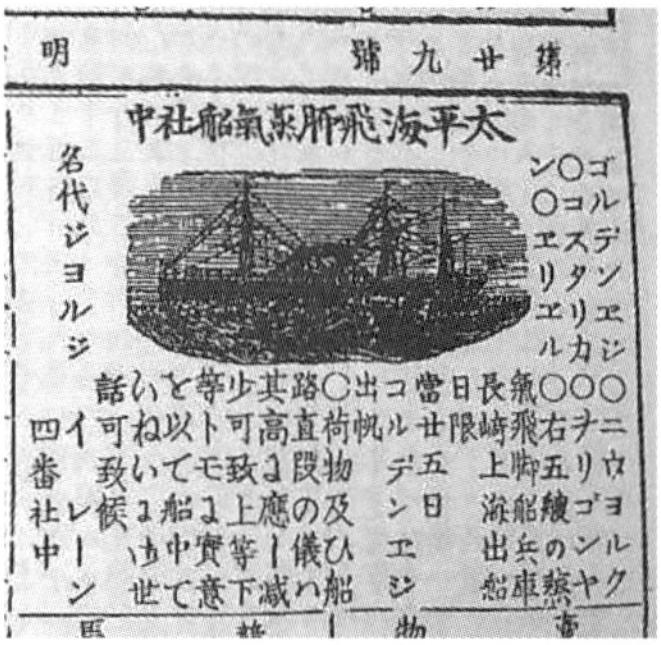

図１　『横浜毎日新聞』掲載の広告

一八七四年四月四日付の *The Japan Daily Herald*, No.3201 に掲載された広告によれば、アメリカの汽船会社であるパシフィック・メール汽船会社が中国および日本からアメリカまで運航し、さらにサンフランシスコからアメリカ横断のセントラル・ユニオン・パシフィック鉄道を利用して太平洋岸のニューヨークまで行くことができた。さらにニューヨークまたは Aspinwall から英国、フランスおよびドイツなどヨーロッパ方面への汽船のさまざまな航路の選択が可能であったのである。一八七三年（明治六）に刊行されたジュール・ヴェルヌの『八十日間世界一周』(14) はまさにこの航路を利用している。同書に「横浜―サンフランシスコ間を横断する客船は「パシフィック・メール・スティーム」会社に所属し、ジェネラル・グラント号といった。それは二五〇〇トンの大きな外輪船［水かき水車を備えた初期の汽船］で、十分な設備を持ち、相当のスピードが出せる船であった」(15) とあることからも当時の状況の一端が知られよう。

幕末の日本は欧米との間には条約を締結したが、永らく文化を受容してきた中国とは無条約のまま明治を迎えた。そこで明治三年（一八七〇）に日清間の条約が締結されることになった。そのさいの日本側の清国との条約締結の事情を記録したものが、東京都中央図書館中山文庫に所蔵される「締結清國實記」である。この記録の中から、日本―中国間の往航・帰航の乗船記録を中心に抜粋してみた。記録の冒頭には外務省を出発し、横浜から乗船する様子が描かれている。

明治三年歳次庚午七月二十九日、時九点鐘、柳原外務権大丞、花房外務権少丞、鄭文書権正、名倉文書大佑、尾里外務権少録并ニ従僕六人、外ニ柳原附属二人均シク外務省ニ上ル。十点鐘、馬車ニ駕シ、出本省、東京ヲ發ス。但本省ヲ辞スルニ臨テ、大少丞以下衆員均シク送テ廳庭ニ至ル。遠ク送テ品川駅ニ至ルモノ数名アリ。十二点鐘、川崎駅ニ憩ヒ、三点鐘、横濱ニ至リ、旅舘ニ投ス。伊勢屋傳次郎。

三十日晴、旅舘ニアリ明日四点鐘ヲ以テ開帆ノ期トス。

八月初一日晴、二点鐘、旅舘ヲ辞シ、大小人員均シク米國駅船ニ駕ス。船名ゴルデンエーヂ。五点鐘碇ヲ起シテ横濱ヲ發ス。夜來雨降ル。

（中略）

初三日晴、五点鐘神戸港ニ至リ碇ヲ投ス。……

初四日晴、暁四点鐘、碇ヲ起シテ神戸ヲ發ス。……

初五日晴、暁來赤間関ヲ過キ、玄界洋ニ出ツ。八点鐘長崎ニ至リ碇ヲ投ス。大小人員均シク陸ニ上リ旅舘ニ投ス。

初六日晴、旅舘ニ在リ、十点鐘大小官員縣廳ニ至リ公事ヲ談シ、知事ヨリ上海道臺ニ與フル所ノ書簡ヲ落手ス。（中略）晩九点鐘、駅船ニ下ル。十二点鐘、碇ヲ起シテ長崎ヲ發ス。

（中略）

初八日晴、三点鐘遙ニ寧波ノ山ヲ望ム斜陽揚子江口ニ入ル。十点鐘、呉淞口ニ至リ碇ヲ投ス。

初九日晴、七点鐘碇ヲ起シテ呉淞ヲ發ス。八点鐘上海ニ至リ碇ヲ投ス。九点鐘、岸ニ上リ新大橋側、品川通商権大佑、神代長崎権権少属ノ假舘ニ投ス。……


このように、外務省から清国に派遣された官員らは「米國駅船」ことアメリカのパシフィック・メール汽船会社のゴールデンエイジ号で上海に到着したのであった。そして北京での公務を終えて、再び上海から帰国した。

（閏十月）十七日晴、十点鐘、官員一同寓ヲ辞シ、均シク駅船ニ下ル。船名ニューユロク。品川、齊藤、神代等送テ船ニ至ル。十二点鐘、碇ヲ起シテ上海ヲ發ス。三点鐘、揚子江口ヲ出ツ。晩ニ及テ船動揺ス。

十八日晴、四顧眼ヲ遮キルモノナシ。

十九日小晴、起來已ニ五嶋ヲ過ク。十点半鐘、長崎ニ至リ碇ヲ投ス。官員皆岸ニ上リ客舎ニ憩フ。晩來埜村知事客舎ニ來ル。十一点鐘、官員均シク駅舟ニ下ル。十二点鐘、碇ヲ起シ、長崎ヲ發ス。

二十日小晴、三四点鐘ノ間、玄界洋ヲ過ク。波平ニシテ舟行甚タ穏ナリ。

二十一日小晴、五点鐘、神戸ニ至リ碇ヲ投ス。

二十二日好晴、柳花鄭尾縣廳ニ至ル。五点鐘碇ヲ起シテ神戸ヲ發ス。

（中略）

二十四日晴、七点鐘、横濱ニ到リ大小人員均シク、岸ニ上リ伊勢屋ニ投ス。十点鐘、馬車ニ乘シ横濱ヲ發シ大森ニ憩ヒ、二点鐘、東京ニ入リ外務省ニ上ル。


帰国にさいしてもパシフィック・メール汽船会社のニューヨーク号に乗船して上海から横浜に戻ったのである。このように、日本の汽船会社による定期航路が開設されるまで、日本から中国へは日本人であろうが、外国人であろうが、外国汽船に乗船せざるを得なかった。その典型的な事例が、右に述べた明治三年の日本使節の中国への渡航であった。このような状態は、明治八年（一八七五）に三菱汽船会社（以下、三菱会社と略記）が上海航路を開設するまで続いた。

三　日本企業による上海航路の開設

明治八年（一八七五）以前、日本と外国を結ぶ汽船航路は、アメリカなどの外国汽船の寡占状況にあった。ところが同年になると日本もその一角に参画する。その最初が日本と中国・上海を結ぶ汽船の定期航路である。その定期航路の開設は、三菱会社が最初である。日本郵船株式会社の『七十年史』によれば、日本政府は明治八年一月一八日に三菱会社に上海航路の開始を命じ、同社は、「受託船中東京丸［二、二一七総屯木船外車］、新潟丸［一、九一〇総屯鉄製暗車］、金川丸［一、一五〇総屯鉄製暗車］及び高砂丸［二、二一七総屯鉄製暗車］の四隻」[16]を使用して横浜と上海との間に週一回の定期航路を開始した。これが日本初の海外定期航路である。『横浜毎日新聞』第一二四一号、明治八年一月二〇日に掲載された「大蔵省布達」[17]によると、三菱会社は明治八年二月三日水曜日より毎水曜日に東京丸他三隻の汽船を使用して横浜と上海の間において定期航路を開設し、経由地として日本国内では神戸・下関そして長崎に寄港した。『東京日日新聞』明治八年二月八日に掲載された三菱会社の広告[18]では、東京丸以外の三隻とは新潟丸・金川丸・高砂丸であることがわかる。同日の英語新聞 *The Japan Daily Herald* にも同内容の広告がされている。

上海で刊行されていた新聞『申報』第八五四号、光緒元年正月初六日、一八七五年（明治八）二月一一日付の記事に、

日本于上海、設輪船公司〇本報登有日本三菱輪船洋行之告白、因知該公司、今開在法租界泰來洋行之舊基、定于華正月十二日開設也。毎禮拜、上海與東洋之間、有火船來往。其初來之船、則前向萬昌公司所購買者、其船名曰牛約、現已改名曰託局麥魯、是為一大船也。此事係属創挙、亦以見日本與中華通商増盛之一斑云。[19]

とある。日本が上海に汽船会社を設けたとの記事で、三菱会社がフランス租界の泰来洋行（Telge & Co. か）のあった所に、旧暦正月一二日に事務所を開設し、毎週日曜日に上海と日本との間に定期航路を開航することになった。その最初の船は万昌公司（Wolf & Co. か）から購入した旧名ニューヨークで、新たな漢名である託局麦魯は現在の普通語では Tuo-ju-mai-lu となるので、Tokyo-maru すなわち東京丸であることは明らかである。この三菱会社の上海事務所開設と上海―日本間航路の開設は、中国側からも通商の拡大として歓迎されていた。さらに同日の同紙、告白の欄には、

創設火輪船公司
啓者、本東洋三菱輪船洋行、今議定在横濱上海一路來往、每禮拜創走火輪船、均不停止、其船亦順路到神戸及實莫尼西及長崎三處、現在船名托局麥魯、即先名牛約者、准於西歴二月初三日、即中歴去臘二十七日、自横濱開來中國、議於二月十七日、即華正月十二日、自上海開回東洋等處。本公司各船皆請用者西國船主及執事、暨司器各人咸精於航海者、辦理諸事、亦照西國規例、今托船主可児寧駐札上海經理本公司各事。貴客欲装貨搭客、及訪問各事、向上海租界泰來洋行舊基、本公司新開分局便是。上海一千八百七十五年二月四日
禹気大僉名

と、三菱会社は上海と横浜を結ぶ定期航路を開設するが、毎日曜日に汽船を出帆し、神戸・下関・長崎の三か所に寄港する。船名は東京丸で旧名ニューヨークであること、西暦の二月三日に横浜を出港し、上海からは二月一七日に日本に向けて出航すること。さらに同船は西洋船舶であり、乗組員は西洋人であり、航海に関する規則等は西洋方式でおこなうなどの広告が掲載された。同広告は、この日からしばらく掲載されている。

また同日の同紙の船舶の入港出港表に、「十二日出口船列左……托局麥魯往東洋等處　三菱洋行」[20]とあるように、三菱会社の托局麦魯、すなわち東京丸が正月一二日、西暦二月一七日に日本へ向けて出港する予告である。

『申報』第八五六号、光緒元年正月八日、一八七五年二月一三日の第一面に、

三菱輪船公司減價　〇本館前日登有日本三菱輪船洋行告白、知已創行火輪船往來於上海東洋段、萬昌老公司争業、故先是萬昌公司放一告白、謂搭客水脚、皆可大減價云。乃逾一日則三菱公司亦登告白将減價又大減色、計華客往長崎者僅需銀圓三元五角。往横濱者七元五角。貨往長崎每担七分五、往横濱一角二分半。按此價公道之至係往常所未聞者、商賈既可籍以大装其貨、而尤願遊客可乗、此機會往東洋一遊也。謂異境風俗景緻既多異中土、故一遊而大可賞心娯目、惟是現在之價、恐未必可以耐久、故於定住去之價、亦應問其回來之價也。

追憶数年以前、美國有一野獣戯班、在大陸相隔少遠之一海島、開演大戯、将所有各火船雇定、而頒貼告白、謂曰貴客欲渡海看戯者、皆可坐、不取船價、諸客喜極、皆擁搭有萬餘人、不料日以昏暮、各客欲回家、而戯班主人従容告白、曾經許空坐船而來、但其回去、未曾立議、敢請貴客各出數元、始可便於従命二此事、於今往東洋、亦可為前鑒也。

とあり、三菱会社が万昌公司の日本への汽船運航に対抗して運賃の値引き競争をおこなっていることを伝え、この機会に安価な運賃を利用しての日本観光を中国人に勧めている。三菱会社の運賃は、中国人の旅客の長崎へ行くものは銀円三元五角、横浜へ行くものは七元五角とし、貨物は上海から長崎までは毎担七分五、上海から横浜まで一角二分半であった。一方で過去においてアメリカ汽船の安価な運賃に勧誘され悲惨を嘗めた例をあげて、安価な運賃に注意するように警告している。さらに、『申報』第八六〇号、光緒元年正月一三日、一八七五年（明治八）二月一八日の第一面に、

勸華人往東洋赴博覧會説

本報之内、列有告白一則、詳言東洋今年在該國西京開設博覧會一挙、自正月二十四日起、此後歴百日而止。吾聞此事、不禁勃然而興遍告同人曰、我國好遊人、何不乗此機會、廣數日之光陰、赴東瀛之勝境、而廣博見聞、開廣心胸乎。此實向來、所未見之機會也。且適値東洋火船公司、将搭客水脚銀両格外減額、俾令華人可以結群聯袂、以往観勝會。不至于又有踽踽獨行之歎矣。……

とある。これは、京都で開催される博覧会「東洋大博覧會」に関する広告が同日の『申報』の広告欄に掲載されたのに合わせ、博覧会の見学を勧める社説である。勧誘する理由の一つが日本の三菱会社の汽船の運賃が低廉であることであった。『申報』の記す「西京開設博覧會」とは、明治八年（一八七五）に京都において京都博覧会社が主催し三月一五日より六月二二日まで開催された第八回京都博覧会であった。仙洞・大宮御所において三三万

余人の入場者を集めたといわれている[21]。中国からこの第八回京都博覧会へ参加するためには、日本へ蒸気船で渡航する必要があったのである。

The North-China Herald, No. 406、一八七五年二月一八日に掲載された「通信欄」には、三菱会社の代理人コーニングの名で二月一三日付で「我社の汽船が横浜・兵庫・下関・長崎そして上海を連絡する航路を開設致し」、そして「その目的は純粋に商業的であり、我社は航路を開設し、定期的に規則正しく、迅速にそれらの汽船を運航し続けます」との記事が掲載された。

三菱会社は、明治八年九月一五日に日本政府から命令書を受け、東京丸以下一三隻の無償供与を得て、運航費助成金として今後一五年間にわたり毎年二五万円を受けることになった。このため、同社は社名を郵便汽船三菱会社と改名したのである[22]。

その後、同社は共同運輸会社と日本政府の指示のもとに合併し、明治一八年（一八八五）九月二九日付にて日本郵船会社が創立された[23]。日本郵船会社になってからの横浜―上海航路については、同社の『七十年史』によれば、「明治十九年十月以降は東京丸（二、一九四総屯）、横濱丸、薩摩丸の三隻をもって、毎週一回横浜、上海両港を発航して往復とも神戸、下ノ関、長崎に寄港し、横浜において太平洋郵船[24]」に連絡していた。このように、日本郵船会社となっても横浜を起点に神戸・下関・長崎を経由して上海に毎週一回の定期便を運行していたのである。

その後、日清間を往来する日本人や外国人の多くが、この日本の汽船会社の定期航路を利用することになる。

（1）　中国人旅客の乗船記録

三菱会社が横浜―上海航路を開設して間もない時期に、同社の汽船を利用して来日した中国人の記録がある。

著者不明の『東遊日記』がそれで、光緒二年（明治九、一八七六）四月下旬の約一週間の上海からの日本紀行を記したものである。[25] 光緒二年四月二〇日、西暦の五月一三日に日本の「宜発達」船に乗船して、上海を出帆した。宜発達輪船に関しては、『申報』第一二三八号、光緒二年四月一七日付の船舶入港出港表には「二十日出口船　禮拜六」に、「宜發達　又晩往東洋美國　三菱行」[26] とあるから、『東遊日記』の記述は正しい。西暦の五月一三日にアメリカ船籍のネバダ号は上海を出港したのである。帰りは光緒二年四月二六日、西暦の五月一九日に三菱会社の東京丸に乗船して長崎を経由して帰国している。『東遊日記』には、「四月二十六日　晩　横浜　東京丸　搭乗……二十七日　夜　長崎……五月初一日　早一鐘　長崎　開行」[27] とある。その後、『東遊日記』の著者は、五月二五日に帰国した。上海─日本間の航海を含め合計一一日間の日本旅行であった。[28]

清末の有名なジャーナリスト王韜は光緒五年（明治一二、一八七九）閏三月に来日するが、その紀行文『扶桑遊記』によれば、彼は上海と日本との往復に三菱会社の玄海丸に乗船している。

清末の高官であり、『国朝柔遠記』の著者として知られる王之春も同年一〇月に来日し、そのさいに、日本への渡航は三菱会社の隅田丸で、一一月の帰国にさいしては同社の東京丸を利用したものと思われる。[29]

『日本紀遊』の著者も三菱会社の汽船を利用し、光緒六年（明治一三、一八八〇）三月に日本への渡航は高砂丸、五月初めの帰航には東京丸を利用している。[30]

顧厚焜は『日本新政考』の中で、日本への渡航には、「光緒十三年（明治二〇、一八八七）九月二十六日（一一月一六日）東京丸　日本郵船」[31] と、日本郵船会社となった時代の新しい東京丸を利用した。この東京丸は総トン数二一九四トン、明治一八年（一八八五）に英国グラスゴーで建造された主機関二連成の鉄船で明治三三年（一九〇〇）四月一日に沈没し、四月二五日に売却されている。[32]

江西の人朱綬が日本へ渡航したさいの記録である『東遊紀程』によると、光緒二四年（明治三一、一八九八）六月の日本渡航にさいし、[33] 日本郵船会社の神戸丸を使用した。帰航には神戸から乗船し、[34] 西京丸に乗船したものと思[35]

われる。

沈翊清は『東遊日記』の中で、光緒二五年九月の日本への渡航[36]には山城丸を利用し、一一月の帰航[37]には西京丸に乗船している[38]。

羅振玉は、日本への渡航の記録である『扶桑両月記[39]』によると、光緒二七年一一月に日本郵船会社の神戸丸に搭乗して来日した。翌年正月の帰国[40]には、同社の博愛丸を使用している[41]。

繆荃孫は『日遊彙編』の『日本考察学務游記』において、日本への渡航[42]にさいして日本郵船会社の西京丸を利用したと記している。そして帰国[43]は、同社の弘済丸に乗船している。

張謇が光緒二九年（一九〇三）に来日したさいの『癸卯東游日記』によれば、「光緒二十九年（明治三六、一九〇三）四月二十六日　博愛丸　郵船……五月初一日　晨三時　神戸[44]」とあり、帰国にさいしては、「六月初四日　長崎　弘済丸……初六日　上海[45]」とあり、彼は往復ともに日本郵船会社の汽船を使い、来日には博愛丸、帰国には弘済丸を使用している。

林炳章は『癸卯東遊日記』によれば、来日には、「（光緒二十九年）五月初三日乗宏済丸……初六日　長崎……初八日　神戸[46]」とあり、日本郵船会社の弘済丸を、帰国にも、「六月初一日　弘済丸[47]」とあるように弘済丸を利用した。

胡景桂は、『東瀛紀行』の中で天津から来日[48]に、日本郵船会社の神戸―北清航路（一八九九年開設、次頁参照）を利用し、芝罘丸に乗船した。この芝罘丸は総トン数一九三四トン、明治三六年（一九〇三）三月二四日に長崎の三菱造船所で建造された主機関三連成の日本郵船会社の保有船[49]で、胡景桂は建造間もない時期に乗船した。帰国[50]には、日本郵船会社の神戸丸を利用したと思われる。

劉瑞燐の『東遊考察録』によれば、彼は光緒三一年（明治三八、一九〇五）六月[51]に、天津から日本郵船会社の日東丸に乗船して来日し、帰国には、同社の傭船ペンポリヒ号に乗船したと思われる。[52]

徐福田は『東瀛見知録』によれば、来日の光緒三二年三月に、上海から日本郵船会社の博愛丸に搭乗し来日した。[53]帰国には、同社の春日丸に乗船している。[54]

郭鍾秀は『東遊日記』において来日時の光緒三二年三月に日本郵船会社の春日丸に乗船し、帰国には、同社の鎌倉丸に搭乗している。[55][56]

呉蔭培は『嶽雲盦扶桑遊記』において、来日時の光緒三二年七月には、日本郵船会社の山口丸に乗船した。彼は帰国には神戸から同社の弘済丸に乗船して上海へ戻った。[57][58]

李文幹は『東航紀遊』において、光緒三二年一〇月に、上海から日本郵船会社の春日丸に乗船して来日し、帰国時には、日本郵船会社の博愛丸に乗船している。[59][60]

趙詠清は『東遊紀略』の中で来日にさいし、日本郵船会社の弘済丸に搭乗した。帰国には、ドイツの汽船に乗船して上海に戻っている。[61][62]

黄黼の『東遊日記』、楼藜然の『蔣盦東遊日記』によれば、光緒三三年三月に、それぞれ上海から日本郵船会社の春日丸に搭乗し、帰国には、小倉丸に乗船している。[63][64]

鄭崧生の『瀛洲客談』によると、光緒三三年（一九〇七）九月の来日のさいに、日本郵船会社の山口丸に搭乗し、帰国には春日丸を利用して上海に戻っている。[65][66]

劉擣は『蛉洲遊記』において、光緒三三年一〇月の来日にさいし博愛丸に乗船し、帰国のおりにも博愛丸に乗船したと記している。[67][68]

定樸の来日記録である『東遊日記』によると、来日は光緒三四年（一九〇八）一〇月、帰国は一二月であり、彼は上海から太古輪船の済南号に乗船し、帰国には金華号に乗船した。太古輪船とは英名 China Navigation Co.,[69][70]

Ltd. で太古輪船公司として知られ、中国に進出していた太古洋行、英名 Butterfield & Swire の汽船運輸部門である[71]。

賀綸夔は『鈍斎東遊日記』において来日の宣統元年（明治四二、一九〇九）閏二月に日本郵船会社の博愛丸に搭乗し[72]、帰国には、同社の平野丸に乗船している[73]。

（2）日本人旅客の乗船記録

日本から上海航路を利用した日本人旅客の乗船記録を、主に旅行記から見てみたい。

明治一七年（一八八四）五月に上海に赴いた岡千仞の『観光紀游』に収められた「航滬日記」によれば、彼は五月三〇日に横浜から乗船して上海に赴いた。「明治十七年甲申五月二十九日、光緒十年五月五日、晨装促發、新橋停車場辞送客……詣三菱館、……三菱社長岩崎君弥太郎深嘉余志、贐乗券、……三十日、艦號東京、長五十餘丈、中設食堂。……[74]」とあり、東京丸に乗船し三一日に神戸を経て六月二日に下関、長崎に寄港し六日には長江河口から黄浦江を遡航して午後には上海に上陸し、岸田吟香の出迎えを受けている[75]。岡千仞が乗船したのが三菱会社の東京丸であったことは右の記述から明らかである。

同じく明治一七年の八月に尾崎行雄は上海に赴いている。彼の「遊清記[76]」では、二八日に神戸、三一日午後に長崎、九月一日午後四時に長崎を出港し、三日には長江河口にいたり、上海に上陸したのは九月四日であった[77]。尾崎行雄は三菱会社の名護屋丸に乗船して上海に渡ったのである。

大谷光瑞の中国紀行である「清國巡遊誌[78]」によると、彼は、明治三二年（一八九九）一月一九日に神戸で乗船した。その船は、仏国郵船ラオス号であり、二三日の一二時前に上海埠頭へ到着している[79]。

大蔵省官吏であった木村正憲は中国・朝鮮に派遣されたが、明治三三年（一九〇〇）四月一四日に神戸で乗船した。(80)そして四月一八日午後二時に上海の日本郵船会社の桟橋に上陸している。(81)木村正憲は上海の日本郵船会社のことを、「上海ノ支那人ハ三菱公司《サンリャンコンスー》ト云ヒ洋人ハN.Y.K.ト呼フ」(82)と注釈を記している。明治四三年（一九一〇）に南中国に赴いた佐藤善治郎の紀行「南清紀行」には、「明治四十三年七月二十八日午前十時、横濱解纜の筑前丸に投じて南清に向つて出發した」とあるように、彼は横浜から日本郵船会社の筑前丸で中国へ渡った。

詩人の小林愛雄は明治四四年に上海に赴くが、そのさいに乗船した船は、「北独逸露以土《ノルドドイツチエルロイド》会社《がいしや》の汽船BULOW號」(83)と、北ドイツチエルロイド汽船会社のBulow号に乗船している。

以上が、日本人の渡航記録である。中国人の来日に関する旅行記よりは数少ないものの、多くは日本郵船会社の上海―横浜航路の定期便を利用して中国へ渡っているとわかる。

しかし、明治三二年（一八九九）になると、日本郵船が二週間に一回ではあったが神戸から下関を経て山東半島の芝罘を経由し天津の大沽に赴く定期航路である神戸―北清線を開設し、日本から天津・大沽への直接航路が開かれている。(84)

この航路を利用した内藤湖南は明治三二年九月五日に神戸から日本郵船会社の仙台丸に乗船し、途中寄港地の芝罘で一度下船しているが、一一日午前一一時過ぎに大沽に到着している。(85)嘉納治五郎も清国に派遣されたさい、神戸―北清線を利用した。彼の「予の清國行に就いて」(86)によると、七月二三日に神戸から玄海丸に乗船し清国に赴き、北京・天津・保定のほか、揚子江方面では、上海・蘇州・杭州・南京・安慶・武昌・長沙等(87)を巡歴している。

これらの事例でも知られるように、二〇世紀になると横浜―上海航路だけではなく多様な航路がみられるようになる。日本郵船会社にとっての競争相手のひとつでもあった大阪商船会社もその例にもれない。明治二九年

（一八九六）台湾総督府の命令航路として大阪—台湾航路を開設していた同社は、台湾航路とは別に明治三二年九月に天津経由の神戸—牛荘航路、芝罘経由の神戸—牛荘航路を開設した。これらは明治三五年（一九〇二）二月に神戸—北清線として統合された。その後明治三八年（一九〇五）一月には大阪—大連線、同年五月には大阪—漢口線が、明治三九年（一九〇六）二月に大阪—天津線と新航路が開設されている。(88)

四　小　結

上述のように、江戸時代の「鎖国」下における中国からの帆船による長崎貿易の時代から、一挙に外国汽船、主に欧米の汽船会社の汽船が日中間に就航すると、日中間の往来にはそれらの汽船を利用せざるを得なくなる。しかし、明治八年（一八七五）一月に日本政府の援助を得た三菱会社が、横浜と上海の間に毎週一便であったが、定期運航を開始すると、多くの日本人・中国人が三菱会社の汽船を利用して東シナ海（東海）を渡ったのである。その後の明治一八年（一八八五）に創立された日本郵船会社が、この上海定期航路を引き継ぎ発展させ、東京丸・横浜丸・薩摩丸の三隻を使って毎週一回、横浜から神戸・下関・長崎に寄港して上海への定期航路を運航し、日中の重要な架橋となっていった。

これに対して、中国の招商局輪船公司も日本航路への定期航路を試みるものの、日本側の抵抗にあって、その企図は挫折し（次章参照）、日本航路における三菱会社（日本郵船会社）の優位はしばらく続くことになり、少なくとも明治期における日中間の架橋となる汽船の定期航路を利用した人々は、同社の汽船に搭乗することが多かったのであった。

（1）　松浦章『江戸時代唐船による日中文化交流』思文閣出版、二〇〇七年七月。

（2）聶宝璋編『中国近代航運史資料』第一輯上冊、上海人民出版社、一九八三年一一月、三四〜四一、二四五〜二六三頁参照。
（3）松浦章『近代日本中国台湾航路の研究』清文堂出版、二〇〇五年六月。
（4）第一編第四章。初出は、松浦章「清国輪船招商局の日本航行」『関西大学東西学術研究所紀要』第三九輯、二〇〇六年四月、一〜四八頁。
（5）Boyd Cable: *A Hundred Year History of the P. & O. Peninsular and Oriental Steam Navigation Company 1837-1937*. London, 1937.
中川敬一郎「P. & O. 汽船会社の成立――イギリス東洋海運史の一齣――」『資本主義の成立と発展　土屋喬雄教授還暦記念論文集』（『経済学論集』第二六巻第一・二号）有斐閣、一九五九年三月、二七六〜三〇一頁。
（6）小風秀雄『帝国主義下の日本海運――国際競争と対立自立――』山川出版社、一九九五年二月、一八頁。
（7）同右書、一八頁。
（8）"The Nagasaki Shipping List and Advertiser" は現在№3〜№28の現存が知られ、№1、2は所在不明である。
（9）小風秀雄『帝国主義下の日本海運――国際競争と対外自立――』二七頁。
（10）John Haskell Kemble: A Hundred Years of the Pacific Mail, *The American Neptune*, April 1950, p.131.
（11）『横浜毎日新聞』復刻版第一巻、不二出版、一九九二年七月、一頁。
（12）同右書、三頁。
（13）同右書、五頁。
（14）Jules Verne: *Le Tour du Monde en Quatre-Vingts Jours*, 1873. 鈴木啓二訳『八十日間世界一周』岩波書店、二〇〇一年四月。
（15）鈴木啓二訳『八十日間世界一周』二八七頁。
（16）『七十年史』日本郵船株式会社、一九五六年七月、八頁。『日本郵船株式会社五十年史』日本郵船株式会社、一九三五年一二月、八頁。
（17）『横浜毎日新聞』第一〇巻、不二出版、一九八九年九月、六七頁。

(18)『東京日日新聞』第九二八号、明治八年二月二八日、二八頁。同号より同九五六号、明治八年三月一二日、四〇頁まで同広告が断続的に掲載されている。
『七十年史』一〇頁。
(19)『申報』第六冊、上海書店影印、一九八三年二月、一二二頁。
(20)同右。
(21)山本光雄『日本博覧会史』理想社、一九七〇年六月一日、四八頁。
(22)『七十年史』九～一〇頁。
(23)同右書、二三三頁。
(24)同右書、三〇頁。
(25)『小方壺齋輿地叢鈔』第十帙、三〇二丁表。
(26)『申報』第八冊、四二八頁。
(27)『小方壺齋輿地叢鈔』第十帙、三〇三丁裏、三百四丁表。
(28)松浦章『近代日本中国台湾航路の研究』四二～四三頁。
(29)同右書、四六頁。
(30)同右書、四七頁。
(31)『日本政法考察記』上海古籍出版社、二〇〇二年三月、解題一頁。
(32)『日本郵船百年史資料』日本郵船株式会社、一九八八年、六六〇頁。
(33)『教育考察記』(上・下)、杭州大学出版社、一九九九年八月、(上)九七頁。
(34)『教育考察記』(上)一一八頁。
(35)『横浜毎日新聞』第一〇三巻、一五六頁、明治三一年九月二二日付。
(36)『教育考察記』(上)、一二六頁。
(37)同右書、一六一頁。
(38)松浦章『近代日本中国台湾航路の研究』四八頁。

(39)『教育考察記』（上）二一八頁。
(40)同右書、二三二頁。
(41)松浦章『近代日本中国台湾航路の研究』四八頁。
(42)『教育考察記』（下）五二三頁。
(43)同右書、五三四頁。
(44)同右書、五四〇頁。
(45)同右書、五五九頁。
(46)同右書、五六三～五六四頁。
(47)同右書、五九五頁。
(48)同右書、六〇一頁。
(49)『日本郵船百年史資料』六六五頁。
(50)『教育考察記』（下）六一八頁
(51)『日本政法考察記』一〇三頁。
(52)同右書、一二三頁。
(53)同右書、一二六頁。
(54)同右書、一四七頁。
(55)『教育考察記』（下）七四六頁。
(56)同右書、七五八頁。
(57)同右書、七六八頁。
(58)『申報』第八五冊、六四八頁。
(59)『教育考察記』（下）八〇一頁。
(60)同右書、六〇八頁。
(61)『日本政法考察記』二七七頁。

(62) 同右書、二九一頁。
(63) 『教育考察記』（下）八一一、八三一頁。
(64) 同右書、八二四、八五五頁。
(65) 同右書、九一〇頁。
(66) 同右書、九一四頁。
(67) 『日本政法考察記』三五〇頁。
(68) 同右書、三七八頁。
(69) 『教育考察記』（下）九五〇頁。
(70) 同右書、九八二頁。
(71) 「上海外商各輪船公司一覧」一頁、『二十四年　航業年鑑』上海市輪船業同業公会、一九三六年六月。
(72) 『日本政法考察記』四〇二頁。
(73) 同右書、四二七頁。
(74) 「観光紀游」『幕末明治中国見聞録集成』第二〇巻、ゆまに書房、一九九七年一〇月、二四頁。
(75) 同右書、二五～二九頁。
(76) 「游清記」『幕末明治中国見聞録集成』第三巻、ゆまに書房、一九九七年六月、一一頁。
(77) 同右書、一二～一四頁。
(78) 「清國巡遊誌」『幕末明治中国見聞録集成』第一四巻、ゆまに書房、一九九七年一〇月、一〇八～一〇九頁。
(79) 同右書、一一五頁。
(80) 「清韓紀行」『幕末明治中国見聞録集成』第五巻、ゆまに書房、一九九七年六月、五三頁。
(81) 同右書、八三～八四頁。
(82) 同右書、八三～八四頁。
(83) 「支那印象記」『幕末明治中国見聞録集成』第六巻、ゆまに書房、一九九七年六月、二一九頁。
(84) 『日本郵船百年史資料』七一八頁。

(85)「燕山楚水」「禹域鴻爪記」『内藤湖南全集』第二巻、筑摩書房、一九七三年三月、一九～二六頁。

(86) 嘉納治五郎「予の清國行に就いて」『國士』第五巻第四七号、一九〇二年八月、一～二頁。嘉納治五郎の清国紀行に関しては、彼の「清國巡遊所感(一)」『國士』第六巻第五〇号、一九〇二年一一月、一～五頁、「清國巡遊所感(二)」『國士』第六巻第五一号、一九〇二年一二月、一～四頁がある。さらに随行員の老谷報「嘉納会長清國巡遊記」が『國士』第四八号、二二～二八頁、『國士』第四九号、二八～三一頁、『國士』第五〇号、二六～三七頁、『國士』第五二号、三一～三九頁、五三～五七頁、『國士』第五四号、三五～三八頁に連載されている。

(87)『國士』第四七号、一頁。

(88)『創業百年史資料』大阪三井船舶株式会社、一九八五年七月、一六～一七頁。

第四章　輪船招商局汽船の日本航行

一　緒　言

一九世紀末期における東アジア諸国の中で巨大な汽船会社を保有していたのは中国と日本とであった。その汽船会社とは、『東京横浜毎日新聞』第四五三〇号、明治一九年（一八八六）一月一三日付の「清國招商局及び日本郵船會社」において、

亞西亞東方諸國の中、航海を業とする二大會社あり。一は清國招商局にして、一は日本の郵船會社なり。

と論評するように、清朝中国の輪船招商局と日本の日本郵船会社であった。同紙にはさらに、

此二大會社は孰れも政府又は政府部内の人々が直接間接に関係する者なり。就中日本郵船會社の如きは近時東洋に有名なる會社にして、其資本金は一千一百万圓、此内政府の株に属す者二百六十万圓あれとも、自餘は舊三菱及舊共同會社普通株主の所有に属する者にして政府は此廣大なる株金に対し年八朱の利益を保護するなり。招商局は清國に有名なる李鴻章を始め其他の人々の支出したる資金より成立つ者なり。

とあるように、輪船招商局は清国政府、日本郵船会社は日本政府の支援・後援を受け、巨大な海運会社としてその後も成長したのである。

輪船招商局は同治一一年（一八七二）に上海新北門外永安街において創設され(1)、他方日本郵船会社は日本政府の

支援を得て郵便汽船三菱会社と共同運輸会社を合併して明治一八年（一八八五）に東京で成立したのである(2)。このうち輪船招商局の概要を簡略的に記した初期のものとして、東亜同文会調査編纂部による明治四四年（一九一一）の『第一回中国年鑑』の「水運」に掲載された招商局の次の記事があげられよう。

招商局ハ清國汽船業中ノ白眉ニシテ航海業者ノ嚆矢タリ。本局ハ故李鴻章ノ發起創業ニ係ルモノシテ、實ニ同治十三《ママ》年十一月ナリ。光緒二年浙江省等ノ官金ヲ以テ、當時盛大ナルシ旗昌洋行ヲ買収シ、翌三年漕運ヲ引受ケテ漸ク盛大トナリシモ、光緒十年清佛戦争中ハ名義上一時招商局ヲ五百二十五萬兩ニテ旗昌洋行ニ賣却シ、十一年秋又回収シ、光緒十八年（一八九二年）ニハ印度支那航業［怡和洋行代理］中國航業［太古洋行代理］ノ二社ト協議シテ長江南清ニ於テ運賃協同計算ヲ爲シ、社業愈々隆運ニ趨ヘリ、之ニ伴ヒ資本金モ創設當時ハ百萬兩ナリシヲ光緒八年七月一百萬兩ヲ増加シテ資本ヲ二百萬兩トシ、光緒二十四年正月積立金及時価保険積立金中ヨリ合計二百萬兩ヲ資本金勘定ニ振替ヘ資本金ヲ四百萬兩ト爲セリ(3)。

このように、李鴻章の発案で同治一一年（一八七二）に創設された輪船招商局はアメリカ企業の旗昌洋行との間に買収、売却、買収を繰り返し事業を拡大していった中国最大の航運業であった。

この輪船招商局と日本郵船会社の二大海運会社は、それぞれ自国の海運業に大きな影響を与えている。さらに両社は自国内の水運・海運のみならず、海外への航路の拡張を企図した。いち早く海外航路を開設したのは日本郵船会社の前身のひとつにあたる三菱会社で、明治八年（一八七五）一月に横浜と上海を結ぶ航路を開設した(4)。

他方、招商局は創設直後から中国大陸沿海航路として上海と広東省の汕頭を結ぶ航路を開設し、さらに上海と香港、そして上海と天津へと拡大し、内河航路では長江の沿江航路として上海から鎮江・九江などを経由して長江中流域の中心地である湖北省の漢口への航路を開設し(5)、既設の英国系の怡和洋行や太古洋行の汽船航路と拮抗するようになるのである(6)。

輪船招商局はさらに日本への航路開設を企図していたことが知られるが[7]、これまでほとんどその問題は看過されていた。そこで本章は、輪船招商局の汽船による日本航行について述べてみたい。

二　清国輪船招商局汽船の初期日本航行

輪船招商局の汽船が日本に来航した経緯を記したものとして、外務省外交史料館に所蔵される「清國商船沿海貿易禁止一件」（外務省記録：3・2・2・2）がある。この文書は、後述の明治一九年（一八八六）に日本に来航した輪船招商局の汽船に関して同年一月三〇日付～三月二三日付の文書を収録した冊子である。この中の「明治十九年三月二十三日起草　發遣　藤田四郎」とされる中に、長崎税関長であった白上直方に宛てた外務次官の青木周蔵の文書が収録され、それに明治一九年以前の輪船招商局の汽船の日本来航が明確に記されている。そこで、青木周蔵の文書を全文掲げてみたい。

本月（三月）十五日付第二〇三号ヲ以テ清國招商局汽船本月一月以來、長崎・神戸・横濱間ニ於テ沿海貿易営業致候義ニ付、御回答ノ趣了承。然ルニ明治六年九月伊敦号其港ニ入進シ、同十年六月七月ノ両度大有号入港、及ヒ同十五年懐遠号入港シ、其都度右回漕ヲ営業シ已ニ多年差許シ來リタル慣行ナル旨、御申越有之候得共、右船舶ニシテ果シテ我國沿海ノ貿易ニ従事シタリトセハ、必ラス其筋々ノ報告之レアル可筈ニ候處、當省ニ於テハ曾テ其報告ニ接シタルコト無之。且我政府ニ於テハ決シテ之ヲ差許候義無之候。抑沿海貿易トハ海上ニ因リ一國内ノ諸港間ニ運漕ノ業ヲ営ムコトヲ指稱シ、其海外ヨリ搭載シ來リタル貨物等ヲ國内ノ諸港ニ入進分揚シ、或ハ海外輸出ノ爲メ右諸港ニ於テ荷積スルハ固ヨリ此限ニ無之候。且又日清通商章程第二十二欵及第二十六欵ニ據リテモ、沿海貿易ハ彼ニ讓與シタルモノノ様御申越有之候得共、右ハ米麦等ニ限リ他港ニ積廻スコトヲ許可シ、之ヲ外國ニ輸出スルヲ禁シタルマデニテ決シテ、清國ニ沿海運送ノ営業ヲ許可シタル明文ニハ無之候。即チ右一港ヨリ他港ニ米麦其他ノ貨物ヲ積廻スノ権利ト沿海貿易トハ固ヨリ霄壊ノ別有之候間、右御了解有之度候。尤モ本件ハ外務大臣ヨリ方今大蔵逓信両大臣ト協議中ニ有之候ニ付、更ニ大蔵大臣ヨリ何分ノ沙汰有之マデハ従前ノ仕來ニ倣ヒ御取計有之可然候。此段申進候也。

本文書は、明治一九年に日本に来航した輪船招商局の汽船についての日本の対処の経緯を述べるが、その前段で、明治一九年以前の輪船招商局の日本への来航についても触れている。それによると明治一九年以前に輪船招商局の汽船は三度日本へ来航した。

最初が、「明治六年九月伊敦号其港ニ入進シ」とあるように、輪船招商局の伊敦号が日本へ来航したこと。二隻目は「同十年六月七月ノ両度大有号入港」とある輪船招商局の大有号が明治一〇年六月、七月と二か月間に来航したこと。三隻目は「同十五年懐遠号入港シ」とある輪船招商局の懐遠号が日本へ来航したことを記している。

そこで、明治一九年の輪船招商局の汽船の日本来航を述べる前に、この三隻の来航について検討してみたい。

（1）明治六年（同治一二、一八七三）七月輪船招商局伊敦号の日本来航

輪船招商局の伊敦号が日本へ航行したことについて、上海で刊行された新聞『申報』第三八四号、一八七三年七月二九日付の「招商局情形」によると、

聞招商輪船局、現已賃定怡盛洋行舊基之房屋、方在修理、約半月竣工、即可遷居矣。查此局近殊盛旺大、異初創之時、上海銀主、多欲附入股份者、惟該局本銀、已足現用、計共銀百萬之數、分爲一百股也。至日後、復行添辦輪船、或再行招銀入股耳。蓋由漸推廣由漸練習、實創始至妥之道也。前日發船至長崎神戸、蓋擬在東洋上海常川往來者也。其船名伊敦惟頗費煤較多用於他船、然長崎煤價甚廉、沿途随辦、雖費而亦可甚省矣。此亦可見探遠考、微細心辦事之小效也。或疑秋時既臺灣之役、則國家必僱用此局之船、以供載運繁、倘實有

此事、則春夏運米、秋冬載兵、生業實莫盛於此焉。

とある。輪船招商局が創設後まもなく日本の長崎・神戸に向けて伊敦号を就航させた理由の一つは、同船は他の汽船に比べ燃費が悪く燃料の石炭を多く必要としたが、日本の長崎における石炭費が極めて廉価であるため、日本航路は決して運航経費としては損失をもたらすものではないからだと伝えている。長崎で入手できる石炭とは幕末から長崎の高嶋で採掘されていた高嶋炭(8)であったことは明らかであろう。

さらに『申報』第三八九号、同治一二年閏六月一二日、一八七三年八月四日付の「運煤説」においても、

煤之有益於人也、其利溥哉、大之可以鎔鑄銅鐵轉動機器行走輪船、小之亦可以製造飲食供給日用禦抗冬寒、……現聞新説招商輪船局擬將伊敦輪船往來長崎、購煤來滬、使供諸船之用、西人之深達於治國理財之學者、聞此一事、未免旁観而冷笑也。……

と、輪船招商局の伊敦号が廉価な長崎での石炭を購入して、上海市場で他の汽船の燃料として提供することを価値ある事と指摘している。

伊敦号の日本来航に関する記事が『横浜毎日新聞』第八〇四号、明治六年（一八七三）八月六日付の「公開」の欄によると、

神奈川縣

清國商船蒸氣伊敦號商法爲試内地開港場へ渡船可致候。在上海品川領事より船用旗章雛形相添、外務省へ申越候趣、同省より掛合越候に付、爲心得別紙旗章雛形差廻し候、尤右旗章清國府の公號に有之候哉。全同國商民一已の私號に候哉。外務省へ問合置候間、追て回報次第尚可相違候事。

明治六年八月三日

大蔵省事務総裁
参議大隈重信(9)

とあるように、伊敦号の来日入港にさいして、船舶旗を掲げる必要があり、その見本が上海領事の品川より外務省に送付されてきた。しかし、その見本が清国の公式旗か、民間の私的旗か不明であった。しかし、この記事から輪船招商局の伊敦号の来日は日本政府に認識されていたことがわかる。

伊敦号は輪船招商局が同治一一年（一八七二）にイギリスの会社から六五、〇〇〇ポンドで購入した汽船であった[10]。そして『申報』第二四〇号、同治一二年正月一四日、一八七三年二月一一日付の「輪船招商公局告白」に、「啓者、本局伊敦輪船、前於壬申年十二月十八日、由汕頭、装貨回申、計収水脚洋二千零十元零七角七分。又搭客洋七十四元。茲已収清特此佈　癸酉正月十三日」とあるように、伊敦号は、同治一一年一二月一八日（一八七三年一月一六日）に広東省の汕頭から上海へ寄港して洋銀二〇一〇元もの収入をあげた汽船であった。さらに『申報』第二五二号、同治一二年正月二八日、一八七三年二月二五日付の「招商公局告白　啓者、本局伊敦輪船、於上年十二月念一日、由上海往寧波、装貨往香港、由香駛汕、装貨回申」とあり、伊敦号は、同治一一年一二月二一日（一八七三年一月一九日）に上海から寧波に行き、寧波から貨物を積んで香港に赴き、香港から汕頭を経由して貨物を積載して上海に帰港している。

この伊敦号が上海と日本との間を具体的にいつ航行していたのかを、『申報』に掲載された輪船の上海港出入表から明らかにしたい。『申報』の毎号に掲載された伊敦号の輪船入港出港の記録を整理すると表1―1になる。『申報』では、伊敦は依敦とも記されているが、両者が同一であることは明らかであろう。伊敦号は、本来上海―天津間の沿海航路に使われていた汽船であった。伊敦号は一八七三年七月に初めて長崎に航行し、その二度目の日本への航行では長崎からさらに神戸に向けて航行したことが知られ、『申報』による限り、上海から長崎・神戸までの航海は四度おこなったことがわかる。

他方、伊敦・依敦は現在の普通語では Yi dun になるが、*The North-China Herald And Supreme Court & Consular*

表1－1　1873年輪船招商局伊敦(依敦)号航行表

号数	刊行日西暦	同旧暦	船名	船式	会社名	入出港	航行地	月日
358	1873. 6.28	6. 4	依敦	輪船	招商局	入　港	天　津	6. 3
358	1873. 6.28	6. 4	依敦	輪船	招商局	出　港	天　津	6. 4
368	1873. 7.10	6.16	依敦	輪船	招商局	入　港	天　津	6.15
371	1873. 7.14	6.20	依敦	輪船	招商局	出　港	長　崎	6.20
387	1873. 8. 1	閏6. 9	依敦	輪船	招商局	入　港	長　崎	閏6. 8
388	1873. 8. 2	閏6.10	依敦	輪船	招商局	出　港	長崎・神戸	閏6.10
405	1873. 8.22	閏6.30	依敦	輪船	招商局	入　港	長　崎	閏6.29
406	1873. 8.23	7. 1	依敦	輪船	招商局	出　港	長崎・神戸	7. 1
420	1873. 9. 9	7.18	依敦	輪船	招商局	入　港	長　崎	7.17
422	1873. 9.11	7.20	依敦	輪船	招商局	出　港	長崎・神戸	7.20
463	1873.10.29	9. 9	依敦	輪船	招商局	出　港	長崎・神戸	9. 9
477	1873.11.14	9.25	依敦	輪船	招商局	入　港	長　崎	9.24
479	1873.11.17	9.28	依敦	輪船	招商局	出　港	東　洋	9.28
498	1873	10.20	伊敦	輪船	招商局	出　港	廈門・香港	10.28

表1－2　1873年輪船招商局 Aden(伊敦)号航行表

号数	刊行日西暦	船　長	船式	屯数	会社名	出入港	航　行　地	月日
323	1873. 7.12	Peterson	Str.	507	C.M.S.N.Co.	入　港	Tientsin	7. 9
324	1873. 7.19	Peterson	Str.	503	C.M.S.N.Co.	出　港	Nagasaki	7.15
326	1873. 8. 2	Peterson	Str.	507	C.M.S.N.Co.	入　港	Japan	7.31
327	1873. 8. 9	Peterson	Str.	503	C.M.S.N.Co.	出　港	N'asaki & Hiogo	8. 5
329	1873. 8.23	Peterson	Str.	507	C.M.S.N.Co.	入　港	N'asaki & Hiogo	8.21
330	1873. 8.30	Peterson	Str.	503	C.M.S.N.Co.	出　港	N'asaki & Hiogo	8.24
332	1873. 9.13	Peterson	Str.	503	C.M.S.N.Co.	入　港	Nagasaki	9. 8
332	1873. 9.13	Peterson	Str.	507	C.M.S.N.Co.	出　港	N'asaki & Hiogo	9.11
339	1873.10.30	Peterson	Str.	507	C.M.S.N.Co.	入　港	Nagasaki	10.24
340	1873.11. 6	Peterson	Str.	507	C.M.S.N.Co.	出　港	N'asaki & Hiogo	10.30
342	1873.11.20	Peterson	Str.	507	C.M.S.N.Co.	入　港	Nagasaki	11.13
346	1873.12.18	Peterson	Str.	507	C.M.S.N.Co.	出　港	Nagasaki	12.10
370	1874. 6. 6	Peterson	Str.	507	C.M.S.N.Co.	入　港	Amoy	5.30
371	1874. 6.13	Peterson	Str.	524	C.M.S.N.Co.	出　港	Hankow, & c.	6. 6
372	1874. 6.20	Peterson	Str.	524	C.M.S.N.Co.	入　港	Hankow and Ports	6.17
373	1874. 6.27	Peterson	Str.	507	C.M.S.N.Co.	出　港	Hankow and Ports	6.21

註：C.M.S.N.Co.=China Merchant's Steam Navigation Co. 輪船招商局の略称。

表2　1873年輪船招商局満洲号航行表

号数	刊行日西暦	同旧暦	船式	会社名	出入港	航行地	月日
338	1873. 6. 5	5.11	輪船	旗　昌	入　港	天　津	5.10
342	1873. 6.10	5.16	輪船	旗　昌	出　港	烟台・天津	5.16
396	1873. 8.12	閏6.20	輪船	招商局	出　港	長　崎	閏6.20
408	1873. 8.26	7. 4	輪船	招商局	入　港	長　崎	7. 3
411	1873. 8.29	7. 7	輪船	招商局	出　港	長　崎	7. 8
420	1873. 9. 9	7.18	輪船	招商局	入　港	東　洋	7.17
422	1873. 9.11	7.20	輪船	招商局	出　港	長　崎	7.20
432	1873. 9.23	8. 2	輪船	招商局	入　港	東　洋	8. 1
433	1873. 9.24	8. 3	輪船	招商局	出　港	長　崎	8. 3
444	1873.10. 7	8.16	輪船	招商局	入　港	長　崎	8.15
446	1873.10. 9	8.18	輪船	招商局	出　港	長　崎	8.18
454	1873.10.18	8.27	輪船	招商局	入　港	長　崎	8.26
455	1873.10.20	8.29	輪船	招商局	出　港	長　崎	8.29
462	1873.10.28	9. 8	輪船	招商局	入　港	東　洋	9. 7
464	1873.10.30	9.10	輪船	招商局	出　港	長　崎	9.10
472	1873.11. 8	9.19	輪船	招商局	入　港	長　崎	9.18
473	1873.11.10	9.21	輪船	旗　昌	出　港	長　崎	9.21
480	1873.11.18	9.29	輪船	旗　昌	入　港	長　崎	9.28

Gazette にみえる Aden の航行記録が、『申報』に見る伊敦号の航行日とほぼ一致することから、伊敦号が Aden 号であったことは明らかである。その Aden 号の上海を起点とする航行表は表1―2のようになる。

なお、輪船招商局では、この年には伊敦号のみならず、満洲号も日本へ航行させていたことが知られる。満洲号は、もとは旗昌洋行すなわちアメリカのラッセル会社の汽船であったが、輪船招商局に売却された汽船である。伊敦号とほぼ同時期に、ほぼ上海と長崎の間を航行していた。このことは『申報』から作成した表2から明らかであろう。*The North-China Herald And Supreme Court & Consular Gazette* によると Manchu とあり、満洲号の英文名であることがわかる。

満洲号は、一八七三年八月中旬から同年一一月上旬までの約三か月間にわたり、上海から長崎に向けて七航海したことがわかる。一一月中旬には再びラッセル会社に移管されたが、今度はラッセル会社の汽船として長崎への航海をおこなっている。

（2）明治一〇年（光緒三、一八七七）六、七月輪船招商局大有号の日本来航

大有号の日本航行については、『横浜毎日新聞』第一九七二号、明治一〇年六月二五日付の「雑報」に、次の記事が掲載されていることからわかる。

一昨日午後三時に神戸より入港せし上海商人會社の汽船大有號が明治丸に突き當りし時の景況を聞くに、全く航海に不熟練なる船将の乗組しものと見へて今波戸場へ着かんとする僅か三十間前までも十分の蒸気力にて走り來りたれば波戸場に集ひたる艀船荷船等は騒ぎ立ちて其船先を避けんとし、陸揚にてはアハヤ浅洲に乗上んかとて気を揉むうち漸やくにして船をば止めたれども前後をも見計らはずして、直ぐさま跡の方へ乗戻さんとなしたるにぞ、忽ち其傍らに碇泊したる明治丸に突き當りて、バラバラに外車を壊し端舟釣を餘ほど壓枉げたり。されども船体には格別の損傷もなかりしは、責めてもの僥倖なりと云ふ。惜この船は當時我が國にて汽船の払底なりしと云ふを聞込み一ばん三菱に賣附るものをと遙々航海をしたりとの咄しなるが、元來四百八十噸積の外車船にて船体も少さき上に、最はや損所も餘ほど有る古船の由なれば、迚も相談は追ツ付くまトのこと、或る外國人が之を聞きてアア此船を日本へ持つて來るには十年遲ければ日本人に好い船は買へないと云つたすだ一寸としても西洋人は直きコンな悪口を云ひたグります忌まわしい鬚だ。(11)

「上海商人會社の汽船大有號」とあるのが輪船招商局の大有号であったことは確かである。横浜入港後、港内で日本船と接触事故を起こしたことで、この記事となった。その結果、この大有号が四八〇トンの外輪汽船であったことがわかる。

それでは大有号の航行状況を、『申報』の輪船航行表から明らかにしてみたい。『申報』による限り、大有号の運航状況には不整合な部分も見られるが、記録の欠落も考えられることから、原文に基づき作成したのが表3―1である。

『申報』によると、大有号が上海から日本へ向けて出港したのは一八七七年六月一三日（旧暦五月初三日）のことで、長崎・神戸・横浜に寄港して、七月二三日（旧暦六月一二日）に上海へ帰港した。この一度の航海のみが知られる。このとき日本へ航海するまでの大有号は、主に上海と寧波との間を往航し、長崎から帰港して以降は、北洋の天津や山東の烟台へ航行している。その後は、長江航路や福建の福州へ就航していた汽船であった。

同じことは *The North-China Daily News* に掲載された船舶の上海港の出入をまとめた表3―2からも明らかである。

「大有」は現在の普通語では Tai you であり、一八七七年当時の英文表記では Tahyew であったことがわかる。また、前掲の『横浜毎日新聞』が大有号について「元來四百八十噸積の外車船にて船体も少さき」と記すように、*The North-China Daily News* に掲載されたトン数が四一九トンであったことからも、同一の船であることは明らかであろう。

大有号は輪船招商局保有の小型汽船で、上海を起点に寧波との間の沿海航行の汽船であった。それが、一八七七年六月一五日に上海を出港して、日本へ航行して七月二一日に再び上海に帰港するまで、長崎・神戸・横浜と三八日間にわたる日本への航海をおこなったことがわかる。

（3）明治一五年（光緒八、一八八二）輪船招商局懐遠号の日本来航

懐遠号が日本に来航したことについては、『申報』によると、同紙第三三一五号、光緒八年七月二五日、一八八八

表3－1　1877年輪船招商局大有号航行表

号数	年月日	中国暦	船名	公司	出入港	航　行　地	月日
1497	1877. 3.15	2. 1	輪船	招商局	出　港	寧　波	2. 1
1498	1877. 3.16	2. 2	輪船	招商局	入　港	寧　波	2. 1
1499	1877. 3.17	2. 3	輪船	招商局	出　港	寧　波	2. 3
1501	1877. 3.20	2. 6	輪船	招商局	出　港	寧　波	2. 6
1504	1877. 3.23	2. 9	輪船	招商局	入　港	寧　波	2. 8
1504	1877. 3.23	2. 9	輪船	招商局	出　港	寧　波	2.10
1506	1877. 3.26	2.12	輪船	招商局	入　港	寧　波	2.10
1507	1877. 3.27	2.13	輪船	招商局	出　港	寧　波	2.13
1508	1877. 3.28	2.14	輪船	招商局	入　港	寧　波	2.13
1509	1877. 3.29	2.15	輪船	招商局	出　港	寧　波	2.15
1510	1877. 3.13	2.16	輪船	招商局	入　港	寧　波	2.15
1511	1877. 3.31	2.17	輪船	招商局	出　港	寧　波	2.17
1512	1877. 4. 2	2.19	輪船	招商局	入　港	寧　波	2.17
1513	1877. 4. 3	2.20	輪船	招商局	出　港	寧　波	2.20
1514	1877. 4. 4	2.21	輪船	招商局	出　港	寧　波	2.22
1515	1877. 4. 5	2.22	輪船	招商局	入　港	寧　波	2.22
1516	1877. 4. 6	2.23	輪船	招商局	出　港	牛　荘	2.24
1517	1877. 4. 7	2.24	輪船	招商局	出　港	寧　波	2.24
1518	1877. 4. 9	2.26	輪船	招商局	出　港	寧　波	2.27
1519	1877. 4.10	2.27	輪船	招商局	入　港	寧　波	2.27
1521	1877. 4.12	2.29	輪船	招商局	入　港	寧　波	2.28
1521	1877. 4.12	2.29	輪船	招商局	出　港	寧　波	2.29
1523	1877. 4.14	3. 1	輪船	招商局	出　港	寧　波	3. 1
1525	1877. 4.17	3. 4	輪船	招商局	出　港	寧　波	3. 4
1526	1877. 4.18	3. 5	輪船	招商局	入　港	寧　波	3. 4
1526	1877. 4.18	3. 5	輪船	招商局	出　港	寧　波	3. 6
1528	1877. 4.20	3. 7	輪船	招商局	入　港	寧　波	3. 6
1574	1877. 6.13	5. 3	輪船	招商局	出　港	長崎・神戸・横浜	5. 3
1608	1877. 7.23	6.12	輪船	招商局	入　港	長　崎	6.12
1609	1877. 7.24	6.14	輪船	招商局	出　港	烟台・天津	6.14
1620	1877. 8. 6	6.27	輪船	招商局	入　港	天　津	6.26
1621	1877. 8. 8	6.28	輪船	招商局	出　港	天　津	6.28
1631	1877. 8.17	7. 9	輪船	招商局	入　港	天　津	7. 9
1641	1877. 8.30	7.22	輪船	招商局	出　港	長江・宜昌	7.22

表3－2　1877年輪船招商局 Tahyew（大有）号航行表

号数	出入年月日	船　長	船式	屯数	会　社　名	積　荷	航　行　地	出入港
3950	1877. 4. 10	Andrews	Str.	419	C. M. S. M. Co.	一　般	Ningpo	入　港
3952	1877. 4. 12	Andrews	Str.	419	C. M. S. M. Co.	雑　貨	Ningpo	出　港
3954	1877. 4. 12	Andrews	Str.	419	C. M. S. M. Co.	一　般	Ningpo	入　港
3954	1877. 4. 12	Andrews	Str.	419	C. M. S. M. Co.	バラスト	Ningpo	出　港
3956	1877. 4. 17	Andrews	Str.	419	C. M. S. M. Co.	一　般	Ningpo	入　港
3956	1877. 4. 17	Andrews	Str.	419	C. M. S. M. Co.	バラスト	Ningpo	出　港
3958	1877. 4. 20	Andrews	Str.	419	C. M. S. M. Co.	一　般	Ningpo	入　港
4006	1877. 6. 15	Andrews	Str.	419	C. M. S. M. Co.	雑　貨	N'saki, Kobe. & c.	出　港
4038	1877. 7. 21	Andrews	Str.	419	C. M. S. M. Co.	一　般	Japan	入　港
4041	1877. 7. 25	Direksen	Str.	419	C. M. S. M. Co.	雑　貨	Chefoo & Tientsin	出　港
4050	1877. 8. 4	Direksen	Str.	419	C. M. S. M. Co.	一　般	Tientsin	入　港
4053	1877. 8. 8	Direksen	Str.	419	C. M. S. M. Co.	雑　貨	Tientsin	出　港
4061	1877. 8. 17	Direksen	Str.	419	C. M. S. M. Co.	一　般	Tientsin	入　港
4073	1877. 8. 31	Direksen	Str.	419	C. M. S. M. Co.	雑　貨	Hankow and Ports	出　港
4087	1877. 9. 17	Direksen	Str.	419	C. M. S. M. Co.	一　般	Hankow, & c.	入　港
4120	1877. 10. 25	Direksen	Str.	419	C. M. S. M. Co.	雑　貨	Foochow	出　港

二年七月二五日付の汽船の出入表によれば、七月二五日に上海を出港して神戸・横浜に向かったことが知られる。しかし、懐遠号の上海の帰港は見あたらず、同紙三三一五号、一八八二年八月三一日、光緒八年七月一八日付には八月三〇日に香港から上海に入港したことがわかる。このことから懐遠号は、日本の神戸・横浜に向けて出港し、日本に寄港した後、上海には帰港せず、日本から直接香港に向けて就航したと考えられる。

『申報』により抽出した懐遠号の航行状況（表4―1）から、同号は主に上海と香港、そして広東省の省城のある広州との間を航行する汽船であったことが知られる。しかし、明治一五年七月下旬から八月上旬にかけて日本へ来航していたことは確実であろう。

一方、*The North-China Herald And Supreme Court & Consular Gazette* から作成した表4―2で一八八二年七月二五日に上海から神戸・横浜に向けて出港した船舶を探すと、同七八八号、一八八二年七月二八日付に七月二五日出港とみえる、C.M.S.N.Co.（China Merchant's Steam Navigation Co. 輪船招商局）の汽船である Hwaiyuen 七六二トンが懐

表4－1　1882年輪船招商局懐遠号航行表

号数	年　月　日	中国暦	船式	公　司	出入港	航行地	月日
3279	1882. 6.19	5. 4	輪船	招商局	出　港	香港省城	5. 4
3295	1882. 7. 5	5.20	輪船	招商局	入　港	香　港	5.19
3297	1882. 7. 7	5.22	輪船	招商局	出　港	香港省城	5.22
3313	1882. 7.23	6. 9	輪船	招商局	入　港	香　港	6. 8
3315	1882. 7.25	6.11	輪船	招商局	出　港	神戸・横濱	6.11
3352	1882. 8.31	7.18	輪船	招商局	入　港	香　港	7.17
3353	1882. 9. 1	7.19	輪船	招商局	出　港	香港省城	7.19
3367	1882. 9.15	8. 4	輪船	招商局	入　港	香　港	8. 3
3368	1882. 9.16	8. 5	輪船	招商局	出　港	香港粤省	8. 5

表4－2　1882年輪船招商局 Hwaiyuen（懐遠）号航行表

号数	出入年月日	船長	船式	屯数	会社名	積荷	航行地	出入港
788	1882. 7.22	Wilson	Str.	762	C.M.S.N.Co.	一般	Hongkong	入　港
788	1882. 7.25	Wilson	Str.	762	C.M.S.N.Co.	雑貨	Hiogo & Yokohama	出　港
793	1882. 8.30	Wilson	Str.	762	C.M.S.N.Co.	一般	Hongkong	入　港

遠号に相当するであろう。懐遠の普通語表記 Huaiyuan に近く、さらに航行日も一致していることから、懐遠が Hwaiyuen であったことは確かである。そうすると、この懐遠号は一八八二年七月二五日に上海を出港して神戸・横浜に寄港後、上海に直航せず香港に赴いて後に上海に帰港したことがわかる。このことからも、懐遠号の日本来航は不定期のもので定期的な往来を目指したものではなかったと思われる。

三　明治一九年（光緒一二、一八八六）清国輪船招商局汽船の日本航行

明治一九年に輪船招商局の汽船が日本に来航することを最も危惧していたのは日本郵船会社であった。事実、同社の社長森岡昌純は、外務省に対して善後処置を求めた。それに関しては前述の「清國商船沿海貿易禁止一件」に収録された外務省取締局長鳩山和夫に宛てられた森岡昌純の文書から知られる。同文書の本文は次の通りである。

日清通商章程ノ精神ニテハ清國ノ船舶ニテ本邦ノ一港ヨリ一港、或ハ数港ヘノ運漕営業難出来筈ニ承知仕居

候處、別紙調書之通、本年一月十四日長崎神戸港ヲ経、横濱入港ノ清國招商局汽船海定號ニテ神戸港ヨリ船客三十五名許、貨物五千余個ヲ搭載シ来リ。尚又一月二十八日横濱入港ノ同局汽船致遠號ニテ、長崎港ヨリ貨物百個、神戸ヨリ貨物七千七百余個、船客四十六名ヲ積来リ申候。如斯清國ノ船舶ニテ本邦沿海ノ運漕営業被致候テハ、弊社共國税ノ部ニテ船税上納仕居候、本邦ノ船舶営業者ノ損害不尠候間、右清國船舶ノ本邦沿海運漕ハ直ニ御差止被成下候ハ、勿論今日迄本邦被害ノ船舶所有者ニテ充分ノ満足ヲ得候様、御保護被成下度此段上申仕候、以上

明治十九年一月三十日

日本郵船會社々長
森岡　昌純　印

外務省取調局長

外務権大書記官　鳩山　和夫　殿

日本郵船会社は外務省に対して、日清通商章程(12)に鑑みて清国商船の日本沿海での運輸業に係わる業務の禁止を求めたのである。つまり清国商船が日本の港に寄港して旅客や貨物を搭載して日本国内の他の港へ輸送することの禁止を求めた。具体的には清国商船海定号が、神戸に入港して旅客と貨物を横浜に、致遠号が長崎から貨物を神戸へ、神戸から旅客と貨物を横浜へ輸送したことを指摘している。

(1)　新聞各紙の報道

この輪船招商局の汽船が日本に来航する情報を、日本に最初に伝えたのはおそらく『大阪朝日新聞』であったろう。

『大阪朝日新聞』第二〇四七号、明治一八年（一八八五）一二月一五日付の「上海通信［十二月九日發　名古屋

丸便」原口新吾報」には、次の記事が掲載されている。

招商局　清國の大汽船會社たる夫の招商局が数年前より我國と當上海との間に新航路を開かんことに心を着け萬望好機會を得んものと少時も注目を怠らざること久しかりしに、過日共同運輸、三菱の両會社間に競争の事起り互に巨額の損失を被りて後、遂に合併の姿を成したると。此冬季に方り北方通ひの汽船一時皆不用に属せるのみならず、長江通ひの汽船も亦例に依り運送荷物の減ずるが為に多くは航行を休むの時となりしとを以て得易からざる好機會とし、斷然北方通ひの大汽船を移し横濱・神戸・長崎間の定期航海を開くといふ。因て或清國人は之を評論して曰く、招商局が日本・上海間に定期往復航海を開くときは日本郵船會社の損失を被ること甚しかるべし。其故に日本郵船の日本・上海間を輸送する荷物の持主は、十中の七八分まで清國人なれば、同一の荷物にて清國郵船と日本郵船との運賃同額ならんには荷主たる清國人が必らず、之を吾國の船に積まんことは當然なり。且招商局にては其汽船にて積送る荷物に限り為換の事をも取扱ふべければ、獨り清國の荷主のみならず、日本の荷主も斯為換の便利の為めに皆競ふて招商局の汽船に其荷を積み日清間の航権は遂に招商局の手に攫取らるることあるばし云々と。亦理ある評論にこそ、又我長崎には豫て外國銀行の代理店ありて、為換の事を扱へど日本郵船にて積送る荷物に限り、其為換の取組をなさずと聞きたる故、吾輩は假にも郵船の名あるものなれば、保険會社に於て其荷物の保険をなさざる事などあるまじきに、日本郵船に対して斯く為換取組を扱はざるは、不審千萬なりと考へ、其筋の人に就いて此質問を遂たるに、其人は右代理店は當港有名の汽船會社の代理店をも兼ね居るため日本郵船に積まんとする荷物は成丈吾會社の郵船に積ましめんとするの策略あればこそ、此くは公平ならざる仕向をなすなれと答へたり。然れば日本郵船會社に於ても、右為換取組の方法を設けたらんには必らず、其荷主の便利を多くすべしと信ず。

同記事は『大阪朝日新聞』の上海特派員であったと思われる原口新吾からの一二月九日付の記事が、日本に帰港した日本郵船会社の上海航路を往航していた名古屋丸からもたらされ、明治一八年一二月一五日付の同紙に掲載された。記事の冒頭で「招商局　清國の大汽船會社たる夫の招商局が数年前より我國と當上海との間に新航路を開かんことに心を着け萬望好機會を得んものと少時も注目を怠らざること久しかり」と記しているように、輪船招商局が上海から日本への航路を開航する予定であることを伝えたのである。このことは一か月立たない間に現実のものとなった。この記事には、日本郵船会社が日本と上海との間を寡占していた状態にあった中に、清朝中国の巨大汽船会社が、その航路に参入してくることのみならず、日本の弱小貿易商人に及ぼす危機感が指摘されている。

さらに翌日の『時事新報』第一〇四七号、明治一八年（一八八五）一二月一六日付には次の記事が掲載されている。

〇支那人汽船会社　今度支那人の發起にて汽船十艘を持來り神戸栄町居住の徳森號を本店として函館、横濱、上海間の定期航海を始日本郵船會社と競争を爲すよしにて、明十三日神戸入港の郵船より右の支配人なるべき支那人が上海より來神すると云ふと、本月十二日の日本繪入新聞に見へたり。

神戸栄町にあった徳森号（徳新号）が函館・横浜、そして神戸と上海を結ぶ日本航路の本店となり、さらに中国から日本の支配人となるべき中国人が神戸に来ることを伝えている。ここには招商局の名はないが日本郵船会社と競争できるような中国の汽船会社は、当時輪船招商局しかなく、同紙のいう「支那人汽船会社」が輪船招商局を指すことは明らかである。

年が明けて明治一九年（一八八六）になると、各紙が記事の大小は別として輪船招商局の汽船の日本への来航を伝えた。最初の記事は一月七日付の、『神戸又新日報』(13)と『大阪朝日新聞』と『時事新報』とである。

『神戸又新日報』第四九三号、明治一九年一月七日付に「和清商會」として、已に屢ば本紙上に於て今回清國上海なる招商局の汽船を以て同所と當港《（神戸）》との間の定期航海を開くへきに付き、其汽船の内にて先つ一艘丈けは本日上海より當港へ着するの筈なるよしを記載せしか、今又確なる所より聞く所に據れば件の汽船は都合五艘を以て航海船に充つるの見込みにて、其内の一艘は一昨日當港へ向け上海を出帆したりとの電報が昨日同所より當港にて右汽船の荷客を取扱ふへき當榮町通り一丁目の徳新号へ到着したりとの事なれば、蓋し本日は着船に相成るまじきも何れ兩三日中には必ず當港へ來着するなるへし。然る上は直ちに當港上海間の往復を初め引き續きて他の四艘も夫々當港へ廻航し來り次第に横濱を經て函館間への定期航海を開くの見込みにて、目下右關係の人々［日本人もあり］は、此程來一所に集會して申合規則の編纂其外万端の義を相談なし居るよし、又右汽船の取扱所は前陳の通り當榮町の徳新号に於てする事なるが、今回之れを和清商會と稱ふる事に内決したる趣き、就きては開業の際を以て件の如く和清商會と記したる招票を右徳新号の門戸へ舉くるの手筈なりと。因に云ふ右商會号は則ち徳新号［清國人］の撰に係り和清商會と清和商會との兩号を二枚の板に書き付け、之れを諏訪山の麓なる字南京墓と云へる所に持ち行きて、右二枚の板を墓前に立て先つ之れに清水を注き掛け、夫れより其前に跪きて再拜をなし、兩号の抽籤をなせし処、終に和清商會の方の抜籤になりしに、依り斯くは商會号に和清商會を以て名つくる事に取り定めたる次第なりと聞く。尚ほ同商會の成行きに就ては吾輩充分探報の上、紙上に論じ、もし又事實を公にすへきなり。

とあり、輪船招商局の汽船の神戸寄港にさいして、旅客・貨物を取扱う和清商会が設けられたことを伝えている。この和清商会の中心的な華商が徳新号であった。徳新号については、『時事新報』第一四六号、明治一五年（壬午、光緒八、一八八二）八月二三日付に、

清國洋銀を買占む　今回の韓變に際し、神戸在留の支那人徳新其他両三名の商人は、頻に洋銀を買占め目下、

其高は十七万圓餘の額に上りたりと。……

と報道されている。同年七月に朝鮮王朝の内紛に発して軍が反乱を起こし、日本人殺害、日本大使館の焼討ちがあった京城事変（壬午軍乱）に関する政情不安・経済不安のおりに、銀の買占めをおこなった神戸華商の中心に徳新号がいた。このように、徳新号は輪船招商局の神戸拠点となりうる当時の有力華商であった。

続いて『大阪朝日新聞』第二〇六三号、明治一九年（一八八六）一月七日付には「神戸新聞」として、

清國上海なる招商局にて上海より長崎・神戸を經て横濱へ到るの定期航海線を開くとの計画ある事は已に社説にても論じ、上海通信に依りても記載せしが、今聞處に依は、彌々來る十三日より當分の内上海・神戸間の航海を初むる由にて、本日上海より一艘の汽船を當港へ廻す都合なり。又汽船取扱所を當分榮町二丁目徳盛号に設け事務整理の爲、該局の支配人子荘氏已に出張し居り。又該局の支店を居留地二番、香港銀行にて近日設けんとの計画あり。又該局にては此程解傭なりし日本郵船會社の社員關清臣・松岡友二郎・池長平・河村直次の四氏を傭入れたりと聞く。

との記事を掲載した。

他方、『時事新報』第一〇六六号、明治一九年一月七日付は「招商局汽船航海始め」として、次の記事を掲載した。

清國上海の招商局が今度上海と神戸港との間に航海を開く趣きは既に前號に記載せしが、來る十五日愈々航海始めをなす筈なりと云ふ。

ついで翌八日には『神戸又新日報』第四九四号、明治一九年一月八日付が、前日の続報として、

和清商會の事續報　已に前號にも記載したる今回清國上海の招商局より第一着に當港へ差回し來るへき汽船は海定號と稱ふるものの由にて、同船は愈よ昨日午後六時當港へ向け長崎港を出帆したりとの電報か已に同

所より當港の右汽船取扱ひ所なる和清商會へ通知ありしとの事なれは、多分明日中には入着するなるべく、然る上は來る十二日午後五時を以て横濱へ向けて出港し、再ひ當港へ廻航の後ちは直ちに上海へ向ふの都合にて、其航海航路は當分の間は當港と上海との間のみを往復なすの筈なりし処、更らに之を拡張して上海より當港へ入着の都度、其船は必す延ひと横濱へも往復をなすの手筈と取り極めしより。尤も當港横濱間の乗船賃は上等一人に付き金十五圓、下等同三圓五十銭にて、中等は設けざる筈なりと。又荷物の運賃は未た確矣とは定めさる趣きなれとも、大抵日本郵船會社の運賃より一分方を安直にするとか云ふ。將ふ又當港長崎間に當港上海の乗船賃及び荷物の運賃は未定なるが、海定号の横濱廻航の上、長崎を經て上海へ向け解纜すべき時まで決定するの見込みにて、目下去れ是れ評議中なりと云ふ。因みに云ふ昨日大坂にて發兌の新聞紙中には、是と郵船會社の人にして今回此の商會へ雇はれたる人々の姓名を記載したるを見受けたれとも、實際聞く處に據れば件の雇はれたりと聞きし人々は目下同商會へ雇入れの義を依頼中とかにて、同商會に於ては未た日本人中にては一人も已に雇ひ入れたるものはなしと。右は海定号に乗組み來るへき支那人の数名ある由に付き、同船着港の上まちては他人を雇ひ入るへきや否やの義は、今より豫め定め置き兼ねるか哉なりと。尤も日本人にして同商會へ向け雇い入れ方を頼み込み居るもの頗る多くして、已に二三十名餘もありとか聞き及ひぬ。

とある。和清商会の内情を報じている。

『大阪朝日新聞』第二〇六四号、明治一九年一月八日付には「招商局汽船新航海」の記事が掲載されている。

昨日の紙上に神戸通信を以て記したる清國上海招商局の新航海船に充つる海定号［千五百餘噸積］は、昨日午後上海より長崎に到着せし旨の電報が、神戸榮町の徳盛號に達したれば、今明日に神戸に來るべく。又同船は來る十三日午後、横濱へ向け神戸を出帆する豫期なりしかども、一日繰あげて十二日午後出帆初航海をなし、自今毎月三四回宛、上海・横濱間を往復する手筈なりとぞ。又招商局が斯く上海・横濱間に向ひて定期の航海を開くは、専ら該國商人の利便を成さん爲めにて、日本郵船會社、佛國郵船會社、彼阿《ピーオー》會社等と競争するの心あるにあらず。即ち該國政府より内命を與へたるに因るとの事なれども、其専ら該國商人の利便を成さんとするの結果は、亦右日本郵船會社其他の諸汽船會社に對する競争とならんこと、今日に於て之を必すべき程のものなるべき歟。又昨日の神戸通信に該航海線を上海・神戸間とせしは、全く上海・横濱間の誤謬なり。

輪船招商局の海定号の来日に関する情報を報じた。

『東京横浜毎日新聞』第四五二六号、明治一九年一月八日付は「航海を始む」として、

兼て記載せし如く上海神戸間の航海を開く上海招商局の汽船は今回到着せしに付、來る十五日彌よ航海を始むるといふ。

と簡単ではあるが、輪船招商局の汽船の来航を伝えた。

『大阪朝日新聞』第二〇六五号、明治一九年一月九日付には再び「神戸通信」として、

夫の招商局汽船海定號は一昨日長崎に於て石炭を積入れ、同日午後六時當港へ向け出帆せし由なれば、多分今朝は着港すべし。又該局にては此度當港榮町二丁目徳盛號構内に神戸招商分局と稱する者を置き事務を取扱ひ居りぬ。又同局汽船神戸・長崎・上海間航海の船賃は、一昨日より神戸・上海間上等三十五枚、下等九枚、神戸・長崎間上等十五枚。下等三枚半。上海・長崎間上等二十枚。下等五枚と取定めたり。

との記事を載せ、さらに同日の同紙の広告欄には、

清國汽船出帆廣告

海定号　横濱行　一月十二日　午後神戸出帆

乗船一人ニ付　金三圓五十錢　但食料付
神戸榮町二丁目　　招商局
大阪富島町　　取扱所　西尾茂十郎
同北安治川一丁目　同　　廻運社

とある。海定号が神戸に寄港して横浜へ就航するが、そのさいに乗船旅客を求める案内が掲載されている。

そして『神戸又新日報』第四九五号、明治一九年一月九日付には再続報として「和清商會の事續報」が掲載された。

毎々本紙上に記せし如く清國上海なる招商局の汽船海定號は愈本日午後入港の筈にて、來く十二日を以て横濱へ向けて當港を出帆し、同十六日同港より當港へ回航の上、十八日上海へ向けて解纜の都合なるか、同船は元來上・中・下三等の船室を取り設けあるも、目下々等室には普請を加へさるを得さるに依り當分の間、下等の船客は都へて之れを中等室に繰り込み上中の兩室のみを用ゆるの見込みなるより、又兼て記せし如く次きに當港へ差回し來るへき汽船は富有号と稱へ來る二十日入港の筈。又其次きに來るべきものは日舛号と稱へ多分本月末を以て入着する事なるかは諸汽船入港の上は、其内の一艘を以て當港より横濱を經て函館までの間の定期航海船に充て之れより東に向ふものと之れより西に赴くものとは、凡へて當港に於て接續するの都合はなりと。又當港より長崎への乗船賃は未た確かには取り極めされとも、先つ當港横濱間の賃錢と同一にとるの見込みなるよし、尚ほ追々と航海の開くるに随ひ荷為替をも取り組むの手筈にて、目下同會社に於ては、件の義に關して荷主と種々熟議中なりと聞く。尤も當港にて日本船客并に荷物等の取扱ひは凡へて海岸通り四丁目の井上大三郎と云へる人か擔當たるの都合なれとも、實際事務の取扱ひは同船の取扱所なる當榮町通り一丁目の徳新号内の和清商會に於て爲す事のよし。因に云ふ件の徳新号は近比大坂地方の新聞紙上には常に徳盛號と記載すれとも、徳盛號とは舊名にて、今は已に徳新號と改稱なし居れり。且又一昨日午後より同商會の支配人子荘と云へる人は當港同國理事府の通辨人揚錦地を通辨人として共に當港の日本郵船會社に出頭し、同社の支配人小川鯖吉氏と面會の上、今回同商會を當港に開き航海の事業に着手するの旨趣を陳へ、右は全く清國人商業上の便利を謀らんか爲めに設立したるものなれは、世上の取り沙汰は種々なるも決して他の汽船會社と競争を試むへきの意にあらす、況して貴社に於てをや本商會の望むところは、自今相互ひに交際を親密にし船便の都合に依りては荷物の譲り合ひも致したけれは、此の邊は豫じめ御照會致し置く云々と、夫れより餘談に時を移し何かと懇談ありしやに聞き及ひぬ。

そして翌日の『神戸又新日報』第四九六号、明治一九年一月一〇日付には短いながら次の三つの記事が掲載されている。

○招商局神戸分局の事　此程來和清商會云々と題し今般清國招商局が起業せる汽船の事に就き觀ずる所ありしが、右和清商會の名稱は今回相止め、更らに［神戸招商分局］と稱することとなりしよし。因みに曰く此程の紙上に右和清商會の名は諏訪山なる清國人の墓前にて取極めたる旨を記載せしが、右は事實無根の事なる由に聞けば、茲に取消とへし。

○昨日午前六時に到着したる海定號には長崎より日本乗客十六人ありしが、其中外船乗組免状を所持せさる者五名ありしかは、直に水上警察署より神戸警察署へ引渡し、夫々の手順を爲したるよし。右海定號は二本檣にて噸数は千噸、上中客室は甲板上に在り。随分外面も美麗に構造も堅牢に見受けたり。又同船にては更らに中等客を取扱ふこととなり、明後日十二日の横濱行より實行する由にて、其代價は八圓なるよし。尤も其賄ひは洋食なりと。

○前号に記したる富有、日舛兩號の外に尚ほ致遠號と稱せる招商局第一等の汽船も同号等と前後に當港へ到着の都合なりと云へり。

海定号の乗客事情や船体規模、神戸から横浜までの運賃、そして輪船招商局の汽船が続々と来日する予告を報じた。

さらに同紙同日の広告欄には、

清國汽船出帆廣告
海定号　一月十二日　横濱行
午後五時
神戸榮町二丁目招商支局

と、輪船招商局の汽船海定号の横浜行きの案内広告が掲載された。

『大阪朝日新聞』第二〇六六号、明治一九年一月一〇日付の「神戸通信」には、

神戸招商分局の汽船海定號は日本人十六名、清國人十七名を載せて長崎より入港せり。該船は別に中等室を取設けざる定めなりしかば、實際に不便あるに依り、明後日午後横濱へ向くる出帆より中等客を取扱ひ搭載荷物は荷主の需めに應じて保険をなす手筈なりとぞ。又同局にては今より六七日の後に、上海の本局より致遠號［一等二千餘噸積の者］といへる汽船を取寄せ其後猶富有號、日升號［皆二等船］の二汽船を取寄するとの事なり。又同局にては一昨日其借受ける居る徳盛號の門に神戸招商分局と大書したる牌を掲出せり。又當港の新聞に同局にては此度神戸・函館間の航海を始むる趣を記したれど吾聞く所に拠れば、局員は未だ然る内議をだになせし事あらずといへり。

とあり、また同紙同日の広告欄にも、

清國汽船出帆廣告

海定号　横濱行　一月十二日　午後神戸出帆
乗船一人ニ付　金三圓五十錢　但食料付
神戸榮町二丁目　　招商局
大阪富島町　取扱所　西尾茂十郎
同北安治川一丁目　同　廻運社

との案内広告が掲載された。『神戸又新日報』と異なるところは、運賃の案内があること、そして大阪の取扱所が二か所あったことがわかることである。

『東京横浜毎日新聞』第四五二八号、明治一九年一月一〇日付では、

清國招商局　が我邦沿海に定期航海を開くよしは曾て前號の紙上にも記したりしが、愈々去る七日同局海定號［機関長イー、ダブルユー、クレメンツ］は長崎港に入り、一昨日神戸へ向ひて同港を解纜せり。又神戸居留地清二十五番館にては招商支局の招聘を掲げ船賃を左の如く定めたり。

長崎神戸間　下等　三弗　上等　十三弗
長崎横濱間　下等　六弗　上等　二十八弗

とあり、輪船招商局の汽船の機関長が中国人ではなく西欧人であったことが知られる。

『大阪朝日新聞』第二〇六七号、明治一九年一月二日付の「神戸通信」では、

上海招商局より當港分局に送附する夫の汽船致遠號は多分來る二十日頃までに來着するべく、又同分局上海横濱間の荷物運賃等は海定號が一航海をなせし後、夫々取定むるとの事、且同船は先にも報道せし如く、同局二等船にて長四十二間、幅七間、二本マスト。機械はコンパウンド、スクルーサンジー一千零九十九噸積にて速力は十二ノットなるとぞ。○日本郵船會社にては右招商分局の新航海に對して運賃を引下げらるるな

どと言合へれど、其は全く無根の説なりと。

とあり、同紙同日の広告では、

清國汽船出帆廣告
海定号　横濱行　一月十二日　午後神戸出帆
乗船一人ニ付　金三圓五十錢　但食料付
神戸榮町二丁目　招商局
大阪富島町　取扱所　西尾茂十郎
同北安治川一丁目　同　廻運社

との案内が掲載された。

このような清国輪船招商局の汽船の日本への来航に対して、日本の識者の間には危機感があったのであろうか。『東京横浜毎日新聞』は三日にわたり以下の論説記事を掲載している。

それは、本章冒頭で掲げた第四五三〇号、明治一九年一月一三日付「清國招商局及び日本郵船會社」にはじまる。この記事は前掲引用部につづけて、次のようにある。

其《（招商局）》組織の詳細は未だ知るべからずと雖ども其資金は我郵船會社が受くる如き者にあらざるべし。此會社や先きに清佛戰争の時、其所有船舶の佛國軍艦の為に掠奪せられんことを恐れ米人の手に成れるラッセル商會に其所有船舶を賣渡したりとの評ありしと雖も戰争終るや否や、其船舶は直ちに招商局の所有に復し舊に依り航海営業を爲すとのことなりしに、近日に至り差や活溌の挙動を爲し、其航海線を日本内海に迄及ほしたり。神戸よりの報に曰く、招商局の所有船海定號は去る七日長崎に入り、八日神戸に向ひ同港を解纜せり。又曰く神戸居留地清二十五番館にては招商局支店の招牌を掲げたりと。去る八日大坂の新聞を見るに廣告あり。

曰く

海定號　横濱行

乗客一人に付　金三圓五十錢［但食料付］

神戸栄町二丁目　招商支局　［以下畧之］

近來同局が航海線路を日本に開んとすることは豫て聞き及ひたるが、今や彼れ其線路を横濱に迄開き、而して兩社の運賃を比較するに、

		郵船	招商	差
横濱神戸	上等	十六圓	十五弗	一圓
	下等	四圓	三圓五十錢	五十錢

		郵船	招商	差
横濱長崎	上等	三十圓	二十八弗	二圓
	下等	七圓五十錢	六弗	一圓五十錢

此比較に依れは兩社の運賃には非常の差ある者也。兩社の間に斯る運賃の差あるも日本の乗客は日本郵船會社の船に乗込むを好む歟、恐くは然る能はず。毫釐の利をも争ふ人情なれば日本の乗客と雖ども郵船會社の船に乗ることを止めて招商局の船舶に乗り込むに至るならん。日本郵船會社が大なる資本を有し且つ日本政府より巨額の保護金を受くることは招商局局員の熟知する所なり。又郵船會社が積荷の少なくして所有船の多きに苦むの状あるとも、彼役員の知る所ならん、而して彼日本海に航海の線路を開き日本郵船會社の船舶と拮抗せんとするの端緒を顕はしたり。其勇気思ふべきなり。

退て日本郵船會社の近時の景況を見るに、先きには理事を始め其の他許多の社員の免職あり。此免職も冗員

を沙汰するの意に出でたる者と、推想せば郵船會社に限りて必要の改革なるべしと雖ども、同社の理事岡本氏が死亡以來、今日に至るも當局者は未だ其理事を命せず、社長森岡氏も久しからずして他に轉職するの都合なりとの評を爲す者あり。從前は東京大小の新聞紙悉く三菱又は共同運輸會社出港船舶の廣告あらざるなく、新紙を讀む者は必らず兩社所有船解纜の期日を知るを得兩社合併後も其汽船解纜の期日は皆新聞紙にて知るを得たるに、近日に至り郵船會社は費用節減の趣意に出でたるにや、一切新聞紙に出船の廣告を爲すことを廃し、却つて外國人殊に支那人の所有に属する海定號は日本の新聞紙に解纜期日及ひ其運賃をも廣告し、乗客乗船の便に供したり。兩社事務を経営するの方法大に異なる所あると知るべきなり。

続いて同紙第四五三一号、明治一九年一月一四日付に「清國招商局及び日本郵船會社〔前號の續〕」として次の記事がある。

日本郵船會社の近時の事情なりとて神戸新聞は報じて曰く、此會社にては先頃當港居留地八番舘の取扱ひに係る露國船一艘を借り受け試に香港へ向け航海を爲し、同船は已に當港へ帰港せし趣なるが、船客并に荷物存外少なく此分にては兎ても得失償はずとて、同會社にては右の航海を見合せたりと。斯の如く日本政府の特別保護ありて東洋無二の大會社なる郵船會社は一旦着手せんとしたる線路も之を縮め新聞紙の廣告も之を廃し一人の理事すら今に命せられず。一社の事務を統轄する社長其人すら近日中に他に轉するならんとの風聞ある時に際し、從前は日本航業會社の爲めに壓倒せられたる清國招商局は早く既に横濱まで航海線路を開き、都合に依らば北海道函館迄其線路を延べんとする經畫ありと云ふ。何ぞ此二大會社にして一新一退其勢を異にするの甚しきや。

余輩は其航海船舶に日本船たると外國船たるとを問はず、苟も日本の海運に多量の便利を與ふる者なれば、其航業會社の盛ならんことを望む者なり。世間一種の論者の如く一概に外船屛斥説を爲す者にあらざるなり。

然れども日本海運の現状に際し外國航業者が日本郵船會社と日本海に於て航業を競はんとするに至りては日本國民たる者大に之を憂苦せさるに至りては日本國民たる者大に之を憂苦せざるべからざるなり。夫れ方今日本郵船會社なる者は一ケ人の私有にあらず。又純粋の民立會社にありず。即ち我が全國人民は之れに年八朱の利益を保証し事情に依りては八朱以上の損耗をも國庫に負擔せさるを得さるに至るも知るべからさる危険ある者なり。而して郵船會社は招商局と競争するや否やは知るべからざれども、之れと競争するも損耗を免れす競争せさるも、損耗を免れず而して其損耗は僅少の日本郵船會社の株主の損耗かと云ふに、株主は少しも損する所なくし、其損耗負擔者は日本國総体の人民なり。何をか競争せさるの損耗なりと云ふ。曰く、昨日の紙上に記したる如く、此二會社の船賃は横濱長崎の間にして乗客の船賃上等にて二圓の差下等にて一圓五十錢の差あり。又神戸横濱間にて上等には一圓、下等には五十錢の差ありとせば、従つて貨物の賃錢も二社の間に大なる差さることとならん。此時に際し郵船會社たる者之に對するの方策を講せず、我は年八朱の利益保証あり。招商局我を如何せんと云ふ策動を爲ん歟。日本の船客貨物の招商局船舶に向ふと恰も水の卑きに就くが如きこととなり。日本郵船會社は尚ほ此上に一層運載すべきは貨物に不足を告げ其得たる運賃は石炭の費用をも償ふ能はざることとならん。若し又之れと競争し彼れ三圓五十錢の賃錢とすれば、我は三圓となし、彼三圓とすれば我は二圓五十錢となし、我が日本海に第二の共同三菱の競争を犯すことならん歟。其損耗實に云ふ可らざる者あらん。而して此損耗の負擔者は郵船會社の株主にあらずして日本総体の人民なりとせば、招商局近時の擧動たる實に日本人民総体の利害に関係を及ほす者なり。斯る危運目前に迫れり。日本郵船會社の役員及び此會社設立に際し全國人民に責任を有する人々は如何なる方法にて此危運を横断し自分に負ふたる責任を盡さるるや、余輩は眼を刮て責任ある人々の爲す所を見んと欲するなり。近日に上説を爲す者あり。曰く先きに日本郵船會社の理事たりし岡本氏死せしより、其筋にては後任者に苦慮せられ、甲は可ならん。乙は可ならんと種々熟議の後、終に大倉組の大倉喜八郎氏を理事とすることに決せられたりと。或は曰く、然らず同氏は同社の副社長に命せらるるの都合なりと。蓋し當局者が同會社の理事を命ずることに就て頻りに熟慮せらるることは勿論のことなるべし。又近時海運の情況に際し同會社が理事其人もなくして数旬日を経過すること海運を盛にする趣意にあらざるべしと雖ども大倉氏が理事又は副社長に命せらるるならんと云ふ一事に至りては余輩毫も之れに信用を置く能はず、余輩より見れば我郵船會社は依然として理事其人なく従つて外國汽船會社の競争に對する方畧も尚ほ一定なきなりと云はんと欲するなり何を以つて大倉氏が同社の役員となる風評は無根ならんと云ふ。曰く我政府が同社に與へたる命令書策二十六條に曰く、

正副社長理事ハ在任中他ノ義務ヲ兼ムルヲ得ズ

又同社が其社の　人より取り置く証書にも被雇中は必らず、他の業務を営まざる旨を明記せしむるの規則なりと實に左もあるべきことと思はるるなり。然るに今大倉氏が長たる大倉組なる者は幾んと百般の事業を営み殊に官衙の請負仕事の如き同組の関係せざる者なき有様なり。然るに今同氏にして同社の理事又は副社長に命せらる事あらん歟。是れ同會社の憲法即ち命令書の精神を破ふるなり。命令書は我政府の下附したる所なり。又理事及ひ副社長を命することも同しく政府の任命する所なり。政府既に命令書に社長副社長及ひ理事に他の業務を兼ぬることを禁じ、而して多く他の事務を兼ぬる大倉氏を以て之れが任に當らしむる如きは必爲さざる所ならん。余輩故に思へらく大倉氏が同社の副社長又は理事に命せらるるとは無根の説にして同社は依然として理事其人に苦むの有様なりと。然れども人或は之れが説を爲し命令書第二十六條は在職中他の業務を兼ぬるを禁したる者にて、就職以前には如何なる業を営むも命令書之を問ふの限りにありずと云はん歟。是れ亦余輩の同意する能はざる所なり讀者請ふ次號の紙上に於て余輩が不同意なりとする所を見よ。

［未完］

そして、同紙第四五三二号、明治一九年一月一五日付にも「清國招商局及び日本郵船會社［前號の續］」が記載されたが、直接関係ない前半部分を省略した。

（前略）以上の事情より見れば同氏《（大倉）》が、郵船會社の役員となることは萬なきことにして郵船會社は今日に至るも依然として理事なく進んて爲すの気象はなくして退て守る方畧も一定せさるが如し、而して日本海を顧ればば支那招商局は北海道函館迄も航線を開んとするの準備を爲すと云ふ日本の航業上に責任ある人々は如何にして此危運を横断し郵船會社営業の安全を鞏固にし全國人民に満足を與ふるや余輩は頷を延て此等の人々が時に應して施す所の方畧を見んと欲するなり。［了］

このように、『東京横浜毎日新聞』は三日にわたり、輪船招商局の汽船の来日に関して、日本郵船会社の問題点を指摘した。

後の『日本経済新聞』の前身ともいうべき『中外物価新報』第一一二七号、明治一九年一月一四日付には「日清間の海運」として、

清國招商局の汽船が日清間に定期航海を開き、是迄我國より上海・香港等へ向け輸出したる昆布其他北海産物を一手に引受けて、之が運漕の利を占めんと企て居る由は曾て記せし所なるが、同局に於ては既に長崎・神戸等の要港へ支店を設け横濱にては百四十二番東同泰［清商館］にて其事務を取扱ひ即ち同商館を以て支店となし、夫より進て函館へも支店を設け、又函館と清國天津の間にも航路を開らき、彼我海運の権を掌握せんと欲し、既に同局汽船海定號は一昨十二日神戸を發し横濱へ向け出帆し、又續て精鋭の汽船三四隻を我が沿海に廻はし大に日本郵船會社と競争せんと専ら計画し居る由なれば、此際充分に之に対するの覚悟を爲さざるべからざらんに、我が日本郵船會社及び外國汽船會社にては却て過般海産物の運賃を引上げたり左なきだに、清商は友情を以て同國の汽船に積入るべきに若しも我が要むる運賃にして彼の運賃より高價に失す

る事どもあらば、無認其汽船に積載すべくして終、この将に伸長せんとする我が日本郵船會社の前途にも甚しき影響を來さん乎。彼の挙動には注意せざるべからざるなり。

との記事を掲載している。輪船招商局が日本への定期航路を開設する理由のひとつとして、中国で求められる乾物（海産物）の中国汽船による輸送が企図されていたことを指摘している。

『時事新報』第一〇七二号、明治一九年一月一四日付に「招商局汽船横濱取扱所」の記事を掲載し、

今度招商局の汽船が日清両國間に航路を開くに就ては横濱にては百九十九番東同泰號［支那商舘］にて右汽船の取扱をなす由なり。猶ほ聞く所に據れば同局にては函館の航路開くに是迄該地より上海、香港等へ直輸出をなせし海産物を一手に引受け内國汽船と大に競争をなすの決心なりといふ。果たして然る時は、北海道の海産物は重もに清商の手にて取扱ふ物品なれば、もし運賃同様なるときには自國の汽船に積込むべきは必然の事なるに、現今の處にては日本郵船會社及其他外國船の運賃は高價なれば此機に乗し招商局の汽船がその運賃を卑くして運漕をすならば、荷主は競ふて該船に荷物を依頼するに至るべしといふ。

右のように、『時事新報』も乾物（海産物）の中国への輸送に関して報じている。

『燈新聞』明治一九年一月一五日付には前掲の『中外物価新報』の記事をほぼ再録して、「日清間の海運と日本郵船の無策　清國の招商局が日本の海権に威迫す」との記事を掲載し、日本郵船会社の運航方法を批判している。

このように、輪船招商局が日本への定期航路を開設する計画を実施するにいたったのは、上海―日本間の定期航路を寡占していた日本郵船会社の運賃などの経営内容に問題があったからであると見られていた。

『時事新報』第一〇七四号、明治一九年一月一六日付の「招商局汽船海定號」記事では、

去る十三日の神戸又新日報には當港榮町通り一丁目なる招商神戸分局にて取扱の清國汽船海定號は愈よ昨十二日午後六時横濱へ向けて當港を出帆せしが、同船には日本乗客凡そ三十名［但し上等船客なし］にて其他

搭載の荷物は米、酒、糠、牛凡七十頭雑貨種々等なりしと見へしが、昨日横濱よりの來信によれば、同號は一昨十四日午後四時半入港し、來る十七日出帆せる筈なりといふ。又同局にて定めたる横濱より上海及び神戸間の重なる物品の運賃は

　　横濱より上海迄

切昆布毎担二分、長昆布一分二厘五毛、干鮑、乾海鼠三分、銅鉄の類一分二厘五毛、椎茸木茸一弗平均一額に四弗

　　横濱より神戸迄

切昆布一分三厘、長昆布七厘、干鮑キンコ一分三厘、椎茸木茸五分、平均一額に付二弗

右の通り取極めたる由、又去る十三日の神戸又新日報には、右海定號は乗客は乗船賃は下等一人に付き三圓五十錢。又静岡清輝社の汽船三邦丸の乗船賃は三圓六十錢にて右の兩汽船へ乗客を取扱ひたる汽船問屋の手数料は何れも金五十錢なりし處、去る十二日は恰も兩汽船の横濱へ向け出帆するに依り三邦丸は方に方には十一日當港の汽船問屋へ通知し従来五十錢の手数料を改めて以来六十五錢となすへしとの事に付き、各汽船問屋にては兎角三邦丸の方へ乗客を周旋せんとするの傾きありしを以て件の海定號取扱所なる當榮町の招商支局にては、同船出帆の斯に際して俄かに其周旋料を七十錢となせしに依り、随ふて同船には乗客多くして已に前項に記せし如く凡そ三十餘名もありしか、之れに反して三邦丸の方にては之れが爲めの影響にや乗客は僅々五六名に過きさりしと見えたり。

と、輪船招商局汽船による横浜から上海、神戸から上海までの運賃内容まで紹介している。

その後、各紙の記事は二月中旬まで続いている。大国清国の巨大な汽船会社である輪船招商局の姿に怯えるような不安な状況があったことは確かであろう。

（2）日本側の抵抗

このような輪船招商局汽船の日本沿海での活動に対して、日本側が取った対抗策については、『東京横浜毎日新聞』第四五三二号、明治一九年一月一六日付の一面に掲載した「外國船乗込規則」が明確に語っている。

昨日刊行の毎日新聞讀者は知るならん其報に曰、外國船に乗込むには外國船乗込規則あれど、今般海定號が安運賃にて内地の航海を始めたるより、自然目前の利益に引かれて手落する者ありては相濟まず迚長崎港にては右布告文を謄写して各汽船問屋へ廻し乗込人等は必ず規則通りの手数を爲すよふ告諭したるが此注意にも拘はらす、相當の手数もなさず妄に乗込たる者数多ある由なれば、其者等は該規則に依り相當の處罰あるべし云云。讀者は我日本國内に外國乗込規則なる者あるを記憶するや否や恐くは之を記憶する者百中の一二もあらざるべし、抑々此外國船乗込規則とは明治九年三月十八日第三十號布告にして日本人にして外國の船に乗込んとする者は種々の手数を經さるべからさる者なり。即ち第一、出船の當日、或は一日前其属籍住所姓名及ひ何の國人所持船何號に乗込何港迄赴く旨を具したる届書を出船する地の廳に差し出すこと。第二、乗船証書は一人にして便利の爲め数枚を請取ることを得ず。第三、乗船証書を請んとする者は一枚にして手数料十錢［先きに二十五錢にてありたれども後十錢に減したる者也］を拂ふと。第四、乗船証書は毎人親ら出廳して受取代人を出すを許さずと云ふと。第五、乗船証書を所持せずして乗船したる者は上陸の節違式に照して處分せること。自餘に尚ほ多少の手数なきにあらされとも此等は乗船人が外船に乗込むに當り最も手数の繁密なるに苦しむの箇條なり。請ふ是より余輩は第一に開港場の地方官に希望する所を述べ、第二に我政府が此の乗船規則を取消す歟。否らさるも之れに大改正を與へ中外人民共に便利を受けしめんことを希望せん。

上文に記せし如く長崎縣廳に於ては今回清國汽船海定號に乗込みたる日本人［此等の日本人は大概規則に適

する乗船証書を所持せさること知るべし」に相當の處分を爲すの模様なりと。抑々國の法令規則を記憶して之を遵守することは國民たる者の義務なり。中央政府を代理し、其管理権内にて犯則者ある時、之を處分するは地方官たる者の職務の當然なり。明治九年即ち今を距ること十年前に發布になり。其の後必要中絶して地方官之を活用したるの報告なく、又日本人民幾んと擧けて記憶の外に置きたる彼外國船乗込規則なる者は、其發布の十年の昔にありしに係らず發布後間もなく必要を失ひ、明治十九年の今日まで經歴し來りたるに係らず。又此規則手数の非常に密なるに係らず、我政府は今日未だ此規則の取消を爲さゝるなり。故に日本人あり郵船會社の所有船に乗れば費用高く清國招商局の所有船に乗りば費用安し如かず。費用の高き汽船會社の船に乗るを止めて清國汽船に乗込まんにはと思ひ之れに乗込みたる者は此規則第七條の處分［違式］に遇ふも異議を容るるを得さる者なり。然ども近時の事情に依つて考ふるに今日此等の乗客を處分するに十年以前に發布したる此規則を其まゝに用ふることは情に於て忍びざる者あり。何となれば今日日本國内此の規則あることを記憶する者甚た稀なるばければなり。

このように、日本人が日本国内の移動に安価な外国船を利用するには、国内の移動といえども、乗船するにさいし、乗船以前に本籍・住所・姓名・乗船する外国船名・渡航目的地などを地方官庁に届けて「乗船証書」を取得する必要があった。同証書を取得するには、一枚につき手数料一〇銭を必要とし、代理人による授受は禁止され、同書の不携帯での乗船が認められないなど、乗船者にとっては安価な運賃の外国船に乗船し、日本国内を移動するには手続きの繁雑と時間を要した。この外国船乗込規則[14]が厳しく施行されると、日本人乗客が外国船の乗船を避ける結果となったことは当然であろう。

この影響は、清国商船のみならず、他の外国船にも影響した。『神戸又新日報』第五二四号、明治一九年二月一四日付の「致遠号に船客無し」に、尤も招商局の汽船のみに限らす彼阿、佛郵船會社の汽船も同様にして、現に一昨日當港より横濱へ向ひたる彼阿會社のチベット號には一人の日本船客無かりしと［従来は少なくも十人程の船客ありしに］。去れは彼の外國船乗組切符下渡手續の改正は著しく外國船に影響したりと云ふへし。

とあるように、日本から中国へさらに世界への航路を運航していたイギリスのP&O汽船やフランス郵船会社なども、それまで放任されていた外国船乗船規則が厳しく履行されると、日本国内のみを移動する乗船者が激減したのであった。

(3)　輪船招輪局汽船の積荷

それでは次に、これら日本の各紙に見られた輪船招商局の汽船の来日に関する記事から離れ、来日した同局の汽船が具体的にどのような積荷を積載していたかを前述の「清国商船沿海貿易禁止一件」に収録された記録から見てみたい。

同文書からは、輪船招商局の汽船海定号および致遠号の積荷が知られる。

貨物積附証
本月八日出帆
致遠號　　　　元價金六拾圓也
一〈木印〉大櫃鼻指入貳個也
大坂瓦町四丁目　東京目
日納本店届
才

運賃金八拾

右之通正ニ積入運搬可仕居也

明治十九年二月三日

京橋區南新堀二丁目

清國汽船取扱人　田中萬助　東京田中回漕店之印

二月十二日郵船會社ヨリ持受

一海定號

一月十七日前八時神戸へ向ケ横濱出帆

貨物　貳千・九拾四個

内譯

東同泰出昆布取合　千　個　上海行

東京〈萬〉本店出函入醬油　五百函　同

八拾七番出函入瀬戸物　貳百函　同

出荷主木分明扇子入　四十四個　同

同　番ノ實　三百五十個　同

船客　弐拾九人

〆

一致遠號

一月三十一日神戸向ケ横濱出帆
貨物　壱個モナシ
船客　弐拾五人
〆
一致遠號
二月五日神戸ヨリ横濱入港
貨物　弐千弐百八拾個　横濱揚ケ
内　譯
銑鉄　五拾屯
高品　壱個
同　壱個
同　四個
牛　六頭
牛肉　弐拾弐個
牛皮　四拾個
蜜柑　拾五個
酒　貳百個
同　百拾六個
同　百個

瓶入酒	八拾弐個
ホヤ	壱個
空瓶	三個
釘	弐拾八個
米	弐百弐拾個
酒	拾六個
同	四拾個
米	弐百五拾個
同	百個
同	七拾五個
酒	八拾個
同	六拾個
銅	弐個
砥石	三拾個
油	拾五個
同	拾個
石	百六拾弐個
糠	五拾個
同	八拾四個

同	百五拾個
竹ノ皮	拾三個
線香	三個
同	五個
茶	三個
薬品	七個
同	八個
同	拾個
商品	三個
炭ノ粉	貳個
牛ノ蹄	五個
砥石	三拾四個
竹ノ皮	拾七個
同	拾五個
米	百三拾六個
同	五拾貳個
見本品	四個

船客　拾貳人

〆

一致遠號

二月九日神戸向ケ横濱出帆

貨物　貳千六百九拾弐個

内　譯

板昆布	六拾六個	東同泰出	上海揚
同	貳百四拾八個	同	同
同	三百四拾三個	同	同
人参	四箱	同	同
狐毛皮	壱函	同	同
煎海鼠	三拾壱函	同	同
干鮑	六函	同	同
椎茸	七函	同	同
煎海鼠	貳拾壱函	瑞徳出	同
同	拾貳函	同	同
刻昆布	貳百五拾五函	東同泰出	上海揚
同	百貳拾三個	同	同
同	百五函	同	同
同	百八拾壱函	恊泰源出	同
同	四百三拾函	同	同

同	貳百三拾壱函	同	同
同	百五拾函	同	同
板昆布	三百六拾八函	東同泰出	同
同	拾九函	同	同
漆器	五函	永義和出	同
肝油	拾函	田中萬助出	神戸揚
炭酸曹達	拾四函	同	同
エンサンマクネシヤ	四函	同	同
ケルムル	壱函	同	同
ベルモット	拾函	同	同
取崩馬車入	拾五函	同	同
鼻緒取合	貳函	同	同
杜丹皮	拾函	同	同
ホルト油	貳函	同	同
ホックホート屑	五俵	同	同
鉄器	四函	同	同
梱酒樽用	壱	同	同

船客四人

〆

この目録をみると、中国から日本へもたらされた多量な貨物は牛肉や米などであり、日本から中国へ持ち帰られた多量な貨物は乾物（海産物）であったことがわかる。乾物は、江戸時代の長崎貿易で中国船（唐船）が持ち帰ったものと同様な傾向と考えられる。(15) この中国への帰帆貨物から見て、前掲の一月一四日付『中外物価新報』第一一二七号や『時事新報』第一〇七二号が、輪船招商局の汽船が北海道の海産物の輸送をおこなうと報じたことは、決して不正確な情報ではなかったことが知られる。

（4）中国での報道

他方、海定号を運航した中国側の新聞記事はどのようであったかを見てみたい。

上海の新聞『字林滬報』第一二〇八号、光緒一一年一一月二五日（一八八五年一二月三〇日）付の汽船の出入記録に、「十一月二十八日出港船禮拜六　海定　輪船　晩往長崎・神戸　招商總局」とある。海定号が一一月二八日に上海を出港し、長崎から神戸を経て横浜に航行すると予告している。

さらに同紙第一二一〇号、光緒一一年一一月二七日（一八八六年一月一日）付には、「十一月三十日出港船禮拜一　海定　輪船　往長崎・神戸・横濱　招商總局」とあり、海定号が一一月三〇日に出港し、長崎から神戸を経て横浜に航行すると予告している。同紙は、第一二一三号、光緒一一年一一月三〇日（一八八六年一月四日）付でも同じ記事を掲載している。

同紙第一二二三号、光緒一一年一二月初一〇日（一八八六年一月一四日）付は、「十二月十四日出港船禮拜一　致遠　輪船　晩往長崎・神戸・横濱　招商總局」とあり、致遠号が長崎から神戸を経て横浜に航行すると予告している。

そして、『字林滬報』第一二二七号、光緒一一年一二月初四日（一八八六年一月八日）付には、「船往日本」の記

表5－1　1886年輪船招商局海定、致遠号航行表

号数	年月日	中国暦	船名	船式	公　司	入出港	航　行　地	月　日
4573	1886. 1. 4	11. 11. 30	海定	輪船	招商局	出　港	長崎神戸横浜等埠	11. 11. 30
4587	1886. 1. 18	11. 12. 14	致遠	輪船	招商局	出　港	長崎神戸横浜	11. 12. 14
4595	1886. 1. 26	11. 12. 22	海定	輪船	招商局	入　港	東　洋	11. 12. 22
4613	1886. 2. 20	12. 1. 17	致遠	輪船	招商局	入　港	東　洋	12. 1. 17
4616	1886. 2. 23	12. 2. 20	致遠	輪船	招商局	出　港	長崎神戸横浜	12. 1. 20
4626	1886. 3. 5	12. 1. 30	海定	輪船	招商局	出　港	天　津	12. 1. 30
4639	1886. 3. 18	12. 2. 13	海定	輪船	招商局	入　港	天　津	12. 2. 12
4640	1886. 3. 19	12. 2. 14	海定	輪船	招商局	出　港	烟台天津	12. 2. 14
4654	1886. 4. 2	12. 2. 28	海定	輪船	招商局	入　港	天　津	12. 2. 27
4654	1886. 4. 2	12. 2. 28	致遠	輪船	招商局	入　港	天津	12. 2. 27

表5－2　1886年輪船招商局 Hae-ting(海定)、Chi-yen(致遠)号航行表

号数	出入年月日	船　名	船　長	船式	屯数	会　社　名	積　荷	航行地	出入港
6641	1886. 1. 5	Hae-ting	Wells	Str.	1099	C.N.S.N.Co.	雑　貨	Japan	出　港
6653	1886. 1. 19	Chi-yuen	Lunt	Str.	1211	C.N.S.N.Co.	雑　貨	Japan	出　港
6658	1886. 1. 25	Hae-ting	Wells	Str.	1099	C.N.S.N.Co.	一　般	Nagasaki	入　港
6678	1886. 2. 18	Chi-yuen	Lunt	Str.	1211	C.N.S.N.Co.	一　般	Japan	入　港
6682	1886. 2. 24	Chi-yuen	Lunt	Str.	1211	C.N.S.N.Co.	雑　貨	Japan	出　港
6691	1886. 3. 7	Hae-ting	Wells	Str.	1099	C.N.S.N.Co.	雑　貨	Chefoo & Tientsin	出　港
6700	1886. 3. 17	Hea-ting	Wells	Str.	1099	C.N.S.N.Co.	一　般	Tientsin	入　港
6701	1886. 3. 17	Chi-yuen	Lunt	Str.	1211	C.N.S.N.Co.	一　般	Nagasaki	入　港
6703	1886. 3. 20	Hae-ting	Patterson	Str.	1099	C.N.S.N.Co.	雑　貨	Chefoo & Tientsin	出　港
6703	1886. 3. 21	Chi-yuen	Lunt	Str.	1211	C.N.S.N.Co.	貢　米	Tientsin	出　港
6713	1886. 4. 1	Hae-ting	Patterson	Str.	1099	C.N.S.N.Co.	一　般	Tie tai	入　港
6713	1886. 4. 1	Chi-yen	Lunt	Str.	1211	C.N.S.N.Co.	バラスト	Taku Bar	入　港

事を掲載している。

> 招商局往來北洋、輪船封河口、後頗多停駛。前日派海定輪船専走東洋之長崎・神戸・横濱等埠、翻譯官甘君日初、即随輪來往、聞横濱經理人。係素仕該處之粵商譚沛霖云。

右によると、輪船招商局の汽船は、渤海湾、とりわけ同湾に注ぐ河川の氷結等で航行が困難になり停船している船があるので、それらを使って日本への航行を考えたとしている。

ついで同紙第一二三五号、光緒一一年一二月二二日（一八八六年一月二六日）付には、「十二月二十一日入港船禮拝一　海定　輪船　由東洋　招商總局」とあり、海定号が日本から帰港したことを掲載している。

この時期の海定号と致遠号の運航状況を『申報』から整理したのが、表5―1である。

同じく *The North-China Daily News* に掲載された船舶の上海港出入記録をまとめた表5―2から明らかなように、Hae-ting（海定）号は一〇九九トン、Chi-yen（致遠）号は一二一一トンであった。同時期に、日本と上海との間を結んでいた日本郵船会社の名古屋丸が一〇九六トン(16)、広島丸が一一五八トン(17)、横浜丸が一二九八トン(18)であったことから、海定号・致遠号もほぼ同規模の汽船であったことがわかる。

四　小結

上述のように、清末に設立された中国の巨大汽船会社輪船招商局は、明治六年（一八七三）には伊敦（Aden）号、明治一〇年（一八七七）には大有（Tahyew）号、明治一五年（一八八二）には懐遠（Hwaiyuen）号、そして明治一九年（一八八六）には二隻の海定（Hae-ting）号・致遠（Chi-yen）号を使用して日本への航行を試みたが、いずれも定期運航にはほど遠い断続的な航行であったことが知られる。さらに明治一九年の海定号・致遠号の来航にさいし見られたように、日本側の抵抗にあい、想定していた運航状況にはいたらなかった。

前述のように、明治一九年の輪船招商局汽船の日本航行の終焉を、『神戸又新日報』第五二四号、明治一九年二月一四日付は「致遠号に船客無し」として象徴的に報じた。また『東京横浜毎日新聞』第四五六〇号、明治一九年二月一七日付の「致遠號に船客無し」もこの『神戸又新日報』の記事を再録している。ここでは『神戸又新日報』の記事から、前掲箇所とは別の部分を掲げてみたい。

一両日前同船が横濱より神戸へ入着せし時も一人の船客すら無かりしか（尤も長崎迄乗越しの船客は四人ありし）。一昨日同船か當港より上海へ向け解纜せし時にも亦一人の船客無かりし。去れは當港招商分局の人々は少々弱り入り居る由なれ共、今斯く同局の汽船に船客の少なき一原因あり。コハ他にあらす已に此程の本紙上にも記せし如く、本縣にては今般外國船乗組切符下渡手續を改正し、従来は當神戸區役所にて取扱ひ、又晝夜何時にても取扱ひたるを、今後は本縣外務課にて取扱ひ、従て午前九時より午後三時迄、即ち開廳中の外、一切取扱はさる事となりたれは、今船客か外國船に乗組まんには恰かも海外に旅行する時の手續と一般甚た繁雜なるのみならす、事に依れは右定時中に切符下渡を請ひ遂け得さるの心配さへ無きにあらされは、仮令ひ船賃は少々廉價にても招商局の汽船に乗組むは甚た面倒なり。寧内國船に搭するの簡略なるに如かすとて、扨ては斯く近頃當港より招商局の汽船に搭する者の少きことなるよし。……因みに曰く、今般招商局の開航に付き、其事務員として過般來我國に滞在せし清國人子莊《ツトン》と云ふ者は、一昨日の致遠號にて一先歸國せし由なるか、同人も餘り上元気にて歸國せしにはあらさるよしに聞く。

右のように、致遠号は日本沿海の航行にさいしても日本人旅客を搭乗させ旅客運賃収入の増収をはかろうとしたが、日本側の抵抗のために頓挫した。その結果、日本に駐在員をおいて日本との定期航路の開設をはかった清国輪船招商局の計画は失敗に帰したのである。

こうして輪船招商局は、日本航路の継続運航からの撤退を余儀なくされたのであった。その経緯を伝える史料が外務省外交史料館に残された「清国商船沿海貿易禁止一件」である。

（1）「輪船招商公局規条」、『海防檔』甲、購買船廠、台北・中央研究院近代史研究所、一九五七年、九二〇～九二三頁。『輪船招商局　盛宣懐檔案資料選輯之八』上海人民出版社、二〇〇二年一一月、三～六頁。『招商局史（近代部分）』中国水運叢書、人民交通出版社、一九八八年九月、二八頁。
（2）『七十年史』日本郵船会社、一九五七年七月、一頁。
（3）『宣統三年中國年鑑』東亞同文會調査編纂部、一九一二年六月、同年九月再版。
（4）松浦章『近代日本中国台湾航路の研究』清文堂出版、二〇〇五年六月、三三頁。第一編第三章第三節も参照。
（5）『招商局史（近代部分）』五八頁。
（6）Kwang-Ching Liu, *Anglo-America Steamship Rivalry in China, 1862–1874*, Havard University Press, 1962.
松浦章『近代日本中国台湾航路の研究』一一～一五頁、参照。
（7）『招商局史（近代部分）』第二章、第二節、一項、海遠洋航線的開闢、（二）遠洋航線（五九頁）において、一八七三年八月初に伊敦号が神戸・長崎への航路を開いたのが中国の汽船会社の最初の外国航路であったと記されるのみである。
（8）水沼知一「明治前期高嶋炭鉱における外資とその排除過程の特質」『歴史学研究』第二七三号、一九六三年二月、二八～三七頁。
杉山伸也「幕末・明治初期における石炭輸出の動向と上海石炭市場」『社会経済史学』第四三巻第六号、一九七八年三月、一九～四一頁。
（9）『復刻版　横濱毎日新聞』第五巻、不二出版、一九九二年一〇月、三三〇頁。
（10）「輪船招商公局告白　茲啓者、本局所買英公司行輪船一號、船名伊敦、計價英洋六萬五千元」（『輪船招商局　盛宣懐檔案資料選輯之八』写真一葉裏）とある。
（11）『復刻版　横濱毎日新聞』第一九巻、不二出版、一九九二年一〇月、一八七頁。
（12）明治四年（同治一〇）七月二九日（一八七一年九月一三日）に日清両国が天津で調印し、日本側は明治六年（一八七三）三月九日に批准した日本と清国との間の「修好条規並びに通商章程」の通商章程には、両国商船の相手国への入港と貿易は認めるものの、相手国内における運輸業務に関する規定は見られない。『日本外交文書』第四巻第一冊、日本外交文書頒布会、一九五七年二月、二〇三～二一二頁。

(13)『神戸又新日報』は神戸市立図書館に所蔵されるマイクロフィルムを利用した。明治一九年以前のものは、散逸したのか現在知られない。

(14)「外国船乗込規則」は、明治九年（一八七六）三月一八日付にて太政官布告第三〇号として布告された「外國船ニ乗込旅行セントスル者取締ノタメ左ノ通、規則相定候條、此旨布告候事」である（『横浜毎日新聞』第一五九四号、明治九年三月二一日付一面掲載）。「外國船乗込規則」は第一条から第一〇条まである（同紙第一五九五号、明治九年三月二二日付一面掲載）。第五条には「其途中一時上陸［例ヘハ横濱港ヨリ長崎港ニ到ル者、其船舶神戸港ニ卸碇シタルトキ、用便ノタメ暫時上陸スルノ類］スル者ハ、其地臨検警察官吏ニ其証書ノ検閲ヲ受クヘシ」とある。

(15) 松浦章『清代海外貿易史の研究』朋友書店、二〇〇二年一月、三八二～四〇二頁。

(16) *The North-China Daily News*, No.6683, 1 (st) Jan.1886, p.1.

(17) *The North-China Daily News*, No.6683, 8 (th) Jan.1886, p.1.

(18) *The North-China Daily News*, No.6683, 15 (th) Jan.1886, p.1.

第二編　海域を越えた文化交渉

第一章　朝鮮使節が北京で邂逅した琉球使節

一　緒　言

中国明朝は、それ以前の宋朝や元朝と異なり海外から来航する商船の入港を禁じた。しかし、明朝が朝貢国として認めた国からの使節が乗船した船舶の入港は認めていた。明朝が認めた海外の朝貢国がどのような国であったかについては、正徳『大明会典』巻九六、朝貢一に、番国として、東海、南海の国として、高麗国・暹羅国・琉球国・占城国・真臘国・安南国・日本国・爪哇国があげられている(1)。さらに万暦『大明会典』巻一〇五、朝貢一の東南夷上には、朝鮮国・日本国・琉球国・安南国・真臘国・暹羅国・占城国・爪哇国・彭亨国・百花国・三仏斉国・浡泥国・須文達那国・蘇門荅剌国・西洋瑣里国・瑣国等を列記している(2)。

このうち万暦『大明会典』巻一〇五、朝貢一の東南夷上に最初に記される朝鮮国は「永楽以來、毎歳聖節、正旦、皇太子千秋節、皆遣使奉來朝賀、貢方物(3)」とあるように、毎年のように中国へ来朝する国であったが、朝鮮国は中国大陸とは隣接する朝鮮半島にあったため、ほとんどの明朝への来貢は陸路によっていた。これに対して朝鮮国以外の日本や琉球などは明朝へ来貢する場合、当時の帆船を用いざるを得なかった。

日本は「十年一來貢(4)」として一〇年ごとに明朝への船を派遣した国であり、その次に記される琉球国も「毎二年、許朝貢一次(5)」として二年に一度船を派遣する国であった。そのほかの安南国・暹羅国・占城国・爪哇国等も朝貢の時期は「三年一朝貢」[6]であったが、陸続きの安南国を除きいずれも明朝への船を派遣していた。明朝中国の朝貢国として陸路により最も頻繁に中国へ来貢した朝鮮国は、単に中国に対する関心のみならず、同様に朝貢する諸外国の動勢にも無頓着ではなく、機会があれば諸外国の使節とも接触して情報収集していたことが、朝鮮側の記録によって知られる。[7]

そこで本章では、嘉靖一三年（一五三四）に北京で邂逅した朝鮮国と琉球国との使節の情況について述べてみたい。

二　嘉靖一三年の朝鮮使節の日記に見る琉球使節

明『世宗実録』巻一六〇、嘉靖一三年閏二月乙巳（八日）の条によれば、

朝鮮國王李懌、差吏曹判書蘇洗讓等、進表及方物馬匹、賀皇嗣誕生、給賞如例。

とあるように、朝鮮国王李懌は嘉靖帝の皇嗣誕生を祝賀するために使節の派遣を行い、その使節が、嘉靖一三年閏二月八日に上表と貢物を献上している。朝鮮使節が嘉靖帝の跡継ぎ誕生に対して祝賀のために北京に赴いたのであるが、その皇嗣とは『明史』巻一七、世宗一、嘉靖一二年八月乙未の条に、「以皇子生、詔赦天下」[8]とあるように、嘉靖一二年八月に誕生した皇子の祝賀のためであった。この皇子は、嘉靖帝の後を嗣いだ隆慶帝ではない。隆慶帝は嘉靖一六年（一五三七）正月二三日に嘉靖帝の第三子として生まれているからである。[9]しかし、それは後日のことで、朝貢国は中華皇帝の皇子誕生を祝して使節を派遣した。琉球国も同様であった。

そのさいの朝鮮使節として北京へ派遣された蘇世讓の記録が、『陽谷赴京日記』[10]として残されている。その内容は、本書を最初に翻刻した中村榮孝が、

本書は蘇生讓が、中宗二十八年（嘉慶一二年、一五三三）癸巳十二月から、皇太子誕生の進賀使として書状官李

夢弼・質正権應昌等と共に明に使いした際の、往復の記事を録したものである[11]。

と述べられることで明らかであろう。この『陽谷赴京日記』の中に、彼らが北京で邂逅した琉球使節のことが記されているのである。そこで、蘇世譲等の北京入城から帰国までの間に琉球使節と邂逅したことについて、彼の日記から抜粋すると次のようになる。

嘉靖十三年二月二十五日、晴。入通州東門、出西門。自此至皇城四十里間、狭路人家櫛比。至朝陽門、少憩城外廟堂、乃入到寓玉河館西照[12]。

閏二月十六日晴、琉球國使臣十八人、来寓西館。其國人、来留福建府、慣習華語而朝。故其言語・衣服、略似華人[13]。

閏二月十八日晴、（中略）夕、琉球國両使臣来見。引入対坐饋、仍問其風土之宜、地気甚暖、冬不重衣、春秋則単衣、一年両度耕穫、俗尚淳朴、又好為僧、所産則沈香・象牙・玳瑁・胡椒・白檀等物、日本國只隔大海、而人心俗不同、故不喜相通云[14]。

閏二月二十二日晴、主事来問寒暝、遂往問琉球上使之病而去。即與書状、往其庁称謝[15]。

閏二月二十三日晴、琉球使臣麻布渡・梁椿・馬吾刺・陳賦、及伴送賈英・洪世美来見、飲茶而去[16]。

閏二月二十四日雨、（中略）午後、琉球使送其六色土物、即修回奉[17]。

閏二月二十七日晴、四更、赴朝、適皇帝視朝于奉天門。入候左腋門、于官行五拜禮、東西相向而立。夏尚書入跪正南御路上、夏序班拉余趨入、跪于尚書之後、一行之人皆随之。琉球人、又入跪于後。尚書措笏曰、朝鮮國王某差陪臣某官某進賀云。皇帝答曰、知道。喫酒飯。尚書曰、唯。扣頭而退於光禄寺、喫酒飯後、上御路扣而退。帝前後一不視朝、而是日出視。服黒衣、有斎戒云[18]。

三月七日、晴、（中略）日夕、往問琉球上使梁太溥疾、仍與副使等、坐其館、啜茶而還[19]。

三月十二日、晴。促食發行。(20)

これによると閏二月一八日、琉球の使節が朝鮮使節の滞在する館を訪れた。そして朝鮮側から琉球事情が質問され、風土や気候など、そして農業生産の事情、さらに「又好為僧」と琉球国の仏教の事情にも話は及んでいる。琉球国が五〇〇年前は仏教王国であったとされる(21)一端を示していると思われる。

また、とりわけ琉球産とされた「沈香・象牙・玳瑁・胡椒・白檀等物」については、『歴代宝案』第一集巻四二―二五文書に、

琉球國中山王世子尚清、為進貢等事、切照本國産物稀少、缺乏貢物、深為未便、為此今遣正使馬沙開・都通事梁傑等、坐駕義字號小船壹隻、装載磁器等貨、前往佛大泥等國、出産地面兩平、収買蘇木・胡椒等物、回國、預備下年進貢大明天朝、所拠今差去人員、別無文憑、誠恐到處官司、盤阻不便、王府除外今給黄字肆號半印勘合執照、付正使馬沙開等、収執前去、如遇經過關津把隘去處、及沿海巡哨官軍驗實、即便放行、毋得留難、因而遅悞不便、所有執照、須至出給者。(22)

とあり、また『歴代宝案』第一集巻四二―二六文書にも、

琉球國中山王世子尚清見、為進貢等事、切照本國産物稀少、缺乏貢物、深為未便、為此今遣正使陶美・通事程儀等、坐駕地字號海船壹隻、装載磁器等貨、前往暹羅等國、出産地面兩平、収買蘇木・胡椒等物回國、須備下年進貢大明天朝、所拠今差去人員、別無文憑、誠恐到處官司、盤阻不便、王府除外、今給黄字捌號半印勘合執照、付正使陶美等、収執前去、如遇經過關津把隘去處、及沿海巡哨官軍驗實、即便放行、毋得留難、因而遅悞不便、所有執照、須至出給者(23)

とあるように、琉球国では、明朝への献上品が不足するので、琉球国から磁器などの貨物を積載して仏大泥国や暹羅国など東南アジア諸国に船舶を派遣して、蘇木や胡椒を購入して不足を補っていたのである。このことから

も明らかなように、「沈香・象牙・玳瑁・胡椒・白檀等物」は明らかに琉球産の産物でなかったが、朝鮮国の使者にはその事情を述べていなかったと思われる。

さらに、蘇世譲に随行した蘇世譲の甥の蘇巡の日記である『葆真堂燕行日記』も残されている。その日記からも蘇世譲の日記と同様に、琉球使節との邂逅の場面を抜粋し列記してみることにする。

皇明嘉靖十二年癸巳冬、叔父陽谷先生、以皇太子誕生進賀使入中國、余以帯率子弟陪行、而來往原隰之日、拜謝殿陛之時、随所瞻見而記其事實焉(24)。

嘉靖十三年二月二十五日、晴既明、乃行由通州東門、穿西城而去城……晩至玉河館、行四十里也。……(25)

閏二月十六日晴、在玉河館、午晩琉球使臣上下並十八人来寓西館。其語音畧同中華、見人琲禮甚恭(26)。

閏二月十八日晴、在玉河館（中略）夕、琉球兩使臣来見。引入許坐飲之以酒、問其國節序寒暖、則冬不重衣、夏不去扇、春秋皆単衣。問百穀則一年種麥、一度稲及諸種、正月始耕。五月収食、是月又耕。九月穫取。問風俗則習尚淳朴、又好僧。其地産則沈香・象牙・玳瑁・胡椒・白檀等物、皆出地方、不可盡説、問境界遠近、則國在海中、四面不甚遠大。問經過勝地、則一路雖多可觀。只如南京・蘇・杭之勝、甲於天下、觸眼壮観、難以殫録。問四境最近、曰日本只隔大海、可與相通、而但以人心俗不同、故不喜相往云。問以何物來獻。曰不過前所陳之物、而已問畢辭去(27)。

閏二月二十二日晴、在玉河館、主事爲到問伕、遂往問琉球使臣之病、還坐其館使與書状往謝近来當受賞賜、云大慰一行之人、今日始見書冊買賣之人、抱負物貨争來示之。……(28)

閏二月二十三日晴、在玉河館、朝食後、琉球使臣麻布渡・梁椿・馬吾刺・陳賦、及伴送賈英・洪世實等来見、使與兩君、即出對叙寒喧、各進茶而罷。……(29)

閏二月二十四日陰、在玉河館、（中略）午後、琉球人等、送以六色物、還以数件報之(30)。

三月七日、晴、在玉河館、（中略）夕、往問琉球國梁太溥、病因與副使等相話、啜茶而來已、而夏序班來到、即引見、内廳設酒、相話來、副使亦恭各給硯一面。(31)

三月十二日、晴。促食欲發。……(32)

右のように蘇世讓の『陽谷赴京日記』と彼に随行した甥の蘇巡の『葆真堂燕行日記』ともに、北京の玉河館(33)において朝鮮使節が琉球使節と邂逅した記述がほぼ同様に見られる。この時に北京に来朝した琉球使節は総勢一八名であった。蘇世讓は彼らが福建から北京に来て、中国語を喋り、中国人と同様な衣服を着ていることを記し、面談したさいには琉球国の国情を尋ねている。琉球は冬でも厚着をする必要はないが、夏は扇が必要であること、春と秋は「単衣」でも過ごせること、一年に麦と水稲栽培ができることなど、その風土に関して聞き及び、特に琉球の産物が「沈香・象牙・玳瑁・胡椒・白檀等物」と聞き得たがこれは事実ではなく、実際には琉球国が東南アジアとの貿易によって得た物であった。

蘇巡の日記もほぼ蘇世讓のものに類似するが、蘇世讓に記録されていないこととして、朝鮮使節が朝貢路として経由しない地である南京・蘇州・杭州などの景観のすばらしさを琉球使節から聞いて「甲於天下」と記している。

このように琉球使節との北京で邂逅した朝鮮使節は、さらに帰国後、上記の日記には見られない事実を朝鮮国王に報告している。

三　嘉靖一三年に北京に派遣された琉球使節

琉球使節が朝鮮使節と邂逅したさいに北京に赴いたことは明『世宗実録』巻一六一、嘉靖一三年三月戊申（二日）の条に、

琉球國中山王子尚清、遣陪臣梁椿等、貢馬及方物、宴賚、如例。

とあり、使者として梁椿等が派遣されている。この派遣の事情は、『中山世譜』巻七、尚清王にも見え、

（嘉靖）十二年癸巳秋、遣正議大夫梁椿・使者馬吾剌等、奉表貢方物。(34)

とあり、同書に注記して次のようにある。

旧制、外国貢使、到京師、皆有防禁、五日一出館、令得遊観貿易、居常皆閉館不出、惟朝鮮・琉球、防之頗寛。(35)

明朝の制度では外国の使節が都に到着すると防衛上の問題もあり、外出は五日ごとに一日のみ認められていたが、他の日は居住館の門は閉ざされ外出はできなかった。しかし朝鮮国と琉球国の使節に対してはこの規定は極めて寛容であったという。

この時の使者馬吾剌は嘉靖八年（一五二九）の使節にも使者として加わっている。(36)嘉靖一二年に派遣された梁椿ら一行のことに関しては、『歴代宝案』第一集巻二九―二一に見え、

琉球國中山王世子尚清、為進貢等事、今特遣正議大夫梁椿・使者馬吾剌等、齎捧表文壱通、坐駕黄字號海船壱隻、装載馬壱拾五疋、硫黄弐萬斤、赴京。貢所拠今、差去人員、別無文憑、誠恐所在官司、盤阻不便、王府除外、今給黄字拾陸號半印勘合、執照付存留在船通事梁顕等、収執前去、如遇経過関津、把隘去處、及沿海巡哨官軍驗實、即便放行、毋得留難因而遅誤不便、所有執照、須至出給者、今開

赴京正議大夫梁椿

使者弐員馬吾剌麻布度

通事壱員陳賦

存留在船使者壱員丘剌子

存留在船通事壱員梁顕
人伴弐拾参名
官船火長直庫弐名
田祥闍班那
稍水共壱百四拾名
嘉靖拾弐年八月弐拾日
右執照付存留在船通事梁顕
等准此為進貢等事執照(37)

とある。琉球国の中山王世子である尚清は進貢等のために正議大夫梁椿と使者馬吾刺等に表文一通を授け、彼らを黄字号海船一隻に乗せ、明朝への献上品である馬一五疋・硫黄二万斤を積載させ派遣した。この使節には、存留在船通事として梁顕らもそれに加わっている。

派遣された正議大夫梁椿に関しては、「呉江梁氏家譜」正議大夫椿によれば次のように見られる。


弘治十七年甲子七月十二日、爲進貢事、奉使爲存留船通事、随正議大夫程璉等入閩。

嘉靖八年己丑八月十五日、爲進貢事、奉使爲都通事、随長史蔡瀚等入閩赴京。

嘉靖九年庚寅八月二十一日、爲預備下年進貢貨物事、奉使爲都通事、同使益沙毎等、帯器等貨、前往佛大泥國、出産地面両平、収買蘇木・胡椒等物、回國。

嘉靖十二年癸巳正月二十一日、爲尋問消息事、奉使爲正議大夫、同通事陳賦等入閩。

嘉靖十二年癸巳八月二十日、爲進貢事、奉使爲正議大夫、同通事陳賦等入閩、赴京。(38)


梁椿は弘治一七年（一五〇四）に正議大夫程璉に随って存留船通事として福州（閩）に渡ったのが最初の渡海で

あったようである。その後、嘉靖八年（一五二九）には都通事に命じられ福州からさらに北京へ赴いている。翌嘉靖九年には都通事として仏大泥国に赴いている。これに関しては『歴代宝案』第一集巻四二―二七文書によれば、

琉球國中山王世子尚清見、為進貢等事、切照本國産物稀少、缺乏貢儀、深為未便、為此、今遣正使益沙每・都通事梁椿、坐駕天字號海船壹隻、裝載磁器等貨、前往佛大泥國、出産地面、兩平收買蘇木・胡椒等物回國、預備下年進貢大明天朝、所拠今差去人員、別無文憑。誠恐所在官司、盤阻不便王府除外、今給黄字玖號半印勘合執照、付正使益沙每等、收執前去、如遇經過關津把隘去處、及沿海巡哨官軍、驗實即便放行。毋得留難、因而遲悞不便、所有執照、須至出給者

今　開

正使壹員　益沙每　副使貳員　金志良　馬不他　都通事壹員　梁椿　通事壹員　梁顕

火長壹名　紅芝　管船直庫壹名　呉剌每　稍水共壹百拾参名

嘉靖玖年捌月貳拾壹日行

右執照付正使益沙每都通事梁椿等准此、為進執照貢等事(39)

とあるように、嘉靖九年（一五三〇）に梁椿らが仏大泥国に蘇木や胡椒を購入するために派遣されている。それらの物は明朝への朝貢品として必要であったからである。

梁椿は嘉靖一二年（一五三三）正月には正議大夫として前年の使節の消息を問うため福建に派遣され、そして同年八月には進貢使として北京に赴き朝鮮使節と邂逅することになる。

このとき梁椿とともに福建へ渡った通事の陳賦や在船通事の梁顕も家譜の記録が残されている。通事陳賦は「嘉靖十二年癸巳八月二十日、爲進貢事、奉使爲通事、隋正議大夫梁椿、赴閩、上京」(40)とある。在船通事であった梁顕は「嘉靖十二年癸巳八月二十日、爲進貢事、奉使爲存留在船通事、隋正議大夫梁椿等、赴閩」(41)とあるよう

に、彼らも梁椿使節団の一員であった。

このうち梁椿とともに北京に赴いた陳賦は、先の朝鮮使節蘇世譲が「慣習華語」と記録した中国語に堪能であった人物その人であったと思われる。陳賦はその後も、嘉靖一四年（一五三五）には都通事、一六年（一五三七）、二二年（一五四三）、二六年（一五四七）の三度は正議大夫として北京に赴き、梁椿と最初に北京に赴いて以来五回も上京した経歴のある人物であった(42)。

朝鮮王朝実録『中宗実録』巻七七、中宗二九年（嘉靖一三）四月庚申（二四日）によれば、朝鮮国王李懌が北京から帰国した蘇世譲に、北京滞在中のことを質問し、話題は琉球国のことにも及んでいる。その応答を記すと以下のようになる。

上御思政殿、引見進賀使蘇世譲。……上曰、琉球國使臣、前日來我國者、今赴京乎。世譲對曰、琉球使臣、乃梁椿也。與臣同在一館、梁椿使人來曰、我年二十八、往還于朝鮮。今聞使臣來此、可喜也。臣亦遣人謝之。其後琉球國正使梁椿病臥、其副使及下人、皆來請見、臣卽冠帯出見、行茶禮。仍曰、去庚寅年、貴國之人、漂到我國地方、我殿下解送上國歸貴國、幾人生還乎。答曰、或死於上國地方、只四人生還。我國王不勝感喜、因路遠未得修謝。今欲向宰相展謝。卽起作揖、再三稱謝而退。……(43)

琉球国正議大夫梁椿は二八歳の時、朝鮮国に渡ったことがあったため、北京での朝鮮使節との邂逅を喜んだとある。このことは先の朝鮮使節の日記には見られない。その梁椿は北京において体調が思わしくなく臥せっていたことも知られる。

しかし、朝鮮国王李懌と蘇世譲との問答の中で最大の話題は、「去庚寅年、貴國之人、漂到我國地方」とある庚寅年すなわち中宗二五年、嘉靖九年（一五三〇）に朝鮮へ漂着した琉球人のことであった。

この琉球人の朝鮮漂着について『中宗実録』巻六九、中宗二五年（一五三〇）八月丙寅（九日）には次のように見られる。

傳曰、予觀濟州牧使啓本、則其所獲人、非賊倭也、乃琉球國人。此亦隣國之人、衣服飲食等物、令該司別加措置、送還事、其速考啓。(44)

朝鮮国に漂着した人物を捕らえたところ倭寇ではなく、琉球国の人であり、隣国人として保護し、衣食や食べ物を与えたとある。

さらに同書、八月戊辰（一一日）には、

傳于政院曰、琉球國人若來、則令禁府詳問其根因可也。前者琉球國使臣、或有出來之時、而今則不出來。必阻於日本國對馬島而然也。其不來之由及水陸程途遠近、幷問之。且其所進新稻穗、令戶曹取種、而幷問一年之內、幾度種獲也。(45)

とある。漂着琉球人に質問するべき事項が指示された。特に稲作に関して強い関心が持たれていたことがわかる。そのことは次の『中宗実録』巻六九、中宗二五年一〇月丁巳朔日の条にも見られる。問答を併記するため、原文を改行して示した。

禁府以推問琉球國人之書啓。其書契曰、漂流七人、其名一曰豊加那、二曰阿加豆、三曰無亇那、四曰他亇者那、五曰危那、六曰賓五里、七曰滕其。倭、漢學通事、皆不解其語、使濟州押來人問之、則其人答曰、以琉球國人、居于亇島。今年七月間、以刈稻事、出來于尼南院島、遭風漂流。第九日到泊于無涯之境、有一官員、見之哀憐、饋其酒食、因此上來。

又問、丁巳年間、爾國人漂流到我國者、誰也。生存與否、汝知之乎。

答曰、他羅亇島居牛母也稱名人、生存。

又問曰、爾國朝貢于中原耶。

答曰、我國使臣、將蘇木、胡椒等物、載船入貢事、聞其奇、不得目覩。

又問曰、爾國王衣服、及下人男女服色、何以爲之。

答曰、國王及下人男女等、以木綿裹頭。

又問曰、父母之喪、飮酒食肉乎。

答曰、不食肉也。

又曰、汝等賫新稻穗、一年幾度種穫、水田何月耕種、而何月收穫耶。

答曰、十月付種、四月收穫、四月付種、十月收稻。

曰、無他可問之事、請移于延接都監、使禮曹推之何如。

傳曰、倭・漢學通事及濟州押來人、皆未能善解其語。前者琉球國使臣梁廣出來時、有倭人解其語者適來、使之問答、已有其例。今來倭人、亦有知琉球國語者耶。凡常之言、非當避忌、可使倭人問之。仍傳于政院曰、琉球國漂流人、移于延接都監可也。但日氣漸寒、待異國之人、不可不厚、衣服笠子、其速備給事、言于禮曹。(46)


朝鮮官吏が琉球の漂流七人について調査したところ、その名は豊加那・阿加豆・無亇那・他亇者那・危那・賓五里・滕其であった。彼らは日本語も漢語も通じなかったため、「濟州押來人」に調べさせたところ、琉球国人で「亇島」に居住する人々であり、この年の七月頃に稲刈りが終わり収穫をもって「尼南院島」に赴くところ海難に遭遇し漂流したとのことで、漂流九日目に朝鮮国の領域に漂着したのであった。朝鮮の官吏の慈悲により食物を与えられたとのことであった。その後、琉球国の中国への朝貢品、琉球国王の衣服や庶民の衣服、葬儀のさいの食事、水田耕作などについて応答が行われている。

さらに、琉球の漂流民に関しての問題が朝鮮朝廷で問題になっている。

『中宗実録』巻六九、一〇月戊午（二日）に、禮曹啓曰、解琉球言語倭人、問之於倭館、只有日本國倭司猛左馬助家久、故使倭學通事問曰、汝知琉球國人乎。答曰、我國以貿易相通往來、如見其人、則可解其人之語。云。且考前例、則琉球國使臣梁廣、梁春等出來時、上使能通漢語、故使我國漢通事待之、副使能解倭語、故使我國倭通事待之。厥後琉球國漂流人出來、其時日本國倭三郎、四郎稱號者適來、故欲付送、而三郎、四郎、不肯受去、故我國通書于對馬島、付倭人貞勝、使之轉送本國也。傳曰、琉球國漂流人、已移于延接都監、不可拿致推之、禮曹堂上親往問之。(47)

とあり、琉球の言語がわからないので、釜山にあり対馬からの使者が滞在する倭館に、琉球の言語を理解できる人物を尋ねている。倭館にいた「左馬助家久」という人物が適当として選ばれている。

その「左馬助家久」による漂流民に関する聞き取りが『中宗実録』巻六九、一〇月己未（三日）に見える。

禮曹啓曰、琉球國漂流人、使倭人問之、亦不解其語、但曰、此琉球國人也、而居于野島、距琉球國甚遠。異於本國之人。大抵漂流人、他無可問之事、入送之事、今當措置。若通諭于對馬島、使倭人率去、則其間恐有欺罔之事。臣等之意、此漂流人、入送于中原、轉送于本國、則可以萬全生還矣。傳曰、琉球國漂流言語、倭人且不能善解、則果無可問之事。彼豈無思戀本土之心。況當日寒之時、莫如速還。但禮曹意、則送由中原、可得萬全矣、若送由中原、則不得已付送于今正朝使之行矣。然異國之人、既不能解其言、而率去似難。且入送于中國、而不逢琉球國使臣、則勢不可棄置、而且必還率來矣。其招議政府及禮曹堂上全數議之。(48)

聞き取りの結果、漂流民たちは琉球国人ではあるが、琉球の本島から極めて遠い離島の人々であった。彼らを日本の対馬の人々に預けて帰国させればさまざまな問題が発生するとして、中国に送って送還させるが良いのではないかとされた。しかし朝鮮国王は、琉球の漂流民に対して日本人も彼らの言語を知らないので、禮曹のいうように中国へ送るのも一方法であるが、中国へ送るにしても朝鮮使節が中国へ送り、北京で琉球使節と会う機会があるとは限らないと、再度の討議を求めている。

三公及左參贊趙元紀、右參贊金瑺議啓曰、琉球國漂流人、入送于中國之議、自前有之、而不得成也成宗朝其時來此倭人、以徼利爲重、故不肯受去。厥後通書于對馬島主、付送于本國矣。今來漂流人、入送于中原、似爲未安。凡無前例之事、不可開端、今亦授倭人以送、而若不從、則更議處之何如。禮曹判書兪汝霖、參議韓承貞啓曰、臣等見前者、琉球國漂流人入送回答書契、則乃貞勝回答書契、與琉球書契、大有異焉。臣恐貞勝書契、乃中間所爲也。且倭人率去時、求請之物甚多。若給求請之物、而反爲倭人之所欺、則前日接待漂流人之功、全無矣。且我國漂流人、前有濟州人漂流于琉球國者。亦入自中國而還。請依此例、入送于中國何如。傳曰、今來漂流人、於予好生之心、豈不欲萬全而送之。但入送于中原、得見琉球國使臣、則可以送之、若不見其本國之人、則不可棄置而來、勢將還率來矣。以此計之、不亦難乎。政府之言甚當。令該司磨錬、使倭人率去。[49]

右のように、さまざまな議論の結果、琉球人の本国送還は対馬から朝鮮へ来る使者に預けるのが最適とされた。この方針に添って日本への送還を進めるが、その過程での処理について『中宗実録』巻六九、一〇月辛酉（五日）に見えている。

禮曹啓曰、琉球國漂流人入送事、本曹時方磨錬。若使倭人率去、則不得已令日本國倭司猛佐馬助家久受去矣。當初漂流人、推問於太平館時、佐馬助家久先言曰、此漂流人、若還本土、吾當受去、其時不知朝廷處置、故不答。其後更問于東平館、則倭人曰、吾非如他國人、受本國爵祿。與此國人無異、當盡力護送。但島主處、不可不書契通諭、而薩摩州、乃吾本土、當爲書契而過行。云。且問曰、我國人今赴中原、與琉球國使臣相會、則汝之率去虛實可知矣。倭人曰、漂流人若候風而去、經一年入本國矣。傳曰、漂流人、倭人若欲率去、則對馬島主及琉球等處、幷成書契、而送之薩摩州、則倭人曰、本土。云、不須書契也。[50]

朝鮮朝廷は日本の対馬の人に託して漂流琉球人の送還を進めていたが、これに対して対馬人の佐馬助家久は、彼の主人である対馬当主に願い出て薩摩への送還を求めるとのことであった。

上記の朝鮮朝廷の決定が、当の琉球漂流民に伝えられたことが『中宗実録』巻六九、一〇月癸亥（七日）に見える。

禮曹啓曰、琉球國漂流人、付送倭人事已定、今不更啓矣。但分禮賓寺官員太平館別坐。牒呈云、漂流人、聞倭人率去之奇、以手指其頂、中夜痛哭。云。本曹不信此言、使郎官率濟州押來人、親問其漂流人、則果如前所言云、故敢啓。傳曰、漂流人、令倭人率去、轉送于本國、果有受害之弊、至爲哀憐、知道。(51)

朝鮮朝廷の対馬経由の送還を漂流琉球人に伝えたところ、彼らは昼夜泣き続けたとある。そのことを聞いた朝鮮国王は、日本人に伴われての本国送還には諸々の弊害を受けることがあるのであろうと考え哀れんだのであった。

さらに、漂流琉球人の本国送還をめぐって、『中宗実録』巻六九、一〇月甲子（八日）には、

傳于政院曰、琉球國漂流人事、前者議得之時、禮曹則以爲、我國人漂流於琉球國者濟州人也。亦自中原而來。此臣意亦令此漂流人、入送于中原、則可以萬全、生還于本國矣。大臣及予意以爲、異國人、不可率爾奏聞上國、而且入送于中原。若不逢琉球國使臣、則勢不得不還率來。此皆未便、故欲令今來倭人付送事、已議定矣。昨聞禮曹所啓之言、至爲哀憐。若送中原、則奏聞而送之耶。雖不奏聞、稱我國人而率去、遇其國使臣、而付送耶。彼琉球國使臣、必知漢語、而且解文字也。且若漂流人、留置于此、而今正朝使行次時不送、則當使正朝使、入去于中原、言于琉球國使臣曰、汝國漂流人、某等幾人、漂流到泊于我國矣。且庚申年楊廣、楊春出來時。以後、音聞不通何耶。近聞日本國、介於兩間、或奪取圖書云、故不送耳。又未知汝國使臣、又於幾時、到中原乎。吾亦欲於後行次率來付汝。云。似當。且隣國使臣、近來久不往來矣。然日本國、乃交通之國也。豈有害使臣之理乎。今亦遣我國使臣、交付于日本國何如。思恋本土、欲萬全生還、誰無是心。領議政以病在家、遣注書問之可也、左議政今往山陵、衆議若未定、則亦遣注書問之可也。(52)

とある。再度、漂流琉球人の本国送還に関する方法についての議論が行われ、最善の方法が討議されている。その結果、彼らの送還は対馬を通じた日本経由ではなく、中国経由の方法が考えられた。この変更に対する漂流民たちの反応は『中宗実録』巻六九、一〇月乙丑（九日）に、

○禮曹回啓曰、於琉球國漂流人處、使濟州押來人、言其付倭人入送之事、則有恐懼不肯之色、言其入送于中原、則有欣欣喜悅之色、乃曰、若入送于中原、則吾國使臣、必乘船越海入來。云。皆束手羅拜而叩頭。(53)

とあるように、彼らは日本経由の送還を喜ばす、中国経由の方法に対して賛同する態度を示したのであった。

その後も『中宗実録』巻六九、一〇月乙丑（九日）にいくつかの記録が見られる。

且琉球國漂流人、今當奏聞入送、而若於中原、逢琉球國使臣、則不得已成書契送之。而且言于琉球國使臣曰、汝國漂流人某人等、付汝入送也。(54)

正朝使吳世翰、承命而至、聞傳教後啓曰、臣聞琉球國漂流人、率去中原事、此人素居南方溫暖之地、性不耐寒、豈於氷凍之時、能遠行乎。自平安道義州、由東八站、過遼東至帝都、其程甚遠、故我國使臣隨去通事等、皆以毛衣、衛其一身、而濱於死域者亦多、其艱苦可知。況此漂流人、只受例賜之衣服、勢不能遠去矣。若於中路、見傷得死、則誠非小事。且飲食、江南人雖供饋、而皆糲飯麤食、其何能食。不得已一行贏糧、以療朝夕之飢。(55)

傳于政院曰、琉球國漂流人、已令倭人受送事、言之矣。今若聞入送中原之議、則倭人必不信、而且有自惑之理。以權辭言之事、言于禮曹。(56)

臺諫啓前事。憲府又啓曰、今此琉球國漂流人、還送本國事廣議、而朝廷所見各異、故命付今行正朝使、奏聞中朝、轉解本國。臣等之意、此人等言語、不能盡解、不可的指爲琉球國之人。且外國漂流之人、不先咨稟上國、而遽使轉解、有違於事大之禮。(57)

そして『中宗実録』巻七〇、中宗二六年（一五三一）二月癸未（二八日）には、

傳于政院曰、正朝使先來通事、中原所聞、書來耶。若不書來、卽令書啓可也。其琉球國人、無事帶去耶。帶去、而置之何所耶。凡衣食之事、何以處之。若不逢琉球國使臣、則後來轉送于本國事、亦何以措置耶。卽問于通事書啓。(58)

とあるように、漂流琉球人は中国に送られたのであった。これに対する明朝の礼部からの題本が朝鮮朝廷に届けられたことが、『中宗実録』巻七〇、中宗二六年三月甲午（九日）に見える。

勅書謄黄曰、禮部題、爲發解瑠球國漂流人口事、主客淸吏司案呈奉本部、送禮科秒出朝鮮國王奏等因、奏奉聖旨、覽王奏具見忠敬。云云。又曰、再照、朝鮮素稱禮義之國、歲修職貢、罔敢［怠］遑。況累次送回遼東走去人口、曾經巡撫衙門奏稱、各盡臣節。今又能撫玆外國流民、請命中國、不惟照恤憐極溺之仁、抑亦盡忠君報國之義。迹其忠敬、實可嘉尚。(59)云。

礼部は、朝鮮国が礼義の国として定期的に朝貢することが怠りなく、さらには外国の難民も救済していることを高く評価するとの内容であった。

朝鮮朝廷では琉球の事情について関心が高く、その後も『中宗実録』巻九八、中宗三七年（一五四二）七月壬戌（一四日）に次のような記事が見られる。

……竊聞、琉球國、其官制、言語、一與中原無異。琉球以外夷、尚且遣子弟入學、況我國則中原待以禮義乎。今者以此奏之、必許其請矣。上下唯當堅定此議、不復撓改也。……(60)

琉球国の官制や言語について、さらには琉球国が官生を中国に送っていることなどにも関心が高かったといえる。

四　小　結

上述のように、嘉靖一三年（一五三四）に明朝中国へ派遣された朝鮮使節が、同時に中国へ派遣された琉球使節とともに、北京の会同館・玉河館[61]において邂逅し、若干の交流を深めていたことを朝鮮使節の記録から見ることができる。朝鮮国は明朝への関心のみならず、他国への関心も強く、東アジアに位置する琉球国の国情についても強い関心をもって、琉球使節からさまざまな事情を聞き取っていたことが、朝鮮国側の記録からわかるのである。

朝鮮使節が、琉球使節から聞き得た琉球事情は、朝鮮使節の蘇世讓と彼に随行した甥の蘇巡の日記に記録されていた。この時に北京に来朝した琉球使節は総勢一八名であり、蘇世讓や蘇巡は、彼らが福建から北京に来て、中国語を喋り、中国人と同様な衣服を着ていることを知り、また琉球国の国情を尋ね、琉球では冬においても厚着をする必要はないが、夏は扇が必要であること、春と秋は「単衣」でも過ごせること、一年に麦と水稲栽培ができることなど、その風土に関して聞き及び、特に琉球国の中国への朝貢品に「沈香・象牙・玳瑁・胡椒・白檀等物」があることを朝鮮側は、琉球の産物として聞き得た。しかし事実は、琉球国が東南アジアの暹羅国などとの貿易によって取得した物であった。この事実は琉球使節から朝鮮使節には語られていない。

朝鮮使節と琉球使節との北京における数日の接触を伝える僅かな記録からではあるが、一六世紀前半における東アジア諸国の国情や通交などを含めた文化交渉の一端を垣間見ることができるであろう。

(1)『正徳大明会典』第二巻、汲古書院、一九八九年六月、三五六頁。
(2)同右書、三五九頁。
(3)『大明会典』第三冊、廣陵書社、二〇〇七年一月、一五八五～一五九五頁。
(4)『正徳大明会典』第二巻、三六二頁。
(5)『大明会典』第三冊、一五八七頁。
(6)『正徳大明会典』第二巻、三六一頁。
(7)『大明会典』第三冊、一五八七頁。
(8)『正徳大明会典』第二巻、三五九～三六二頁。
(9)『大明会典』第三冊、一五八八～一五九〇頁。
(7)松浦章「朝鮮使節の琉球通事より得た台湾鄭経・琉球情報」『南島史学』第六三号、二〇〇四年四月、一～一三頁。
(8)『明史』第二冊、中華書局、一九七四年四月、二二五頁。
(9)『穆宗実録』巻一に「穆宗（中略）皇帝、世宗（中略）皇帝第三子也。……嘉靖十六年正月二十三日、上誕生」とある。
(10)『陽谷赴京日記』は『青丘學叢』第一号（大阪屋號書店、一九三〇年八月）に掲載された「資料」に「事大紀行(上)」として初めて翻刻された（一七五～二〇四頁）。中村榮孝の解題では、

本書は、第十一代中宗時代の人蘇世讓の著で、従来世に知られていなかったが、去る三月、朝鮮総督府修史官洪熹氏が、全羅北道益山群金馬面東古都里に於ける蘇世讓宗孫詳永氏所蔵の古書中からその自筆本を見出したものである。原本は、後人が外題を附して、「陽谷先生手墨」といっているが、同氏蔵「陽谷集」所収の本書は、「赴京日記」と題してあるので、今名づけて「陽谷赴京日記」と稱し、閲覧に便せんがため句讀を施した。（一七六頁）

と述べられているように、一九三〇年以降において広く知られるようになった。本稿では、この活字翻刻本と『燕行録全集』本とを利用した。

ちなみに『青丘學叢』第四号（一九三一年五月）の「資料」の「事大紀行(下)」には、康熙二年（一六六三）に北京に赴いた朗善君李俣の「朗善君癸酉燕京録」（資料、三～一六頁）が、『青丘學叢』第六号（一九三一年一一月）にも

「資料」として「事大紀行(下)」「朗善君癸酉燕京録(續)」(一七〜三二頁)が翻刻され掲載されている。
(11)「事大紀行(上)」一七六頁。
(12) 林基中編『燕行録全集』二、東國大學校出版部、二〇〇一年一〇月、四〇一頁。
(13) 同右書、四〇三頁。
(14) 同右書、四〇三〜四〇四頁。
(15) 同右書、四〇四頁。
(16) 同右書、四〇四頁。
(17) 同右書、四〇四頁。
(18) 同右書、四〇五頁。
(19) 同右書、四〇七頁。
(20) 同右書、四〇八頁。
(21) 知名定寛『琉球仏教史の研究』榕樹書林、二〇〇八年六月、
(22) 沖縄県立図書館編『歴代宝案校訂本』第二冊、沖縄県教育委員会、一九九二年三月、六一七頁。
(23) 同右書、六一八頁。
(24) 林基中編『燕行録全集』三、東國大學校出版部、二〇〇一年一〇月、三四六頁。
(25) 同右書、三八八〜三八九頁。
(26) 同右書、三九七頁。
(27) 同右書、三九八〜三九九頁。
(28) 同右書、四〇〇〜四〇一頁。
(29) 同右書、四〇一頁。
(30) 同右書、四〇二頁。
(31) 同右書、四一五頁。
(32) 同右書、四一七頁。

(33) 松浦章「明清時代北京の會同館」『神田信夫先生古稀記念論集　清朝と東アジア』山川出版社、一九九二年三月。
(34) 『琉球史料叢書』第四、名取書店、一九四一年九月、九四〜九五頁。
(35) 同右書、九四〜九五頁。
(36) 同右書、九四頁。
(37) 『歴代宝案』第二冊、国立台湾大学、一九七二年六月、九九四頁。
沖縄県立図書館編『歴代宝案校訂本』第二冊、沖縄県教育委員会、一九九二年三月、二三八頁。
(38) 『那覇市史　資料編第一巻六　家譜資料二（下）』那覇市企画部市史編集室、一九八〇年三月、七五七頁。
(39) 『歴代宝案校訂本』第二冊、六一九頁。
(40) 『那覇市史　資料編第一巻六　家譜資料二(下)』四八八頁。
(41) 同右書、七六三頁。
(42) 同右書、四八八頁。
(43) 『李朝実録』第二三冊、学習院東洋文化研究所、一九五九年一二月、三四〇頁。
(44) 同右書、六七頁。
(45) 同右書、六八頁。
(46) 同右書、八〇頁。
(47) 同右書、八〇頁。
(48) 同右書、八〇頁。
(49) 同右書、八〇〜八一頁。
(50) 同右書、八一頁。
(51) 同右書、八三頁。
(52) 同右書、八三頁。
(53) 同右書、八四頁。
(54) 同右書、八四頁。

(55) 同右書、八四頁。
(56) 同右書、八四頁。
(57) 同右書、八四〜八五頁。
(58) 同右書、一一二頁。
(59) 同右書、一一三頁。
(60) 『李朝実録』第二四冊、学習院東洋文化研究所、一九六〇年三月、四四一頁。
(61) 松浦章「明清時代北京の會同館」。

第二章　清代帆船で波濤を越えた人々

一　緒言

福建省は古来より「福建僻在海隅、人満財乏、惟恃販洋」[1]とされるように、海隅に僻在しており、人々は多いが財が乏しく、ただ海外への貿易が生活の財源を求める最良の方策とされ、余剰人口を維持する最大の方法が海外への進出と考えられていた。このような考え方の背景は二〇世紀初頭においても同様に見られている。一九世紀の末に福州で刊行された新聞『閩報』第四九三号、光緒二八年一一月初四日、明治三五年（一九〇二）一二月三日付の巻頭記事「福州米価昇貴緑白」によれば、

閩省、西北背山、東南面海、足為耕種田地、約僅三分之一。

とあるように、福建省は西北の背後に山がせまり、東南は海に面して、耕作地にできる土地が不足し、可能な土地はわずかに三分の一に過ぎないとされていた。

農工商部右侍郎であった楊士琦の光緒三四年（明治四一、一九〇八）二月一六日付奏摺の「考察南洋華僑商業情形」によれば、

飛猟濱群島大小千餘、以小呂宋為最巨、其地西連閩・粤、北枕臺・澎、距香港・厦門均不過二千餘里、土産以煙・糖・麻・米為大宗、転售行銷、皆操自華人之手貿易、則閩商最盛、粤商次之。[2]

とあるように、フィリピン（飛猟浜）群島の島嶼部において産出する煙草・砂糖・麻・米などを交易するために、同島に華人が来航して交易が行われていた。それらの華人とは福建（閩）人が最大勢力を占め、広東（粤）人がこれについでいた。またシンガポール（新加坡）では、

新加坡幅員甚小、農産亦稀、自英人開埠、後免税以廣招徠、由此商船雲集、百貨匯輸、遂為海南第一巨埠、華僑二十餘萬人。(3)

とあるように、イギリス人によって自由貿易港として開港されて以来、海南の巨大埠頭として二〇世紀の初頭には華人が二〇余万人も来航する状況にあったことが知られる。

このように海外へ多くの華人を排出した福建の状況を、福建を代表的する港湾である厦門の場合について、一九世紀末の台湾の新聞『台湾新報』第四四八号、明治三一年（一八九八）三月一二日付の「厦門よりの海外出稼人」によると、

……「ジャンク」船にて本島並に香港地方に渡航するもの之に加ふれば十年間に少くも百万の廣東人を厦門の一港より輸出したるに相違なし。今仮に厦門より毎年平均七万人づつ出稼に出づるものありとすれば、其内五万は他に向つて渡航し厦門に於ては先づ毎年二万人の移民を増加する譯なり。……厦門に従来客頭と稱し海外移住民を世話する所謂エミグラント・ブルーカーなるものあり。(4)客引をなすを以て職業となす。又た移住民を取扱ふ旅店は呂宋客桟と新嘉坡客桟との二種ありて、呂宋客桟は馬荷羅に往復する一切の渡航者を取扱。新嘉坡客桟は新嘉坡、安南、ピナン、暹羅等の海峡地方へ往復するものを取扱ふ所と。……(5)

と記されるように、厦門が海外渡航の重要な窓口となり、移民を斡旋する専門の業者が存在し、しかも移民先によってその地域を専門的に扱う呂宋《ルソン》客桟や新嘉坡客桟などがあったことが知られるのである。

そこで、本章では多くの華人が海外に進出していったなかで、福建人をはじめとする華人がどのように交通手

段である中国帆船を使い、海外進出・移民を果たしたかについて述べてみたい。

二　波濤を越えた華人たち

中国の海外移民は古くから知られており、歴代の正史においても次に掲げた事例が見られる。『宋史』巻四八七、列伝第二四六、外国三、高麗伝には、

王城有華人數百、多閩人因賈舶至者。

とあるように、高麗の都に数百名もの華人が居住していた。そのほとんどが福建省から船で来航した中国商人であったとされている。

『宋史』巻四八九、列伝第二四八、外国五、闍婆伝によれば、

中國賈人至者、待以賓館。

とあり、闍婆（ジャワ）へ中国人が渡航しており、賓館において接待されていたことが知られる。

『明史』巻三二三、列伝第二一一、外国四、呂宋伝には、

呂宋居南海中、去漳州甚近、……先是、閩人以其地近且饒富、商販者至數萬人、往往久居不返、至長子孫。

とある。福建の漳州から海洋を航行した先にある呂宋の地は、豊かで商業や貿易のために渡来した華人が数万人も居住し、同地に居住して中国へ帰郷しないで子孫を育んでいる華人が多数いたことを伝えている。

『明史』巻三二三、列伝第二一一、外国四、文郎馬神には、

文郎馬神、以木為城、其半倚山。……初用蕉葉為食器、後與華人市、漸用磁器。尤好磁甕、畫龍其外、死則貯甕中以葬。其俗惡淫、奸者論死。華人與女通、輒削其髮、以女配之、永不聽歸。

とあるように、文郎馬神では土着の人は芭蕉の葉で作った食器を使っていたのに、華人が同地へ来航するように

なり磁器の食器を使うようになり、風俗習慣も変化していったことを記している。

『明史』巻三二四、列伝第二一二、外国五、占城によれば、

王、瑣里人、崇釋教。……置華人膽輒居上、故尤貴之。

とあり、占城（チャンパ）では王が仏教を崇拝し、しかも華人も当地の人々から尊崇されていたことが知られる。

『明史』巻三二四、列伝第二一二、外国五、真臘には、

番人殺唐人罪死、唐人殺番人則罰金、無金則鬻身贖罪。唐人者、諸番呼華人之稱也。凡海外諸國盡然。

とあり、真臘（カンボジア）においては、現地の人々が仮に華人を殺害するようなことがあれば、死罪にさせられたが、逆に華人が現地の人を殺害するようなことがあっても金銭で償わせるとされるほどに、華人の扱いが重視されていた。また、華人を呼称するさいには〝唐人〟と呼んでいたのであった。

『明史』巻三二四、列伝第二一二、外国五、暹羅《せんら》においても、

其國、周千里、風俗勁悍、習於水戰。……王、瑣里人。官分十等。自王至庶民、有事皆決於其婦。其婦人志量、實出男子上。婦私華人、則夫置酒同飲、恬不為怪、曰、我婦美、而為華人所悦也。崇信釋教、男女多為僧尼、亦居菴寺、持齋受戒。衣服頗類中國。

とあるように、華人が暹羅（シャム）の社会において重視される地位にあったことを記している。

『明史』巻三二四、列伝第二一二、外国五、爪哇には、

其國近占城、二十晝夜可至……人有三種、華人流寓者、服食鮮華、他國賈人居久者、亦尚雅潔。

とあり、中国から二〇昼夜の距離にある爪哇（ジャワ）においても華人が重用されていた記述がみられる。

『明史』巻三二五、列伝第二一三、外国六、浡泥においては、

國統十四洲、在舊港之西、自占城四十日可至。初屬爪哇、後屬暹羅、改名大泥。華人多流寓其地。嘉靖末、

閩、粵海寇遺孽逋逃至此、積二千餘人。

とあり、浡泥（ボルネオ）では華人の多くの人が移住し、一六世紀中後期の嘉靖年間には福建や広東から同地に移住した人々が二〇〇〇人以上も居住していたのであった。

『明史』巻三二五、列伝第二一三、外国六、蘇門答剌には、

其國俗頗淳、出言柔媚、……貨舶至、貿易稱平。地本瘠、無麥有禾、禾一歲二稔。四方商賈輻輳。華人往者、以地遠價高、獲利倍他國。

とあり、蘇門答剌（スマトラ）にも華人が来航している。同地は中国から距離が遠いが、中国との貿易で高い利益が得られたのであった。

『明史』巻三二五、列伝第二一三、外国六、蘇祿によれば、

其國、於古無所考。……土人以珠與華人市易、大者利數十倍。商船將返、輒留數人為質、冀其再來。其旁近國名高藥、出玳瑁。

とあり、蘇禄（スールー）において収穫される真珠を目指して、同地へ来航する華人の船が極めて多かったことがわかる。

『明史』巻三二五、列伝第二一三、外国六、柔仏にも、

柔佛、近彭亨、一名烏丁礁林。……華人販他國者多就之貿易、時或邀至其國。

とあり、柔仏（ジョホール）にも華人が貿易のために来航していたことが知られる。

『明史』巻三二五、列伝第二一三、外国六、丁機宜は、

丁機宜、爪哇屬國也、幅員甚狹、僅千餘家。……華人往商、交易甚平。

と記されるように、丁機宜（トレンガス、マレー半島東岸とされる）にも華人が交易のために来航して居住していた。

以上の正史類の記録からもその大要が知られるように、多くの華人が帆船時代には、帆船に搭乗し波濤を越えて渡海し海外諸国に赴き、彼らにとっての新天地を目指していたのである。

さらに、汽船時代の例もあげておこう。『清史稿』巻一六〇、志一三五、邦交八、墨西哥には、

（光緒）二十八年、伍廷芳據粵商、咨外務部、謂、自上年中墨訂約後、華人由香港搭船赴墨者日多。惟華人由香港附輪、先須假道美國舊金山埠、方能赴墨、殊非便商之道、因美正禁止華工入境故也。

とある。光緒二五年（一八九九）に清国とメキシコ（墨西哥）との中墨通商条約が締結すると(6)、光緒二八年（一九〇二）には太平洋を越えてメキシコに渡航する華人が多く、彼らのほとんどが香港から汽船でアメリカのサンフランシスコに渡って、その後にメキシコに赴いたことが記されている。

三　波濤を越えて新天地へ――清代帆船と海外移民――

それでは、華人の海外への進出が活発化する清朝の時代に、彼らがどのように清代帆船を活用して海外の新天地に赴いたかを述べてみたい。

乾隆『欽定大清会典則例』巻一一四、兵部、海禁の「出入海洋之禁」によれば、

（康熙）五十六年、覆準商船準在沿海省分及東洋貿易外、其南洋之呂宋・噶喇巴等處不許前往。皆在南澳等地方、稽察截住、令廣東水師各營盤緝、違者治罪。其外國夾板船、照舊準其貿易、地方官嚴加防範、不許生事。

とあるように、康熙五六年（一七一七）に、清朝は商船の航行活動を制限し、中国大陸沿海と日本への貿易は許可されたが、呂宋や噶喇巴への渡航は禁止された。さらに日本等への渡海に関しても無条件ではなかった。

覆準渡海人民、必由地方官給照、守口官弁察驗放行。若無照偸渡者、嚴行禁止。如有巡哨船、私帶偸渡者、將該管專轄官議處。

とあるように、渡海する人々は必ず地方官憲において、渡航を証明する「照」の支給を受け、港湾の守備管理の官員によって点検を受けて後に、初めて海外へ赴くことができたのであった。(7)

『兵部処分則例』巻之二一、関禁の「無票出口」においても、

無照民人偸渡過臺灣

一　內地民人、往臺灣者、該地方官給與照票、由厦門盤驗出口。其無照偸渡者、嚴行禁止。……

とあるように、中国大陸から台湾に渡る人々は、必ず渡航者の居住する地方官から渡航証明書である「照票」を得て、厦門で検査を受けて、ようやく出港することができた。その渡航証明書のない者は厳しく罰せられたのであった。

雍正四年（一七二六）九月初二日付の浙閩総督高其倬の奏摺には、台湾への密航の方法について記されている。

如偸渡一節、大為臺灣隐憂、而短擺之船、及自備哨船二種、實為偸渡之津梁。(8)

右のように、台湾へ中国民衆が密航するには二種の方法があった。それは「短擺《たんはい》」と呼称された大型船に乗るか、または「哨船」に搭乗するかの方法であった。さらに次のようにある。

蓋自臺灣至厦門、自厦門至臺灣、俱必到澎湖、此實臺・厦之咽喉。凡一切往來人貨、自臺灣至澎湖、可用杉板小船、自厦門至大担門外、亦可用杉板小船、惟自澎湖至大担門外、此中間一段、洋面水寛浪大、杉板船不敢行走、必用大船方能渡過。向有泉・漳一帶、姦刁船戸、借稱往澎湖貿易、駕駛趕繒大船、名曰短擺。既不到臺灣掛號、又不到厦門掛號、終年逗遛澎湖、往來於大担門外。有厦門不法店家客頭包攬、廣東及福建無照偸渡之人、用杉板小船、載出大担門外、送上短擺大船、渡到澎湖。又用杉板小船裝載、不入鹿耳門、以避巡查。徑至臺灣北路之笨港、鹿仔港一帶小港、幽僻無人之處上岸、散入臺地。此種短擺、從前原任督滿保俱經嚴禁。(9)

台湾へ密航する方法として、必ず経由しなければならないのが澎湖島であった。澎湖島は台湾と厦門の「咽喉」とされ、一切の往来の人や貨物は澎湖までは小型の「杉板小船」を使った。また厦門から大担門外までも「杉板小船」を使って、澎湖島から大担門外までの大海原で波の荒い台湾海峡を横断するには、杉板船では無理で、必ず大型船でなければならなかった。このため泉州や漳州一帯のたちの悪い船戸は、澎湖島と貿易をおこなうと偽称して大型船を使った。この大型船が短擺といわれていた。この大型船短擺は、台湾には接岸登録せずまた厦門にも接岸登録しないで、終年を通じて澎湖島に逗留して大担門外と澎湖島の間を往来する船であった。厦門には密航を手助けする違法の店家や客頭や包攬がおり広東人や福建人の密航を助け、杉板小船を用いて彼らを大担門外まで運び、そこで短擺大船に乗船させ澎湖島まで渡した。澎湖島に着くと密航者は杉板小船に乗り換え、検査の厳しい鹿耳門には入港せず、人里離れた台湾北路の笨港や鹿仔港などの小港に上陸し、台湾内部に進入したのである。

事実、上記の方法を用いた船があった。

雍正三年、船戸林合興等一十九船、乗巡撫毛文銓初到情形未諳、借稱澎湖人民需船装運鹹魚・糧米、具呈請行、澎湖協副将董芳、亦稱便民、為之具詳、毛文銓批司、道議詳開禁。泉州海防同知馮臨亦隨詳請有方永興等一十三船、亦一體准行。不知澎湖魚・米、若到臺灣買賣、原有杉板小船絡繹装運、不須大船。若云此大船往澎湖貿易、澎湖一帯皆係不毛之山、無一出産、本地既無可販、而此等船隻、終年未曾一到臺灣、一到厦門及一到漳泉二處外地。又無所販不過爲偸渡之人作接手耳。況林合興等内中多有従前曾被査拏案、尚未結實非善類不但子。(10)

雍正三年（一七二五）のこと、福建巡撫の毛文銓が就任して間もなく当地の事情に通じていないことを利用して、林合興らの一九船は澎湖島に塩乾魚や米穀を輸送すると偽称して渡海した。また方永興らの一三隻も同様な行為をおこなっている。これらの船は基本的には、台湾にも厦門にも漳州や泉州の地にも接岸して官憲に登録することなく、台湾への密航の人々の手助けをする不逞の輩であった。

台湾へ渡る密航船が拿捕された事例もある。広東総督郝玉麟の雍正八年（一七三〇）九月二八日付の奏摺によると、

八月十五日夜、有閩船葉豁等男婦一百二十餘名口、因欲偸渡臺灣、遇風飄至碣石鎮属地方、撞石撃砕、爾時登岸、男婦經該鎮把總余振巡海盤獲、押交海豊縣、収審其營房砲臺。(11)

とあるように、広東省の東部沿海にある恵州府の陸豊県治下の碣石湾付近の近海に福建船が漂着した。この船には、葉豁ら男女一二〇余名が乗船しており、台湾へ密航する人々が搭乗していたのであった。

また、同年一一月一五日付の管理福建海関事務郎中の準泰の奏摺によれば、

本月十一日有暹羅船一隻、乗風飄至興化府属之湄州地方挽泊、查據該彝商柯漢稱、祖籍原係福建漳浦縣人、并則副・舵水人等、倶係内地閩粤江浙等處人民、住暹年久、共帯有番人六名、從暹羅載蘇木・象牙等貨、欲往寧波貿易、因遭風至閩、今船隻擱漏、就厦貿易、修葺船隻、置貨回國等情。(12)

とある。暹羅から出帆して寧波に赴いて貿易する船が海難に遭遇して福建省の興化府湄州島に漂着したのであった。暹羅船であるにも係わらず、乗船者のうち六名のみが外国人おそらく暹羅人であって、ほとんどが華人であった。彼らは福建・広東や江浙の人々で占められていたのであった。とりわけ船商の柯漢の祖籍は福建の漳浦県であると証言している。さらに準泰の奏摺には、

八月十一日、又有暹羅商船戸陳景常、載蘇木等貨、遭風収厦門貿易。十五日、又有安南船戸蔡伍盛、載白糖等貨、亦遭風収入厦門貿易、查此二船戸、并舵水人等、均係内地人民、住在外彝、並無番人在船、其船樑頭尺寸、與内地商船、相同各等情。(13)

とある。八月一一日そして一五日と暹羅商船・安南商船が海難に遭遇して厦門に入港し貿易を求めている。これらの船の乗員は、外国人が乗船せずすべて華人であって、しかも船体そのものが外国船とは類似しない中国船とほぼ同様であったと記されている。

雍正九年（一七三一）三月一五日付の福建厦門水師提督許良彬の奏摺によれば、

> 査石祥瑞壹船、係牙行陳柔遠保儎、於本年貳月貳拾貳日、經在厦文武掛驗、無弊出口、欲往呂宋貿易、藉候風停寄烈嶼洋面、候載此鐵、明視出口之後、可免盤驗、希圖夾帶。……査其船中、除原驗舵梢貨客之外、尚攬載無照客人壹百貳拾柒名、倶交興泉道、訊供通報、……(14)

とある。厦門から二月二二日に呂宋貿易に向かった石祥瑞の船が海難に遭遇して烈嶼において遭難し取調べを受けたところ、乗員以外に渡航証明書を所持しない乗客が一二七名も搭乗していたことが判明した。

福建観風整俗使の劉師恕の雍正九年六月二二日付の奏摺によれば、

> 於石祥瑞船内、捜獲無照客民一百二十餘名、亦交地方官収審未結、臣訪聞外洋暹羅・呂宋・噶喇吧等處、閩廣人民、在彼居住者甚多、有於彼處婚娶成家者、有領彼貲本爲之貿易、往来彼國者、且有受彼地方官職者。今石祥瑞一船、已捜出一百餘人、則平時之偸渡者、嘗復不少。又聞暹羅貢船到廣、毎借募補水手爲名、多帯閩廣人民回國。……嗣後、洋船必俟客民水手貨物名項、齊備之後、方准呈請點驗、提標中軍参将厦門同知、務必親身會同、逐一詳査。(15)

とある。密航者を一二〇余名も乗船させていた石祥瑞船であるが、その調査の過程で、移民の形態が見えてきた。暹羅や呂宋さらに噶喇吧《カラバ》（ジャカルタ）に赴く福建や広東の人々は多く、海外のそれらの地において結婚し家族を持ち子孫を育んでいる者、海外の資本を借りて貿易する者、海外で官職を得た者など華人の海外における居住形態が知られるが、石祥瑞船に搭乗していた人々は、海外華人に将来なりうる人々であった。さらに、このような船舶に搭乗して海外に密航する形態とは異なり、外国船の船員となって海外に進出する者もいた。その事例として、暹羅国からの清朝中国への朝貢船が広州に入港するたびに、かならず不足する下級船員を募集していたようである。それに応募したのが福建や広東の人々であり、暹羅国の船員として海外に出国していたのであった。

石祥瑞船のような船に類似する船は他にもあった。福建総督郝玉麟の雍正一一年（一七三三）四月初五日付の奏摺によれば、

上年十二月十四日、據南澳鎮呈報、有商船戸姚錦春一船、前往呂宋貿易、配舵水二十四名、又配貨客二十名、另有無照偸渡客民一百五十七名、經雲澳汛外委把總楊光標等盤獲等語。……臣密訪得呂宋地方、係西洋干絲臘泊船之所、自厦門至彼、水程七十二更、漳泉二府人民、向在該處貿易者甚多、現在住居者、約有一二萬人、地極繁盛、人多殷富、内地載往貨物、倶係干絲臘番船、運載番銀、至此交易、彼地番人、住居呂宋者、不過二三千人、内地百姓人勢衆多、……(16)

とある。福建省と広東省の統治にかかる南澳島に防衛官から商船の拿捕を伝えている。商船は呂宋貿易を目指す商船であって、乗員二四名と貨物の客主が二〇名であったのに対して、渡航証明書を持たない密航者が一五七名も乗船していたのであった。搭乗者は全員で二二五名もの人が乗船していたのであった。一五七名もの人が目指した呂宋はスペイン（西班牙）の支配下にあって、厦門から七二更（一二、三日）の水程であり、漳州や泉州の人々が貿易のために赴き、また当地に居住する人々は一万～二万ともいわれていた。土地は豊かで、中国からの貨物を呂宋にもたらすと、スペイン人が新大陸からもたらした銀と交易した。一方、居住するスペイン人は二〇〇〇～三〇〇〇人と少ない状態であった。

このように、呂宋を目指して密航する人々は多くいたのである。同じ奏摺に、

船戸攬載商貨上船、遂暗招無照偸渡客民、毎人索銀五六両不等。漳泉人民多暗駕駛之技、船戸又利其相帮、

即以混入水手之内、經由汎口稽査、或通同賄放、或在外洋上船因、而偸渡者多。(17)

とあるように、商船に乗船するために、密航する人々は乗船料として一人当たり銀五両～六両を支払っていた。右の呂宋密航船の例に当てはめれば、五両としても一五七名では七八五両にのぼる。六両では一〇〇〇両近くになる。これらの密航者を助ける船戸は、彼ら密航者を水手等の乗員の中に紛れ込ませて乗船させ、汎口《じんこう》での検査をごまかし、または役人に賄賂を渡したりして、外洋で大型船に搭乗して目的の新天地に渡航していたのであった。

呂宋だけでなく中国大陸から近い台湾も同様に中国民衆にとって新天地として捉えられ、密航する人々は絶えなかった。郝玉麟の同日付の右とは別の奏摺によれば、

竊査臺灣地方、田土肥饒、居民富庶、閩粤流寓人民、不啻數十萬衆、而冒險偸渡者、例禁雖嚴、終難禁絶、有種奸民、名充客頭、招攬愚民、貪其多利、偸渡過臺、或渉歴險、或黒夜放洋、經拏獲者十之一、到臺者十之二三。其没於孤嶋沙洲、葬於魚腹者十之四五。(18)

とある。台湾は土地が肥沃で人々も豊かであることから、福建や広東からの流民が渡航して、その数は数十万をはるかに越えていると見られていた。密航者は清政府の厳しい禁令があるにも係わらず、密航して台湾へ渡った。密航する人々も平穏に海を渡れるわけではなかった。途中で拿捕される者は一〇分の一、台湾に渡れる者は一〇分の二、三であった。その他の者は孤島や沙洲で命を終え、海洋で遭難する者も多かったのであった。

それでも台湾への密航は増えることはあっても減ることはなかった。福康安の乾隆五二年（一七八七）一二月初七日付の奏摺に、

査臺灣瀕海地方、除鹿耳門鹽水港鹿仔港淡水港等處海口、其餘支河汊港甚多、小船皆可偸渡、……據總兵陸廷柱稟稱汎弁在鹿耳門外、拏獲李淡無照船一隻、共載民人張桃等男婦二百四十四名、口訊係自内地、偸渡來

臺灣、欲到北路五條港、入口遇風飄到鹿耳門等語。(19)

とあるように、台湾の鹿耳門近海で拿捕された李淡の船を調べたところ、密航船であり、乗船者には張桃と男女二四四名がいたのであった。彼らは大陸より台湾へ密渡航する人々であった。警戒が厳しい台湾中南部の沿海を避けて北部沿海への渡航を目指していたが、海難に遭遇して鹿耳門付近に漂着したのであった。

張桃ら男女二四四名は、李淡が呼び集めた人々で、

李淡籍隷晋江、向開布舖、久經歇業、與同縣民蔡水、素相認識、……李淡自招民人張桃即張源韜等一百二十七人、並属蔡水先後招引蔡法等九十四人、又有王収等二十四名、自行赴船附搭、……(20)

とあるように、密渡航した多くの人々は泉州府治下の晋江県の人々であったようである。

雍正六年（一七二八）八月初一〇日付の福建総督高其倬の奏摺によれば、海外に長期滞在して帰国した人々も清代帆船に搭乗して帰国している。

查福建飄洋船隻、仰蒙皇上隆恩、准令前往外洋貿易、隨欽遵行、令廈門文武各員、將各飄洋商船人貨、俱取地方官印結、及行家的保各結、嚴查明白陸續、於雍正五年十月以後、六年三月以前、共船二十一隻、由廈門出口前往、今於本年六月末旬、至七月内、據署泉州海防同知印務張嗣昌前後共報、商船戸魏勝興・林萬春・謝合興・陳永盛・高陞・魏長興・甘弘源・陳得勝・許隆興・蘇永興・陳國泰・楊若心共一十二船、俱已回廈、共計載回米一萬一千八百石餘、係燕窩・海參・蘇木・牛皮各貨、原人俱各照數回廈、①内高陞船内、有原去客人康萬・王之賜二人、因貨賬討不起、暫留住咬留吧討賬、俟來年搭船回籍。又魏勝興船内、載回原留住咬留吧人黄龍等五人、内林哲一名、在船病故。林萬春船内、載回原留住臣咬留吧人郭堂等四人。謝合興船内、載回原留住咬留吧人陳伯等三名。高陞船内、載回原留住咬留吧人郭加等十八人、女眷一口、小男孩二口、小女孩一口。甘宏源船内、載回原留住咬留吧人李從一名。陳得勝船内、載回原留住安南人陳茂興等三名①、各等因

到臣。臣隨飛飭該管文武各員逐一嚴查親驗船内回厦之人、是否原去之人數目、有無欽少、并所帯有無違禁貨物、其帯回之人詳細訊供、係何年留住外地、係何縣人何處居住家中有無父母妻子、詳行、查訊具報去後、玆據署泉州海防同知印務張嗣昌、查訊今已經報到者、據訊問魏勝興船内、帯回之②黄龍供、係龍溪縣人、在西門内居住、年六十二歲、有妻兩個兒子在咬留吧十七年了、係在彼賣茶生理。③據朱猜供、年五十二歲、係龍溪縣人、在南門外居住、有妻有一子、十九歲了、在咬留吧十八年了、在彼種田。④據韓聘供、年六十二歲、係龍溪縣人、在北門保居住、有妻有一子、在咬留吧十八年了、在彼種園。⑤陳厚供、年六十一歲、係龍溪縣人、在二十七都長州郷居住、有妻有一子一孫、在咬留吧住十五年了、在彼賣草等因。并詳將載回留住外洋各民人、交各地方官。查明安插前來。[21]

とある。厦門の文武各員が雍正五年（一七二七）一〇月から六年三月の海外貿易船を調べたところ二一隻が厦門から出港し海外に赴いた。そして雍正六年六月下旬から七月までの期間についての帰港記録を調べた署泉州海防同知印務張嗣昌の報告によると、商船戸の魏勝興・林萬春・謝合興・陳永盛・高陞・魏長興・甘弘源・陳得勝・許隆興・蘇永興・陳國泰・楊若心の一二隻が厦門に帰港してきた。これらの船すべてが海外産の米穀一一、八〇〇石餘を積み帰り、さらに燕窩・海参・蘇木・牛皮などの貨物も積載していた。

これらの貨物の他に傍線①に見える人物が搭乗していた。これらの人々は、親戚を訪ねて厦門に帰港した人々であった。彼らについて署泉州海防同知印務張嗣昌がさらに調べると次の事情が判明した。傍線②の黄龍は漳州府龍溪県の人で県城の西門内に居住していた。六二歳であり妻と二人の子供と咬留巴《カラバ》（バタビア）に一七年も住み、同地で茶葉の販売をしていた人物であった。

傍線③の朱猜は五二歳で同じく龍溪県の人で県城の南門外に居住し妻と一九歳になる子供とともに帰郷した。彼は咬留吧で一八年暮らし農業耕作に従事していた。

傍線④の韓聘は六二歳で龍溪県の人で県城北門保に居住していた。妻と一人の子供がおり、一八年間も咬留吧に滞在し農園に係わる仕事をしていた。

傍線⑤の陳厚は六一歳で龍溪県の人で、同県の二十七都長州郷に居住していた。妻と一人の子供と一人の孫を連れ帰ったのであった。彼は咬留吧に一五年間滞在し、同地で煙草の販売に従事していた。

このように、一〇年以上も海外に滞在して中国へ帰郷する華人がいた。そして彼らの本来の中国の居住地や、海外の滞在国さらには滞在期間、そして海外での職種と家族構成などまでも、清官吏の報告によって知られるのである。

雍正一一年（一七三三）九月二六日付の福建総督郝玉麟の奏摺によれば、

謹奏為姦民私載番人潛入内地事、竊照閩省人民、貿易外國呂宋地方、及偸渡在彼久住者甚多。該地番夷、資財豊裕、住來熟識、難免引誘之弊、亟當防微杜。漸經臣於洋船酌添水手、嚴禁偸渡案内、備将情形。奏聞欽奉、……嗣據張天駿稟稱、有久住呂宋福寧州民、帶有呂宋夷人二名、出租船番銭一百五十圓、船主出有保状、與彼處夷主、其番人帯有四甲箱番銭約計五千金、在大擔門外、雇小船、乘夜、到漳州福河廠蔡家村内投住、欲在漳泉招人歸伊天主教等語。(22)

とあるように、海外へ渡った華人が帰国にさいして問題を発生させることもあった。福建省の人々は貿易のため呂宋へ密航し、当地で居住する者が多いが、呂宋に居住する福寧州民の張天駿は、帰国にさいして呂宋夷人二名を連れ渡り、乗船費として番銭一五〇円を得ていた。その呂宋人は「約計五千金」を保持していた。彼らは密入国のために大擔門外において小船を傭って夜陰に乗じて上陸した。彼らの目的は、漳州の福河廠の蔡家村内に宿泊して漳州や泉州の人々に天主教を布教することであったとある。

雍正一一年一二月二六日付の福建総督郝玉麟と福建巡撫趙國麟とによる奏摺によれば、

竊照閩省依山濱海、地少人稠、沿海居民、多有販洋爲業、往来外域、經營趂息、以贍家口、更有困親屬、向在番邦貿易、遂隻身私渡往覓生理、以致逗留者、前經臣玉麟訪聞漳泉等處民人在噶喇吧・呂宋者更多、不可不立法稽查。(23)

とある。福建省は山が多く海がせまり耕作地が少ないのに居住人口が多いため、多くの人々が海洋に出て、外国との貿易などで家族や親族を養っているが、時には海外に居住し定住する者が多く、特に漳州や泉州の人々がインドネシアの噶喇吧《カラバ》やフィリピンの呂宋などに多く居住していたのであった。

それらの人々の具体的な事蹟が、次の奏摺に見える。

據漳州鎮道府縣詳報、查獲陳魏楊營等犯、携帯妻妾僕婢、並行李等物、于大担門外、暗僱小船、裝載回家、經漳州府、訊據陳魏供稱、犯生回在廣東貿易、于康熙五十三年買有茶葉貨物在廣搭船往噶喇吧、五十五年娶了妻室楊氏、原是福建人、本年犯生、回至廣東、買了磁器等貨、復往吧國、賣完了貨。又布疋稍有利息、原去的船、已回棹了、随于五十六年本禁了、洋船隻稀少、回來不得、並不是甘心、久住番邦。(24)

陳魏と楊營らは家族や荷物を携え漳州の大担門外から夜陰にまぎれて密かに小型舟で上陸して帰郷しようとしたところを拿捕されたのであった。その陳魏の自供によれば、彼は康熙五三年（一七一四）に広東で茶葉などの貨物を搭載して噶喇吧に赴いて貿易をおこなっていた。同五五年に福建人の楊氏を妻とし、また広東に来て磁器などの貨物を搭載して噶喇吧で貿易した、布などの貿易で大きな利益を得たが、乗船した船が帰帆した上に、康熙五六年に海禁が厳しくなり、噶喇吧への来港船が少なくなったため、帰郷の機会を得られず、長く噶喇吧に居住することになったと述べている。

もう一人の楊營は、

據楊營供稱、小的原在同安縣、做生理、雍正六年正月、在廣東將本銀三百両買了些茶葉磁器、搭船到噶喇吧、娶了妻室郭氏、是中國人、原要随船回來。小的因染了病、至八年五月裡、仍回廣東買了貨。于九年正月、又往吧國、這幾次出洋、納税照票、都是船主代爲料理的、小的有個哥子楊課、原在吧國娶嫂子、生下両個姪兒、上年哥子下在了。小的娶的妻室、生了両個兒子、一個女兒年紀尚小。又買了一個乳媽、三個番僕、俱係番官記定身價買的連嫂子姪兒、共十一口。(25)

とある。楊營はもともと同安県の人であり、雍正六年（一七二八）広東で銀三〇〇両をもって茶葉などを購入して噶喇吧に赴き貿易をしている。中国人の郭氏を妻としたが、病気になった。雍正八年五月に広東に帰り貿易品を購入し、また九年正月に噶喇吧に赴いた。彼と妻との間の二人の子供、彼の息子夫婦にも二人の子供、そして乳母と下僕三人の一一名で帰国したのであった。

四　小結

福建省は山が多く、しかも海が陸地にせまり耕作地が少ないため居住人口の多くが海洋に出て、外国との貿易などで家族や親族を養っていた。

さらには海外に居住し定住する者も多く、特に漳州や泉州の人々がインドネシアの噶喇吧やフィリピンの呂宋などに多く居住していたのであった。これらの人々は海外の地において結婚し家族を持ち子孫を育んでいる人々のみならず、海外において資本を借りて貿易する者、海外で官職を得て居住する者など、華人の海外における居住形態は多様であった。

上述した石祥瑞船に搭乗していた人々は、将来これらの華人になりうる人々であった。さらに、このような船舶に搭乗して海外に密航する形態とは異なり、外国船の船員となって海外に進出する者もいた。事実、暹羅国から清朝中国への朝貢船が広州に入港するたびに、かならず不足する下級船員を募集していたが、それに応募した福建や広東の人々は暹羅国船の船員として海外に出国している。

福建省と広東省の統治にかかる南澳島の防衛官が拿捕した帆船は、呂宋貿易を目指す商船であった。しかし乗員二四名と貨物の客主が二〇名だったのに対し、渡航証明書を持たない密航者が一五七名も乗船していた。一五七名もの密航者が目指した呂宋はスペインの支配下にあって、厦門から七二更の水程にあり、清代帆船に搭乗しなければ渡海できない地であった。それにも関わらず、漳州や泉州の人々が呂宋へ貿易のために赴いたのである。さらに呂宋に居住するスペイン人が二〇〇〇〜三〇〇〇人であったのに、華人は一万〜二万人ともいわれていた。華人たちは中国からの貨物を呂宋にもたらすと、スペイン人が新大陸からもたらした銀と交易したのである。その上、呂宋は土地は豊かであったとされ、華人にとっての新天地であり、それらの海外の地を目指して清代帆船に搭乗して波濤を越えたのであった。

(1) 同治『福建通志』巻八七、海禁に「福建僻在海隅、人満財乏、惟恃販洋」とある。
(2) 中国第一歴史檔案館編『清代中国與東南亜各国関係檔案史料匯編』第一冊、国際文化出版公司、一九九八年四月、一五一頁。
(3) 同右書、一五二頁。
(4) Immigrant broker：移民周旋業者。
(5) 『台湾新報』第四四八号、明治三一年（一八九八）三月一二日、二頁、雑報。
(6) 『清朝条約全集』第二巻、黒竜江人民出版社、一九九九年六月、一〇九〇〜一〇九七頁。
(7) 松浦章『清代海外貿易史の研究』朋友書店、二〇〇二年一月、五八三〜五九八頁。
(8) 『宮中檔雍正朝奏摺』第六輯、国立故宮博物院、一九七八年四月、五二四頁。
(9) 同右書、五二四〜五二五頁。
(10) 同右書、五二五頁。

(11)『宮中檔雍正朝奏摺』第一七輯、国立故宮博物院、一九七九年三月、三九頁。
(12)同右書、一九三頁。
(13)同右書、一九四頁。
(14)同右書、七八九頁。
(15)『宮中檔雍正朝奏摺』第一八輯、国立故宮博物院、一九七九年四月、三六〇頁。
(16)『宮中檔雍正朝奏摺』第二一輯、国立故宮博物院、一九七九年六月、三五三頁。
(17)同右書、三五四頁。
(18)同右書、三五五頁。
(19)『宮中檔乾隆朝奏摺』第六六輯、国立故宮博物院、一九八七年一〇月、五九二頁。
(20)同右書、六六二頁。
(21)『宮中檔雍正朝奏摺』第一一輯、国立故宮博物院、一九七八年九月、七〇～七二頁。
(22)『宮中檔雍正朝奏摺』第二三輯、国立故宮博物院、一九七九年八月、一六五～一六六頁。
(23)同右書、四七三頁。
(24)同右書、四七四頁。
(25)同右書、四七四～四七五頁。

第三章　海域を越えた船神たち

一　緒　言

江戸時代の日本に伝来した中国の宗教を受容したのは、長崎において開設された中国系の寺院であった。長崎において開基した興福寺・福済寺・崇福寺・聖福寺などの中国系の寺院は「唐寺《とうでら》」と呼称されていた。ことに興福寺が南京寺、福済寺は漳州寺、崇福寺を福州寺など中国の地名によって俗称されていた背景には、江戸時代の長崎に来航した中国船の出港地と深い関係があったとされている。

長崎の港に中国船が頻繁に来航するようになるのは、一七世紀の初期で、『長崎実録大成』巻一〇、唐船長崎港来着之事によれば、

慶長九年（一六〇四）以來追々長崎ニテ唐通事役人出來。且又元和六年（一六二〇）南京寺、寛永六年（一六二九）漳州寺、同六年福州寺、唐三ケ寺皆長崎在津ノ唐船主共資財ヲ寄附シテ創建セリ。(1)

とあるように、慶長九年以降であると考えられる。その後、元和六年に南京寺が創建されるまでの十余年の間、長崎に来航した中国人がどのように祭祀をおこなっていたのかについて『長崎市史　地誌編佛寺部上』の終南山光明院悟真寺の条によれば、天正一五年（一五八七）の豊臣秀吉によるバテレン追放令により、キリスト教の禁制がおこなわれるが、長崎ではキリスト教勢力が強く、仏教は排斥されていた。こうしたなかで、慶長三年に仏教

の再興を掲げて長崎奉行に許可され創建された長崎最初の寺院が悟真寺であった。その創建に貢献したとされるのが、中国商人で福建漳州府出身の欧陽華宇と同漳州府龍渓県出身の張吉泉であったとされる。そのこともあり長崎に来航する中国商人たちは、長崎に滞在している間は悟真寺を檀那寺として参詣していたとされる(2)。その後、唐寺が次々と創建される。

そこで本章では船によって運ばれた神々の実情について見ることにする。

図１　唐寺図　聖寿山崇福禅寺（弘化版『長崎土産』21丁b-22丁a）

二　江戸時代長崎唐寺における媽祖祭祀

本節では長崎における中国系の寺院の創建の事情についてまず述べたい。

『長崎実録大成』巻五、寺院開創之部上によれば、元和六年に創建された東明山興福寺について、

當寺開創ノ事ハ、元和六年唐僧眞圓當表ニ渡來リ、三カ年ノ間今ノ興福寺境内ニ庵室ヲ結ヒ住居セリ。其頃邪宗門御制禁厳励ナリシ時節、日本渡海唐人ノ内天主耶蘇教切支丹宗門也ヲ信敬スル者混シ來ルノ由風聞専ラナリシ故、南京方ノ船主共相議シ、唐船入津ノ最初ニ天主教ヲ尊信セルヤ否ノ事を緊シク穿鑿ヲ遂ケ、且ツ海上往来平安ノ祈願又ハ船主菩提供養ノ爲、右眞圓ヲ開基トシテ禅院ヲ創建成シタキ旨、御奉行所ニ相願フノ處

免許有テ、……市中ニテ南京寺ト稱ス(3)。

とあるように、興福寺創建の経緯を記し、日本におけるキリシタン禁制による混乱と、唐船の乗員の航海の安全と菩提供養のための寺院となったとされる。

そして分紫山福済寺が寛永五年（一六二八）に創建された。『長崎実録大成』巻六、寺院開創之部下には、

當寺開創ノ事ハ、寛永五年唐僧覺海當表ニ渡来レリ。其頃漳州方ノ船主共相議シ、唐船入津ノ最初ニ天主教ヲ尊信セルヤ否ノ事ヲ緊シク穿鑿ヲ遂ケ、且ツ海上往来平安ノ祈願又ハ先亡菩提供養ノ爲、……市中ニテ漳州寺ト稱ス(4)。

とある。

同寺も興福寺と同様に長崎入港時におけるキリシタン禁制に関する諸手続きの繁雑さを回避するためと、航海の安全と先祖供養の寺院として創建された。また聖寿山崇福寺も翌寛永六年（一六二九）に創建され、『長崎実録大成』巻六、寺院開創之部下には、

當寺開創ノ事ハ、寛永六年唐僧超然當表ニ渡来レリ。其頃福州方ノ船主共相議シ、去ル元和六年、南京方ニ興福寺、寛永五年漳州方ニ福濟寺、開創有シ例ニ準シ、唐船入津ノ最初ニ天主教ヲ尊信セルヤ否ノ事ヲ緊シク穿鑿ヲ遂ケ、且ツ海上往来平安ノ祈願、又ハ先亡菩提供養ノ爲、……市中ニテ福州寺ト稱ス(5)。

とある。前述の二寺院と同様な主旨での創建であった。そしてこれら三唐寺は、『長崎実録大成』巻五、寺院開創之部上、興福寺の条に、

毎年三月二十三日ハ船神天后ノ祭禮ナル故、在津ノ唐人共出館シテ當寺ニ参詣禮拝スル事免サル。但以後、福濟寺、崇福寺創建有テ、三ケ寺同格ト成リ、毎年三月、七月、九月二十三日毎ニ輪番ニ媽祖祭有テ、在津ノ唐人参詣ヲ成ス(6)。

とあるように、長崎に来航した唐船の船主や乗員にとって重要な檀家寺となって機能していたことがわかる。

各寺で祭祀された神々に関して、『長崎市史　地誌編佛寺部下』は一九二〇年代の実地調査に基づいて記されているため、江戸時代の状況をかなり反映していると思われる。そこで唐寺各寺において祭祀されていた媽祖像(姐)などの像について述べてみたい。

興福寺の媽祖堂には次の像が祀られていた。

天后聖母像　倚像　一体　　天后聖母侍女像　立像　一体　　千里眼像　立像　一体
順風耳像　立像　一体　　關帝像　倚像　一体　　關平像　立像　一体
周倉像　立像　一体　　三官大帝像　倚像　三体(7)

福済寺の場合は青蓮堂において、

媽姐像　倚像　一体　　媽姐侍女像　立像　左右二對　　關帝像　倚像　一体
關平像　立像　一体　　周倉像　立像　一体(8)

が祭祀されていた。崇福寺の場合は、媽姐堂において、

天后聖母像　倚像　一体　　侍女像　立像　二体　　侍者像　立像　二体
天后聖母像　倚像　一体　　觀世音菩薩像　坐像　一体　　觀世音菩薩像　坐像　一体
十二神将像　立像　十二体　　千里眼像　立像　一体　　順風耳像　立像　一体(9)

があり、護法堂には、

關帝像　倚像　一体　　陳平像　立像　一体　　周倉像　立像　一体(10)

とあり、唐寺三か寺には以上の像が祭祀の対象として安置されていた。

次に、長崎において興福寺が南京寺、福済寺は漳州寺、崇福寺は福州寺と中国の地名を付して俗称されたその

表1　元禄元年長崎来航中国船194隻の来航地分布

船　名	隻数	割　合
福州船	45隻	23.2%
寧波船	31	16.0
厦門船	28	14.4
南京船	23	11.8
広東船	17	8.7
泉州船	7	3.6
潮州船	6	3.1
普陀山船	5	2.6
広南船	5	2.6
台湾船	4	2.1
高州船	4	2.1
咬留吧船	4	2.1
海南船	3	1.5
沙埕船	2	1.0
麻六甲船	2	1.0
暹羅船	2	1.0
温州船	1	0.5
安海船	1	0.5
漳州船	1	0.5
安南船	1	0.5
不　明	2	1.0
合　計	194隻	100%

注1：松浦章『江戸時代唐船による日中文化交流』思文閣出版、2007年7月、255頁を基に作成。
　2：南京船の出航地は上海。

背景を具体的に示すものとして、江戸時代の前期に長崎に来航していた中国船の出航地との関係をみてみよう。そこで、長崎に来航した中国船が最大数を数えた、元禄元年（一六八八）の例をまとめたのが表1である。表1からも明らかなように、上位のものは福州船・寧波船・厦門船・南京船・広東船・泉州船であり、このうち、福建から長崎へ来航した福州船・厦門船・泉州船が合計八〇隻となり全体の四〇%を越える上位に位置していた。そして江南の範囲に包含できる寧波船・南京船・普陀山船は五九隻となり三〇%を越える。福建と江南の船だけで七〇%を越えていたことからみても、長崎の唐寺創建の意味は理解できるであろう。

以上のことから長崎に来航する中国船と長崎の唐寺とは極めて密接な関係にあったことがわかる。ところで、二階堂善弘は「長崎唐寺の媽祖堂と祭神について――沿海「周縁」地域における信仰の伝播――」(11)において、長崎において祭祀される神々、ことに媽祖信仰を中心に中国の祭神を福建・浙江を中心とする中国沿海部に探索した。同氏が長崎の唐寺で祭祀対象とされた神々の源流を中国の福建に求めたことには合理的な理由があるといえるであろう。

三　清代帆船における船内祭祀について

それでは中国から長崎に中国の神々が伝播される過程をみてみよう。中国商船が日本へ中国神を伝播するために来航したかというと、おそらくそのためではなく、各船は長崎に貿易のために来航したのであって、宗教的目的を持ってはいなかった。特にキリスト教を禁止した日本では宗教問題は禁忌であった。そうすると、中国神の伝播はどのようにおこなわれたかといえば、それは長崎に来航する中国商船の船内においてどのような神々を祭祀していたかを明らかにすることが最も理解しやすいであろう。

中国の船舶では古くから船内の祭祀がみられた。たとえば明の張燮撰『東西洋考』巻九、舟師考には、協天大帝、そして天妃すなわち媽祖と舟神の三神について述べている。とりわけ天妃は、

國朝永樂閒、内官鄭和有西洋之役、各上靈蹟、命修祠宇。己丑、加封弘仁普濟護國庇民明著天妃。自是遣官致祭、歳以爲常。冊使奉命島外、亦明禋惟謹。舟神不知創自何年、然舶人皆祀之。(12)

とあるように、一五世紀初めの鄭和の海外遠征以来、明朝から重視され、天妃の封号を受けたことで、明朝使節の海外への派遣にさいしては海の守り神として重視されたのであった。さらに『東西洋考』同条には、これらの船内祭祀に関して、

以上三神、凡舶中來往、倶晝夜香火不絕。特命一人為司香、不他事事。舶主每曉起、率衆頂禮。每舶中有驚驗、則神必現靈以警衆、火光一點、飛出舶上、衆悉叩頭、至火光更飛入幕乃止。是日善防之、然畢竟有一事為驗。或舟將不免、則火光必颺去不肯歸。(13)

とあるように、船舶航行中にあっても、祭壇の灯火を絶やすことなく一人の「司香」に委ねて灯火を守らせ、毎朝船主は乗船者一同とともに祭祀をおこなったとされる。

万暦七年（一五七九）の蕭崇業の『使琉球録』巻上、造舟には、

二層中、安詔勅、上設香火、奉海神、天妃尊之且従俗也。(14)

とあり、船内において海神である天妃を祭祀していたのである。万暦三四年（一六〇六）の琉球への冊封使であった夏子陽の『使琉球録』巻上、造舟においても、

二層中、安詔勅、上設香火、奉海神也。(15)

とあり、船内に船神を祭祀していたことがわかる。また、康熙五八年（一七一九）の徐葆光の『中山伝信録』巻一には、

香公一人、主天妃諸水神、座前油燈、早晩洋中獻紙。

とあるように、いずれも琉球新国王を冊封に赴く使者が乗船した封舟(16)においても海神を祭祀していたことは事実である。

清代において海外貿易に赴く大型の海洋帆船の場合、一般的に船内祭祀を担当した船員がいた。乾隆元年（一七三六）序のある『台海使槎録』巻一、赤嵌筆談、海船には、

通販外國船主一名。財副一名、司貨物錢財。總桿一名、分理事件。火長一正、一副、掌船中更漏及駛船針路。亞班、舵工各一正、一副。大繚、二繚各一、管船中繚索。一碇、二碇各一、司碇。一遷、二遷、三遷各一、司桅索。杉板船一正、一副、司杉板。及頭繚、押工一名、修理船中器物。擇庫一名、清理船艙。香公一名、朝夕焚香楮祀神。總鋪一名、又司火食。水手數十名。(17)

とある。道光一九年（一八三九）『厦門志』巻五、洋船には、

通販外國之船、毎船船主一名。財副一名、司貨物錢財。總桿一名、分理事件。火長一正、一副、掌船中更漏及駛船針路。亞班、舵工各一正、一副。大繚、二繚各一、管船中繚索。一椗、二椗各一、司椗。一遷、二遷、

三遷各一、司桅索。杉板船一正、一副、司杉板及頭繚。押工一名、修理船中器物。擇庫一名、清理船艙。香工一名、朝夕焚香楮祀神。總鋪一名、又司火食。水手數十名。(18)

とあり、さまざまな船内の職掌を述べる中に、船内で「朝夕焚香楮祀神」と、祭祀を担当した者がおり、その担当者は「香公」や「香工」と呼ばれていた（傍線部）。香公もしくは香工は一名乗船しており、その職務は、朝に夕べに船内に祭祀されている神々を祀ることであった。

それでは長崎に来航した清代帆船の場合はどのようであったであろうか。元禄八年（康熙三四、一六九五）刻本『華夷通商考』上冊、巻末の「唐船役者」には、中国船の乗員の職掌について次のように列記されている。

夥長《ホイテウ》　舵工《タイコン》　頭碇《テウテン》　亞班《アパン》　財附《ツアイホウ》　總官《ツヲンクワン》　杉板工《サンパンコン》　香工《ヒヤンコン》　工社《コンシヤ》

これに対して十数年後の宝永六年（康熙四八、一七〇九）序のある西川如見『増補　華夷通商考』巻二、「唐船役者　漳州ノ詞ヲ記ス」には、船内において祭祀を担当したものについて、

香工《ヒョンコン》　菩薩ニ香華燈明ヲ勤メ、朝夕ノ倶拝ヲ主ル役ナリ。

とあり、唐船内において神を祭祀していたことは明らかである。『華夷通商考』『増補　華夷通商考』とも同様に、長崎に来航した清代帆船では船内祭祀がおこなわれていたのである。

それでは清代帆船の船内ではどのような神々が祀られていたのであろうか。清代に琉球国へ漂着した中国帆船が琉球側で調査を受けている。そのさいの記録から船内にどのような神々が祭祀されていたかがわかる。その事例を次に掲げたい。

乾隆一四年一一月二二日（一七四九年一二月三一日）に琉球国の麻姑山地方に漂着した中国船についての記録は『歴代宝案』によれば次のようであった。

拠麻姑山地方官報称、旧年十一月二十二日、鳥船一隻、飄到本地、其船戸蔣長興等口称、長興等二十七名、

係福建福州府閩県商人、乾隆十四年四月二十二日、往厦門、装糖開船、五月初十日、到上海県発売、七月初七日、在彼地、装茶葉開船、二十二日、到錦州発売、彼地装瓜子・黄豆等項、十月十五日、出錦州港、駛到江南外洋、陡遭西北□□、二十二日、飄到麻姑山、衝礁打壊、貨物沈空、只逃得性命上岸等。……

計開人数

閩県船戸蔣長興　舵工蔣発　□□□　水手□和　陳華　陳栄　鄭成　蔣万

蔣福　蔣起　蔣茂　蔣咸　蔣旺　高財　謝順　李情　楊揌

洪益　邱慶　蔣宝　蔣全　楊奇　陳通　蔣金　林貴

客商潘順観　蔣天禄　蔣彦光

以上共計二十七名

計開貨数

一　天后娘娘併軍将　三位

（後略）[19]

琉球国に漂着した中国の船は船式が鳥船[20]であり、船戸は蔣長興で乗員二七名、福建福州府閩県の海商が、乾隆一四年四月二二日に厦門に行き砂糖を積載し、五月初一〇日に上海県へいたりそれを販売して、七月初七日には茶葉を搭載して出港し、二二日に東北の錦州において販売し、同地で瓜子や黄荳などを積載して一〇月一五日に錦州港を出港し帰帆の途上で海難に遭遇して琉球国に漂着している。この船には「天后娘々」と「軍将」の三体が収蔵され、祭祀されていた。この三体はおそらく媽祖像と千里眼将と順風耳将とが各一体宛合計三体だったのであろう。

さらに『歴代宝案』に見える清代帆船の漂着例の中で、船内に神々が祀られていた例を表2にまとめた。

表2　18～19世紀琉球漂着清代帆船船内祭祀事例

年　　月	船籍	船戸名	乗員数	祭祀神名	出典『歴代宝案』
乾隆14年11月22日（1749・12・31）	福建閩県	蔣長興	27	天后娘娘軍将三位	二集31、2622～2624頁
乾隆14年11月23日（1750年1月1日）	福建閩県	呉永盛	28	天后娘娘六位	二集30、31、2547～2549、2577、2581頁
乾隆14年11月23日（1750・1・1）	福建興化府莆田県	黄明盛	30	天后娘娘三位	二集30、31、2554、2560、2578、2581頁
乾隆14年12月間（1750）	福建漳州府龍渓県	林順泰	23	天后娘娘一座 聖公爺　一尊	二集31、2589、2597～2598、2603頁
乾隆14年12月間（1750）	順天府天津衛	田聖思	20	九聖菩薩一幅	二集31、2590、2598、2602頁
乾隆18年正月25日（1753・2・27）	江南通州	崔長順	23	天后娘娘一位 千里眼将一位 順風耳将一位	二集34、35、2710～2712、2835～2737頁
乾隆31年正月8日（1766・2・16）	福建漳州府龍渓県	蔡永盛	23	天后娘娘一位	二集50、3195～3196頁
乾隆34年12月28日（1770・1・24）	江南通州呂四場	姚恒順		天后娘　一位 千里眼将一位 順風耳将一位	二集54、3265～3267頁
乾隆44年12月15日（1779・12・22）	福建福州府閩県	林攀栄	33	天后娘娘一位 千里眼将一位 順風耳将一位	二集65、66、3492～3495、3514～3515頁
乾隆50年12月14日（1786・1・13）	広東潮州府澄海県	陳万金	38	天后娘娘一位 千里眼将一位 順風耳将一位 女婢　　二位	二集72、3660、3666～3667頁
乾隆50年12月15日（1786・1・14）	福建漳州府龍渓県	金乾泰	26	天后娘娘一位 観音菩薩一位 千里眼将一位 順風耳将一位	二集72、3661～3663頁
乾隆50年12月21日（1786・1・20）	福建漳州府龍渓県	林長泰	26	天后娘娘一位 千里眼将一位 順風耳将一位	二集72、3661～3665頁
乾隆51年正月7日（1786・2・5）	江南蘇州府元和県	蔣隆順	20	関聖帝君一位 三官大帝一位 順風耳将一位	二集73、3709～3710、3715、3733～3734頁

嘉慶6年12月5日 （1802・1・8）	福建泉州府 同安県	徐三貫	32	聖母神像全座	二集94、95、 4632～4635、 4659～4660頁
嘉慶14年3月1日 （1809・4・15）	江南蘇州府 鎮洋県	兪富南	17	聖母	
嘉慶19年12月25日 （1815・2・3）	広東潮州府 澄海県		乗員36 搭客22	聖母神像全座	二集118、 5371～5373、 5377～5378頁
嘉慶21年11月7日 （1816・12・25）	直隷天津府 天津県	朱沛三		観音菩薩	二集122、123、 5510～5513、 5532頁
道光2年11月18日 （1822・12・30）	広東潮州府 澄海県	鄭仁記	乗員46 搭客44	聖母神像全座	二集135、 5745～5751頁
道光4年12月7日 （1825・1・25）	広東潮州府 澄海県	蔡高泰	乗員15 搭客7	聖母神像全座	二集140、 5850～5853頁
道光5年4月9日 （1825・5・26）	福建泉州府 同安県	洪振利	乗員29 搭客9	聖母神像全座	二集140、 5862～5866頁
道光6年12月23日 （1827・1・20）	江南松江府 上海県	舵工 王群芳		関聖帝君一位 周倉　　一位 順風耳　一位 千里眼　一位	二集144、 5991～5995、 6035、6038頁
道光6年12月23日 （1827・1・20）	江南蘇州府 崑山県	舵工 陳志貴	20	関聖帝君一座 関平　　一位 周倉　　一位 天上聖母一座 順風耳　一位 総官公　一位 千里眼　一位	二集144、 5994、 5996～5999頁
道光10年12月4日 （1831・1・17）	広東潮州府 澄海県	楊伝順	乗員18 搭客23	天恩公公 天后娘娘一座	二集153、 6388～6389、 6391頁
道光16年12月16日 （1837・1・22）	広東潮州府 澄海県	陳進利	乗員40 搭客10	天上聖母一座 順風爺　二座	二集164、 6825～6828頁
同治元年9月19日 （1862・11・10）		舵工 杜柏茂	17	菩薩廟　一座 天后聖母娘娘	三集8、 8593～8596頁

出典：松浦章「18～19世紀における南西諸島漂着中国帆船より見た清代航運業の一側面」『関西大学東西学術研究所紀要』第16輯、1983年1月。松浦章『清代帆船沿海航運史の研究』関西大学出版部、2010年1月、228～268頁。

これらの神々の名を表2より掲げれば「天后娘娘」「奉天上聖母」「聖公爺」「九聖菩薩」「千里眼将」「順風耳将」「観音菩薩」「関聖帝君」「三官大帝」などが見られる。そのうち道光六年一二月二三日（一八二七年一月二〇日）に琉球国の今帰仁運天に漂着した蘇州府崑山県陳福利牌照、崑字二七号商船をとりあげ、舵工陳志貴の供述から船内祭祀の神々の事例を見ることにする。

其船主陳継松、併不在船、通船人数、共計二十名、去年十一月、在上海県、装載貨物、要到山東省膠州口交卸、於初十日出口、同日往到崇明、十六日崇明放洋、不意在洋、屢次遭風、砍桅失舵、即将所載貨物伍分之一、丟棄下海、任風漂流、十二月二十三日、漂到貴轄地方等語。(21)

陳継松船は、二〇名が乗船して道光六年一一月に上海から山東の膠州に赴き交易し、帰帆後の長江口の崇明島付近で海難に遭遇し琉球国に漂着した。その積載品の中に、

計開随帯物件
一　奉敬関聖帝君　一座　関平　一位　周倉　一位
一　奉敬天上聖母　一座　順風耳　一位　総官公　一位　千里眼　一位
一　衣箱　二十個
一　花尖帋　六百八十九塊
(後略)(22)

とあるように、奉敬関聖帝君一座、関平一位、周倉一位、奉敬天上聖母一座、順風耳一位、総官公一位、千里眼一位が見られた。海神である媽祖だけではなく関帝なども船内において祭祀していたことがわかる。

このように、中国帆船の船内祭祀は必ずしも媽祖祭祀に限定されるものではなかったことが知られる。これら帆船の船内祭祀が、神々の周縁諸国への伝播の一端を担ったと考えられる。

海難事故に遭遇した悪条件の中で残された神々を探すという制約はあるが、船内において祭祀されている神々と海船の出航地との間に共通する特徴が見られる。天后娘娘である媽祖を祭祀しているのは福建船籍であり、多くは千里眼将と順風耳将も祭祀している。江南籍の多くは天后を祭祀するが、それ以外に関帝を祭祀している例もある。天津籍の場合は観音菩薩を祀る例が見られる。このように、確定的ではないが地域差が見られる。

ところで、中国船が長崎に来航すると、船内に安置していた船神を長崎の中国系の寺院に臨時的に陸揚げ安置し、帰帆時には再び船内に安置し帰国する行事がおこなわれ、それを「菩薩揚《ぼさあけ》」[23]と称していた。前掲の『増補華夷通商考』に香工を「菩薩ニ香華燈明ヲ勤メ」とあったように、長崎では一般に媽祖を菩薩と称していた。『長崎名勝図絵』や弘化版（弘化四年、一八四七）『長崎土産』にはその図を掲載している（図2・3）。

菩薩揚

唐船湊に入りて後、菩薩揚といふ事あり。素より船ごとに菩薩棚とて船魂の神を祭る所を設けて天妃の像を安置し、海路の患難をなくすことを朝暮に祈る。既に湊に来り碇を入れて後は船中の唐人悉く館内に移りきて神像を保護する事能わざるを以て、唐三ケ寺に輪番を追て捧げゆき、在津の間に奉護を託せるなり。其行將は香工船魂神に香花を供する役の唐人二人燈籠を左右に持ちて並びゆく。次に銅鑼を持つ二人左右に並びもち次に直庫長さ六尺斗りの棒の頭に赤の木綿を結びたるものなり。これを操る者をテツコフリといふをと続、其次中央小老媽の像多く木像にして後より団扇をかざしたる像なり、左右に侍女の像あり。或は前に千里眼、順風耳の像、又は神虎を置もあり。神虎は土神の使わしめといふ……寺に至ては山門、中門、或は関帝堂の前、媽姐門媽姐堂にて銅鑼を鳴して頻に直庫へ振るなり。他人若過ちて、其前を犯し通る事あれば、改て振り直しいたり、障魔汚穢をはらひ除くのしくさなり。其後老媽姐の像及ひ直庫を媽姐堂に納めて館内に帰るなり。出船は前此像をもとの如く守護し帰りて船中に安置す。實に聖朝の徳化廣遠にして異邦の来貢絶えることなく、唯長崎の繁栄のことぞ、亦四海の繁栄をや。

右の「菩薩揚」の行事は、長崎への中国系神々の伝播過程の一齣を示しているものと考えられる。

図2　奉天妃振直庫之図　『長崎名勝図絵』巻3

図3　媽姐揚《ボサアケ》図
弘化版『長崎土産』22丁 b

四　福建石獅市祥芝の船舶祭祀

船内祭祀の事例は清代以前の帆船にとどまらず、現在の中国沿海の船舶にも見られる。二〇世紀前半までの木造帆船が活動していた時期における晋江の船員の状況を探るべく二〇〇八年八月五日に福建省泉州地区の石獅市祥芝（xiangzhi）漁港を訪れた。調査の概要は別稿[24]にふれたので、ここでは船舶祭祀について述べたい。現在六〇代の沿海帆船の船長経験者の多くは、一九八四年頃まで木造帆船に乗船していた。今も船体は木造船であるがエンジンが装備されている。船長たちは、ほとんどが小学校を卒業すると船員となった。乗船した木造帆船は「釣艚」型帆船である。これは清代における木造帆船の形状を継承したもので、外国人からジャンクと呼称される船舶の範疇に含まれる形式のものである。船長たちが乗船した帆船の規模は、六〇トン程度のものが多く、大型船になると全長三〇～四〇メートルのものもあった。その木造船内において船神として祭祀されていたのは、船長たちが居住する土地の守り神であった。船内では媽祖も祀られたが、地元の神が最も重要であった。その神とは三王府（王爺）である。祥芝における王爺とは李王爺・朱王爺・池王爺である。

また船にはすべての神様の名を書いた旗を立てた。船員の郷土において祭祀される神を祀る例は極めて珍しいと思われる。

図４　船舶に掲げられた旗
「玉皇大帝　順風得利」の文字が見える。

図５　祥芝・斗美宮内の奉納品
上：木造帆船　下：船主各自に一個の御供え

五　小結

江戸時代は「鎖国」下にあり、中国と日本を結ぶ航路を航行する船舶は中国帆船に限定されていた。その窓口の長崎は江戸時代の日中文化交流の唯一の基点となっていた。その長崎に来航する中国船の船員が、長崎滞在中に祭祀の対象とする寺院がいわゆる唐寺である。また彼らが信仰する神々を祀る寺として、すなわち彼らの檀那寺としても機能していたのである。そのため長崎における中国船員の檀那寺には中国で誕生した中国系の神々が木材等で造られ安置されていた。

長崎に渡ってきた船員たちは、海上における航海安全と彼らの日常の信仰に関係する神々を乗船する船内においても祭祀していた。その習俗は古くからおこなわれていたと考えられるが、明代の文献からは頻出するようになり、清代では一般的であったことは確かである。その実態は、琉球国へ漂着した清代帆船の漂着関係記録から見ることができ、断片的な記録からではあるが、船舶の船籍による地域的な差異も顕著に見られた。

以上述べたように、前述の二階堂論文は媽祖祭神の伝播を中国文化の周縁への伝播として見たとき、極めて興味深い事例を提示しているといえるであろう。本章で述べた漂着記録に見られる清代帆船の船内で祭祀されていた船神をさらに詳細に検討することの必要性が喚起されたといえよう。

ついで、江戸期の長崎において福建系の唐寺が俗称福州寺・漳州寺と二か寺も存在する理由は、何に起因するのか。福建における地域文化の相違が長崎において反映しているのかなど、新たなる疑問も喚起されたといえる。

（1）『長崎文献叢書　第一集・第二巻　長崎実録大成正編』長崎文献社、一九七三年一二月、二四二頁。
（2）『長崎市史　地誌編佛寺部上』長崎市、一九二三年三月初版、一九八一年六月復刻版、四六～四八頁。
（3）『長崎文献叢書　第一集・第二巻　長崎実録大成正編』一三三頁。

(4) 同右書、一四三頁。
(5) 同右書、一四五～一四六頁。
(6) 同右書、一三三頁。
(7) 『長崎市史　地誌編佛寺部下』長崎市、一九二三年三月初版、一九八一年六月復刻版、二〇七～二〇八頁。
(8) 同右書、三〇四～三〇五頁。
(9) 同右書、四三六頁。
(10) 同右書、四三七頁。
(11) 二階堂善弘「長崎唐寺の媽祖堂と祭神について――沿海「周縁」地域における信仰の伝播――」『東アジア文化交渉研究』第二号、二〇〇九年三月、九九～一〇八頁。
(12) 『西洋朝貢典録校注　東西洋考』中外交通史籍叢刊、中華書局、二〇〇〇年四月、一八五～一八六頁。
(13) 同右書、一八六頁。
(14) 屈萬里主編『國立中央圖書館蔵本⑥　使琉球録』明代史籍彙刊、臺灣学生書局、一九六九年一二月、一〇七頁。
(15) 屈萬里主編『國立中央圖書館蔵本⑦　使琉球録』明代史籍彙刊、臺灣学生書局、一九六九年一二月、一三八頁。
(16) 松浦章『清代中国琉球貿易史の研究』榕樹書林、二〇〇三年一〇月、一五九～一九〇頁。
(17) 『台海使槎録』(一)中国方志叢書、臺灣地区第四七号、成文出版社、一九八三年三月、四七～四八頁。
(18) 道光『厦門志』巻五、洋船。厦門市地方志編纂委員会辧公室整理『厦門志』鷺江出版社、一九九六年三月、一三九頁。
(19) 『歴代宝案』台湾大学、一九七二年六月、第二集三二、二六二二～二六二四頁。
(20) 松浦章『清代海外貿易史の研究』朋友書店、二〇〇二年一月、二六四～二七六頁。
(21) 『歴代宝案』第二集一四四、五九九四・五九九六～五九九九頁。
(22) 同右書、五九九四・五九九六～五九九九頁。
(23) 『長崎市史　風俗編上』長崎市、一九二五年一一月初版、一九八一年一一月復刻版、四六〇～四六三頁。
(24) 松浦章「清代晋江帆船の海上発展」『東アジア文化交渉学』第二号、二〇〇九年三月。
松浦章『清代帆船沿海航運史の研究』関西大学出版部、二〇一〇年一月、五三一～五四九頁。

第四章　清代沿海帆船に搭乗した日本漂流民

一　緒　言

江戸時代の日本はいわゆる「鎖国」政策を実施したため、人々の海外渡航を禁止した。しかしながら、沿海の海運まで禁止したわけでなく、帆船いわゆる「和船」の建造において三本帆柱（檣）以上の造船の禁止などの制限が加えられたが、(1)日本列島近海の沿海航運は盛んであった。そして瀬戸内海や九州近海、東海や関東などの近海では船舶による海運が活発となった。とりわけ瀬戸内海に活躍した伊勢船、東北近海や日本海を航行した北国船などの代表的な廻船が現れた。(2)

特に江戸時代に大いに発展を遂げたのが弁才船である。弁才船は主として貨物輸送の荷船であって、帆柱一本で三階造りの基本構造を持ち、江戸時代中後期以降、東回りや西回り廻船航路を開き、特に江戸と大坂との間を定期的に運航していた。弁才船の中で、菱組の格子を持つ船は菱垣廻船、(3)上方の酒を大量に江戸へ輸送したものは樽廻船、(4)そして旧式の北国船に変わって日本海航路で活躍した船が北前船(5)と呼称されたように、弁才船は江戸時代における沿海航運の発展に寄与していたのであった。

これらの和船による海運は活発に展開していたが、しかし海難事故も決して少なくはなかった。(6)特にそれらの海難船の多くが中国大陸へ漂着している。そして、中国大陸へ漂着した多くの日本人たちは、漂着地に近い中

図１　江戸後期の弁才船(1831年の絵馬、部分)
(金沢市、粟崎八幡神社所蔵／石井謙治『図説和船史話』至誠堂、1983年より転載)

図２　厦門船(平戸市、松浦史料博物館所蔵「唐船之図」)

国の港から日本の長崎に来航する貿易船で帰国した。ところが、江戸時代中後期以降になると、日本へ来航する貿易船は浙江省嘉興府平湖県乍浦鎮[7]からの船に限定され、中国へ漂着した日本人の多くは漂着地から沿海の帆船に乗せられて、乍浦に送られ、乍浦で日本への貿易船の出港まで安置され帰国している。

日本人漂流民の送還の過程において、これまで看過されてきた問題のひとつは、漂着地から乍浦まで送られるさいに陸路によって乍浦に送られた例もある[8]が、沿海の場合においては、一般には沿海帆船に乗せられていることとである。

そこで、日本の漂流民が中国で救助された後に、どのような沿海帆船が彼らを乍浦に送り届けたかを明らかにすることで、清代沿海帆船の具体像を解明したい。

二　日本漂流民の記録からみた清代沿海帆船

日本の漂流民が漂着地から対日貿易船の出港地まで沿海船で送られたことが明かな例として、宝暦元年（乾隆一六、一七五一）一二月二〇日に長崎に入港した未一一番寧波船で帰国した奥州南部の人々がいる。彼らは福建の北部沿海の秦嶼に漂着したが、その後厦門《アモイ》に送られ、さらに厦門から寧波に送られ、寧波からの貿易船で帰国した。『長崎実録大成』巻一二には、

福建省ノ内秦嶼ト云所ニ流寄ル。……其所ヨリ厦門ニ送ラレ、……此所ヨリ寧波ニ送ラレ、……(9)

とある。さらに宝暦四年（乾隆一九、一七五四）正月一〇日に長崎に入港した戌一番寧波船に乗って奥州仙台の人々三〇名が帰国した。彼らは浙江省定海県舟山の花山に漂着し、その後、

六月十八日迄此所ニ滞留ス。同十九日右ノ人数一船ニ乗セ、翌二十日寧波ニ着船ス。(10)

とあるように、三〇名の日本人が舟山の花山から寧波まで船に乗せられ運ばれたのであった。

宝暦六年（乾隆二一、一七五六）二月四日に長崎に入港した子四番乍浦船では、筑前の人など四名が帰国している。これらの人々は海南島の漁船に救助され、海南島から広東に送られて、さらに宝暦五年に、

同（宝暦五年）五月廣東出船、同七月十八日乍浦ニ着、此所ニ滞留仕、當子二月四日當港（長崎）ニ送届、……(11)

とあるように、広東から乍浦まで沿海船で送られたことは明らかである。この船で共に帰国した者の中に呂宋に漂着した者もいた。

五月十三日呂宋ヨリ出船、六月二十三日厦門着船、同二十九日寧波に着、七月十七日乍浦ニ着、……(12)

とあるように、呂宋から廈門へ、廈門からさらに寧波へ、寧波から乍浦へとすべて帆船に乗船したと思われる。

安永四年（乾隆四〇、一七七五）一二月に長崎に入港した申一番船と申三番船では奥州の人々が帰国した。彼らは福建省泉州府恵安県の外海の島に漂着したが救助され、福州へ送られ、そしてさらに『続長崎実録大成』巻九に、

（安永四年五月）二十七日、船ニ乗福州湊出帆、六月十一日浙江エ着船、……(13)

とあるように、福州から浙江乍浦まで船で送られている。

また、同書同巻によれば、翌安永五年正月二七日に長崎に入港した申四番船、二月七日に入港した申五番船より奥州の人々一三名が帰国した。彼らは広東省潮州府潮陽県の外海の海辺に漂着し、漁民に救助され潮陽県に送られ、同所から、

乍浦エ可継送趣ニテ船ニ乗リ所々船繫シテ、八月十日浙江省乍浦港エ着船、……(14)

とある。彼らは広東省の潮陽県から船で乍浦に送られていった。

文政四年（道光元、一八二一）一二月、文政五年正月に長崎へ入港した巳五番・巳六番船では一五名が帰国した。同書同巻によれば、彼らは浙江省温州府下に漂着し、温州府永嘉県へ送られて、

同所ヨリ船路ニテ数日所々へ繼送ラレ、當巳正月二十三日乍浦ニ着、……(15)

とあるように、温州から船を乗り継いで乍浦まで送られている。

三　沿海帆船に搭乗した漂流民たち

『聖祖実録』巻一六〇、康熙三二年（一六九三）九月辛亥（一〇日）の条に、

兵部議覆、廣東廣西総督石琳疏言、風飄日本國船隻、至陽江縣地方、計十二人、請發回伊國。應如所請、得

旨。外國之人、船隻被風飄至廣東、請殊可憫。著該督撫量給衣食、護送浙省、令其歸國。(16)

とあるように、康熙帝は広東省に漂着した日本人に対して、朝貢関係がない日本国の民衆であっても、柔遠の心を示して、衣食を与えて帰国させるように命じ、まず日本に近い浙江省へ送り届けるように命じたのである。康熙年間以降に中国へ漂着した日本人漂流者も歴代の清朝の皇帝から同様の扱いを受けた。

漂着地の広東と浙江を結ぶ航路は康熙二三年（一六八四）遷界令撤廃以降、漸次拡大していった。

そのような事例として、福建巡撫魏元烺の道光一一年一〇月一九日付の奏摺から琉球国に漂着した広東潮州府治下の商船の場合をみてみよう。

難民楊傳順係廣東潮州府澄海縣人駕坐商船一隻、配舵水張宗耀等十八名、又搭客楊阿都等五名、共二十三名、裝載黃白糖等物、於道光十年五月十五日、在廣東陵水縣開船、至八月初五日、到天津發賣、九月十五日該處出口、二十日到奉天寧遠州收買黃豆、十月初七日開駕回籍。十一月初一日在洋遭風砍桅失舵、任風漂流、至十二月初四日、漂收琉球國大島屋喜內縣洋面。(17)

この商船は、潮州府澄海県の人々が搭乗し、砂糖類を積載して広東崖州直隷州陵水県より出帆して天津へ行き、交易してさらに渤海沿海の寧遠州へ寄港して、豆類を購入して帰帆する途中に海難に遭遇して琉球国に漂着した。

また、福建巡撫魏元烺の道光一一年（一八三一）一月一九日付の奏摺に、

林任等六名係廣東潮州府饒平縣人、駕駛林福禮船隻、通船共三十三人、於道光十年五月二十二日、在廣東東隴港、裝載糖貨、出口六月初二日、到上海縣貿易、收買棉花・米・豆等物、十一月十一日、開駕回籍、十三日在洋遭風船隻打壞、林福禮等二十三人、駕坐杉板小船、不知下落、林任等十人、藏身水櫃、任風漂流、內謝任・許卿・許敬三名、在洋飢斃、十二月初二日、漂收琉球國那良地方。(18)

とあるように、また同じ頃同じ潮州の饒平県の船が、砂糖類を積載して広東潮州の澄海県の港東隴から出帆して

上海へ行き、交易して帰帆貨物として棉花や米・豆などを購入して帰帆する途中に海難に遭遇して琉球国に漂着したのであった。

このような沿海船の航運活動は恒常的におこなわれていた[19]。乾隆一六年（宝暦元年、一七五一）七月初三日付の福建将軍兼管閩海関事であった新柱の奏摺に、

本年三月初六日（乾隆一六年）、有日本番船一隻、遭風失桅、飄至閩省福寧府福鼎縣之姆嶼地方、挽船通船舵水又五郎等共八名、……送交厦防廳照例、撫恤安頓媽祖宮居住、茲據厦門委員奇寵格禀稱、該番又五郎等呈懇回國、現在厦防廳、派搭同安縣商船船戸鄭永順船隻、俾令前往浙江鄞縣、査覔日本便船、附搭回國、……[20]

とある。福建省の北部沿海の福鼎県治下の地に漂着した日本人は、福鼎から厦門に送られ、厦門の媽祖宮で安置された。その後彼らの帰国の意志を聞き、同安県籍の商船の船戸鄭永順の船で浙江の寧波に送られ、日本への貿易船で帰国する予定であるとある。ここで厦門から寧波まで日本人を運んだのが同安県の商船であり、これが日本との貿易を業務とする船ではなく、沿海商船であったことがわかる。このように沿海の帆船は商品の流通に係わったのみならず、人々をも運んだことがわかる。

この新柱の奏摺に見える日本の漂流民である又五郎らの帰国後の記録は、『通航一覧』[21]にも見られるが、長崎歴史文化博物館所蔵の「宝暦元年　唐國福建省江致漂着候奥州南部之者六人口書」にも見られ、近年長崎史学習会により翻刻された『長崎関係史料選集』第一集に収録されている。同記録によると沿海船について、

附添候役人、私共を明日船ニ乗せ（閏五月二六日）、ミンボへ遣シ候段を書付候而申渡シ候、翌二十六日商ひ船に私共不残乗船仕、荷物等迄積乗せ、當所之役人三人付添、即日船ハ出し不申、湊内ニ繋り居申候。[22]

とあり、これに対する注記があり、

此船ハ砂糖を積、南京へ罷越候船ニ而、船主ハ邱氏ニ而御座候、……[23]

とあるように、日本の漂流民が乗せられ厦門から寧波まで送られた船は、主として砂糖を積載して南京（江南方面）に赴く商船であった。その船の船主は邱氏であったとある。厦門から寧波までの航海の状況については、同記録にさらに、

六月朔日此所出船致シ南風ニ而走り出シ候、此節ハ見送り之船も無之、地方も不見遠沖を乗、ミンボへ着船迄ハ、吹詰ノ順風ニ而、昼夜共ニ走り申候、此間之里数はいか程と申儀、是又存不申候。(24)

とあり、これにも注記があり、

厦門より寧波迄之里数六十更余有之、五官申之候、一更と申ハ唐國之六十里にて、日本之六里程ニ相當り申候、六十更ニ而ハ日本道法三百六十里程之積りニ御座候。(25)

とある。厦門から寧波までは六〇更余で、清朝中国の里数ではおよそ三六〇〇里になるが、江戸時代の里数にすると三六〇里に相当するとしている。これは現在の浬《かいり》では約六〇〇浬では一一〇〇余キロほどに相当するであろうが、(26) 当時の測量方法から見て隔絶した数字ではないであろう。

この六〇更の航路を順風を受けて走破して、同船は、

同十日昼時、ミンボ之湊へ着船仕候。(27)

とあるように、邱氏の帆船は一〇日間で厦門—寧波間を走破したのであった。

道光二一年（天保一二、一八四一）に、救助された日本人も中国の沿海船に搭乗して、対日貿易船の出る乍浦に送られている。道光二一年五月初六日付の福建巡撫劉鴻翶の奏摺によれば、

爲閩省赴粤商船搭載日本國難夷、回閩循例、撫恤送浙江省、譯訊明確、遣發回國、恭摺奏聞、仰祈聖鑒事、竊査本年閏三月二十九日、據厦門防同知顧教忠稟稱、閏三月二十三日、據巡役稟報、有廣東澳門來厦之同安縣船戸金合順商船一隻進口、船上搭有夷人三名、詢據金合順稟稱、係日本國遭風難夷、附搭來閩、稟求送回

本國等語。……據該難夷呈送紅稟一張内云。係日本國人名仙太郎、松之助、辰蔵等、於道光二十一年正月間、在本國出洋貿易、適爲狂風打沈船隻、幸遇漁人、救護載至澳門、今懇福建船隻、搭到此地、乞給文憑得本國等情、……(28)

とある。この内容は、道光二一年正月に仙太郎・松之助・辰蔵の三人が乗船した船が海難に遭遇して広東省方面に流され、澳門《マカオ》の近くで漁師に救われて澳門に送られた。その彼らが、同地に貿易に来ていた福建省同安県の金合順商船に乗せられ、福建まで連れて来られた。さらに福建巡撫は彼らを浙江省の乍浦に送り届ければ、「乍浦往販東洋船隻、附搭回國」と帰国できる船があるとしている。このように、広東省の澳門近郊に漂着した日本人は、福建の沿海商船によって澳門から福建に運ばれたことが知られる。彼らは漂着地から長崎に帰国するまでの過程で、明らかに清代の沿海商船に搭乗したのであった。

彼らの帰国後の記録は、長崎で取調べられた『犯科帳』の記録しか知られないが、彼らは天保一三年（道光二二、一八四二）の寅一番・二番船で帰国している。帰国したのは「千太郎、辰蔵」の両名であった。檔案に見る辰蔵がこれと同一人物であることは確かであろう。もう一人の仙太郎もこの千太郎と同一人物であることは明かであろう。松之助はおそらく中国で病死したのであろう。(29) なお、寅一番船は正月一六日夕刻入港し船主は蔣春洲・楊少棠、二番船は同日の夜に入港し船主は王雲帆・沈萍香であった。(30)

さらに、乾隆三二年（明和四、一七六七）二月二五日付の蘇昌と荘有恭の奏摺によれば、

……據漳浦縣詳報、乾隆三十一年八月二十日、有番民一十八人、在雲霄營闢廂飯店住歇、為汛兵郷保、盤詰送縣、訊同行之張興隆、據稱各番、係日本國人、在洋失風、羈留呂宋所轄之宿霧國、有海澄縣船戸黃泰源、在彼貿易、順帶到閩等情。……訊得黃泰源、自置商船、領有海澄縣牌照、於乾隆三十一年三月、自廈門掛驗出口、前往宿霧生理、交易事畢、正在開船、該地番官聲言、有日本國番人文治良等一十八名、遭風漂流、到

彼本處、向無日本往來船隻、浼黃泰源附載厦門、再覓便船送回、給與番銀一百圓、以作酬労、及供給難番口食、黃泰源應允、即在宿霧開船……又覔能通日本番語之通事、譯出各番口供、據稱番人文治良係船主、八右門係舵工、源龍係財副、其餘宋十良・左治良・儀右門・利七・幸吉・源治良・德之助・治良八・売龍・十三良・照五良・森兵平・長吉・長龍・五良平十五人倶係水手、均在日本國七然島住家、原領該國告身、裝載銭米豆麥柴木等物、海邊貨賣、遭風失舵、漂至搭口洋、船貨沈没、扶板抵岸、該地番官載送宿霧、因宿霧與日本、不通交易、在彼逗留、適遇黃泰源之船、前來貿易、宿務土官、令其搭至内地、……今日本國難番文治良等一十八人、在洋遭風羈留宿霧、因該地不通日本、附搭内地商船來閩、訊無別情、自應查照前例、每日給米一升・鹽・菜銭十文、飭令地方官、好為安頓、覔船載往寧波、附搭日本貿易船隻回國、以昭聖朝柔遠深仁。……(31)

とある。福建省の漳浦県からの報告には、漳浦県の雲霄栄関廂飯店に外国人が一八名いるというので調べた所、これらの人々は日本人であった。彼らは呂宋島のセブ（宿霧）に漂着して帰国する術がなかったところ、たまたまセブに貿易のために来航した海澄県船戸黄泰源から、問いただされ日本人であることがわかり、彼の船に乗せられて福建へ渡ったところであった。そして今回の官憲の調査を受けることになり、厦門で庇護を受けて寧波へ送られ、日本行きの中国の貿易船で帰国することになったのである。

彼らの帰国後の記録は『長崎実録大成』巻一二、「乍浦ヨリ呂宋漂着之十七人送來事」に見え、明和四年七月八日に長崎に入港した亥三番乍浦出し船により帰国している。同史料によると、

八月十九日漳浦縣ニ着セシ處、……八月二十二日漳浦縣ヨリ出立、翌月十二日漳州府ニ着シ、同十七日川船ニテ翌日厦門ニ着ス。此處十二月九日マテ滞留シ、同日乗船、同二十二日福州府ニ着ス。……四月五日出帆、同二十七日乍浦ニ着ス、……六月十九日乍浦ヨリ出帆、七月八日十七人ノ者長崎湊ニ着船ス。(32)

とあるように、彼らは漳浦県到着後、少なくとも厦門から福州へ、福州から乍浦へと沿海帆船に搭乗して送られたことは確かである。先の蘇昌と荘有恭との奏摺に「覔船載往寧波」とあったのと同様に、日本の漂流民を船に乗せて日本への船がある寧波へ送れば と考えられたのであった。

文政九年（道光六、一八二六）酉六番、九番船で日本に送られてきた奥州の人々は、フィリピンに漂着したが、閩県船戸金福全船によって福建まで送り届けられ、さらに福建から浙江省乍浦に送られ、そして日本へ帰国したのであった。(33)(34)

沿海帆船に搭乗したのは日本の漂流民に限られない。乾隆一七年（一七五二）二月に台湾の淡水附近に漂着し、船が破損した琉球国の二二名は、台湾南部の台湾県に送られ、台湾海峡を渡って厦門に、さらに福州の琉球館に送られて、琉球使節の公務が終わり帰国するまで安置され、使節と共に帰国するのであるが、その途中の台湾海峡を渡ったさいに、中国の沿海商船に搭乗している。

淡水同知王鶴、撥給車輛、按名發給口糧、移派兵役、逐程伴走、到臺配交龍溪縣船戸萬源順、送厦赴省。(35)

右のように、琉球国の難民が搭乗した船は、福建省漳州府龍溪県の船戸である萬源順の船であった。萬源順船は厦門から台湾に交易のために渡航していた帆船であったと考えられる。その帰帆に琉球国の難民を搭乗させ台南から厦門に渡ったのであった。

嘉慶九年（一八〇四）八月下旬に浙江省臨安県に漂着した琉球国の難民は、臨安県から福州まで「盛泰駿、高元亨商船二隻、一體遣送來閩」とあるように二隻の商船で運ばれた。二隻も必要であったのは難民が四八名と多かったからである。(36)(37)(38)

嘉慶二二年（一八一七）一〇月に台湾の艋舺金包里澳口に漂着した琉球国の難民は、淡水同知の撫育を受けて彰化県に送られ、翌二三年の「二月初四日、由鹿港出口、至蚶江登岸、於二月一四日、由陸路護送、送省安挿館驛」(39)

とあるように、台湾中部の鹿港から渡海して蚶江において上陸し、陸路で福州にいたり琉球館に安置されたとある。台湾海峡を渡った琉球難民が上陸した蚶江とは泉州府晋江にあり、『清史稿』巻三三九、列伝一二六、覺羅伍拉納の伝に「時定往臺灣者出蚶江、民舟或自厦門渡、亦令至蚶江報驗」と記されるように、厦門と並んで台湾への渡航の窓口であった。[40]

乾隆三年（一七三八）に両広省に漂着した安南国の難民、暹羅国の難民は中国船で本国へ送還されている。

安南國難番鄧興等覓有黃昌盛船隻、于乾隆三年九月十五日駕送回國。又安南國難番令奉等、雇有朱合利商船、于乾隆三年十月十三日遣送回國。又暹羅國難番郭斌使等、并門瓜多尼等附搭盧仕華商船、于乾隆四年二月十九日駕送回國。又安南難番阮文雄等、附搭林恒雄商船、于乾隆四年二月十六日開行回國。[41]

右のように、安南国の難民令奉らは朱合利商船に、暹羅国の難民郭斌使らは盧仕華商船に、安南国の難民阮文雄らは林恒雄商船に搭乗し、それぞれ中国商船で帰国した。

乾隆二五年（一七六〇）六月には、海南島に漂着した安南国の難民二八名を、

雇林壽興船隻乘送、及自駕原船、于乾隆二十五年十月十八日開行回國。[42]

とあるように、修復した彼らの乗船および林壽興船を雇用して帰国させている。

このように、海難に遭遇した難民を中国側は中国の商船に便乗させ帰国させたが、時として送還に便利な地点までの輸送方法として沿海帆船を利用していた。

四　小　結

上記のように、江戸時代の日本人で海難事故に遭遇して中国へ漂着したり、あるいは東南アジアへ漂着しさらに中国へ送られた人々は、いずれの場合も漂着地から日本への中国貿易船が出帆する港まで送り届けられ、日本

の長崎へ貿易に赴く中国帆船で帰国した。日本への貿易船のない地からは、貿易船の多い浙江の港、一八世紀以降はなかでも浙江省の乍浦まで沿海帆船を利用して送られたのであった。難民が沿海帆船に搭乗するのは何も日本人だけに限られたのではなく、琉球国・安南国・暹羅国等の人々の場合においても同様であった。

江戸時代に中国へ漂着した日本人の多くは中国沿海における航運業の発達の便宜を借りることで、比較的短期間に帰国できたといえるであろう。

他方、清代沿海帆船の具象的な姿を語る中国史料が少ない中で、日本人の帰国後の取調べによって作成された記録が、これらの帆船の諸相を具体的に語ってくれるのである。その意味でも、「宝暦元年　唐國福建省江致漂着候奥州南部之者六人口書」の記録は、短いながらも具体的で重要な証拠を提供している。

(1) 石井謙治『和船』法政大学出版会、一九九五年七月、三三一～三三六頁。
(2) 同右書、二～三頁。
(3) 同右書、八九～一〇三頁。
(4) 同右書、一〇三～一一二頁。
(5) 同右書、一二五～一三四頁。
(6) 同右書、三四三～三五一頁。
(7) 松浦章『清代海外貿易史の研究』朋友書店、二〇〇二年一月、
(8) 松浦章「清代廣州港の繁栄」『或問』第七号、二〇〇四年三月、一五～二五頁。
(9) 『長崎文献叢書　第一集・第二巻　長崎実録大成正編』巻一二、長崎文献社、一九七三年一二月、二九六頁。
(10) 同右書、二九七頁。
(11) 同右書、三〇一頁。
(12) 同右書、三〇一頁。

(13)『長崎文献叢書　第一集・第四巻　続長崎実録大成』巻九、長崎文献社、一九七四年一一月、二六四頁。
(14)同右書、二六五頁。
(15)同右書、二七九頁。
(16)『清実録』五、中華書局、一九八五年九月、七五五頁。
(17)中国第一歴史檔案館編『清代中琉関係檔案選編』中華書局、一九九三年四月、六九二〜六九三頁。
(18)同右書、六九三頁。
(19)松浦章「清代における沿岸貿易について——帆船と商品流通——」、小野和子編『明清時代の政治と社会』京都大学人文科学研究所、一九八三年三月。松浦章『清代帆船沿海航運史の研究』関西大学出版部、二〇一〇年一月、二六〜六〇頁。
(20)『史料旬刊』天五〇八、國風出版社版、二七一頁。
(21)『通航一覧』巻二一七、刊本第五冊、国書刊行会、一九一三年、四六九〜四八四頁。
(22)『長崎関係史料選集』第一集、長崎史学学習会、二〇〇四年二月、九頁。
(23)同右書、九頁。
(24)同右書、九〜一〇頁。
(25)同右書、一〇頁。
(26)『中国交通営運里程図』人民交通出版社、一九九一年三月参照。
(27)『長崎関係史料選集』第一集、一〇頁。
(28)中国第一歴史檔案館　硃批奏摺、外交類四—二五八—三七。
(29)『犯科帳』第九巻、犯科帳刊行会、一九六〇年九月、五一〜五二頁。
(30)大庭脩編著『唐船進港回棹録・島原本唐人風説書・割符留帳』関西大学東西学術研究所、一九七四年三月、一四〜一五頁。
(31)中国第一歴史檔案館　硃批奏摺、外交類四—二五八—五。
(32)『長崎文献叢書　第一集・第二巻　長崎実録大成正編』巻一二、三〇七頁。

(33)『長崎文献叢書　第一集・第四巻　続長崎実録大成』二八四～二八七頁。
(34)中国第一歴史檔案館　硃批奏摺、外交類四―一二五八―一七。
(35)『宮中檔乾隆朝奏摺』第二輯、國立故宮博物院印行、一九八二年六月、八五四頁。
(36)『清代中琉関係檔案選編』三六八頁。
(37)同右書、三六九頁。
(38)同右書、三五八頁。
(39)同右書、五一〇頁。
(40)『清史稿』中華書局、一一〇八一頁。
(41)中山市檔案局・中国第一歴史檔案館編『香山明清檔案輯録』上海世紀出版・上海古籍出版社、二〇〇六年六月、四一九頁。
(42)同右書、四二九頁。

第三編　言語接触に見る文化交渉

第一章　袁枚『随園詩話』と市河寛斎編『随園詩鈔』

一　緒　言

清朝中期の文人として著名な人物に袁枚がいる。袁枚の事蹟に関して孫星衍の「故江寧縣知縣前翰林院庶吉士袁君枚傳」によれば、

袁枚、字子才、號簡齋、浙江錢塘人。幼有異稟、年十二、爲縣學生。……卜築於江甯之小倉山、號隨園。聚書籍爲詩古文、如是五十年、終不復仕。(1)……以嘉慶二年十一月十七日卒、年八十有二。(2)

とあるように、袁枚は浙江銭塘県の人で、幼い頃より学才があり、一二歳で県の学生となったほどの人物であった。若い頃からいくつかの官歴を経たが、後半生は南京郊外の小倉山に居を構え、その居を随園と称し官途には就かず、著作により、嘉慶二年（一七九七）一二月に八二歳の生涯を終えた。このことから明らかなように、袁枚の文筆活動は、ほぼ乾隆時代の六〇年（一七三六～一七九五）に相当するといえるであろう。そのため袁枚の著作は多く、その著作集は後に『随園集』としてまとめられている。さらに、彼の著作は同時代の海外でも好まれ読まれたといわれる。邱煒萲撰『五百石洞天揮麈』巻三に、

浙江錢塘、袁簡齋先生枚、隨園全集及身、而傳風行海內外久……

とあり、福建の海澄県出身で東南アジアにおいて巨万の富を築いた富豪邱煒萲(3)が袁随園の著作の多さと、随園作

品が広く伝播し中国の内外で慕われていたことを記している。

『清史稿』巻四八五、袁枚伝にも、

著随園集、凡三十餘種。上自公卿下至市井負販、皆知其名。海外琉球有來求其書者。(4)

とあるように、袁枚の書籍は海外の琉球国においても好まれ求められたとしている。同様に、日本でも求められ、翻刻版まで出版された。

そこで、本章において袁枚の代表的な著作のひとつである『随園詩話』と、日本で翻刻された市河寛斎の『随園詩鈔』について述べてみたい。

二　袁枚とその著作

（1）袁枚の経歴

袁枚の略歴を要領よくまとめたものに、銭泳の『履園叢話』六、耆旧の「随園先生」がある。

銭塘袁簡齋先生名枚、字子才。少聰頴、年十二能為文、嘗作高帝、郭巨二論、莫不異之。乾隆元年、先生遊廣西、省其叔父於巡撫金公幕。金公奇其狀貌、命為詩、下筆千言、遂大為賞歎。適是年有詔旨舉博學鴻詞科、金公專摺奏聞云、有袁枚者、年未弱冠、經史通明、足應是選。乃送入京師。當是時、海內老師宿儒賢達之士、計九十有八人、而先生年最少、天下駭然、無不想望其豐采也。居無何、報罷、旋中戊午科順天鄉試。其明年成進士、入翰林、散館以知縣用、分發江南、年二十五耳。越十年、乃致仕、築隨園于石頭城下、擁書萬卷、種竹澆花、享清福者四十餘年。著作如山、名聞四裔。年八十二而卒、學者稱隨園先生云。(5)

袁枚が叔父に付き従って広西に赴いたさい、叔父は広西巡撫であった金鉷の幕客となった。金鉷は雍正六年（一七二八）五月より乾隆元年（一七三六）八月まで広西巡撫で、(6)翌年正月より三月まで刑部左侍郎となっている。(7)

この金鉄に袁枚はその才能を見出され、官界に進出することになったとのことである。実際には、袁枚は乾隆四年己未科（一七三九）の第二甲九〇名の第五番目として進士に合格した。(8)そして二四歳の年で翰林院庶吉士となっている。(9)

さらに、袁枚が居を定めた南京に造営した庭園随園については、袁枚自身が『随園詩話補遺』巻一に、

余買小倉山廃園、舊爲康熙間織造隋公之園、故仍其姓、易隋爲隨、取隨之時義大矣哉之意。居四十餘年矣。(10)

とあるように、康熙年間の織造職にあった隋公の旧宅を購入して随園としたとしている。隋公とは、雍正『江南通志』巻一〇五、職官志、文職、江寧織造に、

隋赫徳　満洲人　雍正六年任

とある隋赫徳のことであったと思われる。『紅楼夢』の作者曹雪斤の祖父であり江寧織造であった曹寅の豪壮な生活が『紅楼夢』の舞台となったといわれるように、(11)江寧織造は、名目は皇室御用の高級絹織物を調達する官営絹織物の監督の地位にあったが、(12)経済的に潤沢な生活をしていたとされる。(13)隋赫徳は曹寅・曹顒・曹頫に継いで織造職に就任した。袁枚はその隋赫徳の旧宅を購入し随園と称したのであった。(14)

その随園について、『揚州画舫録』巻一〇、虹橋録上に次のようにある。

袁枚、字子才。浙江銭塘人。幼有才名、舉博學鴻詞不用、成進士、入翰林。官江寧知縣。有政聲、罷官築清涼山中隨園。著有小倉山房詩文集、新齊諧諸書。年八十餘、毎逢平山堂梅花盛時、往來邗上、以詩求見者、如雲集焉。(15)

居を定めた地を小倉山として、その地名を冠した詩文集「小倉山房詩文集」などを刊行したという。

また『履園叢話』二〇、園林、随園、江南には、

隨園在江寧城北、依小倉山麓、池臺雖小、頗有幽趣。乾隆辛亥春二月初、余始遊焉。時簡齋先生尚健、同坐

蔚藍天、看小香雪海、梅花盛開、讀畫論詩者竟日。至道光二年九月、偶以事赴金陵、則樓閣傾隤、秋風落葉、又是一番境界矣。其舊僕某尚識余姓名、真所謂、猶有白頭園叟在、斜陽影裏話當年也。近年聞先生長君蘭村又葺而新之、遊人雜遝矣。[16]

とあるように、銭永が乾隆五六年（辛亥、一七九一）春二月初旬に、南京城郭の北にあった随園を尋ね、晩年の袁枚と会合したことを記し、さらには道光二年（一八二二）に袁枚亡き後の随園を尋ねたところ、居宅は荒廃していたが、旧知の人と会って往時を懐かしんだと記している。

（2）袁枚の著作

袁枚の著作は多く、たとえば江戸幕府の収蔵書の中心であった紅葉山文庫の旧蔵書には「随園廿八種」六四冊[17]がある。それらは康熙五五年（一七一六）～嘉慶二年（一七九七）に上梓されたもので、その内容一覧は次の通りである。比較のために王英志編『袁枚全集』（江蘇古籍出版社、一九九三年九月）全八冊を対照し下段に掲げた。

『小倉山房文集』三五巻	『袁枚全集』二（冊数番号、以下同）
『小倉山房詩集』三六巻	『袁枚全集』一
『小倉山房外集』八巻	『袁枚全集』二
『袁太史時文』一巻	『袁枚全集』五「袁太史稿」
『小倉山房尺牘』八巻　坿『牘外餘言』一巻	『袁枚全集』五
『随園詩話』一六巻	『袁枚全集』三
『随園詩話補遺』八巻	『袁枚全集』三
『随園随筆』二八巻	『袁枚全集』五

『新斉諧』二四巻
『続新斉諧』八巻
『碧腴斎詩存』八巻（清・胡德琳）
『随園続同人集』一七巻（清・袁枚編）　『袁枚全集』六「続同人集」
『随園女弟子詩選』六巻（清・袁枚編）　『袁枚全集』七
『随園八十寿言』六巻（清・袁枚編）　『袁枚全集』六
『紅豆村人詩稿』一四巻（清・袁樹）　『袁枚全集』七
『素文女子遺稾』一巻（清・袁機）　『袁枚全集』七「袁家三妹合稿」
『楼居小草』一巻（清・袁杼）　『袁枚全集』七「袁家三妹合稿」
『繡餘吟稿』一巻（清・袁棠）　『袁枚全集』七「袁家三妹合稿」
『盈書閣遺稾』一巻（清・袁棠）　『袁枚全集』七「袁家三妹合稿」
『南園詩選』二巻（清・何士顒）　『袁枚全集』七
『粲花軒詩稾』二巻（清・陸建）
『筱雲詩集』二巻（清・陸應宿）
『捧月楼詞』二巻（清・袁通）
『飲水詞鈔』二巻（清・納蘭性徳撰、清・袁通編）
『箏船詞』一巻（清・劉嗣綰）
『緑秋草堂詞』一巻（清・顧翰）
『玉山堂詞』一巻（清・汪度）

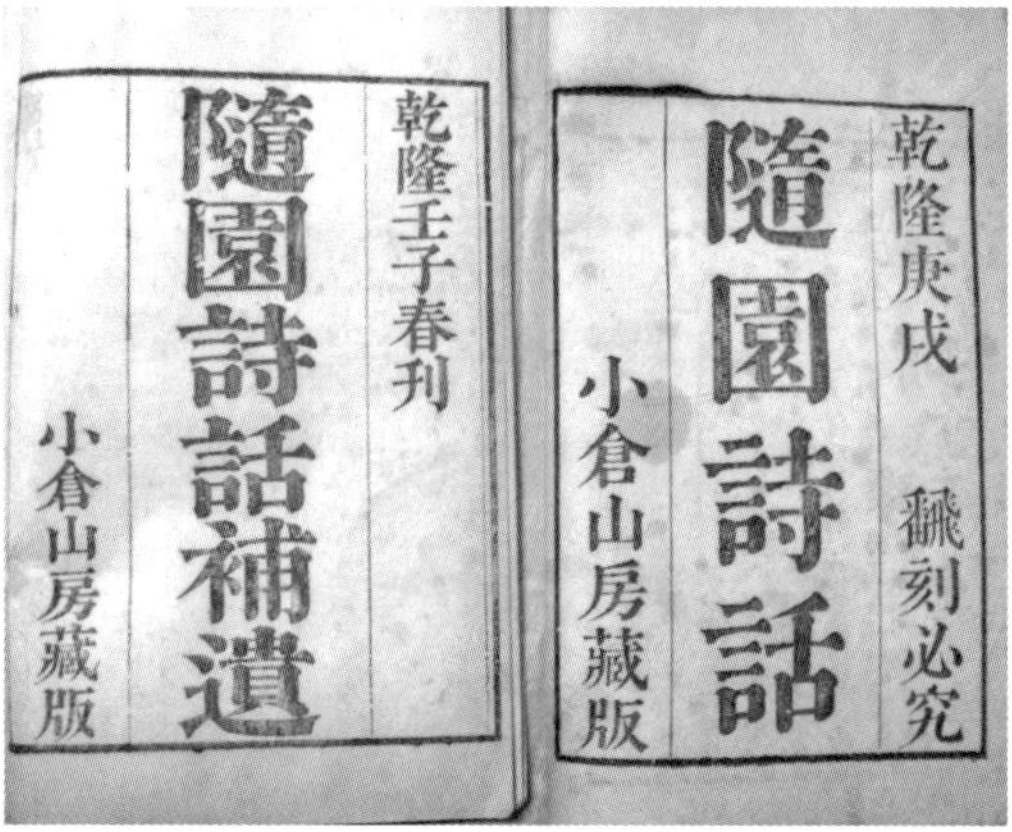

図1　『随園詩話補遺』と『随園詩話』（上海図書館所蔵）

『崇睦山房詞』一巻（清・汪全徳）
『過雲精舎詞』二巻（清・楊夔生）
『碧梧山館詞』二巻（清・汪世泰）
『子不語』『続子不語』　『袁枚全集』四
『随園食単』　『袁枚全集』五
『詳注圏点詩学全書』　『袁枚全集』八
『怪異録』　『袁枚全集』八

これら「随園廿八種」六四冊は、長崎における中国貿易を通じて船載され、幕府が購入したものと考えられる。この他、民国七年（一九一八）に上海の文明書局が石印本で刊行した『随園全集』六四冊がある。[18]

袁枚の著作の中でも広く知られたものに『随園詩話』がある。『随園詩話』として最初期に刊行されたものは「乾隆庚戌　翻刻必究　随園詩話　小倉山房蔵版」とされるものではなかろうか（図1右）。さらに『随園詩話補遺』には、「乾隆壬子春刊　小倉山房蔵版」がある。前者は乾隆五五年（一七九〇）、後者は乾隆五七年（一七九二）に刊行されたものである（図1左）。[19]

一方、国立公文書館・内閣文庫に所蔵される『随園詩話』は「林述斎手校本」[20]とされ、寛政五年（一七九三）に林家を相続して大学頭となった林述斎（一七六八〜一八四一）が幕命により手ずから校訂を加えたものと思われ、乾隆五七年（寛政四、一七九二）刊本である。[21]おそらくこれは、日本に船載された初期の『随園詩話』と思われる。ところがこれよりも早く寛政三年に船載された『随園詩話』が次節に掲げる「商船載來書目」に見える。

乾隆五七年に刊行された『随園詩話』一五巻は清朝の文人の著作にもしばしば引用された。陶樑撰『国朝畿輔詩伝』巻二九、査爲仁の条に、

袁枚随園詩話、昇平日久、海内殷富、士大夫慕古人、……

とあり、また徐時棟撰『烟嶼楼読書志』巻一六集、小倉山房集によれば、

本朝盛行之書、余最惡李笠翁之一家言、袁子才之随園詩話一家言、尚有嗤鄙之者、随園詩話、則士大夫多好之、其中傷風敗俗之語、易長浮蕩輕薄之心、爲父兄者可令子弟見之耶。嘗記其中載乃弟風懷詩而譽之曰阿兄亦此中人而不能道此等語云云猥褻惡俗居然形之楮墨閒眞不知人閒有羞恥事者即以詩論其大旨以言情爲主而情其所情非詩人之所謂情也纖巧挑達尖冷刻薄與詩教中溫柔敦厚字字相反豈可謂之知詩者耶一日余於友人扇頭見一律有印貪三麵刻墨慣兩頭磨余曰此必随園詩也問之果然。

とあるように、『随園詩話』は清代の文人に盛んに利用された書籍であった。

三　市河寛斎編『随園詩鈔』

（1）『随園詩鈔』の編纂

袁枚の作品はいつ日本に伝えられたのであろうか。大庭脩『江戸時代における唐船持渡書の研究』に収められた船載記録から袁枚の著作を抜き出して列記してみたい。

寛政三年（乾隆五六、一七九一）　随園詩話　一部一套（「商舶載來書目」須字號）(22)

寛政五年（乾隆五八、一七九三）　小倉山房　一部一套（「商舶載來書目」世字號）(23)

寛政六年（乾隆五九、一七九四）　小倉山房　一五部一五套（「寛政六年寅貳番南京船書籍名目」）(24)

寛政一〇年（嘉慶三、一七九八）　小倉山房尺牘　一部一套（「商舶載來書目」世字號）(25)

寛政一〇年　　　小倉山房文鈔　一部一套（「商船載來書目」世字號）[26]

右のように、袁枚の著作の中で最も早く日本に舶載されたのが『随園詩話』であったと思われる。これはおそらく先に指摘した乾隆庚戌（五五年）版の『随園詩話』と考えられる。そうすると、刊行された翌年には長崎へ舶載されていたことがわかる。

ところで、『随園詩話』によく似た書名を持つものに、市河寛斎の『随園詩鈔』がある。ここで『随園詩鈔』の成立について詳しくみてみよう。寛斎の文化一二年（嘉慶二〇、一八一五）五月の「随園詩鈔凡例」によれば、

随園詩話行於此邦、幾二十年、詩家寳重不多啻拱璧、但其本集舶來甚希、故世未能知公詩爲何等面目、客歳余在崎陽、購得小倉山房詩鈔三十一巻、載詩一千五百余首、乃欲急翻雕之、以貽同好[27]。

とある。『随園詩話』の日本への舶載以来すでに二〇年を経過し、この間多くの文人に好まれていたが、舶載された冊数が多くなく、いまだ袁枚の作詩の価値を知る人が少ないと記している。市河寛斎がこれを記した文化一二年から遡って二十数年前といえば、寛政三年に舶載された時期とほぼ一致することになり、やはり『随園詩話』の日本への初渡は寛政三年と考えられる。

ここに寛斎は長崎で詩一五〇〇余首を掲載した『小倉山房詩鈔』三一巻を最初に入手したとある。つづいて「随園詩鈔凡例」に、

後又得小倉山房全集、爲詩三十七巻、總計四千七十余首、較之鈔本、殆加倍三陪[28]。

とあるように、後年「小倉山房全集」も入手した。とくに後者に掲載された詩の多さに驚きを禁じ得なかったであろう。なお、後述するように、この「全集」とは『小倉山房詩集』のことである。

寛斎に学び漢詩に通じていた大窪行こと大窪詩仏[29]が記した「随園詩鈔序」には、

文章気数有異域、而一時相通者、距今二十餘年、河寛齊先生開江湖社、首唱白香山、而李王摸擬之風爲之、

一變。清袁簡齊先生作随園詩話、専唱清新之詩、痛斥七子之風、推年考之、其時正相當是非事之不謀、而相類者乎。余讀随園詩話、心喜其論、愛其詩、生平以不見全集、爲恨。癸酉歳寛齊先生従牧鎮臺、于役長崎、得倉山集、而歸手自抄録上梓欲貽世之同好、刻成徴序於余、……遂序、詩佛老人大窪行(30)。

とある。傍線部にあるように、寛斎は文化一〇年癸酉（嘉慶一八、一八一三）に公用により長崎に赴き、「倉山集」を得たとされる。倉山集とは先の寛斎の「凡例」からも明らかなように『小倉山房詩鈔』であろう。

『事実文編』巻三、林衡「市河子静墓碣銘」によれば、

故富山藩教授市河子静歿、……子静諱世寧、市河氏、一字嘉祥、號西野、寛斎、半江、皆其別號、稱小左衛門、子静其字也。……游長崎一年、其与清客唱和、亦晩途一適也(31)。

とある。林衡とは述斎の諱である。林述斎も記すように、確かに寛斎は長崎へ赴いている。そのさいの記録が寛斎の『瓊浦夢餘録』一巻である。

『瓊浦夢餘録』によれば、

文化癸酉秋、従駕鎮臺牧公役崎陽、七月二十五日發江戸、以九月初七到崎山鎮所(32)。

とある。文化癸酉すなわち文化一〇年（嘉慶一八、一八一三）七月に長崎奉行となった牧野大和守成傑(33)に従い長崎に赴き、九月七日に長崎稲佐山の奉行所に到着している。

そして『瓊浦夢餘録』癸酉冬の条には、

讀小倉山房詩、弔袁簡齋翰林

先生花裡掩柴關、今古名流盡往還、築室不離金粉地、倣詩原近白香山。
可憐一代風騷主、夢斷當年供奉班、莫向小倉山下過、最愁人屋廿三間(34)。

と記している。長崎で手にした「小倉山房詩」を通じた、寛斎の袁枚に対する慕情は並々ならぬものがあったと

いえるであろう。この「小倉山房詩」とは『小倉山房詩鈔』を指すと思われる。

一方、袁枚には別に『小倉山房詩集』(35)があり、巻一より作詩された時代順に収録されている。では、寛斎が最初に見た『小倉山房詩鈔』(36)と『小倉山房詩集』とは具体的にどのように異なるのであろうか。表1により収録された作詩数で比較してみたい。

表1から市河寛斎が見た『小倉山房詩鈔』は『小倉山房詩集』の簡略版であったことは明らかで、寛斎が「凡例」に書いていたように後日入手した『小倉房山詩集』を見て驚きを禁じ得なかったであろう。

寛斎は袁枚の代表作の一つともいえる『随園詩話』を広く日本の識者に広めたい気持ちが強く、『随園詩話』とは名が類似しても内容は『小倉山房詩鈔』から抜粋した『随園詩鈔』を編集したものと思われる。

市河寛斎撰『随園詩鈔』については文化九年（一八一二）一〇月に発行された市河米庵の『米庵墨談』巻三の巻末に附載された江戸浅草茅町三丁目の須原屋伊三郎の「青藜閣蔵書版書目録」によれば、

　随園詩鈔　市河寛齋先生撰　全三冊

小倉山房誌鈔一千五百首ノ中ヨリ初學ニ解シ易キ詩四百餘首ヲ抜粋セシモノナリ。随園ハ清初ノ詩風ヲ一變セシ。乾隆年間詩人ノ大家ナリ。當今詩ニ志スノ君子此詩鈔必ス讀ベキ書ナリ。

とある。つまり江戸時代において漢詩を志す人にとっての必読書として刊行されたものであった。その『随園詩鈔』の総目は次のとおりである。

巻一、五言古詩五十八首
巻二、七言古詩十九首
巻三、五言律詩四十五首、五言排律二首
巻四、七言律詩九十六首

表１　『小倉山房詩集』・『小倉山房詩鈔』掲載詩数対照表

巻数	作詩年干支	『小倉山房詩集』丁数	『小倉山房詩集』掲載詩数(首)	『小倉山房詩鈔』掲載詩数(首)
1	丙辰・丁巳（乾隆元、２年）	14丁表	52	17
2	己未至辛酉	14丁表③	54	17
3	壬戌・癸亥	19丁表⑦	98	55
4	甲子・乙丑	14丁裏⑧	84	15
5	丙寅至戊辰	25丁表	102	32
6	己巳	17丁表①	72	20
7	庚午・辛未	21丁表①	90	47
8	壬申	28丁⑦	149	95
9	癸酉		72	60
10	甲戌	26丁表⑧	125	78
11	乙亥	11丁裏⑧	94	33
12	丙子	11丁裏⑩	31	21
13	丁丑	22丁裏	102	75
14	戊寅	14丁裏⑧	72	27
15	己卯	30丁表③	152	98
16	庚申・辛巳	23丁裏①	102	21
17	壬午・癸未	23丁裏⑩	133	30
18	甲申	16丁裏④	56	28
19	乙酉	19丁裏⑥	92	28
20	丙戌・丁亥	29丁裏⑩	135	80
21	戊子・己丑	22丁裏⑥	70	70
22	庚寅辛卯	18丁裏⑨	61	24
23	壬辰・癸巳	16丁裏⑩	79	29
24	甲午・乙未	21丁表⑥	120	26
25	丙申・丁酉・戊戌	37丁表⑨	190	103
26	己亥・庚子	35丁裏③	207	81
27	辛丑	17丁表	118	59
28	壬寅	41丁裏	219	70
29	癸卯	20丁表⑧	101	10
30	甲辰	56丁裏⑦	234	158
31	乙巳・丙午	11丁表④	137	55
32	丁未至己酉	38丁裏⑦	32	
33	辛亥	16丁表①		
34	癸丑（乾隆58年）	12丁表⑦		
合計			3435首	1562首

注：『小倉山房詩集』全10冊本（横16.2×24.9cm）は上海図書館蔵（図書番号：長37124-33）を、『小倉山房詩鈔』は上海図書館蔵『小倉山房詩集　補遺』全四冊、小型版（横11.8×縦17.5cm）（図書番号：長334533-36　図２参照。表題は『小倉山房詩集』であるが、題箋には「小倉山房詩鈔」とある）を利用した。丁数は同上の『小倉山房詩集』全10冊本の巻数と丁数であり、①は行数を示している。

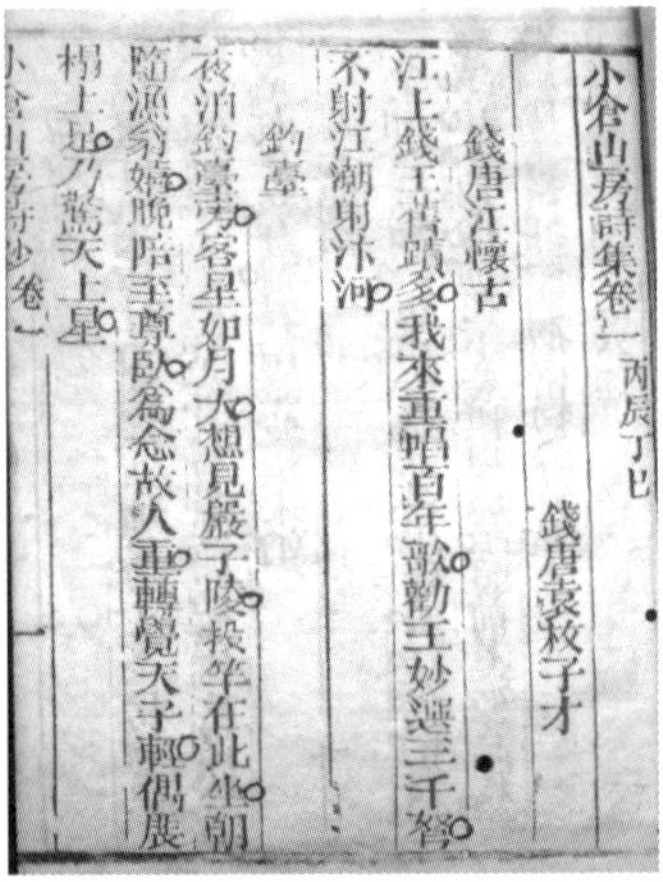
小倉山房詩集巻一　丙辰丁巳
錢唐袁枚子才
錢唐江樓懐古
江上錢王舊蹟多我來重唱百年歌勸王妙選三千弩
不射江潮射汴河
釣臺
夜泊釣臺旁客星如月大想見嚴子陵我亦在此坐朝
隨漁翁婦臙臨至尊臥爲念故人重轉覺天子輕偶展
榻上遊乃驚天上星
小倉山房詩鈔巻一

図2　『小倉山房詩鈔』（上海図書館所蔵）
表題は『小倉山房詩集』であるが、題簽には「小倉山房詩鈔」とある。

巻五、五言絶句九首、六言絶句九首
巻六、七言絶句二百三首
通計四百四十一首

この『随園詩鈔』に収められた四四〇余首の中で、日本に最も関係した詩が、次に述べる「贈沈南蘋畫師」であろう。そこでこの詩に関して若干の考察をおこないたい。

（2）『随園詩鈔』の「贈沈南蘋畫師」

「贈沈南蘋畫師」が収録された『随園詩鈔』巻二は、「七言古詩」を収録したものであるが、試みにその出典を『小倉山房詩集』『袁枚全集』[37]と対比してみると表2のようになる。

表2には『随園詩鈔』巻二のみを掲げたが、『小倉山房詩集』が巻一から作詩された年代順に収められているのに対して、『随園詩鈔』は、まず詩の形式を基本として、その形式に準ずる詩を『小倉山房詩集』から、恐らく寛斎の嗜好によって順次採用していったことが知られる。

巻二で注目すべきは「贈沈南蘋畫師有序」で、沈南蘋に関する詩である[38]。次に、『小倉山房詩集』巻一三に収録された「贈沈南蘋畫師有序」の全文を掲げ『随園詩鈔』と比較してみたい（図3・4参照）。なお、この詩は『随園詩話』には見られない。同書には琉球に関する詩はあるが[39]、日本に関する記述は見られない。また、『小倉山房詩集』に見える日本に関する詩は、この「贈沈南蘋畫師有序」が唯一である。

呉興沈南蘋畫名藉甚、雍正間、日本國王持倭牌、聘往居其國三年、授弟子若干、老病辭歸。國王況施累

表２　『随園詩鈔』巻２掲載詩の出典対照表

『随園詩鈔』巻２	『小倉山房詩集』	『袁枚全集』１
夜渡彭蠡風浪大作	巻１	３頁
府中趨	巻４	57頁
火災行	巻４	59頁
老将行	巻７	110頁
南樓観雨歌	巻７	120頁
二馬車歌	巻８	135頁
秦始皇陵	巻８	145頁
汴梁懐古	巻８	155頁
天開巌観嶁碑	巻10	192頁
登最高峰	巻10	193頁
贈沈南蘋畫師有序	巻13	234頁
子才子歌示荘念農	巻15	271頁
早開梅凍傷乎慰之以詩	巻17	344頁
贈揚将軍名崑	巻18	361頁
董暢菴守硯圖	巻18	364頁
染鬚	巻８	366頁
太守沈硯圃有雙松甚古予乞其一而謝以詩	巻20	394頁
施将軍廟	巻26	550頁

萬、同舟人受簿錄之累、南蘋傾所有以償、至家竟不名一錢。

東陽隱侯畫筆好、聲名太大九州小、片紙能開異國春、鶴書遠賁東夷島、東夷之國日本強、晉唐書畫多收藏。倭人字乞蕭夫子、行賈詩歌白侍郎。將軍重幣聘高賢、高士乘舟去若［如］仙、眼驚紅日初生處、畫到中華以外天、天風吹下三千里、行盡魚頭見魚尾、斫取扶桑作管城、揮毫更進羊皮紙、紫貝千雙國主恩、鮫珠十斛門生禮。蝇點屏風墨未乾、方諸拾淚寫牛欄。奇花增入宣和譜、［恠］怪石常横粉本看、三年重作還郷夢、侏离傑休歌相送。金壓蕭雲行李遲、船因陸賈歸裝重、同舟人欠水衡錢、羽化銀盃意灑然。元振萬金揮手盡、長康厨内空雲烟。還家身世兩蕭條、流落江湖酒一瓢。遊［游］子青衫餘兩袖。畫師白髮老三朝、人生意境何偪仄、盛名坎禀如一轍、但使文傳黑氷碑、奚須家住黄金穴、春來日日鳥船通、猶道夷王遣問恭、七十二島依然在、只隔人間海一重。[40]

『随園詩鈔』巻二に見える「贈沈南蘋畫師有序」の記述は、［　］で示した三文字の異同がある以外は『小倉山房詩集』と一致する。

『小倉山房詩集』の中の沈南蘋に関する袁牧の詩が東伝し、寛斎が翻刻した『随園詩鈔』に採用された理由は、日本における沈南

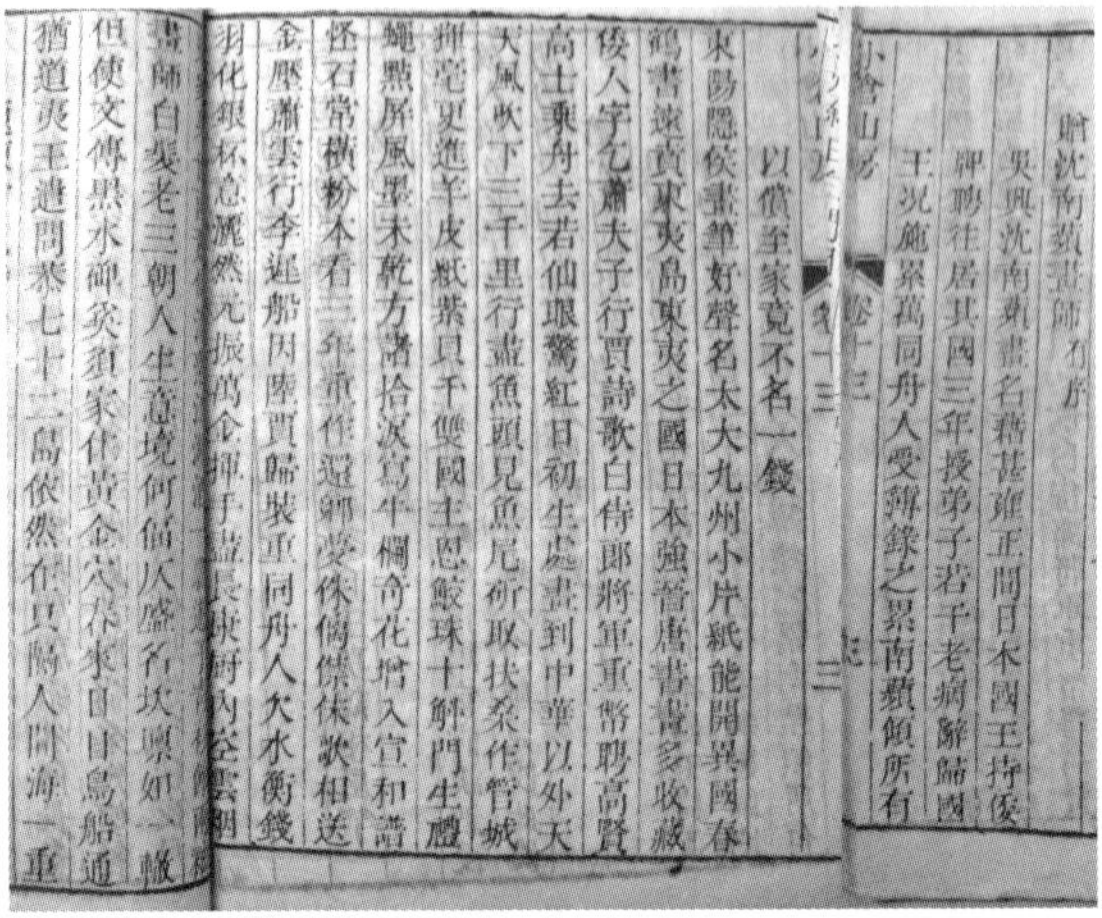

図３　『小倉山房詩集』巻３、「贈沈南蘋畫師有序」
（上海図書館所蔵）

贈沈南蘋畫師 有序
呉興沈南蘋畫名籍甚雍正間日本國王持倭
牌聘往居其國三年授弟子若干老病辭歸國
王貺施累萬同舟人受簿録之累南蘋傾所有
以償至家竟不名一錢
東陽隱侯畫筆好聲名太大九州小片紙能開異國春
鶴書遠賁東夷島東夷之國日本強晋唐書畫多收藏
倭人字乞蕭夫子行貫詩歌白侍郎將軍重幣聘高賢
高士乗舟去如仙眼驚紅日初生處畫到中華以外天
天風吹下三千里行盡魚頭見魚尾斫取扶桑作管城
揮毫更進羊皮紙紫貝千雙國主恩鮫珠十斛門生禮
蜿蜒屏風墨未乾方諸拾淚寫牛欄奇花增入宣和譜
恠石常横粉本看三年重作還鄉夢侏儒傑休歌相送
金壓蕭雲行李遲船因陸賈歸装重同舟人欠水衡錢
羽化銀杯意瀰然元振萬金揮手盡長康廚内空雲烟
還家身世両蕭條流落江湖酒一瓢遊子青衫餘両袖
畫師白髪老三朝人生意境何偏仄盛名坎壈如一轍
但使文傳黒水碑奚須家住黄金穴春来日日鳥船通
猶道夷王遣問恭七十二島依然在只隔人間海一重

図４　『随園詩鈔』巻２、「贈沈南蘋畫師有序」
（上海図書館所蔵）

蘋の評価とも関連しているであろう。

沈南蘋については、内藤湖南が『支那絵画史』の「清朝の絵画」において、近世の日本絵画に大いなる影響を与えた人物として沈銓（沈南蘋）の来日の業績をあげている。(41) また彭城百川『元明清書画人名録』清人来舶の「シ」の部に、「沈銓シンセン、字衡齋、号南蘋。呉興人、花卉翎毛」とあるように、沈南蘋は絵画に優れ、特に花鳥画に優れた画人として知られていた。

沈南蘋が来日した時期について、『長崎実録大成』巻一〇、「長崎渡来儒士医師等之事」に画工沈南蘋は、「享保十六年渡来、同十八年九月十八日歸唐」(42)とあり、同書、第一一巻、唐船入津並雑事之部に、享保一六年「十二月三日、三十七番船ヨリ畫工沈南蘋連渡ル」(43)とあるように、享保一六年（一七三一）に長崎に来航した。天明九年（寛政元、一七八九）新鐫の『費氏山水画式』に見える、江戸中後期の儒者として知られる平澤元愷が天明七年（丁未）に記した序に、

舶賈能画沈南蘋、花卉翎毛最著、相継而来伊孚九、費漢源、名于山水、余在長崎、方巨川者適来、亦稱能画。属者木文煕為徒弟、刻費氏画式、就余而請正因需一言、余已為文煕序、其新摸名山圖而略言此際画、興時汚隆矣。……

天明丁未仲春、兎道山樵澤元愷撰并書。

とあるように、沈南蘋は、花草や花鳥画に優れた来船の有名画家として知られていた。

沈南蘋のことは、『清史稿』巻五〇四、列伝二九一、芸術三にも見え、

沈銓、字南蘋、浙江徳清人。工寫花鳥、専精設色、妍麗絶人。雍正中、日本國王聘往授畫、三年乃歸、故其國尤重銓畫、於［惲］格為別派。(44)

とあり、浙江省湖州府の徳清県の人であった。やはり花鳥画に優れその色彩が特に絶品であったという。雍正年間に日本からの要請で長崎に渡って絵画術を伝え、三年ほどして帰国したとされ、日本でもっとも重んぜられたと評されている。彼の画風は惲格の流派の別派と見られていた。

惲格は、清初の文人画壇を代表する六大家の一人であり、王時敏・王鑑・王原祁・王翬・呉歴とともに四王・呉惲と呼称される画人である。彼らは明代の董其昌によって確立された文人画を発展させ、清代の文人画の基本を確立した画人のひとりである。(45)

沈南蘋について、嘉慶一三年（一八〇八）『徳清県続志』巻八、人物志、三五丁表にも、

沈銓、字南蘋、嘗畫花蘂宮詞爲圖進御、又嘗随賈舶至日本、日本凡人尤重其畫、娙天驤門人童衡皆傳銓法。

とあり、嘉慶一三年には南蘋の来日からすでに七〇余年も経過していたが、彼が日本へ赴いたことと、彼の絵画が日本で珍重されていたことが明確に記されている。

その直後の嘉慶一七年（一八一二）刻『新市鎮県志』巻四、芸術、国朝には、

沈銓、字南蘋、工畫樹石花鳥、名噪一時、晩年專精松鹿、人争蔵弆之、娙天驤最得銓法、惜其年不永傳者甚稀。(46)

とあり、沈南蘋の樹木や石、さらには花鳥の絵画が人気を博していたことが知られる。そして同書には、

呉錡字補之、畫師南蘋、而尤長於松夭矯離奇、令人心目、俱駭不知者、疑其自以意造、後有人遊粤西、還者言自桂林之全州山中古松幾二百里、怪怪奇奇、與呉所畫絶肖、於是人益居爲奇貨矣。(47)

とあり、沈南蘋の弟子に呉錡という人物がいたことが知られる。ちなみに新市鎮は徳清県の東北にある市鎮であり、沈南蘋の郷里であったと思われる。

さらに同治一三年（一八七四）刻『湖州府志』巻八〇、人物伝、芸術には、

沈銓、字衡之、號南蘋、徳清人。工寫花卉翎毛、設色姸麗畫人物、得不傳之、秘曾寫花蘂夫人宮辭爲圖以進。雍正間、日本國王持倭牌、聘往授畫、三年辭歸。時國王贈予累萬、同舟人受簿録之累、傾所有以償歸家、不名一錢。(48)

とあり、沈南蘋は湖州府の徳清県の人で花草などの静物画に優れ、雍正年間に日本に渡り優遇され信牌を受けたこと、日本で絵画を教えた事などが知られていた。

民国一二年（一九二三）修『徳清県新志』巻八、人物志、三五丁表によれば、

沈銓、字衡之、號南蘋、新市人。工寫花卉翎毛、設色姸麗畫人物得不傳之秘工秀絶倫。雍正間、日本國王持

倭牌、聘往授畫、三年辭歸。國王贈予鉅萬、同舟人受簿録累傾所有以償歸家、不名一錢(49)。

とあり、上記の地方志とほぼ同様な事が記されている。

このように、沈南蘋に関する情報が少ない中において、市河寛斎が編集した『随園詩鈔』に収録した袁枚の「贈沈南蘋畫師有序」の序にあたる次の部分は、簡略ながら沈南蘋の事績を端的に記しているといえるであろう。

呉興沈南蘋畫名藉甚、雍正間、日本國王持倭牌、聘往居其國三年、授弟子若干、老病辭歸。國王況施累萬、同舟人受簿錄之累、南蘋傾所有以償、至家竟不名一錢。

呉興の画家として有名であった沈南蘋が雍正年間すなわち日本の享保年間に渡来し、日本の為政者から特別に「倭牌」長崎通商照票である信牌を給付され、日本に三年間滞在し、彼の画法を日本の絵師たちに伝授し、老境であることと病のため帰国したことと、日本の為政者が南蘋を優遇してくれたが、南蘋その人は、その優遇に甘んじることのない人物であったことを袁枚は記したのである。

四　小　結

上記のように、袁枚の『随園詩話』は刊行直後の早い時期に日本にもたらされたことは確かである。その影響が広く日本の文人たちにも知られたようであった。しかし日本で流布する『随園詩話』はわずかであったと思われる。そのため同書を求める人々は、江戸時代の人々が多く行ったように、おそらく借用して筆写して学んだのではないかと思われる。

また、版本の流布が少ないことを惜しんだ市河寛斎が、公務により訪れた長崎において舶載されていた『小倉山房詩鈔』を入手したことも確かである。同書に基づき、市河寛斎が袁枚の詩を五言古詩、五言律詩、七言古詩、七言律詩などのようにその形式によって再編成した簡略版が『随園詩鈔』である。書名が類似する袁枚の『随園詩話』とは別のもので、袁枚の『小倉山房詩集』に準拠するものであった。『小倉山房詩集』は増補を重ねて三七巻、補遺二巻となるが、寛斎が最初に入手したのはおそらく簡略版の『小倉山房詩鈔』三一巻であった。それでも当時の日中の交流環境からすれば極めて迅速な対応であったろう。

寛斎『隨園詩鈔』には、袁枚が『小倉山房詩集（鈔）』の中で当時の日中関係について唯一具体的に述べた絵師沈南蘋の来日に関する記録が採録された。寛斎が『小倉山房詩鈔』から「贈沈南蘋畫師有序」を意識して採録していたことは間違いない。このことから江戸時代に日本に伝えられた沈南蘋の画法の影響力の強さをうかがい知ることができるであろう。

以上のように、中国の貿易船によって長崎へ船載された清朝文人の書籍が日本文人へ与えた影響力を検討する具体的な事例を市河寛斎編『隨園詩鈔』は提示してくれているといえるであろう。

(1) 銭儀吉纂『碑傳集』巻一〇七、『碑傳集』第九冊（全一二冊）、中華書局、二〇〇八年五月、三〇六六頁。
(2) 同右書、第九冊、三〇六九頁。
(3) 『光緒東華録』光緒二七年八月丁酉（四日）条に、「福建擧人内閣中書銜邱煒萲向在南洋新嘉坡一帯經商、素爲華商之華」（『光緒東華録』第四冊、中華書局、一九八四年九月、一〇二頁、総四七二〇頁）とある。
(4) 『清史稿』第四四冊、中華書局、一九七七年八月、一三三八三頁。
(5) 銭泳『履園叢話』上、清代史料筆記叢刊、中華書局、一九九七年一二月、一四五頁。
(6) 銭實甫編『清代職官年表』第二冊、中華書局、一九八〇年七月、一五八三～一五九〇頁。
(7) 銭實甫編『清代職官年表』第一冊、中華書局、一九八〇年七月、六〇〇頁。
(8) 『明清進士題名碑録索引』下冊、上海古籍出版社、一九八〇年一月、二七一〇頁。
(9) 「隨園先生年譜」六頁、王英志編『袁枚全集』第八冊、江蘇古籍出版社、一九九三年九月。
(10) 同右書、五六七頁。

(11) 周汝昌・厳中著『江寧織造與曹寅』中華書局、二〇〇六年一二月、一二五～一九八頁。
(12) 同右書、六四～六六頁。
(13) 同右書、一二五～一九八頁。
(14) 同右書、三二～三六頁。
(15) 李斗『揚州畫舫録』清代史料筆記叢刊、中華書局、一九九七年一二月、二四三頁。
(16) 錢泳『履園叢話』上、清代史料筆記叢刊、中華書局、一九九七年一二月、五二一頁。
(17) 『改訂内閣文庫漢籍分類目録』内閣文庫、一九七一年三月、五九三～五九四頁。
(18) 『京都大学人文科学研究所漢籍目録』(財)人文科学研究所協会、一九八一年一二月、一三六八～一六八九頁。
(19) 上海図書館所蔵。『随園詩話』全一〇冊、『随園詩話補遺』全二冊(両者共に図書番号：長〇一四六二三)。
(20) 内閣文庫編『改訂内閣文庫漢籍分類目録』一九七一年三月、四三一頁。
(21) 同右書、四三一頁。この他、内閣文庫には、林家旧蔵の『小倉山房外集』七巻(康熙五五年～嘉慶二年)も所蔵されている(『改訂内閣文庫漢籍分類目録』三八一頁)。
(22) 大庭脩『江戸時代における唐船持渡書の研究』関西大学出版部、一九六七年三月、七三九頁。
(23) 同右書、七三三頁。
(24) 同右書、二五一頁。
(25) 同右書、七三八頁。
(26) 同右書、七三八頁。
(27) 長沢規矩也編『和刻本漢詩集成』第二〇輯、汲古書院、一九七七年三月、一九二頁。
(28) 同右書、一九二頁。
(29) 頼惟勤「大窪詩仏(一七六七～一八三七)」『国史大辞典』第二巻、吉川弘文館、一九八〇年七月、五四三頁。
(30) 長沢規矩也編『和刻本漢詩集成』第二〇輯、一九一頁。
(31) 五弓雪窓編『事実文編』三、関西大学出版・広報部、一九八〇年三月、三〇七頁。
(32) 市河三陽編『寛斎先生餘稿』遊徳園、一九二六年六月、二六五頁。

(33) 牧野大和守成傑は「文化十癸酉年ヨリ同十二年乙亥迄三年在任」とある。『長崎文献叢書　第一集・第四巻　続長崎実録大成』長崎文献社、一九七四年一一月、三頁。
(34) 市河三陽編『寛斎先生餘稿』二九五頁。
(35) 『小倉山房詩集』全一〇冊本（横一六・二×縦二四・九センチ）は上海図書館所蔵（図書番号：長三七一二四―三三）。
(36) 上海図書館所蔵『小倉山房詩集　補遺』全四冊、小型版（横一一・八×縦一七・五センチ）（図書番号：長三三四五三三―三六）参照。
(37) 王英志編『袁枚全集』。
(38) 長沢規矩也編『和刻本漢詩集成』第二〇輯、二〇五～二〇六頁。
(39) 『随園詩話』巻五において琉球への冊封使全魁の詩について触れている（『袁枚全集』三冊、一三五頁）。
(40) 『袁枚全集』一冊、二三四～二三五頁。
(41) 内藤虎次郎『支那絵畫史』弘文堂書房、一九三八年一〇月初版、一九三九年一月再版、一七二頁。
(42) 『長崎文献叢書　第一集・第二巻　長崎実録大成正編』長崎文献社、一九七三年一二月、二四六頁。
(43) 同右書、二六八頁。
(44) 『清史稿』四五冊、中華書局、一三九〇七頁。
(45) 鈴木敬「四王・呉惲」『アジア歴史事典』第四巻、平凡社、一九六〇年五月、一二四頁。
(46) 『中国地方志集成　郷鎮志専輯二四』上海書店、一九九二年七月、一三四頁。
(47) 同右書、一三四頁。
(48) 『中国地方志集成　浙江府県志専輯二五』上海書店、一九九三年六月、六二八～六二九頁。
(49) 同右書、九二四頁。

第二章　一九世紀初期に朝鮮・中国へ漂着した難民との言語接触

一　緒　言

前近代東アジアの文化交渉は、中国大陸と陸続きの朝鮮半島を除き、多くの場合は船舶を使用しておこなわれていた。このため日本や琉球と中国との関係は、船舶なくしては成立しなかったのである(1)。しかしながら常に海洋が平穏で「風平浪静」な時ばかりではない。時として「風大浪荒」なために海洋が荒れて、航行中の船舶が、海難事故に遭遇することになる。そうした例を探すことはそれほど困難ではない(2)。

東アジア世界では古くから遭難した近隣諸国の人々を厚遇して本国に送還する方法をとっていた。そうした基本姿勢は朝貢関係にあった明清中国と朝鮮や琉球との間のみならず、朝貢関係がなかった清朝中国と徳川日本との間でも変わらなかった(3)。

しかし、最大の問題は海難難民と、最初に接触した、あるいは救済した土地の人々との間の意思疎通であっただろう。両者の間の言語接触が順調に進めば問題がないが、時には言語接触が成立しない場合があった。

そこで本章では、嘉慶六年（一八〇一）に朝鮮国に漂着した呂宋《ルソン》の人々と、嘉慶一三年（一八〇八）に長江口の崇明島に漂着した朝鮮人とをとりあげ、彼らと当地の官民との間でどのような言語接触が図られたのかを明らかにすることにより、中国周縁における文化交渉の多様性について述べてみたい。

二　朝鮮済州島に漂着した「異国人」

海難で漂着した言語接触の困難な難民について人々はどのように対処したのであろうか。まず朝鮮国の事例を見てみたい。

『純祖実録』巻三、純祖元年（嘉慶六、一八〇一）一〇月癸酉（三〇日）条によれば、

時有濟州大靜縣唐浦、未辨何國之過去大船中、卸下五人、仍卽放船而去、卸下五人、衣制與狀貌、極其怪異、所着狹窄如束身、足不履襪、頭戴藤笠、面體俱黑、狀若猿猱、鴂舌噪呌、無由問情、使之書字、則右手執筆、以左橫寫、非篆非畫、如亂絲樣、道臣以此啓聞、命以陸路入送北京。大王大妃敎曰、濟州所泊漂人等、知其爲何國人乎。領議政沈煥之曰、語不分明、文亦詭異、服裝又怪駭、無以詳知爲何國之人矣。大王大妃敎曰、予嘗知以四方同文矣、文亦異云乎。煥之曰、以左手寫之、而其字樣回曲、不可知云矣。大王大妃敎曰、今番使行、未及付送、亦未知其爲何國人、是可莵也。右議政徐龍輔曰、於日後賫咨官去時入送、可以知來矣。(4)

とあり、純祖元年一〇月、済州大静県唐浦にどの国の船か不明で、これまで見かけたなかで最大の船があらわれた。五名が下船し、船を捨て逃げ出した。逃げ出した五人の衣服や容貌は非常に珍しく、当地の人が見たことのないようなものであった。着衣は細く身を包んでいた。足は素足で頭に藤製の笠をかぶって、顔も体も色黒であった。容貌は猿のように見え、モズがさえずるように喋り、事情もわからず、字を書かせたところ右手で筆を執り左横に文字を書き、その文字が篆書でもなく絵でもなく、乱れた糸のように書いたとある。その報告を受けて陸路北京に送ることになった。朝鮮朝廷では「大王大妃(5)」すなわち先々代の英祖の王妃であった貞純王后が、済州に漂着した彼らがどこの国の人であるかを臣下に尋ねるが、領議政の沈煥之は、言語が不明で文字も理解できず、服装も奇怪でありどこの国の人かわからないと答えている。

このように朝鮮王朝は、済州島の大静県唐浦に不明の外国船が漂着したさいに下船した五人を救済したが、彼らの服装や容貌は朝鮮国の人にとって理解を越えるものであった。さっそく調査するものの不明であったため、陸路北京に送られている。異国人が書いた文字は「以左横寫、非篆非晝、如亂絲様」とあるように、左へ横書きする、篆書でもなく絵でもないおそらく横文字風の文字であったため、理解できなかったのであろう。結局、難民たちはその本国が不明のままに清朝へ送られたのであった。

朝鮮国から送られてきた難民に対応する清朝中国側の態度について、清の『仁宗実録』巻之九二、嘉慶六年一二月己巳（二七日）の条には次のように記されている。

諭軍機大臣等、晉昌等奏撫卹外國遭風夷民、並派員護送來京一摺。所辦殊未妥協、此等不識國名夷人、在洋遭風、漂至朝鮮國地方、經該國由鳳凰城、移送瀋陽、晉昌面加詢問、給予衣食優加賞恤、即應令其仍附原船、任其自回本國、方爲正辦、何必拘泥元年舊案、護送來京。朕即位初元、外藩朝覲者多、是以飭令吉林將軍、將鄂通國難民送京、以便査辦、本年例應朝貢者、惟暹羅一國、此次遭風夷人、既詢係不識國名、若暹羅國不能通其言語、即護送來京、亦屬無益。現在該夷人等如未進關、著晉昌速行截回。儻已入關、即著直隷總督陳大文、轉飭沿途州縣、將該夷人等、交原派之員送回盛京、並著晉昌、賞給盤費。仍交朝鮮國、令附原船。送至本國、毋致稽留爲要。(6)

清朝では、瀋陽に駐在する盛京将軍の晉昌(7)らが海難に遭遇した外国の人々を救済し北京に送る件について奏上したが、その処置に苦慮していた。その最大の問題がどこの国の人か不明であったことである。洋上において難風に遭遇して朝鮮国に漂着した彼らを、朝鮮国が遼東の鳳凰城を経由して瀋陽に送ってきた。嘉慶帝は、晉昌が自ら訊問し、衣食を与えて撫育し、彼らを乗船していた船で帰国させることが最良の策としたのであった。帝は、彼が即位した元年には多くの国が朝貢してきたが、嘉慶六年にはただ暹羅《せんら》国のみで、今回の漂流者はどこの国の者か不明である。もし暹羅国の言語が通じないのであれば、北京に送り届けても無意味である。晉昌に即刻送り返す費用を与えて朝鮮国に送り帰し、もとの船に乗って帰国させるように命じ、滞在を認めなかったのである。

朝鮮国では清朝から送り帰されてきた異国人に関して次のように対応している。『純祖実録』巻一〇、純祖七年（嘉慶一二、一八〇七）八月己卯（一〇日）の条に、次のようにある。

済州牧使韓鼎運馳啓以爲、去辛酉八月、異國人五名、漂到本州、而書・言俱不能通、不知爲何國人、故同年十月、因備局行會、彼人五名、移咨入送于盛京、五名中一名、在途病故、而大國還爲出送、故彼人四名、還到本州矣。其中一人、乙丑年因病物故、所存三人中一人稍有知覺、而其所通言、鴂舌聲牙、其所學書、魚魯莫辨。語其國、寫其國、每稱莫可外、遙指東南方。而莫可外國名、曾所未聞。適丁琉球漂人問情之時、彼人等、要見琉球漂人、發狂叫呼、故招入于琉球人會坐處、使之接面、則脈脈相看、初若不知、俄而琉球人中宮平爲名者、顯有知得之色、數三句語、欣然相接、所謂莫可外、彼人摶髀跳出、叫噪頓首、泣涕如雨。琉球人通事慶必進、問其事狀于宮平、則以爲壬戌年分、中國人三十二名、朝鮮人六名、漂到弊國、而自弊國、定船隻、護送兩漂人於中國福建省之路、在洋中遭大風、漂人於呂宋國。渠以水梢、同爲見漂、留其國五箇月、其國人物、大概知得、而從水路回福建、自福建、各歸本國矣。今見此人、又聞此語、恐是呂宋國人云、故聞甚奇異。又問其莫可外國號、答曰、此亦呂宋國之官音云爾、則其爲呂宋國人、丁寧無疑。故以使之同載回國、轉送呂宋之意、多般書諭、而他國漂人、浼浼却之。今以琉球漂人問答觀之、呂宋之於福建、舟楫之相通、可以推知、既知其國號之後、不思所以送回本國之道、一向留置、有所不忍。故敢此論理馳啓、請留住彼人三名、更將此意、移咨入送于盛京、以爲轉送本國。(8)

この内容を示せば次のようになるであろう。

済州牧使の韓鼎運から馳啓が届いた。それによると、辛酉年（一八〇一）八月に異国人五名が済州に漂着したが、書も言語も通じず、どこの国の人かが判明しなかった。そのため同年の一〇月に備辺司の指示によって彼ら五人を清朝の盛京に送り届けた。五名のうちの一名がその旅程において病死したのであった。ところが清朝は彼らを送り返してきたため、彼ら四名は済州に戻ってきたのである。そのうちの一人は、乙丑年（一八〇五）に病死した。残った三名のうちの一人は少し知覚があったが、その言葉は聞き取ることが困難で、彼の学んだ書も魚と魯の区別がつかないほどであった。彼が彼の国について語り、彼の国について書くときは、つねに「莫可外」と称し、はるかに東南方を指した。「莫可外」という国名はこれまで聞いたことがなかった。たまたま琉球からの漂着民を問情した時、彼らは琉球の漂着民を見て、驚喜して声をあげて叫んだため、琉球人が集まり座っているところに招き入れ、琉球人に会わせた。すると最初は何もわからない様子だったが、突然琉球人のうちの宮平という名の者が明らかに何かを悟った様子で、いくつかの言葉を交わして彼らに接した。「莫可外」という言葉に、彼らは腿を打ち飛び跳ねて叫び地に頭を打ち付け、雨のように涙を流して泣いた。琉球人の通事である慶必進はその事情を宮平に尋ねると、壬戌年（一八〇二）頃、中国人三二名と朝鮮人六名が琉球国に漂着し、琉球国では船を準備して彼ら漂着民を中国福建省に護送しようしたが、その途中、洋中で大風に遭遇して呂宋国に漂着した。漂着した彼らはその国に五か月留まり、その国の人々について概ね知ることを得た。彼らは水路で福建を経由してそれぞれ本国に帰還したとのことであった。今彼らを見ると、またその言葉を聞くにおそらく呂宋国の人であるという。また「莫可外」という国号について尋ねると、（琉球通事慶必進）は「呂宋国の官音（官号ではない）であると答えた。すなわち彼らが呂宋国の人であることはまったく疑いがない。そのため韓鼎運は、彼ら三人を同乗させ（琉球）国に帰り、そこから呂宋に転送させようと書でもって諭したが、（琉球通事慶必進は）他国の漂着民であるとの理由でこの意を却けた。いま琉球漂着民に対する問答記録を見るに、呂宋は福建から互いに船が通じていることが推し知られる。すでにその国号がわかった後なので、本国に送還する方法を考えなくてはならず、ひたすら留め置くことは忍びない。ゆえにあえてこのことを馳啓するところである。（済州に）留まっている彼ら三人を、ふたたびこの意をもって盛京に移送し、本国に転送させることを請う。と。

ところで、この中で琉球人の宮平が述べた中国人と朝鮮人とが琉球に漂着したことに関しては、琉球国の記録に見られる。琉球国に漂着した中国人三二名、朝鮮人六名を琉球から福州に送還したことに関して『中山世譜』巻一〇、尚温王の嘉慶七年（一八〇二）条に、

本年、爲解送難人事。去年十二月、有朝鮮國全羅道、羅州牛耳島、人數六人、漂到大島、損壞船隻、轉送本地、照例贍養。且有福建省泉州府同安縣、徐三貫船隻、人數三十二人、漂到八重山島、入表間切、多嘉良村洋面、打壞船隻、轉送本地、照例贍養、隨遣都通事鄭世俊・司養贍、大使馬國輪等、坐駕楷船、護送該難人入閩。(9)

とある。嘉慶七年一二月に琉球国大島に漂着した朝鮮全羅道牛耳島の六名と、八重山島に漂着した福建泉州同安県の徐三貫船の乗員三二名を琉球国の船に乗せて福建に送っていることが知られる。この朝鮮全羅道牛耳島の六名とは後述の文淳得らの漂流のことである。文淳得の「漂海始末」によれば、海難に遭遇したのは、

同舟者、余季父名好謙、文淳得、李白根、朴無碃、李中原、金玉紋児童。(10)

の六名であった。さらに「漂海始末」によれば壬戌（嘉慶七、一八〇二）正月二九日に琉球国大島に漂着している。そして一〇月初七日の条に、

我國《（朝鮮）》六人、福建川津《ママ》府同安縣遭風難人三十二人、琉球六十人。(11)

とあるように、琉球国から福建に向けて送還されたのは朝鮮人六名と中国福建同安の三二名であったことは確かである。

この時の送還に関して翌嘉慶八年七月一三日付の福建浙江総督玉徳および福建巡撫竃殿圖の奏摺が残されている。

鄭世俊船内伴水梢並附送難民原共一百零五員名、内有福建同安縣船戸徐三貫等三十二名、朝鮮國全羅道州夷人文徳兼等六名、該商人夷民等、均因駕船貿易、在洋遭風撃碎、先後漂到琉球、遇救得生、經該國王給予衣食、遣鄭世俊等、駕坐海船一隻、賫帯文照、令其護送來閩、於七年十月十五日、随同頭・二兩號貢船、在本國一齊開駕、十月十六晩、在洋遭風、各自漂散、本船漂至呂宋一咾戈地方、……朝鮮國難夷朴中申・李千順・李中彦・文順徳四名、仍坐原船於本年三月十六日、在呂宋開駕、二十六日随風駛至厦門、収泊。(12)

ここに見える文徳兼は文淳得の季父文好謙のことと思われる。福建への途中再び漂流し、呂宋へいたっている。そして朝鮮人漂流者のうち四名は琉球国の船で嘉慶八年三月二六日に厦門に送られている。

「漂海始末」には、

癸亥二月、琉人請發船、福人曰、四月始有南風、非順風不可行、……琉人憯誘之福人、及鮮人四人、余季父・李白根・朴無碃、李中原、先出于船。(13)

とあるように、琉球船で先に出発したのは文淳得の叔父の李好謙・李白根・朴無碃・李中原の四名で、文淳得と金玉紋の二人はしばらく残ることになる。呂宋に残った二人は五月に来航した「五月廣東商船來」で、「八月二十八日發船」、「九月初九日抵廣東澳門」(14)とあるように、九月初めに澳門《マカオ》に到着している。

このように、朝鮮人と中国人の送還者が乗船した船は、海難に遭遇して呂宋国に漂着したのであった。その結果、送還者の琉球人も被送還者の中国人も朝鮮人もしばらく呂宋国に滞在することになったのである。『純祖実録』で呂宋の事情を若干知っていた琉球人の宮平は、この時の送還側の琉球人の一人であったと思われる。それで呂宋の言語の一端を記憶していたのであろう。

さて済州牧使韓鼎運からの啓に対して、大王大妃の意見は次のようであった。

教曰、由此琉球人之所言、始識呂宋國之居生事實、出於匪意、可謂奇異。呂宋之於福建、蓋有舟揖之相通、濟州之於盛京、既無直付之前例、轉送其本國等節、自廟堂稟旨分付。在道時顧恤給糧之道、領送時住接看檢之節、毋或一毫踈忽、使異邦羇旅之踪、知我國懷柔之意。(15)

済州牧使韓鼎運の啓に対して大王大妃である貞純王后が下した教の内容を掲げれば次のようになるであろう。

（大王王妃が）教していった。「琉球人の述べるところから初めて（漂流民が）呂宋国に暮らす者であるという事実がわかった。意外で奇異なことである。呂宋は福建と互いに船が通じているというが、済州から盛京に直接付託した前例はない。その本国に転送することについては備辺司に稟旨して命令《分付》させるようにせよ。そして送還の道において顧恤し、食料を給して、住接あるいは看検にさいして少しも踈忽なところのないようにし、異邦の旅人にわが国《朝鮮》の懐柔の意を知らしめよ」と。

これに対する備辺司の啓は次のとおりである。

備局啓言、所謂呂宋事、考之諸書、則與閩、漳不遠、而今爲佛郎機所竝。自非通貢之國、宜無使价之往來、則入送北京、轉送本國、實爲難便。且於壬戌、纔有盛京禮部移咨還送之事、則又不可以呂宋已無之國、徑據琉球偶認之言、而具咨更送于盛京。今番節使行、使任譯輩、將此事狀、詳探于禮部、如可以有路回送云爾、則其時治送、亦爲未晩。今見該牧使所報、以同載回國、轉送呂宋之意、書諭琉球之人、則彼雖以他國漂人、難以載去、浼浼却之云、而既是隣近之國、亦有往來之路。今若以朝廷知委、更爲曉諭於琉球漂人、則宜無不聽、事甚便好。彼人如尚待風未發、依此擧行事、請分付該牧使。從之、旋因琉球人徑歸、不得付送。(16)

この内容を翻訳すると次のようになるであろう。

いわゆる呂宋のことを、諸書を見て考えるに、閩・漳から遠くありませんが、今は仏郎機の併合する所であり、自ら通貢の国ではなく、当然使節の往来もなく、すなわち北京に入送して本国に転送することは実に困難である。さらに壬戌年（一八〇二）に盛京礼部から移咨し、（彼らを）送り返したことがあったので、呂宋というすでにない国をもって、琉球人が偶然これを認めたからといって、ただちに咨文を具えて盛京に送ることはできません。このたびの使節において、訳官たちにこの事情について、詳しく礼部に探らせ、もし送還する道があるとなれば、その時に送還しても遅くないでしょう。いま済州牧使の報告を見るに、（琉球漂着民の船に彼らを）同乗させて帰国させ呂宋に転送することを琉球人に対して書面で諭（説得）したところ、彼らが他国の漂着民であるから載せて帰るには難しいと断ったと言いますが、（呂宋は）すでに近隣の国であり往来の路があるでしょう。今もし朝廷の命《知委》をもって、もう一度琉球漂着民を暁諭すれば、これを聞き入れないことはないでしょうし、ことはすこぶる便利です、彼らがもしまだ風待ちをして出発していないのであれば、これによって事を挙行し、済州牧使に命《分付》ずることを請います」と。大王大妃は「その通りにせよ、これに従え」と命じたが、琉球人はただちに帰ったために連れて帰らせることができなかった。

以上のように、済州に漂着した琉球人の船に同乗させ、琉球に送り、そこからさらに呂宋に転送させることが試みられ、琉球人がこれを拒否した後の朝廷の議論においても、琉球人をもう一度説得して彼らに呂宋国人を送還させようという案が決定を見たが、琉球漂着民の船がすでに出発したために実現できなかったと考えられる。

朝鮮側ではさらに、朝鮮人で呂宋へ漂着した人物を捜し出し、この調査に利用している。

『純祖実録』巻一二、純祖九年（嘉慶一四、一八〇九）六月乙卯（二六日）の条に、

命呂宋國漂人、移咨盛京、送還本國。先是、辛酉秋、異國人五名、漂到濟州、而鴂舌聱牙、莫辨魚魯、寫其國名、只稱莫可外、未知爲何國人、移咨入送于盛京、壬戌夏、自盛京禮部、亦未能確指何國、回咨還送、而一名在塗病故矣。命姑留該牧、給公廨、繼糧餼、使之習風土、通言語、其中一人又故、只餘三名、至是羅州

黒山島人文順得、漂入呂宋國、見該國人形貌衣冠、其方言、亦有所錄來者、而漂留人容服、大略相似、試以呂宋國方言問答、則節節脗合、而如狂如痴、或泣或叫之狀、甚可矜惻、漂留已爲九年、而始知爲呂宋國人、所謂莫可外、亦該國之官音也。全羅監司李冕膺、濟州牧使李顯宅、具由以聞。有是命。(17)

とあり、清に送られた異国人の五名のうち、二名が死亡し、三名が残された。ところでかつて呂宋へ漂流したことのある羅州の黒山島の人である文順得が、その国の人の容貌や衣服そして方言などの見聞した記録を持ち帰っていた。今回の漂着民の容貌や衣服はその記録に見えるものと類似していたうえ、文順得の知り得ている呂宋国の方言を使ってみたところ、異国人たちは驚喜したとある。朝鮮国では彼らが同地に漂着して九年にして、その本国が呂宋であることが判明したのであった。

この文順得らが清朝から送還されてきたことは、『同文彙考』原編続、漂民二、我国人の「甲子禮部知會琉球漂人出送咨」の条に次のように記されている。

禮部爲知照事、主客司案呈禮科抄出本部具題、内開査得定例朝鮮國被風船隻、飄到各省該督撫照例、撫恤委員伴送、來京安插、臣部會同館居住、如遇該國使臣、在京事竣、附帯回國等語、今朝鮮國難夷文順得・金玉文二名、遭風飄至琉球國轉至呂宋國援救送廣經該督委員護送、至順天府、復經順天府委員、於五月二十一日、轉送到部臣等當即安置臣會同館内居住、照例給與口糧食物、應如該府尹所奏、俟將來該國使臣來京事竣、附帯回國等因、於嘉慶九年六月二十四日具題。二十六日奉旨依議欽此欽遵。……嘉慶九年七月　日。(18)

文順得らは呂宋国に漂着し琉球国を経由して中国に送られ、中国の官吏にともなわれて北京まで送られ北京の会同館(19)に安置され、北京に赴いた朝鮮国の使節とともに帰国している。

なお、『純祖実録』や『同文彙考』で呂宋漂流体験者とされた文順得とは「漂海始末」に見える文淳得のことで、金玉文とは金玉紋のことである。文順得一族の家譜である『南平文氏大同譜』巻八によれば、「淳得　字夫初　正廟丁酉生丁未四月二十七日卒[20]」とあるように、彼の名は文淳得が正しく、字は夫初であった。正祖丁酉（一七七七）に生まれ、丁未（一八四七）四月二七日に死去した。この文淳得が琉球へ漂着し、その後さらに呂宋に漂着して中国を経由して帰国した記録が上記の「漂海始末[21]」である。その「漂海始末」によれば、辛酉年（一八〇一）一二月に牛耳島を出発し、壬戌年（一八〇二）正月二五日に済州島の西で海難に遭遇して漂流し、同月二九日に琉球国の大島すなわち奄美大島に漂着し、約二か月滞在して琉球国を出発して琉球官吏に中国へ送られる。ところが、その船が海難に遭遇して、同年一一月一九日に呂宋島に漂着し、その後、癸亥年（一八〇三）八月二九日に中国商人の船で同島を出発して九月九日に澳門に到着し、広州や江西省内を通り南京を経由して北京に送られた。そして甲子年（一八〇四）一二月一六日に京都ソウルに到着し、翌年正月八日に郷里牛耳島に帰郷する[22]。文淳得が呂宋に滞在した期間は壬戌年（一八〇二）一一月から出発する翌年八月まで一〇か月ほどであった。この文淳得の漂流記録が、先の異国人の本国確認に大いに貢献したのであった。

　文淳得が澳門に送られたことは、ポルトガル東波塔檔案館に所蔵される清代官吏の漢文文書に見られる。

> 叩稟高麗朝鮮國全羅道羅州牧牛耳村人文順(淳)得等六人、駕船買賣、有本國行牌。嘉慶六年三月従家開船。十月初五日、在羅州牧都時村地方羅(買)白米一百餘石、船中裝載、行船回牛耳村、風色不順、等至十一月初四日開始。……飄至正月二十九日、到琉球國地名外山大島所在、其貨物失去、損壊四人、止究(救)二人。七年三月初一日、到琉球國王處。問明有船牌、留至七年十月初七日、請上船送來中國。不料在琉球國外島馬齒山等風、十五日開船、十六日又被風波大作、飄到呂宋國所在一□(噫)叜地方、我們二人求食。至八年三月十六日方見呂宋國王、又留延數月。至八年八月二十六日、呂宋王將我們二人送、澳門番鬼船、九月初二日開船、初十日到澳門界。十二日到到澳門關。伏乞　天朝大老爺保全。
>
> 琉球國王賞銀参十元、米・菜・肉・魚貳包、并衣帳一幅。又有病則各醫治下、問病食藥[23]。

文淳得らの漂着経緯が簡単ながら記され、彼らは嘉慶八年（一八〇三）九月二日に呂宋を離れ、一〇日には澳門に到着したのであった。文淳得の「漂海始末」では「九月初九日、抵廣東澳門」[24]とあることから彼の記録もほぼ正確といえる。

さらに香山県丞呉兆晋が下した諭には、

> 現拠該夷目稟稱、本月十一日、第十一號澳船由小呂宋回澳、帯有難人文順(淳)得、金玉文二名、携投到哆。據該難人説稱、伊二人原係高麗國全羅道羅州牧人氏、爲因船在洋面遭風漂蕩激爛、在小呂宋地方、同船之人倶被沈溺、……
>
> 嘉慶八年九月二十二日諭[25]。

とあるように、呂宋から澳門に到着したのは文淳得と金玉文の二人であった。彼らは広州に送られている。倭什布と孫玉庭の奏摺によれば、

> 據香山縣詳稱、據澳門夷目嘍嚟哆稟、有朝鮮國人文順(淳)得・金玉文二名、在洋遭風、經呂宋國人援救、携帯到廣、以便搭船歸國等情、……據藩臬兩司詳稱、査明文順徳・金玉文二名、係朝鮮國羅州牧牛耳村人、於嘉慶二年三月内、同伴六人駕船、買米被風、飄至琉球國、正剰伊等二人、復得琉球上船、又遭風飄至呂宋國、被援附船到廣、……嘉慶九年二月二四日[26]

とある。文淳得・金玉文らは広州に送られ、また調べられ、漂流の経緯の報告が澳門の嘍嚟哆から香山県に届けられていたことがわかる。「漂海始末」によれば、嘉慶八年一二月「十三日入総督府、出南海縣、館于粤關」[27]とあるように、文淳得らは一二月一三日に両広総督府にいたり、南海県から粤海関の官舎において接待されたことになる。

以上のように、文淳得・金玉文が琉球・呂宋に漂着し、さらに澳門に送られ広州から中国官吏の伴送により北

京を経由して帰国するまでの記録は、朝鮮王朝の記録だけでなく、本人の漂流記録や清代の公文書にも記録されていたことが明確に知られる。

ところで朝鮮朝廷では、朝鮮に漂着した異国人の扱いをどのように考えていたのであろうか。その処置は『承政院日記』第一九六八冊、純祖九年（嘉慶一四、一八〇九）六月二六日の条に見られるように、

以全羅監司李晃□状啓、濟州牧漂流呂宋人、入送盛京、轉還本國事、今廟堂禀旨分付事、傳于宋科濂曰、呂宋人之許久留置、蓋縁言語不通、書字不明之致而然、今見状啓、自此不難於通路之辨知、且有我國漂人之見呂宋國者、其爲呂宋之人、尤無可疑、況九年漂居、三人纔存、前以見琉球國人、而思故土之心益切、今又見言語之湯合、而疑狂泣訴又如此、此是人性之固然、情状亦疑矜惻、以此事措□、□出咨文、轉致盛京、以爲生歸故國之地、供饋護送等節、亦爲各別申飭、以示朝家優柔之意事、一躰分付。[28]

とあり、呂宋人の送還問題が議題となり、彼らが呂宋人であることは疑いのない情況となった。そこで、その送還をどのようにするかが問題となり、清朝の盛京に送って、故国に送還してもらう方法が最善と考えられた。

文淳得が朝鮮側の調査に関係したことが、『備辺司謄録』第一九九冊、己巳（純祖九、嘉慶一四、一八〇九）六月二九日の条にみえる。

丁卯琉球漂人、始謂以呂宋國人、蓋琉球之於呂宋、雖未知其地之遠近、而同是東海列國、既有聲聞之相及、交易之互通、故不意相逢。已知爲該國之人、則即此一証、其爲呂宋人、已爲無疑、而況黒山民之漂到呂宋也。逢着中國之先爲漂居者、文字問答、明知爲呂宋、且習諳其風土・面目・衣服・言語而歸。驗於見在三人、則面貌無錯、方音相合、而三人之自聞此事、如夢得覺、則國此呂宋之國、人是呂宋之人、節節無一毫可疑。[29]

丁卯年（嘉慶一二、純祖七、一八〇七）の琉球海難民から呂宋に関する情報を得たことが、先の異国人が呂宋人であることの傍証となり、さらに黒山民である文淳得の呂宋での経験が、呂宋人であることの確証を与えたのであっ

た。

『承政院日記』第一九六九冊、純祖九年（嘉慶一四、一八〇九）七月二〇日の条には、

呉潤常、以備邊司言啓曰、以呂宋國漂人津送事、先具咨文、付送於進賀使行之意、草記允下矣。咨文今將趁使行成送、而第今此使行、専爲進賀一款、則不必以他事件、添付其行、且非常月爲急之事、今番則姑勿入送、待冬至使行、従徐同付以送何如。傳曰允。(30)

とあり、呂宋国漂流民の清朝を通じての送還が決定したが、清朝への送還に関して冬至使の派遣に同行させて清朝に送る方法が決定されたことがわかる。

清実録『仁宗実録』巻二二四、嘉慶一五年（一八一〇）正月癸未（二八日）の条には、

朝鮮國王李玜、遣使表賀萬壽冬至元旦三大節、及歳貢方物、賞賚筵宴如例。(31)

とあり、朝鮮国王は嘉慶一五年に表賀万寿冬至元旦三大節の使節を派遣したが、呂宋人のことに関しては記録されていない。

このように朝鮮国では済州島に漂着した異国人が呂宋人であるとの確証を得るまでに九年の歳月を要した。決定的な判断基準のひとつになったのが、自国民が呂宋へ漂流して得た当地での生活体験であった。その経験が「異国人」の故国を明らかにするのに大いに参考になったのである。

三　崇明島に漂着した「高麗」人

それでは、清朝中国の場合はどのように対処したのであろうか。嘉慶一三年（一八〇八）に長江口の崇明島に朝鮮人と見られる海難に遭遇した人が漂着した。彼らは漢字を書写することさえ困難であったようで、中国では本国を特定するために苦労している。

嘉慶一三年五月一五日付の江蘇巡撫汪日章の奏摺によれば、同年三月に崇明県に一隻の船が漂着している。

爲査詢遭風難番奏明送京遣回本國緣由、仰祈聖鑒事。本年三月十八日、據崇明縣知縣李恵元稟稱、三月十三日、縣屬三條港口、漂来脚船一隻、番民七人、當即會營前往、査驗已滲漏艙中積水、並無貨物鍋竈、亦無錨纜篷索、惟有竹簍木匣、内貯網巾銅抄、並布疋氈笠等物。(32)

嘉慶一三年三月一三日に、崇明県下の三条港口に一隻の脚船が漂着した。同船には外国人が七人乗船していたので、当地の水師営が赴いて船の状態を調べた。船体の漏洩状態や飲み水の状況、さらには貨物や船具の状況を調べたところ、同船には七名の外国人のほかは、貨物も鍋も釜もなく、ただ竹の籠《かご》と木箱があるのみであった。

そこで、さっそく取調べに当たったのである。その結果は、

問其姓名来歴、言語不通、給以紙筆囑令書寫、皆揺手不能察其語音。惟有高麗二字彷彿、可辦随帯進城内安頓公所、製給衣被、妥爲撫卹、内有帯病一人、旋即病故、該番自用白布纒裹、業經捐棺、殮埋義塚、挿簽標記、報明候示等情。當即批司、飛飭該縣、將該難番、委員護送来省、以憑察詢。(33)

とあるように、難民に姓名や来歴を問いただしたが、まったく言葉が通じなかった。そこで紙を用意して書かせることにしたが、彼らは手を振るだけで、彼らの言葉は理解できなかったのであった。ただ「高麗」の二字に類似しているように思われたので、城内に連れて行き公所に安住させ、衣服を与え撫育することになる。そのうちの一人が病を発し間もなく病死したので、白布を用いて棺に収めて埋葬している。

ついで直ちにある方法が取られている。それは同奏摺に、

一面札飭上海縣、於該處閩粤客商・牙行及船戸中、査傳通暁外番風俗語音者一二人、送省譯詢去後嗣、據該縣等、將難番及牙行人等、先後送到臣率同藩臬兩司、詳加察看該難番、状貌服色、俱似朝鮮國人、復令該牙行等、向詢問語音、仍不能通暁、内有難番一人、較爲明白、將手比勢、似係訴迷、在洋遭風、漂泊情状、並

據伏地用指畫寫車萬夫三字、以手指胷、似係本人名字、另寫他字、給看惟高麗二字、略能指認、餘皆揺手、不解是否的係朝鮮、尚難憑準。(34)

とある。海難民との間で言語接触が困難であったため、上海県に居住する福建や広東の商人そして牙行、さらに船戸等の中で外国の風俗や言語に明るい者を一、二人探し、省城すなわち南京に送り確かめることにした。そうすると容貌や服装から朝鮮国人に似ているとのことになり、上海の牙行等に再度言語を確かめさせたが、やはり言語が通じなかった。しかし漂流難民の一人が明らかに遭難の様子を手で示しているように思われ、地面に指で「車萬夫」の三文字を書き、それが本人の姓名と思われ、また別に高麗の二字を書いたが、朝鮮人であるかの最終決定は困難であった。

ちなみに当時の上海は沿海の帆船貿易でにぎわっていた。『嘉慶上海県志』巻首に見る陳文述の嘉慶一九年（一八一四）七月付の「嘉慶上海縣志序」によれば、

……上海為華亭所分縣、大海濱其東呉松繞其北、黄浦環其西南、閩廣遼瀋之貨、鱗萃羽集、遠及西洋暹羅之舟、歳亦間至、地大物博、號称煩劇、誠江海之通津、東南之都會也。

とあるように、上海は華亭県から分かれて県となったが、呉淞江・黄浦江を通じて東シナ海に通じる水運・海運の利があったため、福建や広東さらに東北産の物資が集荷する東南の都会と呼ばれるほどになっていた。さらに『嘉慶上海県志』巻一、風俗にも、

自海関通貿易、閩粤浙済遼海間、及海國舶慮劉河淤滞、輒由呉松口入艤城東隅、舳艫尾銜、帆柱林如櫛、似都會焉。率以番銀當交會、利遇倍泝、可轉貽懋遷致富。

とあるように、江南海関による貿易によって福建や広東・浙江・山東・東北とも通じていて、呉淞口から上海県城岸にかけて帆柱が林立するとされるような賑わいを呈する状況になっていたのである。このため、上海で福建

や広東の商人を捜すことはそれほど困難なことではなかったのである。
また牙行や船行については、この嘉慶年間の次の道光年間の記録であるが、包世臣が「海運十宜」の中でその実力について次のように述べていることが参考になる。

沙船十一帮、倶以該商本貫爲名、以崇明、通州、海門三帮爲大。尤多大戸立別宅于上海、親議買賣、然驕逸成性、視保載行内經手人不殊奴隷。(35)

沙船航運業には一一帮があり、すべて船商の本籍によって名をつけ、なかでも崇明と通州と上海の帮が最大のものであり、大戸の中には別宅を上海にかまえ、そこで、商業活動をおこなう者もおり、その豪勢さは保載人や牙行や経手人等を見ること奴隷のようであるという表現に集約されているであろう。
さらに、調査が続き汪日章の奏摺には、

因検査嘉慶十年、寶山縣曾有船戸傅鑑周等、漂至朝鮮、經該國王差送到京轉遞回籍、竊思該船戸等、既在朝鮮、逗留數月、於該國音土俗、或能識別、復飭據寶山縣、將該船戸傅鑑周・傅徳裕二人、査傳送將當今問訊、據稱該番等、語音亦不能甚懂、惟看其穿戴衣帽、及相見行禮、與朝鮮民人無異、并將伊等前在朝鮮送回時、該國王所給印単、與看該難番點頭拍胸意能認識、並跪地手指東北、擊掌吹風、似思念本國欲求送歸之意。臣査該番等、對答語音、雖不能明確、但其状貌・服色、及識認印単神情、再四體察、其爲朝鮮遭風難番、似無疑義、自應査照向来例案、給與口糧夫船、委員伴送進京。咨明禮部、驗詢確切、派遣回該國、以昭聖朝柔遠深仁。(36)

とある。漂流難民の確証が得られないため江蘇巡撫の汪日章は、さらに嘉慶一〇年（一八〇五）に朝鮮国に漂着した宝山県の傅鑑周らのことを見出して、彼らに難民と接触させて朝鮮国民であるかを確かめさせようとした。その理由は、傅鑑周らは朝鮮に数か月滞在していたので朝鮮の言語や風俗に多少とも通じていると考えたのである。

そこで傅鑑周と傅徳裕の二人を南京に来させ、難民と接触させたのであった。しかし、言語は通じなかった。ただ難民の持っていた衣服や礼儀が朝鮮民に類似していたこと、また傅鑑周らが朝鮮から中国に送還されたさいに、朝鮮国王から送られた印章の文様が難民の所持していたものに極めて類似していたことなどが判明した。それに難民たちが地に跪いて指で東北から漂流してきたことを示し、帰国を願っているように理解された。このようなことから、朝鮮の漂流難民であることは疑うべき余地がないと判断し、北京の礼部を通じて送還することに決めたのであった。

ところで、宝山県が難民訊問のために呼び出した傅鑑周は、『同文彙考原続』漂民上国人、「丙寅報濟州漂人押解咨」に見え、

嘉慶十年十一月十八日未時量、異様船一隻漂到于本鎮嚴荘浦前洋、聞甚驚駭、馳往摘奸等因、具報就差州判官金漢弼、譯學洪得榮馳詣漂人、所住處眼同問情詳詰來由。則漂人傅鑑周回稱、俺們二十二人、居在江南省太倉州寶山縣及松江府上海縣人、本年閏六月十六日開船、往山東海豊縣大地山、買紅棗做生涯、本月二十一日放船、欲還江南本縣、十一月初七日、猝遇颶風、飄蕩洋中、桅舵等属爲風浪壊傷、舱落船漏、急下剗船、本月十八日、漂到于此。……嘉慶十一年四月二十八日

とある。嘉慶一〇年一一月一八日の未の時刻に「異様船一隻」が済州島の涯月鎮の沖合に漂着した。直ちに済州判官の金漢弼、訳学洪得榮が駆けつけ漂流民に問いただしたところ、彼らの中の傅鑑周が答えている。私たちは二二人であり、江南省太倉州宝山県と松江府上海県の人間であり、嘉慶一〇年閏六月一六日に出帆して山東省の武定府海豊県大地山に赴き紅棗を購入して同月二一日に出港して江南の郷里に戻ろうとしたが、一一月初七日に海難に遭遇して、一一月一八日に済州に漂着したのであった。このように、先の傅鑑周が嘉慶一〇年一一月一八日に朝鮮国の済州島に漂着した傅鑑周であることは明らかであろう。

傅鑑周らの済州島への漂着に関して、さらに詳細な記録が朝鮮の記録『備辺司謄録』第一九七冊、純祖六年（嘉慶一一、一八〇六）丙寅四月二八日の条に記録されている(37)。

丙寅四月二十八日

［備辺］司啓曰、濟州涯月鎮嚴莊浦、漂到大國人、入接弘濟院後、使本司郎廳及譯官問情、則與領來譯官李永達問情時問答、別無異同、故正書入啓、而今此漂人、皆願速歸、留一宿後、發送何如。答曰、允。

濟州涯月鎮嚴莊浦漂到大國人問情別單

問、爾們、漂蕩辛苦、不言可想、而再涉險海、又當肇炎、作千餘里之驅馳、能無疾恙否。

答、俺等運數不幸、更有何言、茅自漂到　貴邦之後、多蒙撫恤之恩典、得有今日之無恙。

問、爾們、居於何方、同舡者、共為幾人、箇中無一渰沒者耶。

答、俺等、共為二十二名、而二十一人、是江南省太倉州寶山縣的、一人、即同省松江府上海縣的、幸賴天佑、盡保殘命。

問、爾們、既居江南、則似是漢人、而此中、或有滿州人耶。

答、江南、本無滿州、俱是漢人。

問、爾們、各言姓名年紀。

答、舡戸傅鑑周、年四十一

舵工朱盛章、年五十五

水手葉兆林、年四十四

成文忠、年四十八

張大金、年四十八

傅德裕、年三十五
朱漢章、年二十七
葉兆祥、年五十二
陳有文、年四十八
孫滿觀、年十八
孫士九、年三十二
馬勝時、年二十四
嚴和尚、年二十四
黄景春、年二十四
曹　發、年二十九
馬成觀、年二十五
顧　狗、年二十
包順林、年四十
蔡耀廷、年四十五
葉培蘭、年三十三
黄　狗、年二十六以上江南省太倉州寶山縣人
客商王培照、年四十三江南省松江府上海縣人
問、儞們、何月日在何處乘舡、因甚事向何處、何月日遭甚風、漂到我地耶。
答、俺們、昨年閏月十六日、逢江南徽州府茶商馮有達於上海縣呉松口、裝載其茶葉八百三十五包、於八月初

一日、止泊天津府、卸其茶包、有達、則仍留其地、而俺們、因約載王培照之紅棗、轉向山東省武定府海豐縣、待其貿棗載二百六十担、於十月二十一日回舡、要往本郷、二十三日、到猪窩島、阻風留九日、十一月初二日、復發舡、初七日猝遇颶風、漂流東西、舡具破碎、幾乎渰沒者、屢矣、於同月十八日、漂泊於渰貴國地界。

問、爾們、曾與馮有達、有載茶之約、以空舡委往於吳松口耶、既載其茶、雇銀幾何。

答、舡戸葉合盛、裝載其茶葉、因病落留、替送傅鑑周、故舡價多少、未能詳知。

問、猪窩島、是何地方、而寶山、距上海幾里、上海距山東海豐幾里。

答、豬窩島是山東前洋、未知其屬於何府、而寶山之距上海、旱路為五十里、水路亦然、上海之距山東海豐、旱路為三千里、水路概不過二十餘日程。

問、爾們舡、是官舡耶、是私舡耶。

答、私舡、舡主、是葉合盛。

問、舡各有票、願見其票、亦欲聞舡號。

答、有舡票、票是寶山縣衙門票、號是第一甲柒拾號。

問、行出票、專為到處憑驗之意、而舡票中葉合盛、孫丹九二人、胡不在焉、而票外傅鑑周、孫滿觀、王培照三人、是何人也、人數姓名、與票不符、詳言其故。

答、出票後、葉合盛、有病、替送傅鑑周、孫丹九、有故、替送其弟滿觀、至於王培照、以客商、先往山東、故不在舡票中、豈有他哉。

問、紅棗、既是王培照之轉販者、則爾們舡夥之雇銀、亦為幾何。

答、雇銀三百兩。

問、海中漂蕩之餘、所載紅棗、無減元数耶。
答、圖命之際、或投水祈福、或抓喫充腸、比諸當初、似減一半。
問、爾們漂蕩同措之時、舡中物所遺失者、非但紅棗、他物、想亦多有之、其中無可惜者耶。
答、所失、只是如干雜物之緊於日用者、而別無價多可惜者耳。
問、爾們、自乘舡以後、不喫飯、但啖棗度日耶。
答、俺等不喫飯、何能生、俺們矩規、以兩頓飯、每日為常、而適際所載粮米、告乏之時、遭風漂流、為十一日、雖欲做飯、勢所無奈何、舡中所有者、不過是紅棗、故飲水而啖棗、啖棗而僅得度日、幸免餓死。
問、紅棗一担、價錢為幾何。
答、每担價銀五十兩。
問、紅棗、我國諸果中、稍賤多者也、於我國、雖是不緊之物、自朝家為慮爾們之難運空棄、不得已拚銀以給、而每石三錢、或不至大段落本耶。
答、俺等、愚蠢無識、雖以商販為業、萬死餘生之還故土、亦云幸矣、何可念及於物價之多少耶、况貴國、曲賜軫念、以無用之物、換有用之貨、使俺等得有歸路之資者乎、事之感激、不知何喩。
問、寶山、上海兩縣、距省城幾里、皇城幾里。
答、俺們、曾不來往、路程之為幾里、有難的告。
問、寶山縣有幾箇官員、上海縣有幾箇官員。
答、寶山縣、有知縣、縣丞、主簿等官。上海縣、有知縣、縣丞、教諭、巡檢等官。
問、棗子非爾們本地之所產、故往山東貿棗來耶。
答、本地則非土産地、故貿棗者、俱往山東。

問、爾們沿路上、喫過我國棗子耶。
答、喫過。
問、味與大小、比爾們紅棗何如。
答、不差甚麼耳。
問、願聞江南俗尚。
答、崇文務農、亦有工商。
問、爾們中、有能文能書者耶。
答、俺等幼未受學、亦未習字、一無能之者、而其中王培照一人、略記姓名。
問、爾們本地土産、是何物。
答、各穀外、錦、綾、棉、布、茶、塩、魚鮮。
問、爾們舡中、有三坐佛像、能默佑爾們、爾們頼其力、無一渰死者云、其果然耶。
答、貴國差官、與俺等問情酬酢之際、謂俺等曰、佛像何為持來、俺等答以敬奉祈福云爾、則差官謂俺等曰、佛如有靈、胡為遭風、辛苦之如此、俺等答以我們之無一渰死者、安知非佛力、此是偶然所答、非有意於其間而言之耳。
問、爾們、自登陸以後、居處食飲之節、能無齬齟難辨之端耶。
答、俺等、以滄溟圖生之蹤、厚蒙　貴國之恩、朝夕食飲、務從適宜、居接房堗、極致穏便、看護凡節、逈出所望、已過涯分、螻蟻残命、不敢當、不敢當、況且衣帽之頒、若是頻數、慰恤之問、到處款曲、使俺等好歸、故歸更見家属、俺等從今至死之日、莫非　貴國之賜也、俺等報答之道、只有同我父子兄弟、時之頌祝、瞻望東天而已也。

丙寅四月二十九日

（備邊）司啓曰、濟州漂人入送咨文、才已啓下、而追後問情時、居住地方、與初問情差異、不可不厘正、故令該院改付標以入、待啓下正書安　寶後、別定禁軍、騎撥傳致於賚咨官所到處何如。答曰允。

済州涯月鎮厳荘浦に漂着した中国商船は、二二名が乗船していた。舡戸《こうこ》（船戸）の傅鑑周四一歳、舵工の朱盛章が五五歳、水手には葉兆林四四歳以下一九名、そして客商の王培照四三歳が搭乗していたのであった。客商の王培照が江南省松江府上海県人であった以外はすべて江南省太倉州宝山県人であった。船戸は船の所有者であることから、この漂着船は傅鑑周の所有船舶であった。(38)舵工は船乗りの方言で「老大」とも呼ばれ、船舶の運航において重要な役割を担う職掌であった。(39)水手は船舶の運航の上であらゆる業務に労力を提供する乗組員であった。(40)

彼らは、嘉慶一〇年閏六月一六日に江南徽州府の茶商馮有達の委託を受け馮有達と共に上海県呉淞口から茶葉八三五包を積載して出航し、八月初一日に天津府にいたり茶葉を荷卸しして、馮有達も天津で下船した。そして傅鑑周らは王培照の委託を受けて紅棗を購入するために山東省の海豊県へ赴き紅棗二六〇担を積載して、一〇月二一日に同地を出航して江南に戻る途中に海難に遭遇し、朝鮮国の済州に漂着したのであった。この船の本来の所有者は葉合盛・孫丹九の二人であるが、葉合盛は他用のため乗船せず、孫丹九は病気のため乗船しなかったので、傅鑑周に委託して運航することになったのであった。傅鑑周は客商王培照から紅棗の輸送を、輸送料として「雇銀三百兩」と述べているように、銀三〇〇両で引き受けている。その他、朝鮮官吏から、上海と宝山県と北京からの距離や、彼らの性格事情などさまざまなことを聞かれている。

この史料に見られる乗船者の名簿からも明らかなように船戸の傅鑑周、水手の傅徳裕は確かに朝鮮済州島に漂着し、朝鮮国の救済を受けていたことが知られる。傅鑑周と傅徳裕は同じ宝山県の出身で、しかも同姓であることから同族であることは想像に難くない。

江蘇巡撫は、朝鮮側の記録にも清朝官吏の奏摺にも同一名で見えるこれら二人の宝山県出身者によって、嘉慶一三年の崇明島に漂着した言語接触の困難な「高麗」人を確認しようとしたのである。つまりたまたま漂着経験によって異国体験をした人物を通じて、新たなる言語接触の困難な難民に対して、難民の故国の確認をおこなわせたことがわかる稀有の事例といえるであろう。

四　小　結

上述のように一九世紀初頭の東アジア海域の沿海地域で起こりえた海難事故を通じてみた文化交渉の一形態として、漂流・漂着者に関する現地での救済状況について述べた。中国と朝鮮・日本・琉球・越南など漢字文化圏に属する人々の間における言語接触は、会話が困難な場合の多くは、漢字を表記して問答する方法、すなわち筆談が利用され意思疎通が図られた(41)。それは中国語の発音による意思疎通よりも書写する筆談という形態による言語接触が比較的に容易であったからである。

しかしこれら漢字文化圏の中にあっても、漢字を解さない人々や、また漢字文化圏で教育を受けず、成長していない人々との言語接触には自ずから限界があった。明代の中国に漂着した朝鮮人に対して漂着地では、言語接触に充分な人物がいないため、朝鮮人で中国に居住している人物を捜し出して応接させた事例も見られる(42)。

嘉慶六年（一八〇一）に朝鮮国に漂着した異国人が呂宋の人であるとの結論に達するのに九年も要していた。その結論を出すにあたっては、朝鮮人で呂宋へ漂着した人物の経験が重要な判断基準となった。また嘉慶一三年（一八〇八）に中国へ漂着した「高麗」人と思われる人物の本国確認には、沿海貿易で上海へ来航していた福建や広東の商人、さらに上海に居住する牙行らも総動員して調べたが、結論を得なかった。しかし朝鮮国へ漂着した経験のある宝山県の船戸の助言が有力な根拠となって、ようやく朝鮮人であると判断された。このように漂流経験という形態でこれら別のアジア諸国に短期ながらも滞在した経験のある人物が、その言語接触に立ち会うという稀有な事例が存在したことを述べた。

このように、漢字文化圏においても周縁における文化交渉には多様な形態が存在する事実を明確に把握する必要があろう。

（1）近世日本と中国の関係は、清代帆船による長崎来航が唯一のルートであった。松浦章『江戸時代唐船による日中文化交流』思文閣出版、二〇〇七年七月。中国と琉球の場合は中国帆船や琉球帆船によって関係が維持されていた。松浦章『清代中国琉球貿易史の研究』榕樹書林、二〇〇三年一〇月。

松浦章「近世東アジア文化交渉と中国帆船」二〇〇七年一〇月四日、文部科学省グローバルCOEプログラム関西大学文化交渉学教育拠点、第一回国際シンポジウム「文化交渉学の可能性を考える――新しい東アジア文化像をめざして――」報告論文。本書終章に再録。

（2）正史にも漂着船の史料が若干見られるが、清・王士禎の『香祖筆記』巻一一に「元裕間、明州士人陳生附買船、泛海遇風、引至一島」（『筆記小説大観』江蘇廣陵古籍出版社、一九八三年四月第一版、第一六冊、五七頁）と宋人の漂着の例をあげ、清代の事例としては『一班録雑述』巻一「漂泊異域」、一六丁裏～一八丁表（『一班録』海王邨古籍叢刊、中国書店、一九九〇年一〇月）に記されたものがある。

また清代に琉球諸島に漂着した中国船の事例は、松浦章「一八―一九世紀における南西諸島漂着中国帆船より見た清代航運業の一側面」『関西大学東西学術研究所紀要』第一六輯、一九八三年一月に掲げた。

松浦章『清代帆船沿海航運史の研究』関西大学出版部、二〇一〇年一月、二二七～二八九頁参照。

（3）湯熙勇「清代前期中国における朝鮮国の海難船と漂流民救助について」『南島史学』第五九号、二〇〇二年八月、一八～四三頁。

湯熙勇「清代中国におけるベトナム海難船の救助方法について」『南島史学』第六〇号、二〇〇二年一一月、三八～五六頁。

松浦章「近世東アジア海域諸国における海難救助形態」『関西大学東西学術研究所紀要』第四〇輯、二〇〇七年四月、八～九頁。
（4）『李朝実録』第五〇冊、学習院東洋文化研究所、一九六六年五月、八八頁。
（5）大王大妃とは、朝鮮国王英祖の王妃で、英祖の孫である純祖の即位直後から垂簾聴政をおこなった貞純王后のことである。『純祖実録』巻七、純祖五年（嘉慶一〇、一八〇五）六月壬申（二〇日）の条に、「……貞純大王大妃殿下、昇遐于昌徳宮福殿」（『李朝実録』第五〇冊、一八七頁）とあるように、貞純王后は純祖五年六月に亡くなっている。貞純王后が垂簾聴政をおこなったことは、『純祖実録』巻一冒頭の正祖二四年（嘉慶五、一八〇〇）七月甲申（初四日）の純祖即位の記事に、「王大妃爲大王大妃、王妃爲王大妃、奉大王大妃行垂簾聴政禮于熙政堂」（『李朝実録』第五〇冊、一頁）とある。
（6）『清実録（第二九冊）仁宗実録（二）』中華書局、一九八六年七月、二三一～二三二頁。
（7）晋昌は嘉慶五年（一八〇〇）三月辛酉から嘉慶八年（一八〇三）八月壬午まで盛京将軍であった（錢實甫編『清代職官年表』第三冊、中華書局、一九八〇年七月、二三二六～二三二九頁）。
（8）『李朝実録』第五〇冊、学習院東洋文化研究所、一九六六年五月、二六四～二六五頁。
（9）『琉球史料叢書』第四巻、名取書店、一九四一年九月、一九一頁。
（10）多和田眞一郎『『琉球・呂宋漂海録』の研究――二百年前の琉球・呂宋の民俗・言語――』武蔵野書院、一九九四年六月、三五頁。
（11）同右書、三七頁。
（12）中国第一歴史檔案館編『清代中琉関係檔案選編』中華書局、一九九三年四月、三五二頁。
（13）多和田眞一郎『『琉球・呂宋漂海録』の研究――二百年前の琉球・呂宋の民俗・言語――』三九頁。
（14）同右書、四一頁。
（15）『李朝実録』第五〇冊、学習院東洋文化研究所、一九六六年五月、二六四～二六五頁。
（16）同右書、二六四～二六五頁。
（17）同右書、三一五頁。

(18) 大韓民国文教部国史編纂委員会編纂『同文彙考』四、大韓民国文教部国史編纂委員会、一九七八年一二月、三五三九頁。
(19) 松浦章「明清時代北京の會同館」神田信夫先生古稀記念論集『清朝と東アジア』山川出版社、一九九二年三月、三五九〜三七九頁。
(20) 多和田眞一郎『『琉球・呂宋漂海録』の研究――二百年前の琉球・呂宋の民俗・言語――』一六頁写真一、一四五頁。
(21) 同右書、三五〜七六頁。
(22) 同右書、一二〜一三頁、一五頁。
(23) 劉芳輯、章文欽校『葡萄牙東波塔檔案館蔵　清代澳門中文檔案彙編』下冊、澳門基金會、一九九九年一月、六二八頁。
(24) 多和田眞一郎『『琉球・呂宋漂海録』の研究――二百年前の琉球・呂宋の民俗・言語――』四一頁。
(25) 劉芳輯、章文欽校『葡萄牙東波塔檔案館蔵　清代澳門中文檔案彙編』下冊、六三八〜六三九頁。
(26) 中国第一歴史檔案館編『清代中朝関係檔案史料続編』中国檔案出版社、一九九八年一月、四〇〜四一頁。
(27) 多和田眞一郎『『琉球・呂宋漂海録』の研究――二百年前の琉球・呂宋の民俗・言語――』四二頁。
(28) 大韓民国文教部国史編纂委員会編纂『承政院日記』第一〇三冊、大韓民国文教部国史編纂委員会、一九七三年一一月、一〇二四頁。
(29) 『備辺司謄録』第二〇冊、大韓民国国史編纂委員会、一九六〇年五月、八八頁。
(30) 大韓民国文教部国史編纂委員会編纂『承政院日記』第一〇四冊、大韓民国文教部国史編纂委員会、一九七三年一一月、二七頁。
(31) 『清実録（第三一冊）仁宗実録（四）』一四頁。
(32) 『宮中檔嘉慶朝奏摺』第一九輯、國立故宮博物院所蔵（未刊行）、三五頁下。以下に述べる汪日章の奏摺の録副は、「江蘇巡撫汪日章奏報査詢遭風難民摺」として中国第一歴史檔案館編『清代中朝関係檔案史料続編』五九〜六〇頁に収められているが、本稿では原奏摺に基づいた。
(33) 『宮中檔嘉慶朝奏摺』第一九輯、三五頁下〜三六頁上。

(34) 同右書、三六頁上。
(35) 包世臣『中衢一勺』巻三、「海運十宜」、近代中國史料叢刊第三十輯『安呉四種』文海出版、一九七六年、二一九頁。
(36) 『宮中檔嘉慶朝奏摺』第一九輯、三六頁下。
(37) 『備辺司謄録』第一九冊、八一八〜八二一頁。
松浦章編著・卞鳳奎編譯『清代帆船東亞航運史料彙編』関西大学亞洲文化交流研究中心海外論叢第三輯、楽學書局、二〇〇七年二月、史料一八、一〇六〜一一一頁。
(38) 松浦章『清代海外貿易史の研究』朋友書店、二〇〇二年一月、八一〜八二頁。
(39) 松浦章『清代上海沙船航運業史の研究』関西大学出版部、二〇〇四年一一月、三七〜三八頁。
(40) 松浦章『清代海外貿易史の研究』八九頁。
(41) たとえば、関西大学東西学術研究所資料集刊一三「江戸時代漂着唐船資料集」のシリーズでは江戸時代の日本に漂着した中国船の漂着記録が収録され、日本の現地役人と中国船の乗員による筆談記録を収録している。
(42) 松浦章「明代における朝鮮船の中国漂着について」『関西大学文学論集』第五一巻第三号、二〇〇二年一月、四〇頁。

第三章　清代前期の広東・澳門における買辦

一　緒言

近代における中国と西洋諸国との文化交渉において、具体的に中国と外国との交渉の接点になった商業機能のひとつとして「買辦」があったことは周知のことである[1]。

この買辦について、ロバート・モリソン（Robert Morrison）の嘉慶二四年（一八一九）の *A Dictionary of the Chinese Language*（『華英辞典』）では、

Mae pan 買辦 a kind of marketman; one who procures provisions and other necessaries in large houses and public offices; a comprador

と英訳されている。買辦は商人の一種である。大商館や官庁では食料品や他の必需品を調達する人、コンプラドルと訳している。

咸豊乙卯年（咸豊五、一八五五）の協徳堂蔵板である何紫庭序の『華英通語』人倫類、一五丁表にも、「買辦　Comprador　今啤合那」とある。咸豊庚申（一〇年、一八六〇）重訂の西営盤・恒茂蔵板の『華英通語』の人倫類、五五丁表にも「買辦　Comprador　今啤兀多」とある。

同治元年（一八六二）六月の『英語集全』巻一、帝治、行口人には、

買辦　Mypahn-Compradore　甘布黎多　廣東番語曰今不多。

とあるように、買辦にはコンプラドルの訳語が比定されている。

Herbert A. Giles の民国元年（一九一二）の *A Chinese-English Dictionary*（『華英辞典』）では、

買辦　a house-steward; used for a "compradore" in a foreign hong.

とあり、買辦は、執事あるいは外国商館におけるコンプラドルとして解釈されている。

英語の compradore は、日本の英和辞典では、「中国にある外国商館、領事館などで中国人との取引交渉などに当らせるために雇う中国人(2)」と訳されている。

以上の事例からも知られるように、清朝末期には欧米の外国人の間では、買辦はコンプラドルの意味で定着していたと見てよいであろう。

それでは、最近の辞書ではどのように見えるか確認してみたい。

『漢語大詞典』（漢語大詞典出版社）の「買辦」では次の四点の解釈がされている。

①購買、置辦

②舊時負債採購或兼理雜務的差役

③専指輪船上主管載貨、乗客業務的人

④外商初入中国通商時、所雇用意的採買人或管事人(3)

これに対して日本の代表的な中日辞典のひとつである愛知大学中日大辞典編纂処の『中日大辞典』の解釈は、

①物の買い集めをする係（の人）

②買弁、コンプラドル comprador：旧時、中国にある外人商社が中国人との取引を円滑にするため雇用していた高級使用人(4)。

とあり、二種の解釈である。

これらの解釈のうち、より一般に使用されている前者の④、後者の②の解釈である「買弁、コンプラドル」とする考えがいつ頃から発生していったのか考察してみたい。

二　清末・民国初期の買辦

一八四二年の南京条約締結後、上海に租界が設けられると、外国商人と中国国内商人との間に介在する新たな商人として登場してくるのが買辦である。その買辦に関して民国初期の徐珂編の『清稗類鈔』稗四四、農商類、上海洋行之買辦に、

> 上海租界洋行所延華人総理其事曰買辦、於商法實無確當之意義。蓋吾國海通以後、租界一種特別職業也、英文譯音為糠擺渡。一作剛白度。咸、同間、名人筆記不知譯音之本難索解、乃就糠擺渡三字以國文為之解釋。謂買辦介於華洋人之間以成交易、猶藉糠片為擺渡之用、既以居間業許之、而又含有軽誚之詞。(5)

とある。買辦の音訳は「糠擺渡」「剛白度」であり、現代普通語の音訳では前者が"kang-bai-du"、後者が"gang-bai-du"となり、両者ともにCompradoreの音訳であることが知られる。そして買辦は中国人と外国人の間にたって商業行為を成立させる存在であると理解されていた。

二〇世紀の初めに東亜同文会が編纂した『支那経済全書』第二輯、第三編に買辦が紹介されている。そこで示される買辦の概念は次のとおりである。

> 買辦則ちCompradoreなるものは欧洲商人と支那商人との間に立ち不可欠的媒介者たるものの意にして、今其語源を訪ぬるに西班牙語の「コンプラドル」[販売人の意]より來りしものにして、今日にては二様の意味に用いらる。則一は吾人か上海其他の開港場に於てShip Compradoreなる看板を掲げたる洋酒・缶詰等を販

売する商舗を指すものにして、他の一は普通に云ふ「コンプラドル」則ち買辦の意にして、今茲に述へんとするは主として後者にあり。(6)

外国商人が中国の買辦を使用せざるを得なかった理由として、同書では、

(一)支那語を学ふに困難なること
(二)支那の取引は概ね、其内地銀行、例へは銭荘票荘等の手形払にして其仕払期限か長期なること
(三)支那に於ける取引は彼國の風俗習慣に熟達したる人を必要とすること
(四)支那の度量衡制度の不完全にして種類の多きこと(7)

とするように、外国商人が中国に来航して商業活動をおこなうさいに大きな障害になったのが、言語と商業組織や習慣等の大きな相違であったことは明白である。

馬寅初も買辦の起原として、

(一)言語之不同　(二)習慣之互異　(三)商情之特殊點(8)

の三点の理由を掲げた。

根岸佶は『買辦制度の研究』において、

廣東貿易は洋行を根幹としたけれども、又付随のものが二つあつた。それは通事と買辦とである。洋行は通事と買辦とを補助として夷館に居留する各外商と貿易した。従つて其機関は洋行、通事、買辦、外商の四つとなる。(9)

として、広東貿易において、洋行を「海上貿易業組合」(10)と解し、通事は「通事は事務に通ずるものの義なるも、外人は之をLinguistとし、一般に通譯と解せられる。しかし通事の職務は繁瑣あつて廣東貿易制度に於て行商に亟ぐべきものである。清朝は外人に華語を教へることを禁止したので、外國語を解する中國人を用ひなければな

らぬ為め、通譯なることが通事の重要職分となつたのだ(11)」と、通事の重要性を指摘した。この指摘は、光緒辛巳（七年、一八八一）刊『英話注解』序の中にも見られる。

竊維中外通商、始於乾隆年間、廣東之香港、斯時皆用粤人為通事、以通其言語。即爰幫業廣號者、均與十三行交易、不知外國之商情也。至道光壬寅年（二二年、一八四二）、奉旨、五口通商貿易日盛、而以上海為大宗、初通之際、通事者仍係粤人居多、邇年以来、両江所属府縣、亦不乏人、而吾邑惟尹紫芳・鄭久也・姜敦五諸君、而已茲奉諭旨、准予五口通商中外交易、自必更加蕃盛、但言語不通、逕美於経営者、未免齟齬、吾邑藉於此者、十居七八均宜互相習學。

清代における中外通商に中心的な地であった広州や香港において、主導的役割を果したのは粤人すなわち広東人であった。とりわけ南京条約締結以前は広州の「十三」行の商人であり、南京条約締結後は広州・厦門・福州・寧波そして上海が外国貿易の中心地となったが、そこでも通事の中心的な役割を担っていたのは広東人であったといわれる。

そして、根岸は広東貿易時代の買辦を勤務の場所により船舶買辦と夷館買辦の二種に分類した。

外船が廣州湾に來着するや水先案内と船舶買辦とを宛がはれ、珠江を遡るのである。彼等は外船所要の食料品を買入れ、陸揚仲仕苦力等を雇入れる。夷館買辦は夷館に滞在する外商の為めに食料品の購買、金銭の出納、日用雑費の計算及び使用人の雇入を為し、それにつき一切の責を負うべきものである。外人の取引を便にする為め、土着商人や銭荘と往來することもある(12)。

すなわち、広州湾に来航した外国船の水先案内と外国船が必要とする日用品や積載貨物の荷揚げ積み込み等の業務にかかわる船舶買辦と、広州城に隣接する地にあった外国商人が滞在する商館において、彼らが滞在中に必要とする日用品等の購入などの業務をおこなった夷館買辦とがあったとする。

これまでの買辦に関する研究には上記の成果以外に、内田直作[13]、黄逸峰[14]、聶寶璋[15]、張國輝[16]、黄逸峰・姜鐸・唐傳泗・陳絳[17]、汪敬虞[18]など専門研究があるが、その主要な研究時期は一八四二年の南京条約締結以降の対外貿易に関与した買辦が中心である。

そこで次に、以上のような先学の研究に対して、外国との貿易で主導的立地にあった広州貿易における買辦の機能について、二〇世紀後半に公刊されるようになった清朝時代の官吏の奏摺を中心に、より時代を遡って考察したい。

三　清代前期の広東貿易における買辦

「買辦」語彙の使用例として年代が明確なもののうち、管見の限り最も古いと見られるのは『明史』巻六、本紀六、成祖二、永楽六年（一四〇八）条に見える次の記事であろう。

六月庚辰、詔罷北京諸司不急之務及買辦、以甦民困、流民來歸者復三年。[19]

また、談遷の『国榷』巻一四、永楽六年条に、

六月戊寅朔、庚辰、停北京諸郡買辦、招流民、免賦役三年。[20]

とある。明実録『太宗実録』永楽六年六月庚辰（三日）の条にはさらに詳しく次のように記されている。

詔諭北京諸司文武群臣曰、北京軍民、数年之前、或効力戎行、或供師旅、備歴艱難。平安以来、労粹未蘇。比以営建北京、國之大計、有不得已、重労下人。然隠於朕懐、不忘夙夜、屢勅諸司、務隆體卹。而任事之心略不究心、駆迫嚴苛、貪漁剝削、致其窮粹、赴訴無所。已廉得其實、悉寘于法。自今北京諸郡不急之務及諸買辦、悉行停止。其民之流移來歸者、免賦三年。爾得其恪遵朕言、違者不宥。……

永楽帝は北京の軍民に対して、多年にわたりさまざまな負担を強いたとし、また北京の造営にあたり迷惑をかけ

ることもあって、北京諸郡の買辦を停止して、流民を召募して賦役三年分を免除したのであった。ここでの買辦は諸物の買入を意味していると考えられる。これは『漢語大詞典』が「舊時負債採購或兼理雜務的差役」と解した②の意味で使用されていると考えられるであろう。明代の「買辦」はほぼこの意味で使用されていたと思われる。

清代の広州における対外貿易の状況について、広東巡撫であった楊琳の康熙五五年（一七一六）八月初一〇日付の奏摺に、

今歳、廣東自二月至六月、到有法蘭西洋船六隻、英吉利洋船二隻、倶係載銀來廣置貨。……今七月內、又到英吉利洋船一隻、蘇栗國洋船二隻、……今年統共到有外國洋船十一隻、共載銀約有一百餘萬両、廣東貨物、不能買足、係各行舗戶代往江浙置貨。奴才嚴飭地方文武曉諭各番客、約束各船水手・跟役人等、不許生事。并嚴飭各行舗戶、不許誆騙番客、致生事端、照伊回帆風信、發遣歸國。(21)

とある。康熙五五年二月から七月までに一一隻の外国船が広州に来航したことによって、巨額の貿易取引が予想され、広州周辺では外国船の帰帆貨物を満たすことはできないとして、各舗戸が配下の者に長江流域の江南や浙江方面へ集荷に赴かせた。他方、同地を統治する巡撫としては外国商人にその船の乗組員が紛争を生じさせないように注意させるとともに、中国側の商人である舗戸に不正な取引をしないよう注意を喚起している。

両広総督となった楊琳の康熙五九年（一七二〇）一〇月二五日付の奏摺では、

為奏報洋船事、本年共到外國洋船一十三隻、上年到遅未回洋船一隻。今於十月十三、十五日等日、已開駕回國洋船五隻、尚有九隻。奴才嚴催洋行・通事人等速令交易、明白務於今冬、盡數開回。……(22)

とあるように、広州来航の外国貿易船の交易に当たり、洋行と通事は迅速に交易を終わらせるようにと官憲が督促しており、洋行・通事が交易業務において重要な任務を持っていたことは明らかである。

雍正二年（一七二四）六月二四日付の両広総督の孔毓珣の奏摺に、

有粤海關税館及牙行貿易漢人一百餘十戸。

とあるように、当時広州の海外貿易に関係する牙行は百数十戸あったことが知られる。また孔毓珣は、同年一〇月二九日付の奏摺では、

臣(孔毓珣)飭令洋船到日、止許正商数人與行客交易。其餘水手人等、倶在船上等候、不得登岸行走、撥兵防衛看守、仍飭行家公平交易、毋得欺騙定。於十一、十二両月内、乗風信便利、将銀貨交清、盡發回國、不許悞。

としており、外国船が広州に到着すると、定められた商人たちのみとの交易を認め、船舶の乗員である乗組員は船舶内に残って広州に上陸を認めず監視を厳しくし、交易は公平を旨として欺くようなことは許さないとする方針であった。

また孔毓珣の雍正三年（一七二五）四月初一日付の奏摺は、雍正帝の海外貿易の寛容を讃えるなかで、

在粤居住之西洋人、及洋貨行人、通事人

として、洋貨行人と通事人が貿易の主体者だと記している。

続いて孔毓珣は雍正三年九月初九日付の奏摺で次のよう記している。

……為奏明到粤外國洋船事、竊照、本年陸月初肆日、到英吉利國洋船壹隻、陸月拾五日、到英吉利國洋船貳隻、所載倶係黒鉛・番銭・多羅・嗶支等貨。柒月初肆日、到法蘭西洋船壹隻、所載黒鉛・番銭・羽緞・多羅等貨。柒月拾柒日、到英吉利國洋船壹隻、哥沙國洋船壹隻、加剌吧國洋船壹隻、所載胡椒・蘇木・檀等貨。柒月拾捌日、到馬巴刺斯國洋船壹隻。柒月貳拾捌日、到英吉利國洋船貳隻、所載係胡椒・檀香・黒鉛・番銭等貨物。以上陸柒月両月共到外國洋船拾隻、倶湾泊黄埔地方、委官弾圧稽査、不許内地閑雑人等、擅入彝船生事、併嚴飭牙行・通事人等、貿易貨物、公平交易、務在歳内、乗風信、盡令開發歸國。……(23)

ここに記された外国船の来港を整理すれば次のようになる。

陸月初肆日（七月一三日）英吉利国洋船一隻。
陸月拾五日（七月二四日）英吉利国洋船二隻、所載俱係黒鉛・番銭・多羅・嗶支等貨。
柒月初肆日（八月一一日）法蘭西洋船一隻、所載黒鉛・番銭・羽緞・多羅等貨。
柒月拾柒日（八月二四日）英吉利国洋船一隻。
哥沙国洋船一隻。
加剌吧国洋船一隻、所載胡椒・蘇木・檀香等貨。
柒月拾捌日（八月二五日）馬巴剌斯国洋船一隻。
柒月貳拾捌日（九月四日）英吉利国洋船二隻、所載係胡椒・檀香・黒鉛・番銭等貨物。

一七二五年七月一三日～九月四日までの五四日間にイギリス船六隻を含め一〇隻が広州に来航した。これら外国船の積載貨物は黒鉛と胡椒、蘇木・檀香の香料類、羽緞・多羅・嗶支等の織物類、そして外国貨幣の番銭であった。

これら広州来航の外国船の対応については「委官弾圧稽査、不許内地閑雑人等、擅入彝船生事、併嚴飭牙行・通事人等、貿易貨物、公平交易、務在歳内、乗風信、盡令開發歸國」とあるように、外国船・外国商人と中国人の接触には清朝側官憲の監視が厳しくおこなわれ、そのような状況下で外国商人と接触し交易できたのは牙行と通事だけであった。また彼らも清朝官憲の厳しい統制を受けていたことがわかる。ここでの牙行は商人であり、通事は通訳であったことは確実であろう。

このころの広東貿易の実情に関して、雍正五年（一七二七）七月一九日付の福建巡撫常賚の奏摺において、

各商僉云、廣東洋行、向係十六、七家、……六行先行辦繳、又發銀数萬両、差人往別省、置買湖絲・茶葉・磁

器等貨、貯如升行、飭令儘先賣完、方許各行賣貨、今現貯續買、到廣未曽發賣湖絲二百餘担、現在崇義店陳騰官行内、客商知有積貨、併慮貨到、不能先賣、以致往来稀少、各行畏懼等情。(24)

とあるように、洋行は外国商人に売却するために、浙江省湖州府治下で生産される最高級の生糸である湖絲や安徽・浙江・福建などの高級茶葉を他省から購入していたことが確認できる。

また、両広総督孔毓珣の雍正六年（一七二八）一一月初七日付の奏摺に、

……洋行分頭銀両一項、……査海關正税之外、陋例有商貨分頭一項、係估計貨物價銀、毎両抽銀三分九厘、担頭銀毎貨一百斤、抽銀一分八厘、紬疋毎疋銀一分、并船規開艙驗艙點充通事・買辦等項、均有陋規。……其洋行分頭一項是否、亦有在内無案可査、臣不敢懸定、再査洋行分頭、原非舊例、而廣東洋貨行、獲利甚厚、以獲厚利之行家、量為抽分、實属無碍、惟伊等以洋船隻、毎年多寡無定、貨物利息不同、所以不願定額、而情願另送随伊之便也。且陋規一項分、看則零星無多、合算則盈千累萬、籌國即籌家之道、以情願無碍之項、少裨國帑。……(25)

とあり、ここでは行家・通事・買辦と三種の業務が見られる。

広東海関革職留任監督の祖秉圭の雍正八年（一七三〇）正月二九日付の奏摺に、

……洋船進口出口、尚有規例、倶係通事経手。臣査據通事等稟稱単開、毎洋船一隻、有銀一千九百五十七両零、内有左翼鎮協等衙門放関銀、共一百三十二両、下註今交廣州府字様、……在普済堂公用歴年、倶経通事交送、但今年洋船、該交銀子、俟明年洋船出口、纔交等語、……(26)

とあるように、ここでは通事が、外国船が広州に来航したさいの諸手続きなどをおこなっていたことが知られる。

管理福建海関事務郎中の準泰の雍正九年（一七三一）一一月二四日付の奏摺に、

……奴才移行海防同知衙門、會擇殷實舗戸、以及通事飭着公平交易、……(27)

とあり、福建の厦門《アモイ》においては富裕な舗戸を選び、通事とによって公平に交易がおこなわれたのであった。

広州将軍の毛克明の雍正一〇年（一七三二）七月一三日付の奏摺には、

……再毎船必需粤省買辦壹名、毎名批承充手、本銀壹百伍陸拾両不等、共銀貳千両有零。……(28)

とあり、広東貿易における買辦について記されている。この場合の買辦は広州に来航した外国貿易船にかかわる業務を担当していたと見られる。

広州将軍毛克明の雍正一〇年（一七三二）一二月二八日付の奏摺に、

窃査買辦壹項、因洋商船泊黄埔、或暫寓省城、語音不諳、債人買辦物件、若不経官批准、則良奸不辦、夾帯漏税、實難稽査、而該買辦壹経批定、衆人始不敢挽奪、是以毎批准壹名、情願繳納公費銀両、凡在黄埔船上者、自肆伍拾両、至壹百両不等。在省城寓所者、自陸拾両、至壹百貳拾両、併壹百伍陸拾両不等。倶視洋船大小、酌量増減。……(29)

とある。外国船が広州に来航したさい、言語が通じないため買辦が彼らの必要とするものを買い整える業務をおこなっていた。その買辦は官憲の許可を経ない場合はさまざまな問題を生じるため、官憲が買辦を選定する必要がある。そのさい、経費を納付させる。黄埔に停泊中の船舶で業務をおこなうものは四〇、五〇両～一〇〇両、広州城に居所を保持するものは六〇両～一二〇両とし、両者で一五〇両～一六〇両程である。額は外国船の大小によって増減する。ここでの買辦は明らかに貿易業務に関与した商人であったことがわかる。

乾隆四年（一七三九）四月二八日付の閩浙総督の郝玉麟の奏摺に、

……至年下、郷民買辦年果如瓜子・核桃等類、……(30)

とある。ここでの買辦は、年末年始にいたって郷民が新年祝い菓子として瓜子や核桃などを買い集めたことを意味する語彙として使用されている。

乾隆四年六月二二日付の福州将軍隆昇の奏摺には、

……今密奏内、所稱挑賣磁器、買辦年果、勒令完税之處、不特並無其人、亦均非厦門應有之事、查厦門収税、倶係海船出入之貨、給有出水、照単断無重納税銀之理、而税銀在一銭以下者、概係寛免、且従不収岸上肩挑之税、今挑賣磁器、買辦年果、似倶係岸上肩挑之輩、概不収税。……(31)

とあり、ここで使用されている「買辦」の意味も、磁器をかつぎ売りし年果を買い集めることとして解釈できるであろう。

乾隆六年（一七四一）一一月一九日付の左都御史管広東巡撫の王安國の奏摺に、

……乾隆三年分関冊、報収雑項數目、較通事・行商簿、開収數計少銀一萬二千一百両有奇、乾隆四年分関冊、報収雑項數目、較通事・行商簿、開収數計少銀八千二百両有零、乾隆五年分関冊、報収雑項數目、較通事・行商簿、開収數計少銀三千七百両零。……(32)

とある。広東貿易に関する海関の簿冊に通事と行商に関する簿冊があった。しかしこの時点では買辦に関する簿冊は見られないようであるから、通事と同意語的に使用されていた可能性も考えられる。

乾隆二一年（一七五六）一二月の新柱・李侍堯らの奏摺に、イギリス商人洪任輝（フリント、次章参照）らが粤海関監督李永標を訴えた訴状文が見られるが、その中に、買辦に関して、

毎船、買辦総巡口索禮五十両。(33)

とある。買辦が各貿易船より五〇両の陋規（手数料）を求めていたとされる。さらに同奏摺に、

問據張宏超供、小的香山縣人、在総巡口、充當英吉利洋船買辦、已五年了。両年得過銀五十両、有三年没有給。那鬼子船、過関有無陋規、是通事們經手、小的們不知道的。小的們不過毎日替鬼子買些食物・米・薪之類。其餘的事、小的無渉。小的們、充當買辦也。是鬼子各人情願雇的。(34)

とある。張宏超は香山県の人であって、広州の総巡口において、イギリス船の買辦になってすでに五年を経過した。最初の二年間の間にイギリス船から銀五〇両を得たが、後の三年間は何も得ていない。イギリス船からの陋規を得られるのはひとえに通事等の差配であって、買辦たちの知るところではない。買辦らはイギリス船の乗員のために毎日、若干の食物や米や薪等を購入するだけで、その他の仕事には関係しない。買辦らはイギリス人からの要請で雇われていると答えている。

さらに同奏摺に、

問據陳新供、小的番禺縣人、在黃埔口充當英吉利船買辦、四年了。從前原有謝、小的們、銀子一百両或八十両不等。近年只肯謝銀三四十両。但那宗銀子原是小的們分的工食、並不是交給關上陋規。出口時纔給。並不分與別人的。如何牽止得去呢求詳察。(35)

とあり、もう一名の買辦である陳新は番禺県の人で、黄埔口においてイギリス船の買辦をして四年になる人物であった。彼の場合は謝金として一〇〇両〜八〇両を得ていた。最近は謝金が三〇両〜四〇両であって、これらは手間賃であって、イギリス船からの陋規ではない。イギリス船が出港するさいに若干の金を得るのみであるとの返答をしている。

これらの買辦経験者の具体的口述から見て、当時の買辦は外国船の乗員のために日用品等を購入する業務を主としていたことが知られる。

乾隆二四年（一七五九）一〇月二五日付の両広総督李侍堯の奏摺に見える「防範外夷規條」には、広東貿易における外国商人・貿易に関する明確な規制が成立する。その中に、

一、夷商在省住冬、應請永行禁止也。……

一、夷人到粵、宜令寓居行商管束稽查也。查歷來夷商到廣貿易、向係寓歇行商館内、原屬有專責。……即買

賣貨物、亦多有不経行商・通事之手、……専責行商・通事将夷商及随従之人姓名、報明地方官、及臣與（両廣総督）監督衙門（粤海關監督）。……

一、借領外夷貲本、及雇倩漢人役使、並應查禁也。……内地復設有通事・買辦、爲伊等奔走駆馳。

一、外夷雇人、傳遞信息之積弊、宜請永除也。……

一、夷船収泊處所、應請酌撥営員、弾壓稽查也。……(36)

とあり、ここでは貿易業務に関係する者とは、行商と通事が中心であるが、買辦の存在も確認できる。買辦は通事に追随するか、それ以下の業務しか得られなかったかもしれないが、この時期には広東貿易の仕組みの中に確実に参入していたといえる。

乾隆二九年（一七六四）五月二一日付の楊廷璋の奏摺に、

……洋行陋規一案、……福建本省、買辦之物少、查所開各物、内如人參・緑松等項、本非厦門所有之物、節年並未買過係属虚開、其燕窩一項、歴年買自厦門定價、毎觔四両四銭。……(37)

とあり、ここでも買辦は物件の購入に関係する語彙として使用されている。

次に嘉慶一四年（一八〇九）四月二〇日付の両広総督百齢と広東巡撫韓葑との奏摺にみえる「酌籌華夷交易章程」のうち買辦に関する部分のみを掲げる。

為酌籌華夷交易章程恭摺、奏聞仰祈聖鑑事、竊照澳門一隅、自前明嘉靖年間、大西洋人納税租住、迄今二百餘年、檣帆雲集、貿易交通。上年英吉利國夷兵、擅自登岸、震攝天威旋即退去、而防微杜漸尤須籌定章程。……

一、夷商買辦人等、宜責成地方官、慎選承充、随時厳察也。查夷商所需食用等物、因言語不通、不能自行採買、向設有買辦之人、由澳門同知、給發印照。近年改由粤海関監督給照、因監督遠駐省城、耳目難周、該買辦等惟利。是圖恐不免勾通外來商販私買夷貨、並代夷人偸售違禁貨物、並恐有無照奸民従中、影射滋弊。嗣後夷商買辦、應令澳門同知、就近選擇土著殷實之人、取具族長保隣切結、始准承充給與腰牌印照、在澳門者、由該同知稽査如在黄埔、即交番寓縣、就近稽査如敢於買辦食物之外、代買違禁貨物、及勾通走私舞弊、並代雇華人服役、査出照例重治、其罪地方官、狥縦一并査参(38)。

この中で注目されるのは、外国商人専門の買辦が、すでに存在していたことが明確に記されていることである。この買辦の選任にさいしては地元の富裕な人物より選出する必要があり、しかもその族長の保証を必要とするほど厳重であった。彼らは外国商人等が必要とする食料品等の物品を専門に購入する業務をおこなっており、従来は澳門《マカオ》同知より許可証が発行されていたが、嘉慶一四年頃には粤海関監督より許可書が発行されるようになったことがわかる。

同年五月一九日付の軍機処奏片五、慶柱らの奏摺に、

民夷交易章程……内外防範事宜

一、據稱、各國貨船到時、所帯護貨兵船、概不許擅入十字門、及虎門各海口。……
一、據稱、各夷商銷貨歸本後、令其依期随同原船歸國、不得在澳逗留。……
一、據稱、澳内為地無多、民夷雑處、請将西洋人現有房屋戸口査明造冊、不許再行添造。……
一、據稱、夷船到口、即令引水先報澳門同知、給予印照、註明引水船戸姓名、由守口営辦験照放行。……
一、據稱、夷商買辦應令澳門同知、就近選択土著殷實之人、取具族長保隣切結、始准承充給予腰牌。印照在澳門者、由該同知稽査。在黄埔者、即交番堣縣就近稽査。……査夷商所需食用等物、向設有買辦之人、由澳門同知給發印照。近年改由粤海關監督給發。……
一、據稱、嗣後夷貨到時、由監督親率洋行、総商於公司館内、秉公按股籤掣、不准奸夷私自分撥等語(39)。

とあり、外国貿易に関して以上の六条が示されているが、ここでは先の李侍堯の「防範外夷規條」に比較してさらに詳細になっていることがわかる。その五条目に「夷商買辦」とあり、外国商人専門の買辦がすでに存在していたこと、この買辦の選任にさいしては地元の富裕な人物より選出する必要があり、しかもその族長の保証を必要とする点は、先の楊廷璋の奏摺と同じである。また、彼らは外国商人等が必要とする食料品等の物品を専門に購入する業務をおこなっていること、従来は澳門同知より許可証が発行されていたが、嘉慶一四年頃には粤海関監督より許可書が発行されるようになったことがここからもわかる。

　この「民夷交易章程」はさらに発展して、道光一五年（一八三五）に見られる。『宣宗実録』巻二六四、道光一五年三月癸酉（一四日）に、

　両廣総督盧坤等奏、防範貿易洋人、酌増章程八條、
一、外洋護貨兵船、不准駛入内洋。
一、洋人偸運槍礮及私帯洋婦人、責成行商一體稽査。
一、洋船引水・買辦、由澳門同知給發牌照、不准私雇。
一、洋館雇用民人、應明定限制、厳防勾串作奸等弊。
一、洋人在内河應用無篷小船、禁止閒游。
一、洋人具稟事件、一律由洋商轉稟、以肅正體。
一、洋商承保洋船、應認派兼用、以杜私弊。
一、洋船在洋私賣税貨、責成水師査拏、厳禁偸漏。
　得旨、所議倶妥、須實力奉行、断不可不久又成具文也。勉益加勉。

とある。買辦は引水すなわち水先案内人と同様の業務として職名が見られる。

この規定はさらに発展する。『宣宗実録』巻三三〇、道光二〇年（一八四〇）正月己酉（一八日）によれば、

両廣総督林則徐等奏、遵旨籌議御史駱秉章奏、請整飭洋務章程。

一、新例厳禁煙土。如査有夾帯分毫、即将該洋商及保辦之洋商、一併斥革治罪、並訪査洋商如尚有朋充負欠者、軽則革退、重則治罪。

一、査洋語有孖氈名目、即華語所謂買賣人也、而漢奸即在其内、以致暗地勾通。現飭洋商令通事、買辦等逐層擔保、如有営私舞弊者、惟保人是問。

一、現在停止英国貿易、所有英国並不准一名住省。其各國貿易洋人、亦勒令遵例依期回國、酌留一・二洋人住冬、仍防閑出入、不准與内地人民交接。

一、前因三板船向無定額、於十八年十一月設立順字三板七隻、現議将此項三板一併撤、給米利堅國護照二張、凡各國洋人進省及寄信往来、均令另雇民艇、赴各磤臺隘口験明、方准内駛。

一、洋人帯來洋銀、務令以銀准貨、不使餘騰帯回。

下軍機大臣議。従之。

とある。ここでは、洋商・通事・買辦とその職務が細分化されていることが知られる。本条の詳細な記事は『嘉慶道光両朝上諭檔』第四五冊、道光二〇年正月二六日の条に見える。ここでは、買辦の見える記事のみ次に掲げてみたい。

各洋行所用司事管店人等、按月造具清冊送官、査考各夷館所用工人看門人等、均責成買辦保雇。其買辦責成通事保充。而通事又責成洋商選擇、仍由府縣査験給稗承充。……私赴夷船、代為經手買賣、或私稱買辦接済食物、各犯並沿海漁民蛋戸貪利忘生之徒、均責成地方文武官、嚴行拏究。……(40)

買辦は夷館において雇用された工人や看門人等の保証人的地位にあった。そして買辦の具体的業務は、この時

点でも主に外国商人が必要とする食料品などを購入することであった。

ところが、道光二三年（一八四三）六月二九日に締結された「中英江寧条約」に、

凡英國商民在粤貿易、向例全歸額設行商、亦稱公行者承辦。今大皇帝准其嗣後不必仍照向例。凡有英商等赴各該口貿易者、勿論與何商交易、均聽其便。(41)

とあるように、清朝とイギリスとの南京条約によって広東貿易における行商の独占貿易が廃止された。

この行商制度の瓦解と、買辦の台頭・業務の多様化とが密接な関係にあったことは明白であろう。

四　清代澳門貿易における買辦

広州と並び明代からポルトガルとの対外貿易の窓口であった澳門《マカオ》は、清代になるとポルトガル以外の欧州の貿易船も来航するようになる。その澳門の対外貿易における買辦の状況について見てみたい。現在公刊されている『清代澳門中文檔案彙編』に見える香山県丞興聖譲の乾隆三二年（一七六七）九月初八日付の牌によれば、

……現據黎世寶稟前事稱、切蟻在澳貿易、歷業年久、通曉夷語。……伏查澳地遞年均有呂宋國夷人洋船赴澳貿易、必須買辦……嗣後遇有呂宋國夷人洋船到澳貿易、其所須買辦人等、即着黎世寶兄弟充當、毋許別人混行佔奪。……(42)

とある。澳門にあって貿易に関係した黎世寶は「夷語」おそらくポルトガル語に通じていた。澳門に来航した呂宋《ルソン》船との貿易には買辦が必要であり、その買辦に黎世寶を当てるとするものであった。

香山県知県であった彭照麟の嘉慶一二年（一八〇七）二月初八日付の論文に、

……諭到該夷目、即便遵照、立将發來護照查以転給買辦陳科収執、該［夷］目仍不時稽査、毋使陳科籍端買取違禁物件、接済洋匪情事。……(43)

とある。

香山県知県丞の葛景熊の道光六年（一八二六）一一月二〇日付の諭文に、

……現據西洋買辦楊光稟稱、切蟻於嘉慶十九年在分府憲衙門稟充西洋買辦、遇有西洋船隻來澳、各赴外洋往接。(44)

とある。ここでは明確に、「西洋買辦」と呼称された買辦を専門とする商人であった楊光が記されている。楊光の買辦としての業務は、道光六年一一月二二日付の澳門同知の顧遠承の諭文に見える。

據買辦楊光稟稱、本年八月、聞従前辦過之西洋船主羅連素來澳貿易、前往萬山洋面候船接辦、業經船主允許代為接辦食物、……西洋船來澳貿易、日遂水菜、應需買辦、自有一定章程。……(45)

買辦の業務は澳門に来航した外国船の船主に代わって食物を供給することであって、特に航海中には入手困難な野菜などを船主に代わって購入した。

以上、澳門における買辦の事例は多く見られないが、乾隆時期にはすでに外国語を操る買辦が存在していた。その買辦の業務は外国船の船主に代わって日用品や食料品を購入することだったと知られる。

五　小　結

上述のように清朝の広東貿易・澳門貿易における清朝官吏の奏摺を中心に「買辦」に関する語彙を抽出しその意味を考察してきたが、一九世紀後半に見られる買辦の萌芽的意味が、すでに乾隆時代には見られていたことが知られる。

ただし『清稗類鈔』稗四四、農商類、「上海洋行之買辦」に、

西人之來我國、首至之地為廣州、彼時外人僅得居於船、不准逗留陸地、間有登陸居住者、則以澳門為安挿地、

明時即然。而貿易往来、全憑十三洋行為之紹介。遇洋船來、十三行必遣一人上船視貨議價、乃偕委員開艙起貨。及貨售罄、洋人購辦土貨回國、亦為之居間購入。而此一人者、當時即名之為買辦、意謂代外人買辦物件者。蓋此係我國商號雇用、以與外人交易、與上海之所謂買辦完全受外人之雇用者、性質尚異也。惟買辦之名、則沿襲由此矣(46)。

とあるように、当初広州や澳門における外国貿易に介在した買辦は、外国商人に替わって物件を購入する機能を持つものであった。それが、一八四二年以降の対外開港後に上海等五口の開港場において登場してくる買辦は、表記は同じであっても外国人に雇用され通訳と仲買人を兼ね備えた性質を持つようになった中国商人を意味する語彙として使用されるようになったのであった。

地理的にみても、広州・澳門における一八四二年以前の外国貿易時代の買辦と、一八四二年以降に対外開放された広州・厦門・福州・寧波・上海の五口に登場してくる買辦とは、語彙は同一であっても性質を異にするものであった。

このように広州という異文化接触の地において外国語を使い貿易活動に従事した買弁の存在を通じて文化交渉の内実を解明することが可能であろう。

（1）現代の中国語語彙の一例として、「公司」の企業を意味する語源の源流が少なくとも明末清初の海船航運業に見られることを明らかにした（松浦章「清代公司小考」（華立譯）『清史研究』中国人民大学清史研究所、一九九三年第二期。松浦章「清代海船と「公司」組織」『清代海外貿易史の研究』朋友書店、二〇〇二年一月、四七～五四頁）。
（2）*Kenkyusha's New English-Japanese Dictionary*, Tokyo, Kenkyusha, 1965, p.353.
（3）『漢語大詞典』縮印本、下巻、漢語大詞典出版社、五九八七頁。
（4）愛知大学中日大辞典編纂『中日大辞典』一九六八年二月初版、九四三頁。

（5）『清稗類鈔』中華書局、第五冊、二三二九頁。
（6）『支那経済全書』第二輯、東亜同文會、一九〇七年四月、三三〇頁。
（7）同右書、三三一頁。
（8）馬寅初「中國之買辦制」『東方雑誌』第二〇巻第六号、一九二三年三月、一二九〜一三二頁。
（9）根岸佶『買辦制度の研究』日本図書株式会社、一九四八年一一月、五一頁。
（10）同右書、五一頁。
（11）同右書、六一〜六二頁。
（12）同右書、六三頁。
（13）内田直作「買辦制度の研究」（一）『支那研究』第四七号、一九三八年七月、一九〜三六頁。
（14）黄逸峰「関于旧中国買辦階級的研究」『歴史研究』一九六四年第三期、八九〜一一六頁。
黄逸峰「帝国主義侵略中国的一箇重要支柱――買辦階級――」『歴史研究』一九六五年第一期、五五〜七〇頁。
（15）聶寶璋「中國買辦資産階級的發生」『中國買辦資産階級的發生』中国社会科学出版社、一九七九年一〇月、一〜六四頁。
（16）張國輝「鴉片戦争后清政権的買辦化和所謂洋務運動的発生」『洋務運動與中国近代企業』中国社会科学出版社、一九七九年一二月、一〜二〇頁。
（17）黄逸峰・姜鐸・唐傳泗・陳絳『旧中國的買辦階級』上海人民出版社、一九八二年七月、二九二頁。本書も一八四〇年以降の買辦階級を中心課題としているが、第一章「買辦和買辦制度」では買辦の起原の一例として『明史』食貨志にみえる成化年間（一四六五〜一四八七）の宮廷の供応商人をあげている。また清代の『紅楼夢』の事例を引用している。
（18）汪敬虞「関于買辦階級的産生」『唐廷枢研究』中国社会科学出版社、一九八三年七月、一三〜二三頁。
（19）『明史』中華書局、第一冊、八五頁。
（20）『国権』中華書局、第一冊、一〇〇五頁。
（21）『康煕朝漢文硃批奏摺彙編』第七冊、檔案出版社、一九八五年五月、三五六頁。
（22）『康煕朝漢文硃批奏摺彙編』第八冊、一九八五年五月、七三七頁。
（23）『宮中檔雍正朝奏摺』第五輯、國立故宮博物院、一九七八年三月、一〇七頁。

(24)『宮中檔雍正朝奏摺』第八輯、國立故宮博物院、一九七八年六月、五六〇頁。
(25)『宮中檔雍正朝奏摺』第一一輯、國立故宮博物院、一九七八年九月、七二二頁
(26)『宮中檔雍正朝奏摺』第一五輯、國立故宮博物院、一九七九年一月、五五九頁。
(27)『宮中檔雍正朝奏摺』第一九輯、國立故宮博物院、一九七九年五月、一八二頁。
(28)『宮中檔雍正朝奏摺』第二〇輯、國立故宮博物院、一九七九年六月、二四七～二四九頁
(29)『宮中檔雍正朝奏摺』第二一輯、國立故宮博物院、一九七九年七月、三一頁。
(30)中国第一歴史檔案館所蔵、硃批奏摺、財政類、関税項、乾隆四年四月二八日、閩浙総督郝玉麟奏摺、（ＭＲ一八―九五九Ｒ）。
(31)中国第一歴史檔案館所蔵、硃批奏摺、財政類、関税項、乾隆四年六月二二日、福州将軍隆昇奏摺、（ＭＲ一八―九九八Ｒ）。
(32)中国第一歴史檔案館所蔵、硃批奏摺、財政類、関税項、乾隆六年一一月一九日、左都御史管広東巡撫王安國奏摺（ＭＲ一八―一二七三）。
(33)中国第一歴史檔案館編『清宮粤港澳商貿檔案全集』第三冊、中国書店、二〇〇二年七月、一四〇六頁。
(34)同右書、一四一九頁。
(35)同右書、一四二〇頁。
(36)『史料旬刊』天三〇七表～三一〇裏
(37)『宮中檔乾隆朝奏摺』第二一輯、國立故宮博物院、一九七八年、五三六頁。
(38)台湾故宮博物院文献館所蔵『宮中檔嘉慶朝奏摺』第二四輯、三五冊、二〇三～二〇四頁。
(39)『史料旬刊』天一〇四表～一〇六裏。
『嘉慶道光両朝上諭檔』第一四冊、広西師範大学出版社、二〇〇〇年一一月、二八八～二九〇頁。
(40)『嘉慶道光両朝上諭檔』第四五冊、二〇〇〇年一一月、四三頁。
(41)田濤主編『清朝条約全集』第一巻、道光朝、黒龍江人民出版社、一九九九年六月、五六頁。
(42)葡萄牙東波塔檔案館蔵『清代澳門中文檔案彙編（上冊）』澳門基金會、一九九九年一一月、二三七頁。

(43) 同右書、二三八頁。
(44) 同右書、二三九頁。
(45) 同右書、二三九頁。
(46) 『清稗類鈔』第五冊、二三一九頁。

第四章　清朝中国人とイギリス人との言語接触

一　緒　言

古代より中国は諸外国と通好をおこなってきた。そのさいに最初に問題になったのが言語接触であろう。その実態の一端は正史にも記されている。『三国志』魏書巻四、魏書四に、「遼東郡言、粛慎國遣使重譯入貢」(1)とあるように、三国魏に来朝した粛慎国は、何度も通訳を重ねて来貢したとある。また、『晋書』巻六八、列伝第三八、紀瞻の伝には「海外移心、重譯入貢」(2)とある。同じ『晋書』巻九七、列伝第六七の倭人の条にも「泰始初、遣使重譯入貢」(3)とあるように、西晋の武帝の泰始年間（二六五〜二七四）の初めに、倭国が使者を中国に遣わしたさいにも通訳を重ねて来朝したと記す。こうした相互の接触の最初に問題になったのが言語であった。

そのような状況は時代が降っても変わらなかった。『明史』巻三三二、列伝二二〇、西域の坤城の条に「宣德、正統朝猶多重譯而至」(4)と見られるように、宣德・正統朝（一四二六〜一四四九）に中国に来朝した諸国は何か国語もの言語による通訳を介して中国にいたったのであった。それで始めて中国との言語接触が可能であったと記されている。『明史』巻一二六、列伝一四、沐英の伝にも「番部有重譯入貢者」(5)とあり、外国のみならず、中国の支配地域にいた少数民族の場合も、幾人かの通訳を介して明朝との関係を持ったとある。また『明史』巻六三、楽志三九に「九夷重譯梯航到」(6)とあるように、諸外国から来朝する場合は必ずいくつかの言語を介して中国との通交が可能になった。

明末に中国に渡来したイエズス会の宣教師湯若望（アダム・シャール）の伝に、回回科秋官正であった呉明炫が彼の先祖のことを語った記事が見られる。

臣祖黙沙亦黒等一十八姓、本西域人、自隋開皇己未、抱其曆學、重譯來朝、授職曆官、歴一千五十九載、専管星宿行度。(7)

呉明炫の先祖は、隋代より中国において暦学を担当してきた西域人の子孫であった。その先祖は中国に渡来した当初において、何人もの通訳を重ねて意志伝達をおこなうことができたと記している。このように、東西の文化交渉・文化接触に当たった最前線の人は、多くの場合当時の通訳であったろう。諸外国の人々は中国人との間でどのように言語接触をおこなっていたのであろうか。

一七世紀初めに設立されたイギリス東インド会社は清朝中国へ来航し、二〇〇年にわたり貿易をおこなったが、本章ではそのイギリス人がどのように中国側と言語接触したかについて述べてみたい。

二　一八世紀前半の広州貿易における言語接触

イギリス東インド会社は一六〇〇年に設立されるが、一七世紀の末頃までは厦門《アモイ》や台湾などでの単発的な交易で終始していた。広州で継続的に本格的な貿易がおこなわれるようになるのは康熙三八年（一六九九）に広州に来航したMacclesfild船の入港以降のことである。(8)

清朝官吏の奏摺でイギリス船の広州入港が確認できるのは、広東巡撫楊琳の康熙五四年（一七一五）八月一六日付の奏摺である。

七、八両月、由虎門進港至廣州船三隻。一隻蘇栗國船、装載薬材・香料等物、一隻係英吉利船、装載嗶吱緞・

哆囉呢・黒鉛等物。一隻佛蘭西船、無貨係装番銀、來廣置貨、再廣東地方寧静、……(9)

とある。康熙五四年七、八月の間に珠江河口の虎門から広州に入港してきた三隻の外国船のうちの一隻がイギリス船で、毛織物や黒鉛などを積載していた。

翌康熙五五年八月初一〇日付の楊琳の奏摺には、

今歳、廣東自二月至六月、到有法蘭西洋船六隻、英吉利洋船二隻、倶係載銀来廣置貨。奴才業經両次奏報在案。今七月内、又到英吉利洋船一隻、蘇栗國洋船二隻、所載係黒鉛・紫檀・棉花・沙籐・哆囉呢・羽毛布・檀香・蘇合香・乳香・没薬・西穀米・自鳴鐘・小玻璃器皿・玻璃鏡・丁香・降香等項貨物、此内亦有銀両。今年統共到有外國洋船十一隻、共載銀約有一百餘萬両、廣東貨物、不能買足、係各行舗戸代往江浙置貨。(10)

とあり、康熙五五年の二月〜六月にかけて八隻の外国船が広州に来航した。フランス船が六隻、イギリス船が二隻であった。さらに七月にもイギリス船一隻、蘇栗国（Suli）船二隻が来港し、黒鉛・紫檀・棉花・沙籐・哆囉呢・羽毛布・檀香・蘇合香・乳香・没薬・西穀米・自鳴鐘・小玻璃器皿・玻璃鏡・丁香・降香など香木をはじめとする品々をもたらしたのである。このため一一隻の外国船がもたらした貨物の額は銀一〇〇余万にも達して、広州での商品の調達が困難となって江南や浙江へまで交易品を買い求めたとある。

雍正六年（一七二八）一一月初七日付の両広総督孔毓珣の奏摺において広州における外国貿易の実態の一端を雍正帝に報告している。

……洋行分頭銀両一項、……査海關正税之外、……并船規開艙験艙點充通事・買辦等項、均有陋規。……原非舊例、而廣東洋貨行、獲利甚厚、以獲厚利之行家、量為抽分、實属無碍、……(11)

広州における外国貿易に中国側で関与していたのは行家・通事・買辦の三種であった。

雍正八年（一七三〇）正月二九日付の広東海関革職留任監督の祖秉圭の奏摺には、

……洋船進口出口、尚有規例、倶係通事経手。臣査據通事等稟稱単開、毎洋船一隻、有銀一千九百五十七両零、……(12)

とあるように、言語接触ができる通事が、外国船が広州に来航したさいの諸手続きなどをおこなっていたことが知れる。

広州が外国貿易に限定される以前の福建の廈門でも外国貿易がおこなわれていたが、その廈門のことについて報告した管理福建海関事務郎中の準泰の雍正九年（一七三一）一一月二四日の奏摺によると、

……奴才移行海防同知衙門、會撣殷實舗戸、以及通事飭着公平交易、……(13)

とあり、福建の廈門においては、富裕な舗戸を選び、通事を通じて公平に交易がおこなわれたとされた。

広州将軍の毛克明の雍正一〇年（一七三二）七月一三日付の奏摺に、

……毎船必需粤省買辦壹名、毎名批承充手、本銀壹百伍陸拾両不等、共銀貳千両有零。……(14)

とあり、外国船は広東貿易において必ず買辦を求め、その買辦が広州に来航した外国貿易船にかかわる業務を担当していたと見られる。

広州将軍毛克明の雍正一〇年一二月二八日付の奏摺に、

窃査買辦壹項、因洋商船泊黄埔、或暫寓省城、語音不諳、債人買辦物件、若不経官批准、則良奸不辦、夾帯漏税、實難稽査、而該買辦壹経批定、衆人始不敢挽奪、是以毎批准壹名、情願繳納公費銀両、凡在黄埔船上者、自肆伍拾両、至壹百両不等。在省城寓所者、自陸拾両、至壹百貳拾両、併壹百伍陸拾両不等。倶視洋船大小、酌量増減。……(15)

とある。外国船が広州に来航したさい、言語が通じないため買辦が彼らの必要とするものを買い整える業務をおこなっていた。ここでの買辦は明らかに貿易業務に関与した商人であったことがわかる。

以上の記述から、広州に来航した外国船は広州の買辦や通事を通じて交易をおこなう形態であったことは確かであろう。

三　清朝中国人とイギリス人との言語接触

中国へ渡来した外国人たちは中国語をどのように学んだのであろうか。具体的な学習方法を記したものは皆無であるが、康熙四九年（一七一〇）閏七月の康熙帝の伝旨に、

……西洋新来三人、且留廣州學漢話、若不會漢話、即到京裏、亦難用等、彼回話之時、爾等再寫奏摺奏聞。欽此。(16)

とある。広州へ渡来した宣教師たちをさまざまな分野で役立てようとしていた康熙帝は、まず訪中した外国人を広州において「漢話」の学習をさせた。漢話の会話ができなければ北京に呼んでも役立たないとして、「漢話」の会話ができるようになれば、康熙帝のもとに連絡してくるようにと命令している。このように康熙帝は満洲語ではなく「漢話」のできる西洋の知識人を求め、直接会話を交して彼らを使おうとしていたと思われる。

このことから、外国人に漢話を教授できる人材、また公的な施設であるか民間のものかは別としても学習施設なども含め、一八世紀の初めの広州においては、「漢話」を習得できる環境が整っていたと考えられる。

（1）ジェームズ・フリント James Flint の場合

イギリス東インド会社の社員として広東で中国語を学んだ者には、一七三四年（雍正一二）の Andrew Reid、一七三六年（乾隆元）の James Flint、一七五九年（乾隆二四）の Francis Wood、一七九三年（乾隆五八）の John Travers や Thomas Pattle や John Roberts などがいる。(17)

清朝の記録に見える姓名の明らかなイギリス人で中国語の能力が優れた人物として最初に知られるのが、ジェームズ・フリントである。漢字名では洪任・洪任輝などと知られている[18]。

H.B.Morse は、*The Chronicles of the East India Company trading to China 1635-1834* において、

Captain Rigby [of the Normanton, in 1736] left a young lad in China, James Flint, to learn the language. If you meet with him there you will do well to entertain him in our Service, in case he will be of any benefit to you.[19]

一七三六年（乾隆元）に広州に来航したノーマントン号[20]の船長リグビーは、中国において言語を学ばせるためにジェームス・フリントという年若い少年を残していった。このフリントの中国語習得が、その後の東インド会社にとってさまざまな恩恵なり利益をもたらしたことを予感的に示しているといえる。

フリントの年少期における中国語学習は、その後の清官憲の記録の随所に見られる。

フリントの最初の記録は、乾隆二〇年（一七五五）五月一一日付の浙江提督武進陞の奏摺で、

據定海鎮標右營遊擊鄭謝天熏稱、本月(四月)二十三日、有紅毛彝船一隻到港、……査其人數有番梢、並商人随廝等五十八名、内紅毛人五名、内一名洪任、能通漢話。……要往寧波、置買湖絲・茶葉等貨[21]。

とある。乾隆二〇年四月二三日（一七五五年六月二日）に、浙江省の舟山列島の定海にイギリス船が入港してきた。その乗員五八名の中にイギリス人が五名おり、その中に「漢話」が大変よく通じる洪任という人物がいたのであった。彼らの目的は寧波に赴いて湖絲や茶葉を購入することであった。

さらに閩浙総督喀爾吉善と浙江巡撫周人驥の乾隆二〇年五月一六日付の奏摺では、

據通事熏稱、我叫洪任、是紅毛國人商人。叫喀喇生、上年正月在本國出洋、於六月内、到廣東賣了貨。得寧波交易公平、領了粤海關照、要到寧買蠶絲・茶葉等物[22]。

とあり、通事からの報告に、「我叫洪任」とあるから、フリントが中国語で語ったことが記録されているのであろう。フリントは、乾隆一九年正月にイギリスを出港して六月には広東に入港したが、寧波では交易が公平におこなわれていることを聞き、広東海関の証明書を得て寧波にいたって生絲と茶葉を購入する希望があることを中国語で説明したのであった。

また『高宗実録』巻五一六、乾隆二一年（一七五六）七月乙亥（九日）の条に、

諭軍機大臣等據武進陞奏、六月十五日、寧波頭洋、有紅毛船一隻收泊等語、其一切驗放交易、自應照舊例辦理、顧向來洋船進口、俱由廣東之澳門等處、其至浙江之寧波者甚少、間有遭風漂泊之船、自不得不為經理、近年乃多有專為貿易而至者、將來熟悉此路、進口船隻、不免日增、是又成一市集之所、在國家綏遠通商、寧波原與澳門無異、但於此復多一市場、恐積久留居内地者益眾、海濱要地、殊非防微杜漸之道、其如何稽査巡察、俾不致日久弊生、不可不豫為留意、如奏内所稱船戸噶喇吩、至噶喇吧地方、同來過夷商味嗬、通事洪任駕船來寧等語、蓋本地牙行、及通事人等、因夷商入口、得從中取利、往往有私為招致者、此輩因緣覓利、無有已時、即巡邏兵役人等、亦樂於夷船進口、抽肥獲利、在此時固不過小人逐利之常、然不加禁止、誠恐別滋事端、尤當時加體察、可傳諭該督撫等、令其留心。(23)

とある。乾隆二一年六月一五日（一七五六年七月一一日）に寧波の海域に一隻の紅毛船が現れ、貿易を求めたとある。当時外国船が貿易に来航するのは多くの場合広東省の澳門《マカオ》などであり、浙江省の寧波まで来航する船は極めて少数であった。海難に遭遇して漂流してくるものはあったが貿易の船はほとんどなかったのであった。この船は、船戸の噶喇吩の供述では噶喇吧《カラバ》（ジャカルタ）地方において夷商の味嗬や通事洪任を乗せて寧波に来航したことを述べている。そして、この紅毛船と寧波の牙行や通事人等とが通商して儲けようとしていることが報告されている。

さらに同年八月初七日付の喀爾吉善と楊廷璋の奏摺によれば、

通事洪任、原係夷種自幼居住澳門、拖欠行賑、與廣東省城之十三行参商因、而潜來浙省、緣寧郡並無大行、不能貯貨、有牙行陳太占、即於屋邊搭蓋樓房一十六間、以爲夷商堆貨居住。(24)

とあるように、フリントは外国人として幼い頃より澳門で成長し、同業者から借りた借金を返済できなくなり広東省城の十三行商人と結びつき、密かに浙江省に来航して寧波での交易を計画したのだと見られていた。

その後、乾隆二四年六月一六日（一七五九年七月一〇日）にフリントの船が天津に到着したが、これに対して中国側官憲はどのように対処したのかを檔案から見てみたい。

天津到着直後の官著の乾隆二四年六月一八日付の奏摺に、

據天津關委員候補理事同知多福報稱、本月二十七日、有商船一隻、到口委員、上船査看、並無貨物、有西洋人十二名、內有一人能通漢語、據稱西洋英吉利國商人、伊等向往粤省貿易、緣邇年在粤貿易有負屈之處、特赴天津、伸訴轉達、所有原呈已於天津府逓准等語。(25)

とあるように、天津関の同知であった多福からの報告によると、六月二七日（一七五九年七月二一日）に多福が、入港してきた商船に乗船して調べたところ、西洋人が一二名おり、その中の一名が「漢語」を良く喋る者がいたのであった。その人物は、彼らはイギリスの商人で、これまで広東広州に赴いて貿易してきたが、広東において予想外の負担を強いられたため、そのことを訴えるために天津に来航したと語ったのであった。

ついで直隷総督方観承の同年六月二九日付の奏摺によれば、

據天津道那親阿、天津府霊統稟稱、六月二十七日、據大沽營遊撃趙之瑛移稱、六月二十四日、海口砲臺以外、有三桅小洋船一隻停泊、随即往査、船内西洋人十二名、内有稍知官話者一名、洪任口稱、人船俱是英吉利國的因、有負屈之事、特來呈訴、將我送到文官處、就明白了等語。(26)

とある。天津の海河口にある大沽営の趙之瑛の報告によると、六月二四日に大沽営付近の近海に三本マストの小型外国船が停泊していたので、直ちに調査に赴いた。その結果、西洋人が一二名乗船しており、その中の洪任という人物が「稍知官話」と中国官話を話せる人物であった。洪任は中国語で「人や船はイギリス国のもので、屈辱を受けたため、特に訴えるため私を遣わせられた」と答えたのである。さらにフリントらが屈辱を受けた内容については訊問の結果が次のように示されている。

據西洋人洪任、即呈内之洪任煇供稱、我一行十二名、跟役三名、水手八名。我係英吉利國四品官、向在廣東澳門、做買賣因市黎光華欠我本銀五萬餘兩不還、曾在關差衙門、告過狀、不准。又在総督衙門告狀也。不准。又曾到浙江寧波海口呈訴也。不准。今奉本國公班衙派我、來天津要上京師伸冤等語。(27)

とある。フリントは、呈書において洪任煇と記していたことがわかる。彼らは全員で一二名であり、洪任以外に下役が三名、水夫が八名であった。貿易の差配ができるのは洪任一人であった。彼が天津まで来たのは、広東行商の黎光華がイギリスに対する負債五万両を返還しないためで、広東海関の監督に訴えてもうけいれられず、広東総督も同様で、寧波でも同様であったので、天津に来て北京へ訴えるとの意向であった。なお黎光華は広東で資元行(28)を開設していたいわゆる広東十三行の一人であった。

先の官著の奏摺でも「能通漢語」の一人の人物がおり、それが方観承の奏摺からフリントであることは明白である。方観承は奏摺でフリントの言語能力に関して次のように記している。

再詰問、惟稱、我祇會眼前、這幾句官話、其餘都寫在呈子上了。(29)

とある。大沽営遊撃趙之瑛の眼前で、洪任は中国語を話し、時には筆談を交えて意思疎通をはかっていたことが明確に記されている。

以上のように、フリントは清朝の記録からも活動をうかがうことができ、その活動は彼の中国語能力によって形成されていたことがうかがい知ることができるであろう。

次にフリントとは別な方法で中国語を学んだイギリス人ジョージ・トーマス・ストーントンの場合を見てみたい。

(2)　ジョージ・トーマス・ストーントン George Thomas Staunton の場合

ジョージ・トーマス・ストーントンは、イギリス国王ジョージ三世が一七九三年(乾隆五八)に中国へ派遣したマカートニー使節団に一員として加わった George Leonard Staunton 卿の息子であった。マカートニーの日記の同年八月二九日の記述に次のようにある。

Little Staunton was able to supply my wants on this occasion, for having very early in the voyage begun to study the Chinese [language] under my two interpreters, he had not only made considerable progress in it, but he had learned to write the character with great neatness and celerity, so that he was of material use to me on this occasion, as he been already before in transcribing the catalogue of the presents.(30)

とある。坂野正高の翻訳によれば、

ストーントンの坊やが、この場合の私の必要を満たすことができた。それというのも航海のごく始めのころから、彼は二人の通訳について中国語を学びはじめたので、かなりの進歩をみせたのみならず、たいへん小ぎれいに、かつ敏速に漢字が書けるようになっていたのである。それで、さきに礼物の目録を転写する時に既に役立ったように、今度も大いに私の役に立ったのである。(31)

とあるように、使節団の船がイギリスから出港した一七九二年九月から、中国沿海へ到着する一七九三年六月までの間、ストーントンはマカートニーの二人の通訳から中国語を学習し、漢字まで書けるようになっていた。(32)

嘉慶帝の嘉慶一九年（一八一四）一一月二八日付の上諭に、

上諭、朕近聞本年八・九月間、有英吉利護貨兵船一隻、違例闌入虎門、經蔣攸銛派委營員管帯師船、前往駆逐、據英吉利夷目具禀、該國密理堅國、素有仇隙、因適遇該國夷船、恐其刦奪貨物用船防護以致誤入口門、悚惶謝罪等語。……又有英吉利夷人哃嘣東、前於該國入貢時、曾随入京師、年幼狡猾、回國時、將沿途山川形勢、倶一一繪成圖冊、到粤後、又不回本國、留住澳門、已二十年、通暁漢語。定例澳門所住夷人、不准進省、哃嘣東因松筠前曾伴送該國夷使於松筠任兩廣総督、時遂來省禀見。……(33)

とある。嘉慶一九年八月、九月の頃にイギリスの軍艦が中国沿海の広州湾口の虎門付近に出没したため調査したところ、イギリス軍艦がアメリカ船であることが判明した。そのイギリス船の報告では、イギリスとアメリカとが敵対し、イギリス軍艦がアメリカ船を追跡して、誤って虎門口付近にいたったと述べた。さらにイギリス人の「哃嘣東」すなわちストーントンについての情報が見える。それによると彼は幼少の時、イギリスの使節に随行して北京に入った。幼少とはいえ狡猾で、帰国時には送還の途上で見た中国の景観を詳細に絵図に描き、広州に到着後は、イギリス本国に帰らず澳門に滞在して二〇年以上になり、中国語に精通していたと見られた。清朝の規定では澳門に居住する外国人は広州省城に入ることを認めなかった。しかしストーントンはかつて送還されたさいの清側役人であった松筠と旧知であることを理由に会見を求めたとある。

嘉慶一九年一二月初二日付の嘉慶帝の上諭にも、

密行査察哃嘣東、自幼狡猾、熟知内地情形、如在澳門、不甚妥協、断不可駆令歸國、應摘其過失、酌量遷徙他處、防閑約束、庶爲處置得宜也。(34)

と見える。ここでも、ストーントンについて密かに調べられ、彼は幼少より狡猾で、中国の地理状況について詳しく知っており、妥協することなく帰国させるようにとの厳命が下されている。

また、両広総督蔣攸銛の嘉慶二〇年（一八一五）正月二八日付の奏摺に、

臣等當即密飭洋行総商伍敬元・盧棣華等、確切査覆去後、據稱査得英吉利夷人哃嘮東、曾於乾隆五十七年、随同伊父副貢使航海由天津入都進貢、彼時該夷司當東僅十二三歳、其貢船、即於是年仍由海道回粤貢使等、由内河回粤、乗坐原船歸國。嘉慶四年、該夷哃嘮東復來粤貿易。……是年哃嘮東即在澳押冬、至六年回國。又於九年來澳押冬、至十二年回國、又十五年來澳押冬、至十六年回國。又於十九年由該國派令來澳充當三班、随同大班・二班經理貿易事務、蓋大班・二班・三班係由該國派來専司賣貨物諸事、由大班經管二班・三班僅係協同襄理之人、各國駐澳夷商、于貨船到齊時、稟請海關監督衙門發給牌照、進省貿易事竣。……至夷商來省交易在城外十三行居住不准一人入城。……該夷哃嘮東粗通漢話、兼識漢字並不諳繪畫、凡外夷在粤貿易多年、能通漢話者、亦不止哃嘮東一人、該夷哃嘮東前後在澳数年、尚無不妥、亦無教唆勾通款蹟等情。(35)

とある。さらにストーントンについて詳しい前歴が明らかにされている。乾隆五七年（一七九二）に、イギリス使節副使であった彼の父親に随行して天津から都北京に入ったのは、彼がわずか一二、三歳の時であった。この使節一行は中国国内を通って広州にいたり帰国した。その後、ストーントンが二〇歳の頃、嘉慶四年（一七九九）に広州へ貿易のために来航し、同六年（一八〇一）に帰国するまで澳門に滞在していた。そして帰国すると、また嘉慶九年（一八〇四）に澳門に来航して同地に在留し、同一二年（一八〇七）に帰国するまで三年余り滞在している。さらに嘉慶一五年（一八一〇）に澳門に来航して同一六年に帰国するまで逗留した。嘉慶一九年（一八一四）には、イギリス東インド会社から「充當三班、随同大班・二班經理貿易事務」として派遣され、同会社の広州における貿易事務を担当する業務についている。彼は澳門に居住して、イギリス東インド会社の船が広州に来航するさいに広州に来て、粤海関監督すなわち広東海関監督に貿易許可ならびに諸手続きをもとめることが仕事であった。

このような外国商人は、通常広州行商が世話をする広州城外の「十三行」に居住して、広州城内には入ることは

許されなかった。

ストーントンこと哆噹東はほぼ中国語に通じており、漢字も知っていたうえ絵も上手であった。もちろん、このように外国人で永年広州において貿易業務に携わるものには、中国語に通じているものがほかにもおり、ストーントン一人ではない。ただストーントンは数年にわたって澳門に居住しているなど、清朝側として要注意の人物と見なされていたのである。

表音文字文化圏に成長したストーントンが、数か月の船旅の間に中国語会話を習得し、漢字までも学習したことは、中国語学習の履歴が明確にわかる事例としては貴重であろう。それまでも、非漢字文化圏の人々で若くして中国語や漢字を学んだものはいたであろうが、このように学習年齢が明らかになる事例は多くない。その意味でもストーントンは、少なくとも英語文化圏の人間では最も早い時期に中国語や漢字を学習したことが明確な人物といえるであろう。

このほか、ストーントンと同様に幼い時期に中国語を学んだ人物に、アメリカ人のウィリアム・ハンター（William C. Hunter, 1812-1891）がいる。彼は一三歳ほどでニューヨークのスミス商会の広東代理店に就職して、広東に来航するが、ほどなく中国語学習のためにマラッカにあった英華学院に赴き、そこで一年半ほど中国語を学んだ。そして、再び広州でモリソン（J.R. Morrison, 1782-1834）について系統的に中国語を学んでいる(36)。ハンターに中国語を教えたモリソン自身も、中国伝道のために一二歳ころから中国語の学習のために漢訳聖書の筆写に専念したといわれる(37)。

四　小　結

一七世紀初めに設立されたイギリス東インド会社は清朝中国へ来航し、二〇〇年にわたり貿易をおこなうが、そのイギリスと清朝中国との言語接触の最前線に登場し人名の明らかな人物が、上述したフリントJames Flint（洪任、洪任輝）である。彼の生い立ちの詳細は不明であるが、年少時期に東インド会社によって広東に使わされ「漢話」の学習をしたことの判明する人物である。その後の清朝の記録には「能通漢話」としばしば記録され、結果的には乾隆二二年（一七五七）に外国貿易を広州一港に限定する政策を清朝におこなわせる要因を創り出した張本人であった。

ジョージ・トーマス・ストーントンGeorge Thomas Staunton こと哃嚐東は、イギリスのマカートニー使節の随員に加わり、イギリスから中国までの航海中に中国語を学習した経験を持ち、その後のマカートニーと清朝官憲との交渉のさいにしばしば活躍したのであった。これら二人のイギリス人の場合を中心に述べたが、彼らが年少期に学んだ「漢話」は、その後の両者の経歴にも影響を与えたのであった。

古代より中国は諸外国との接触のさい「重譯入貢」と表現されるように外国から使わされた使者が何度も通訳を重ねる形態がつづいていた。しかし、一八世紀には貿易のためであったとはいえ、あるいは使節の随員としての通訳としてではあったが、外国人が積極的に「漢話」を学び、そして清朝中国人に「能通」と感心されるる会話力を保持した人物が現れたのである。西域人の子孫として、何代にもわたって中国に滞在して言語を学んだのではない、「漢話」能力の高い外国人が出現したのであった。

東西の文化交渉、文化接触の形態が一時的なものではなく、積極的で恒常的な形態になったことが、上記のイギリス人の例から明らかであろう。

（1）『三国志』第一冊、中華書局、一九八二年七月第二版、一四九頁。
（2）『晋書』第六冊、中華書局、一九八二年一二月第二次印刷、一八一七頁。

（3）同右書、第八冊、二三五六頁。
（4）『明史』第二八冊、中華書局、一九七四年四月、八六二六頁。
（5）同右書、第二二冊、三七五九頁。
（6）同右書、第五冊、一五七七頁。
（7）『清史稿』巻二七二、列伝五九、湯若望伝（『清史稿』第三三冊、中華書局、一〇〇二一頁）。
（8）西村孝夫『近代イギリス東洋貿易史の研究』風間書房、一九七二年四月、六頁。
（9）『康熙朝漢文硃批奏摺彙編』第六冊、檔案出版社、一九八五年五月、四四一頁。
（10）『康熙朝漢文硃批奏摺彙編』第七冊、檔案出版社、一九八五年五月、三五六頁。
（11）『宮中檔雍正朝奏摺』第一一輯、國立故宮博物院、一九七八年九月、七二二頁
（12）『宮中檔雍正朝奏摺』第一五輯、國立故宮博物院、一九七九年一月、五五九頁。
（13）『宮中檔雍正朝奏摺』第一九輯、國立故宮博物院、一九七九年五月、一八二頁。
（14）『宮中檔雍正朝奏摺』第二〇輯、國立故宮博物院、一九七九年六月、二四七～二四九頁
（15）『宮中檔雍正朝奏摺』第二一輯、國立故宮博物院、一九七九年七月、三一頁。
（16）『康熙朝漢文硃批奏摺彙編』第三冊、檔案出版社、一九八五年五月、一二頁。
（17）Susan Reed Stifler, 'The Language Students of East India Company's Canton Factory', *Journal of the North China Branch of the Royal Asiatic Society*, Vol. LXIX, 1939, pp.46-82.
（18）松浦章「中国語を学んだイギリス東インド会社社員Flintと中国貿易」『或問』第一四号、二〇〇八年七月、一六五～一八二頁。
（19）H.B.Morse, *The Chronicles of the East India Company trading to China 1635-1834*, Vol., p.276.
（20）Ibid. "Table of English Ships which traded to China for East Companies, from 1635 to 1753" によれば、一七三六年にNormanton 号四九〇トンが広州に来航している。
（21）「武進陞摺」「乾隆朝外洋通商案」、『史料旬刊』天三五四丁表。
（22）「喀爾吉善、周人驥摺」「乾隆朝外洋通商案」、『史料旬刊』天三五五丁表。

(23)『清実録一五　高宗実録七』中華書局、一九八六年二月、五二二頁。
(24)『宮中檔乾隆朝奏摺』第一五輯、國立故宮博物院、一九八三年七月、一五二頁。
(25)中国第一歴史檔案館所蔵、硃批奏摺、四—三六—五文件。
(26)「直隷総督方観承奏英吉利商人洪任來津投呈摺」『史料旬刊』第四期。「乾隆二十四年英吉利通商案」天一一四裏（『史料旬刊』國風出版社、一九六三年六月、六二二頁）。
中国第一歴史檔案館所蔵、硃批奏摺、四—三六—六文件。
(27)「直隷総督方観承奏英吉利商人洪任來津投呈摺」『史料旬刊』第四期、「乾隆二十四年英吉利通商案」天一一四裏～一一五表（『史料旬刊』國風出版社、六二一～六二三頁）。
(28)梁嘉彬『廣東十三行考』広東人民出版社、一九九九年一二月、二五六～二五八頁。同書の初版は一九三七年である。
本稿では、最近の新版を利用した。
(29)「直隷総督方観承奏英吉利商人洪任來津投呈摺」『史料旬刊』第四期、「乾隆二十四年英吉利通商案」天一一五表（『史料旬刊』國風出版社、六二三頁）。
(30) J.L. Cranmer-Byng ed. *An Embassy to China, Being the journal kept by Lord Macartney during his embassy to the Emperor Ch'ien-lung 1793-1794*, 1962, republished 1972, pp.99-100.
(31)坂野正高訳注『中国訪問使節日記』東洋文庫二七七、平凡社、一九七五年九月、五八頁。
(32)松浦章「清朝官史の見たGeorge Thomas Staunton」『或問』第一三号、二〇〇七年一〇月、九～一七頁。
(33)『清外交史料嘉慶朝』四、二四丁表、裏。
『嘉慶道光両朝上諭檔』第一九冊、広西師範大学出版社、二〇〇〇年一一月、九一八～九一九頁。
(34)『清外交史料嘉慶朝』四、二五丁裏。
『嘉慶道光両朝上諭檔』九二六頁。
(35)『清外交史料嘉慶朝』四、二七丁裏～二八丁裏。
『文献叢編』「清嘉慶朝中外通商史料」八丁裏～九丁裏。
(36) Samuel Couling. *The Encyclopaedia Sinica*, 1917, p.245.

田中正美「ハンター　William C. Hunter」『アジア歴史事典』第七巻、平凡社、一九六一年五月、四五九～四六〇頁。

（37）Samuel Couling, *The Encyclopaedia Sinica*, 1917, p.382.

矢沢利彦「モリソン　Robert Morrison　馬礼遜」『アジア歴史事典』第九巻、平凡社、一九六二年四月、六二～六四頁。

第四編　物流による文化交渉

第一章　清代帆船が持ち帰った日本書籍――『知不足斎叢書』所収の日本刻書――

一　緒言

江戸時代の日本と中国との交流は、清代中国の帆船が長崎を訪れ貿易をおこなう形態で、一七世紀の中葉から一八六〇年代まで継続されたのであった[1]。この清代帆船によって中国の産品である絹織物や砂糖や漢方薬剤などが日本にもたらされ、また長崎から日本の銅や干なまこである海参をはじめとする乾物海産物などの日本産品が中国へもたらされていたのである[2]。

中国から日本へもたらされた貨物の中には多くの書籍もあった。しかしこれらは高価であったため、ほとんどの書籍が、財力のある徳川将軍をはじめとする諸大名などによって購入され収蔵された[3]。

他方、もともと中国で出版された書籍が、古い時代に日本に渡り、その後に日本で再出版される、すなわち日本の版木を使った書籍となり、清代帆船で中国へ里帰りするという現象が起こった。その契機を作ったのが、乾隆中期に長崎を訪れた汪竹里こと汪鵬（汪翼滄）であった。汪鵬は日本を訪れ、乾隆二九年（明和元、一七六四）重陽の節句の日付で「袖海編」を著し、江戸時代に長崎に来航した中国人の唯一ともいえる日本記を記した。汪鵬は長崎貿易では汪竹里の名を使用していたため、同一人物として見られることは稀であったが、長崎には安永元年（乾隆三七、一七七二）より同九年まで八年間ほど来航していたことが知られる。その汪鵬が中国に持ち帰った日本で翻刻された書籍が、少なからず清朝学術界に影響を及ぼした(4)。

汪鵬が長崎から舶載した書籍の一部が、『粤雅堂叢書』と並んで清代における叢書の双璧とされ、書物の選択ならびに校訂の正確さ、そして印刷の美しさにおいて際立っているといわれる『知不足斎叢書』(5)に収録されているのである。

そこで本章は、日本で印刷された書籍に対し、清朝学術界でどのような反響が見られたかについて、『知不足斎叢書』に収録された佚書を中心に述べ、海を越え国境を越えた文化交流がどのようにおこなわれていたかを解明するための一試論としたい。

二　長崎から中国へ輸出された日本刻書

江戸時代の長崎から清代帆船によって中国へもたらされた日本で出版された書籍にはどのようなものがあったかを『長崎志続編』の記録からたどってみたい。

『長崎志続編』巻八、「唐船進港并ニ雑事之部」によれば次の記述をあげることができる。

寛政六甲寅年
　丑六番船ヨリ和板七經孟子考文補遺壹部買渡ル(6)。
享和元辛酉年
西壹番貳番船ヨリ、佚存叢書前編并ニ後編合八部、手本トシテ船主共一覧ノ上唐國エ積歸ル(7)。
文化六己巳年
當年和版、爾雅註疏、易經本義、日本書記、大学解、中庸解、書經古註音義、禮記古註、春秋集註、公羊傳、穀梁傳、左傳觿大疑録、非徂徠學、論語徵正文、大学章句新疏、古文孝經正文、孝經大義、日本詩選、詩書

古傳、詩經集註、書經集註、易經集註、春秋集註、禮記集註、趙註孟子、論語、孟子、論語註疏、古書籍各壹部ヅツ當秋歸帆ノ船ヨリ唐國エ積歸ル(8)。

文化七庚午年

當春歸帆ノ船ヨリ、古梅園墨譜一部唐國エ積歸ル(9)。

文化八辛未年

當秋出帆唐船ヨリ、和刻東醫寶鑑壹部唐國エ積歸ル(10)。

文化十四丁丑年

當春秋両度歸帆ノ船ヨリ、和刻群書治要都合十三部唐國エ積歸ル(11)。

文政元戊寅年

去ル文化十四丁丑年、醫學館開版スル處ノ聖済総録二部、醫學館頼ニヨリ伺ノ上、筒井和泉守被持越、唐商共ヨリ唐山エ相渡スノ處、當年入津ノ唐船ヨリ、謝儀トシテ竹根細工物等十件持渡リシテ、和泉守江府へ持歸リ、伺ノ上政府エ相納メ醫學館エ達セラル(12)。

文政六癸未年

當春歸帆午四番劉景筠船ヨリ、和版佚存叢書一之編二部、二、三之編各一部、群書治要二部、論語集解三部、史記評林、古梅園墨譜後編各一部ヅツ、唐國エ積歸ル(13)。

文政七甲申年

當春歸帆午四番劉景筠・朱開折船ヨリ、和版佚存叢書一、二、三之編各一部、群書治要、呂氏春秋各一部、同七番沈綺和泉・江芸閣船ヨリ、四書集註、史記評林各一部、傷寒論輯義二部、唐國エ積歸ル(14)。

文政八乙酉年

当秋歸帆、四番劉景筠・顔雪帆船ヨリ、和版七經孟子考文補遺、論語徴、群書治要各一部、佚存叢書一、二、三ノ編各十本、唐國ヱ積歸ル。(15)

天保八丁酉年

當年四月歸帆ノ申三番沈耘穀船ヨリ、和版訂正東醫寶鑑壹部二十五本唐國ヱ積歸ル。(16)

以上のように、寛政六年（一七九四）から天保八年（一八三七）までの四〇余年の間に、中国船が、日本で出版された書籍をさかんに中国へ持ち帰った。このうち、複数冊の同一および同類の書籍が中国船で長崎から中国へ持ち帰られた例を一覧にすれは、次の表1になる。

これらの書籍には日本で作成された書籍も若干含まれるが、日本の木版で覆刻された漢籍、たとえば『史記評林』等が大多数を占めていることは明らかであろう。

寛政六年から天保八年までの間に中国商船が長崎から帰帆するさいに持ち帰った書籍の中で、同一書籍で二部以上持ち帰られたケースが多いのは、なんといっても和刻『佚存叢書』であろう。

『佚存叢書』は、林衡編で寛政一一年（一七九九）から文化七年（一八一〇）にかけて木活により全六〇冊で出版された。以下の書籍が収められ、日本で出版されたのであった。

第一帙第1冊　「古文孝經」一巻　漢　孔安国　伝
第一帙第2～6冊　「五行大義」五巻　隋　蕭吉
第一帙第7・8冊　「臣軌」二巻　唐　武后
第一帙第9冊　「樂書要錄」存三巻（五～七）
第一帙第10冊　「兩京新記」存一巻(三)　唐　韋述　「李嶠雜詠」二巻　唐　李嶠
第二帙第11・12冊　「文館詞林」存四巻　唐　許敬宗

表1　寛政６～天保８年唐船舶載帰帆書籍（２部以上）一覧

1801	享和１	酉壹貳番船	佚存叢書前編・後編合八部手本
1823	文政６	午四番船	和版佚存叢書一之編二部、二、三之編各一部
1824	文政７	未三番船	和版佚存叢書一、二、三之編各一部
1825	文政８	酉四番船	佚存叢書一、二、三ノ編各十本
1817	文化14		和刻群書治要十三部
1823	文政６	午四番船	群書治要二部
1824	文政７	未三番船	群書治要一部
1825	文政８	酉四番船	群書治要一部
1809	文化６		和版易経集註*[1]一部
1809	文化６		和版易経本義一部
1810	文化７		古梅園墨譜一部
1823	文政６	午四番船	古梅園墨譜後編一部
1811	文化８		和刻東医宝鑑一部
1837	天保８	申三番船	和版訂正東医宝鑑*[2]壹部二十五本
1823	文政６	午四番船	史記評林*[3]一部
1824	文政７	未七番船	史記評林一部
1794	寛政６	丑六番船	和板七経孟子考文補遺*[4]一部
1825	文政８	酉四番船	和版七経孟子考文補遺一部
1809	文化６		和版春秋集註*[5]一部
1809	文化６		和版春秋集註一部
1809	文化６		和版書経古註音義一部
1809	文化６		和版書経集註*[6]一部
1809	文化６		和版大学解一部
1809	文化６		和版大学章句新疏一部
1809	文化６		和版孟子一部
1809	文化６		和版趙註孟子一部
1809	文化６		和版禮記古註一部
1809	文化６		和版禮記集註一部
1809	文化６		和版論語一部
1823	文政６	午四番船	論語集解三部
1809	文化６		和版論語註疏一部
1825	文政８	酉四番船	論語徴一部
1809	文化６		和版論語徴正文一部

＊１：『易經集註』は寛文３年（康熙２、1663）刊のものか（『改訂内閣文庫漢籍分類目録』内閣文庫、1971年３月、２頁）。

＊２：『訂正東医宝鑑』は朝鮮・許浚撰、25冊本、享保９年（雍正２、1724）刊のものか（『改訂内閣文庫漢籍分類目録』232頁）。

＊３：明・凌稚隆編、李光縉補『史記評林』130巻、首２巻の和刻は、寛永13年（明・崇禎９、1636）刊、寛文12（康熙11、1672）、同重印延宝２（康熙13、1674）、天明６年（乾隆51、1786）覆印本などが知られる（『改訂内閣文庫漢籍分類目録』58頁）。

＊４：山井鼎撰、荻生観補遺『七経孟子考文補遺』32冊本は、享保16年（雍正９、1731）が知られる（『改訂内閣文庫漢籍分類目録』604頁）。

＊５：宋・胡安國『春秋集註』37巻の和刻としては、寛文３印のものが知られる（『改訂内閣文庫漢籍分類目録』21頁）。

＊６：『五経集註』として「周易傳義」24巻、「書経集註」10巻、「詩経集註」15巻、「礼記集説」30巻、「春秋集傳」37巻が収録される58冊本は享保９年（雍正２、1726）印本がある（『改訂内閣文庫漢籍分類目録』26頁）。

第二帙第13冊　「文公朱先生感興詩」一巻　宋　蔡模
第二帙第14～19冊　「周易傳」（泰軒易伝）六巻　宋　李中正
第二帙第20冊　「左氏蒙求」一巻　元　呉化龍
第三帙第21～25冊　「唐才子傳」一〇巻　元　辛文房
第三帙第26～30冊　「王翰林集註黄帝八十一難經」五巻　盧国　秦越人
第四帙第31～33冊　「蒙求」三巻　唐　李瀚　注
第四帙第34～40冊　「崔舍人玉堂類藁」二〇巻
　　「崔舍人西垣類藁」二巻　附一巻　宋　崔敦　詩
第五帙第41～50冊　「周易新講義」一巻　宋　龔原
第六帙第51～60冊　「景文宋公集」一五〇巻　宋　宋祁(17)

表1にある享和元年（一八〇一）の時には、まだ『佚存叢書』のすべては刊行されていなかったが、文政八年以降の輸出は、『佚存叢書』が全冊揃ったものであったと思われる。

次に、『群書治要』五〇巻は、唐の魏徴等による奉勅輯である。徳川家康・秀忠によって元和二年（明・万暦四四、一六一六）に銅活字印本（四七冊）として刊行されたのが、駿河版『群書治要』とされるものである。同版はもともと巻第四、第一三、第二〇の三巻を欠いている。その後、天明七年（乾隆五二、一七八七）に尾張藩の明倫堂から「元和中古活字印本重刊」（四七冊）として刊行された(18)。長崎から中国へもたらされたものは、いずれも尾張藩が刊行した『群書治要』であったと思われる。

三　『知不足斎叢書』に収められた日本刻書

（1）『知不足斎叢書』所収の日本刻書

『知不足斎叢書』の総目によると、その所収の原書の中に日本で出版された次の書籍が掲げられている。

第一集　古文孝經孔傳一巻　日本享保壬子刊本○中土久佚
第七集　論語義疏十巻　梁皇侃撰　日本刻本　中土久佚
第二一集　孝經鄭註一巻　日本刊本、中土久佚　附洪頤煊補正
第二六集　五行大義五巻　隋蕭吉撰　日本佚存叢書本　中土久佚
第三〇集　全唐詩逸三巻　日本河世寧撰

『知不足斎叢書』に和刻本が収められるきっかけは、前節で述べたとおり長崎へ貿易のために赴いた汪竹里こと汪鵬がいたことである。

『知不足斎叢書』については、劉錦藻撰『続文献通考』巻二七〇、経籍考一四、子雑家において、

知不足斎叢書三十集、一百九十八種、七百六十五巻、鮑廷博編廷博見史剖目縁類經籍

……臣謹案、廷博父由歙遷武林、顔其所居曰知不足斎、而廷博能讀父書、並以流傳古書、為己任時、則浙東西藏書家、如趙氏小山堂・盧氏抱經堂・汪氏振綺堂・呉氏拜經樓、互相借鈔、依據善本、其校勘之、精超出陶九成商濬屠隆呉琯之上、恭遇我朝開四庫全書館、廷博獻書六百餘種、高宗親灑宸翰、題所進參、寥子唐闕史、及宋仁宗武經總要二書、御製詩以寵之……

とあるように、三〇集、一九八種、七六五巻が鮑廷博らの尽力で刊行された。

（2）『知不足斎叢書』に収められた日本刻書への清朝学界の反響

①古文孝経孔伝一巻　日本享保壬子刊本　中土久佚

日本の翻刻になる「古文孝経孔伝」の評価については、諸書に見られる。それらを掲げてみたい。

孫志祖撰の『読書脞録』巻二に「論語義疏」には、

皇侃論語義疏十巻、當南宋時已佚、故朱子亦未之見、近始與古文孝經孔傳、竝得之日本國中、嘗取二書、衡量之、則孔傳贋、而皇疏似真也。

とあり、「皇侃論語義疏」が中国で失われ、これが「古文孝経孔伝」と共に日本より得られたとしている。しかし「古文孝経孔伝」は偽書で、「皇侃論語義疏」は本物との認識であった。

同じ『読書脞録』巻二、「鄭注孝経」において、

後漢書、鄭康成傳敘、康成　述有孝經注、……近人所刻古文孝經孔傳、謂得之日本國者尤、不足信。……

とあり、「古文孝経孔伝」は信ずるに足らない書籍であると見られていた。

呉騫撰『尖陽叢筆』巻二では、

頃歳、有商于日本者、得古文孝經孔傳、凡為章二十有二、經文千八百六十一字、乃日本所刊、有信陽太宰純音訓、此書自唐末五代之逸失、傳宋雍熙初、日本僧奝然、以鄭注、今文孝經十八章來獻、獨不及孔傳之二十二章。……

とあり、最近日本から「古文孝経孔伝」がもたらされ、それが日本の太宰純によって音訓を附されたものであることと、散逸の経緯を述べている。

呉振棫撰『養吉斎餘録』巻七においては、

古文孝經孔傳亡於梁、續出於隋唐、儒辨争遂至淪棄、著述家罕有及者、其書蓋久佚矣。嘉慶間、杭人汪翼滄、

貿易日本之長崎畧、得此本以歸。書中義字作誼、未經明。皇敕改尤爲古本之徵已刊入鮑氏叢書、原本刊於其國之東都紫芝園太宰純序、後有一印字、曰德夫末稱享保壬子、中國康熙十一年也。翼滄撰日本碎語、亦曰袖海編、記畺域山川物產甚備。

とあり、「古文孝経孔伝」が梁の時代に散逸したのち、隋・唐の時代に再び見られたものの不明となり、嘉慶年間に杭州の汪翼滄すなわち汪鵬によって、日本の長崎から持ち帰られた経緯を述べるが、「古文孝経孔伝」そのものには、疑問箇所が見られることを指摘している。

盛大士撰『蘊愫閣文集』巻二、「孝経徵文序」においては、

……又以古文孝經孔傳一卷、近世所得自日本國者、亦非安國原本、安國作傳、漢人不言、獨家語言之家語王肅僞譔、此孝經注、有與家語、暗合隋經籍志、王肅孝經解、久佚不傳。今畧見宋邢昺疏中、……沈西雍云、日本國所傳古文孝經孔注、實係贋本、余持此論久矣。且與諸傳注所引、多不相合、似尚非子雍僞譔之本、近日又有孝經鄭注一書、亦來自倭島、其注上帝曰天之別名、則與鄭注他經天爲昊天上帝、帝爲五帝、顯相違戾。其爲僞書無疑。丁君之書、雖未概見、觀此序則其於古書眞僞、疑似之際、判若淄澠、海外估舶、作僞欺人學士大夫、往往爲其所惑、余將辭而闢之、願二君助我張目也。

とあり、「古文孝経孔伝」一巻が日本国より入手できたが、これは孔安國の作成した原本ではなく、安國が作成した「伝」すなわち注釈であるとの意見である。さらに沈西雍の意見も引用して日本国で伝えられた「古文孝経孔注」は贋作であると明言している。

孫志祖撰『家語疏証』巻五、七二弟子解、第三八には、

案近刻日本國古文孝經孔傳亦僞書也。首章傳云、仲尼之足伯尼、即剽竊家語爲之、其文穴猥、蓋彼國人所僞造、又出王肅下矣。

とある。日本で翻刻された「古文孝経孔伝」は偽書であり、一部の字句は日本人が偽造したものであるとの意見であった。

丁仁撰『八千巻楼書目』巻三部、「孝経本義一巻国朝姜兆錫撰刊本」には、

古文孝經孔傳標註一卷、日本山世璠撰日本刊本。

と、「古文孝経孔伝標註」一巻を、日本で刊行された書籍として記している。

②論語義疏一〇巻　梁皇侃撰　日本刻本　中土久佚

日本の翻刻になる「論語義疏」について永瑢撰『四庫全書總目』巻一三、経部一三、書類存目一、古書世学六巻両淮塩政採進本によれば、

……朝鮮今爲外藩、其書不異於中國、絶無箕子本之説。日本所刻七經孟子考文、其書爲中國所佚者、惟孔安國孝經傳・皇侃論語義疏、而孝經傳、山井鼎等又自言其僞至、其尚書則一、一與中國注疏本同、不過字句偶異耳。然則朝鮮本・倭國本者、何自來哉。是又不待證、以篇章字句、而後知其妄也。

とある。朝鮮に伝えられた書籍は、同国が中国の外藩であるとして信用度が高かった。しかし、日本で翻刻された「七經孟子考文」には中国で散逸した書籍が収録されたが、「孔安国孝経伝」については偽書の疑いをもたれた。さらにこれらの書籍が、なぜ朝鮮や日本へ伝わったのかという問題や、また字句の問題への疑問の解決を期待された。

王鳴盛撰『十七史商権』巻九二、新旧唐書二四、「日本尚文」は、『旧唐書』日本伝や、鄭若曾の『籌海図編』などから日本との交流における書籍の伝搬に関して述べている。

近日、從彼土《(日本)》傳入中國者、有孔安國古文孝經傳、皇侃論語義疏、皆中國所無、而彼土又有王段吉備諸氏、所得唐宋古本五經、及論語・孝經・孟子正義、有山井鼎爲作考文、以訂近本之譌。又有物觀等爲作補遺。然則

日本尚文、勝於他國、奝然所獻、因趙宋人、不好古、仍致亡佚、而永叔之言、非無因葉春、及亦未必癡證、以新舊唐書諸條、知日本文學自唐已然至今不改。

日本から伝わった孔安國の「古文孝経伝」や「皇侃論語義疏」などは、すでに中国で散逸したことを述べ、それらの書籍の中には、日本から遣唐使として派遣された吉備真備らが持ち帰った書籍があり、それが日本に残されたことを論述している。

繆荃孫撰『藝風堂文続集』外集にも、

宋咸平中、日本僧奝然、獻鄭康成所注孝經、乃中國所亡失者、是歴史中、知日本藏書之始、……乾隆中葉、山井鼎七經考文、魏鄭公羣書治要、稍稍流傳。汪翼滄得梁皇侃論語義疏十卷於足利學、浙撫王亶望刻之、後歸鮑氏初印本、卷一銜名三行首、魏何晏集解、次梁皇侃義疏三行、王亶望校刊王伕法後板、歸知不足齋、改三行爲二行而削去、……

とあり、入宋した日本僧奝然が中国で散逸した書籍を宋代の中国へもたらしたが、その後は乾隆中葉に汪翼滄（汪鵬）が日本から持ち帰り、浙江巡撫王亶望が翻刻し、さらに鮑廷博の『知不足斎叢書』に収録されたことを述べ、校訂について議論している。

なお、浙江巡撫を務めた王亶望は汪鵬と極めて関係が深かった。王亶望については、『清史稿』巻三三九、列伝一二六、王亶望伝に、

（乾隆）四十六年、……會河州回蘇四十三為亂、勒爾謹師屢敗、亦被逮。大學士阿桂出視師、未即至、命尚書和珅先焉、和珅疏言入境即遇雨、阿桂報師行亦屢言雨。上因疑甘肅頻歳報旱不實、諭阿桂及總督李侍堯令具實以聞。阿桂、侍堯疏發亶望等令監糧改輸銀及虛銷賑粟自私諸狀、上怒甚、遣侍郎楊魁如浙江會巡撫陳輝祖召亶望嚴鞫、籍其家、得金銀逾百萬(19)。

とあるように、甘粛で反乱が発生したときに、甘粛巡撫であった彼の乾隆帝への報告が疑われたさい、浙江巡撫時代の蓄財の実態が暴かれ、家財を没収すると一〇〇万両を越えたとされる。その没収された家財の中に書籍も含まれていた。「抄原任浙江巡撫王亶望留浙什物估邊清冊」(20)には、

二十一史貳拾套　計壹百陸拾肆本　估銀拾陸兩肆錢
二十一史拾玖套　計壹百伍拾玖本　估銀拾伍兩玖錢
二十一史貳拾壹套　計壹百柒拾柒本　估銀拾柒兩柒錢
知不足齊叢書壹部肆套　計參拾貳本　估銀貳兩(21)

……

論語集解義疏肆部肆套　　　估銀貳兩貳錢(22)

……

知不足齊叢書貳套　計貳拾肆本　估銀參兩(23)

と見え、汪鵬が日本から採取してきた「論語集解義疏」や、それを収録した『知不足斎叢書』を所蔵していた証拠が見られる。

次に銭儀吉撰『衎石斎記事槀』巻八、「山西広霊知県名宦朱君事狀」によれば、朱休度の経歴を述べた中に、

君諱休度、字介裴、號梓廬。又號小木子、朱氏自吳江徙秀水者、名煜。六世至武英殿大學士文恪公國祚、及其兄子刑部侍郎贈尚書大啟事、皆具明史君、則尚書之六世孫也。……乾隆己亥始、獲皇氏侃論語義疏於海舶、君因著皇本論語經疏考異、君說經不欲自立一說、集漢唐以來諸儒之言、而疏通之、至近世窮經家、亦多所采取云。……

とあるように、朱休度は乾隆己亥（四四、安永八、一七七九）に中国へ貿易船で持ち帰られた「皇氏侃論語義疏」

に対して「皇本論語經疏考異」を著したとしている。

この朱休度については、李元度輯『国朝先正事略』巻五三、「朱梓廬明府事略」に、

朱君休度、字介裴、號梓廬。浙江秀水人。乾隆十八年、舉人。授山西廣靈知縣、初涖任、値大荒疫民流亡過半、前任虧官銀數千、君安撫招徠、補其耗久、乃復其故丁糧、歸地善政也。……著有學海觀漚錄、皇本論語經疏考異、小木子詩集等書。

とあるように、浙江省秀水の人で、山西省の広霊の知県をしたさいに善政をおこなったとされる。彼の著作に「皇本論語経疏考異」があったようである。彼も汪鵬が日本から持ち帰った「論語集解義疏」に浙江巡撫王亶望の要請で校訂をおこなっている。(24)

阮元輯『两浙輶軒録』巻三四には、

汪鵬字翼蒼、號竹里山人、錢塘人、著袖海編

朱文藻跋袖海編畧、曰吾友汪翁、著袖海編一卷、翁工詩善畫客遊日本、垂二十年、歳一往還、未嘗輟此卷、則其初遊時所作、彼中風土大畧已具、翁留心經籍、嘗講得孔安　國孝經傳・皇侃論語義疏、山井鼎七經孟子考文、先後上之四庫館、鈔入全書、而孔傳皇疏、刻入鮑氏知不足齋叢書、考文則閣學院公刻以流布、蓋翁之爲功於藝林者鉅矣。

とあり、阮元は汪鵬が日本から持ち帰った書籍の数々に高い評価を与えると共に、汪鵬の功績を称えた。

呉騫撰『愚谷文存』巻一、「皇氏論語義疏参訂序」には、

梁皇侃論語義疏十卷、見於隋唐各志、及陸元朗經典序錄、蓋唐世尤重之、自宋邢昺等爲正義、後遂隱而弗彰、迄今數百年、幾疑已絶于世、前歳武林汪君航海至日本、得其本以歸、予友鮑君以文、亟爲開梓以廣、其傳數百年湮晦之書、一旦可使家學、而人習之、謂非治經者、一大幸與既汪君復從日本、得七經孟子考文補遺一書、

疑即服元喬義疏敍中所稱、神君彝與根伯脩在足利學同校讐之本也。予觀其中論語、知彼國皇疏、亦有數本、鼂汪君所獲者、將其新鍥之定本、與七經孟子考異補遺卷帙、既繁未有踵鮑君、而授梓者。暇日因取以校勘皇疏之同異、……

とあり、『梁皇侃論語義疏』一〇巻が隋唐時代には知られていたが、宋代にはすでに散逸してしまっていた。ところが武林汪君すなわち汪鵬によって日本から持ち帰られ、鮑以文（延博）によって『知不足斎叢書』に収められ、広く知られるようになったとしている。

張鑒撰『冬青館集』乙集巻四、文四、記、夢好楼記においては、

……皇侃論語義疏、七經孟子考文之足貴不大、

とあり、「皇侃論語義疏」に対する評価は高くはなかった。

韋謙恒撰『傳經堂詩鈔』巻一〇、庚子至癸卯、再題醉経堂において、

……以搜求遺書、遂從日本國、海船購得七経孟子考文補遺・孔安國孝経伝・皇侃論語義疏等書、四庫蕩蕩、開劉畧兼班藝編校資羣才膚末名、……

とある。散逸した書籍が日本から貿易船によって持ち帰られ、四庫全書の編纂に影響を与えたことを指摘している。

③孝経鄭註一巻　日本刊本、中土久佚　附洪頤煊補正

日本の翻刻になる「孝経鄭註」については、繆荃孫撰『雲自在龕随筆』巻三、書籍に、

集孝經鄭注二卷、古文孝經疏證二卷、籍日本新出孔傳之偽

とあり、「孝経鄭註」が日本で見つかったことを指摘する。喬松年撰『蘿摩亭札記』巻二には、「日本孝經、殆不足信」と、日本翻刻の「孝経鄭註」は信用することができないとしている。

孫志祖撰『読書脞録続編』巻二、孝経孔伝において、

近刻日本國孝經孔傳、詞意繁複、不類西漢傳注、文字較之、魏晉閒人所作書傳體製更爲卑下、蓋彼國人僞撰以欺世、并非唐人所見之本也。前有太宰純敍云、明皇御注之文邢昺以爲依孔傳者畢有特一二字不同、……

とあり、日本からもたらされた「孝経鄭註」は、前漢時代の著述ではなく、記述の形態から見て魏晋の時代に作成されたものよりも劣るのではないかとの見方であった。

姚振宗撰『隋書経籍志考証』巻七、経部七、孝経類類中分類凡二には、

孫祠書目、孝經鄭注一卷、一陳鱣集本、一孔廣林集本。又一卷日本國傳本、洪頤煊補證、鮑氏知不足斎刊本。……又按阮文達孝經注疏校勘記序云、近日本國又撰鄭注一本、流入中國、此僞中之僞、尤不可據、侯氏康補後、漢藝文志亦沿其説云。日本國僞本、不足信、不知其本。卽魏鄭公羣書治要所載猶是、……

とあり、日本において翻刻された「孝経鄭註」について、阮文達の意見を掲げ、偽書ではないかとの見方をしている。

盛大士撰『蘊愫閣文集』巻二、孝経徵文序には、

沈西雍云、日本國所傳古文孝經孔注、實係贋本、余持此論久矣。且與諸傳注所引、多不相合、似尚非子雍僞譔之本、近日又有孝經鄭注一書、亦來自倭島、……其爲僞書無疑。

とあり、すでに①で触れたように、日本からの「孝経鄭注」は偽書とした沈西雍の意見を掲げている。

孫詒讓撰『籀廎述林』巻六、「日本刊孝経鄭注跋」では、

右孝經鄭注一册、日本寛政六年刊本、寛政為彼國孝格天皇紀元六年甲寅、當中土乾隆五十八年、册末有岡田挺之跋、云羣書治要所載經文不全者、據注疏本補之。今檢治要卷九、孝經下、所載注勘之悉同、其治要所未引者、此本皆有經無注、則挺之依注疏本補芮之者、于注文固無所需益也。治要所鈔諸經、其注皆不箸撰人、

疑即魏鄭公﨟掊舊注為之、如周易多取王注尚書、多取僞孔傳、左傳多取杜氏集解是也。……

と、「孝経鄭注」の経文の不完全さを指摘する。

鄭珍撰『鄭学録』巻三、書目、孝経注においては、

……乾隆間、日本人岡田以所刻孝經鄭注、由海舶傳入中國、言是其國羣書治要所載、鮑廷博因刻之叢書中、以校前籍所引、即明見釋文邢疏、者亦多遺漏、知岡田見其國太宰純前以僞古文孔氏傳、附至頗為中國所倂、因以薄殖、作僞欲炫異希名耳。……

とあり、「孝経鄭注」の日本での翻刻の事情と、中国へもたらされた書籍が鮑延博の『知不足斎叢書』に収録された経緯を述べ、テキストの信憑性を述べる。

孫星衍撰『平津館鑑蔵書籍記』巻三、旧影写本、外藩本には、

孝經一卷、日本刻本、分經一章、傳十四章、前有從一位政家大相國冬良、關白尚通、內大臣尚基、權大納言親長、正二位爲富正二位敎秀權、大納宣宣允、三議基富、右中辨宣秀、前大僧正良法十一人、草書題字、末有寶永三年、大頭藤信篤孝經跋、寶永三年、當康熙四十五年。每幅八行行十二字麵葉籤題天下至寶萬世不易人倫孝道經孝經鄭注一卷影寫本前有序文題癸丑之秋尾張岡田挺之撰、末有跋云、右今文孝經鄭注一卷、羣書治要所載也。其經文不全者、據注疏本補之、以便讀者。寛政癸丑之秋、尾張岡田挺之職、書林片野東四郎梓。別葉有寛政六年寅正月、書林題字。又書目三種、寛政六年、當乾隆五十九年、孝經鄭注久亡彼國、此本以經典釋文、并諸書所引、較之尚多殘脫。

とあり、「孝経鄭注」に日本での翻刻の経緯を詳細に述べるとともに、経文の不正確さを指摘している。

周中孚撰『鄭堂読書記』巻一、経部一、孝経類では、

古文孝經孔氏傳一卷附宋本古文孝經一卷知不足斎叢書本

舊題漢孔安國傳國朝日本太宰純音、安國字子國、孔子十二代孫、武帝時爲博士官臨淮。太守純、字德夫信陽人。四庫全書、著錄。……

孝經鄭注下、亦稱五代以來、孔鄭注皆亡焉。則併劉氏僞孔傳已佚之、故朱氏經義考注、曰佚也。是本前有僞孔安國序、及日本享保辛亥太宰純序、乃康熙十一年也。又有乾隆丙申、盧文弨吳騫鄭辰新刊、三序後、有鮑廷博跋。蓋鮑之友人汪翼滄、市易日本、得之攜歸、舉以贈鮑、因悉仍原書付刊。今以日本所刊七經孟子考文證之、彼國亦以是書爲僞本、好奇者誤信之也。其經文亦分二十二章、較司馬氏指解本增多五十字、中間尚多字句、不同之處、而離句爲傳、蓋又僞孔之重舊、當屬好事者、……

とあり、「孝経鄭注」は中国では五代以来散逸していたが、鮑廷博の友人である汪鵬が日本より持ち帰り、鮑廷博の尽力によって刊行されたとするが、テキストに問題があることを指摘している。

同書、同条によれば、

孝經鄭注補證一卷、知不足斎叢書本

國朝洪頤煊撰、頤煊字旌賢、號筠軒、臨海人。乾隆辛酉、拔貢生、官廣東候補直隷州州判。是書取日本孝經鄭注、與釋文正義諸書所引鄭注同者、爲之證明、其出處、其未有出處者、則存而不論。或有釋文正義諸書所引、而日本反略之者亦爲考、其有無補所未備、并據釋文增入音義。故曰補證。自有此補、豈止可以見日本之有根據、并可以見日本之多漏略、蓋羣書治要所載諸書、原非足本也。

とあるように、『知不足斎叢書』に収録された「孝經鄭注」をもとに、臨海の人である洪頤煊が「補證」を作成したという。

④五行大義五巻　隋蕭吉撰　日本佚存叢書本　中土久佚

日本の翻刻になる「五行大義」については、洪亮吉撰『曉読書斎雑録』巻四六下に、

隋蕭吉五行大義五卷、蓋作于大業、唐宋藝文志、及藏書家、皆不著錄。近日本國人、刻佚存叢書始見之、歸安許主事宗彥、復校刊行世、今桉隋書吉傳、在藝術中、觀其開皇中、所對隋文帝之言、及仁壽二年、爲獨孤皇后擇葬地類、皆借陰陽術數、以貢其諛去京房李尋之徒遠矣。其所徵引、爲他書所無者、亦僅十之一二。

とあり、隋の蕭吉が著した「五行大義」は大業年間（六〇五～六一七）に作成されたが、『新・旧唐書』や『宋史』の藝文志には著録されず、日本からもたらされた佚存叢書によって始めて見ることができたとしている。そして浙江省の帰安の人である許宗彦がそれを覆刻して世に問うたとある。

王昶輯『湖海文伝』巻二八序、「五行大義序、許宗彦」においても、

五行大義五卷、隋蕭吉撰、吉傳載吉著述、無此書隋唐志均未著錄。近日本國人、刻佚存叢書、此書在焉、用活字印行多誤。弁宗彥校、其可知者、改定數十字餘、存其舊俟知者、而別梓之。……

とあり、隋の蕭吉によって著された「五行大義」は、隋代・唐代の経籍志にも著録されておらず、最近日本からもたらされた『佚存叢書』によって、その存在が再確認されたが、このテキストの印字には誤りが多く、許宗彦が校訂をおこなったことを述べる。

許宗彦撰『鑑止水斎集』巻一一序跋書後、「五行大義序」において、

唐志蕭吉、五行記五卷、宋志蕭吉五行大義五卷、藏書家均未著錄。近日本國人、刻佚存叢書、此書在焉、用活字印行多誤、弁宗彥校、其可知者、改定數十字餘、仍其舊俟知者、而別梓之。……嘉慶九年三月許宗彥敘錄。

とあり、許宗彦自ら、日本からもたらされた『佚存叢書』によって、「五行大義」の存在を確認し、テキストや印字の誤りを正したとする。それが嘉慶九年（文化元、一八〇四）三月のことであった。この期日の通りであるとすると、表1において指摘したように、享和元年（嘉慶六、一八〇一）の酉一番・二番船によって持ち帰られた「佚

存叢書前編・後編合八部手本」の一部が、直ちに反響を呼んだことになる。

「五行大義」に強い関心を持った許宗彦であるが、『清史列伝』巻六九、許宗彦伝には、彼は浙江省湖州府徳清県の人で、「宗彦九歳、能讀經史、善属文」とあるように、九歳ですでに経書などに通じていた人物であった。また彼は「生平寡嗜好、惟喜購異書、不惜重値」（『国朝先正事略』巻四四、「許周生先生事略」）とされるように、異書の購入には重価を惜しまなかった人物でもあった。その許宗生が、日本から輸入された「五行大義」に対して並々ならぬ関心を持ったのであった。

張之洞撰『書目答問』子部、術数第八、挙其雅馴合理者には、

五行大義五巻、隋蕭吉、佚存叢書本、知不足斎本

とあり、「五行大義」が「佚存叢書本」と「知不足斎本」という日本からの清代帆船によって持ち帰られた書籍によって、その存在を知られたことがわかる。

周中孚撰『鄭堂読書記』巻四七、子部七之下、術数類二、「五行大義五巻佚存叢書本、阮氏有称隋志新唐志均未著録」には、

隋蕭吉撰、吉字文休、梁武帝従孫仕周爲儀同。入隋逸上儀同、終太府少卿、加位開府。新舊唐志、宋志俱著錄、二唐志俱止作五行記。隋書藝術傳、及志皆不載。蓋此書在唐初尚未行於世故失載。……元明以來久無傳本、而日本國有其書天瀑刊、入叢書并爲之、跋近徳清許周生宗彥、既重刊之、鮑渌飲惜其傳之不廣、又復梓入知不足斎叢書、以公同好云。

とあり、元朝・明朝以来その存在が知られていなかったが、日本の翻刻から知られたとしている。
⑤全唐詩逸三巻　日本河世寧撰
『知不足斎叢書』に収録された「全唐詩逸」に対する反響は、兪正燮撰『癸巳類稿』巻七、「乃淘還音義」に見

える。

乃淘即寧馨爾馨、如馨馬永𢤱真子、謂馨音亭是也。日本全唐詩逸游仙窟詩云、婀娜腰支細細許賺眠眼子長長馨、是唐時亦讀馨同亭、張漢雲谷雑記、不明語言之致、反謂馬好奇、而呉曾改斎漫録至云児豈馨香者、……

このように、日本からもたらされた「全唐詩逸」游仙窟詩に見える字句と中国に伝来するものとを比較し考察している。

李慈銘撰『越縵堂詩話』巻上においても、

點閲日本人河世甯所輯、全唐詩逸、其中佳句甚夥、第三巻所載、亡名氏海陽泉等、五古十三首云。得之藤原佐理真蹟中者、其風格高逸、極似次山文房諸家決、非宋以後人所能為也。十五册、八十五頁、同治十年十二月二十四日。

とあり、日本から舶載された「全唐詩逸」についての関心のほどが知られる。

孫星衍輯『続古文苑』巻四詩、賜新羅王、唐明皇には、

東國通鑑新羅紀、唐天寶十五年、遣使朝帝于蜀、帝親製十韻詩手札、賜王曰、嘉。新羅王歳脩朝貢、克踐禮樂名義、賜詩一首。其詩曰、四維分景緯、萬象含中樞、玉帛遍天下、梯杭歸上都、緬懐阻青陸、歳月勒黄圖、漫漫窮地際、蒼蒼連海隅、興言名義國、豈謂山河殊、使去傳風教、人來習典謨、衣冠知奉禮、忠信識尊儒、誠矣天其鑒、賢哉徳不孤、擁旄同作牧、厚貺比生蒭、益重青青志、風霜恒不渝。右詩見日本上毛河世寧所輯全唐詩逸、其書分上中下三冊、長塘鮑氏廷博為之刋行、今不更采、而此引東國通鑒、中土尠傳、故特存之。

とあり、唐朝と新羅に関係する詩が、全唐詩逸に見えることを指摘している。

丁仁撰『八千巻楼書目』巻一九、集部総集類においては、

全唐詩逸三巻、日本上毛河四寧編、知不足斎本

とあり、「全唐詩逸」が日本の刻書に基づいて『知不足斎叢書』に収録されているとしている。

兪樾撰『茶香室四鈔』巻一三、「遊仙窟詩」に、

日本人上毛河子静、全唐詩逸、載游仙窟詩注云。舊載詩七十八首、猥褻淫靡幾乎、傷雅今録一十七首、其詩有張文成贈崔十孃詩、崔十孃答文成詩、又有詠崔五嫂詩崔五嫂別文成詩、又有香兒送張郎詩、不知張文成為何許人、與崔氏婦女狎遊倡和竟成一集、元人西廂記、至今盛傳、不知唐時又有此、崔張故事也。余又疑元人、因元微之事、作西廂記、駕名崔張正、因此事而起耳。

とあり、日本からの「全唐詩逸」の出現によって、著名な元の「西廂記」に関する問題にまで波及する疑問が投げかけられた。

四　小　結

上述のように、江戸時代の長崎に来航していた清代帆船によって持ち帰られた書籍は、日本で翻刻されたものであった。これらの書籍の多くは中国で散逸した書籍であったことから、当時の清朝知識人たちが極めて強い関心を示していたことがわかる。その一人許宗彦の場合を例にこの問題を考えたい。彼の郷里浙江省湖州府徳清県は、中国側の対日貿易の拠点があった浙江省嘉興府平湖県乍浦にも比較的近い立地にあった。その許宗彦が異書の購入には重価を惜しまなかった人物であったが故に、長崎から持ち帰られた『佚存叢書』の購入に積極的であったと思われる。そして「五行大義」の存在を知り、そのテキストを校訂したのである。それが嘉慶九年（文化元、一八〇四）三月のことであったから、享和元年（嘉慶六、一八〇一）に長崎から帰帆した酉一番・二番船によって持ち帰られた「佚存叢書前編・後編合八部手本」の一部が、直ちに許宗彦の関心を引いたと思われる。貿易の時間や、校訂に要した時間を鑑みても極めて早い時期における反響であったといえるであろう。

海を越え国境を越えた文化交流がどのような形態でおこなわれていたかを解明するための一試論として、日本から清代帆船によって中国へもたらされた佚書を収録した『知不足斎叢書』が清朝学術界にどのような反応を巻き起こしたかについて述べた。

清代の対日貿易による交流は、単に経済的・物質的な面での交流のみならず、上述したような学術的・文化的にも看過できない側面が含まれているのである。

(1) 松浦章『江戸時代唐船による日中文化交流』思文閣出版、二〇〇七年一〇月。
(2) 松浦章『清代海外貿易史の研究』朋友書店、二〇〇二年一月。
(3) 大庭脩『江戸時代における中国文化受容の研究』同朋舎、一九八四年六月。
(4) 松浦章『江戸時代唐船による日中文化交流』二〇二～二一六頁。
(5) 百瀬弘「知不足斎叢書」『アジア歴史事典』第六巻、平凡社、一九六〇年一二月、一五七頁。
(6) 『長崎文献叢書　第一集・第四巻　続長崎実録大成』長崎文献社、一九七四年一一月、一九六頁。
(7) 同右書、二〇〇頁。
(8) 同右書、二一一頁。
(9) 同右書、二一三頁。
(10) 同右書、二一四頁。
(11) 同右書、二一八頁。
(12) 同右書、二一九頁。
(13) 同右書、二三五頁。
(14) 同右書、二三五頁。
(15) 同右書、二三五頁。
(16) 同右書、二四九頁。

(17)『改訂内閣文庫漢籍分類目録』内閣文庫、一九七一年三月、五八三頁。
(18) 同右書、二七七頁。
(19)『清史稿』第三六冊、中華書局、一九七七年二月、一一〇七四～一一〇七五頁。
(20) 中国第一歴史檔案館編『乾隆朝懲辦貪汚檔案撰編』第二冊、中華書局、一九九四年八月、一九二四～一九三五頁。
(21) 同右書、第二冊、一九三一～一九三三頁。
(22) 同右書、第二冊、一九三三頁。
(23) 同右書、第二冊、一九三四頁。
(24) 松浦章『江戸時代唐船による日中文化交流』二一〇・二一二頁。

第二章　明清時代中国の海上貿易と陶磁器の流通

一　緒　言

明朝は建国当初より外国の朝貢による来朝を認める一方で、私人による海上貿易を禁止した。しかし後期の隆慶初年（一五六七）より私人の海外貿易を認めたのである。[1] ただし、明朝が許可した海外貿易とは、倭寇の害があるとされる日本を除く東南アジアの国々であった。それではこの海外貿易により中国帆船が海外にもたらし、また持ち帰ったものにはどのようなものがあったろうか。それに関しては許孚遠の『敬和堂集』公移に収録される「海禁條約行分守漳南道」が参考になる。ここでは「制船隻多寡」「厳往来程限」「定貿易貨物」「峻夾帯典刑」「重官兵督責」「行保甲連座」「慎出海盤詰」「禁番夷留止」「厚挙首賞格」「蠲反誣罪累」などの諸法規が定められている。このうち最初の「制船隻多寡」が、明後期の海外貿易の具体像を示している。

一、制船隻多寡

該府査得、市船開通之始、除日本倭奴禁絶外、其餘東西二洋諸番、竝准商販、應給文引、毎次以一百張爲率、呈請印發、萬曆十七年、撫院周　題限隻数、毎年東洋如呂宋限船十六隻、屋同、沙瑤、玳瑁、宿務、文莱、南旺、大港、吶嗶嘽各限二隻。磨荖央、筆架山、密雁、中邦、以寧、麻里呂、米六合、高薬、武運、福河崙、岸塘、呂蓬各限一隻。西洋如下港、暹羅、舊港、交趾各限四隻。東埔寨、丁機宜、順塔、占城各限三隻。麻

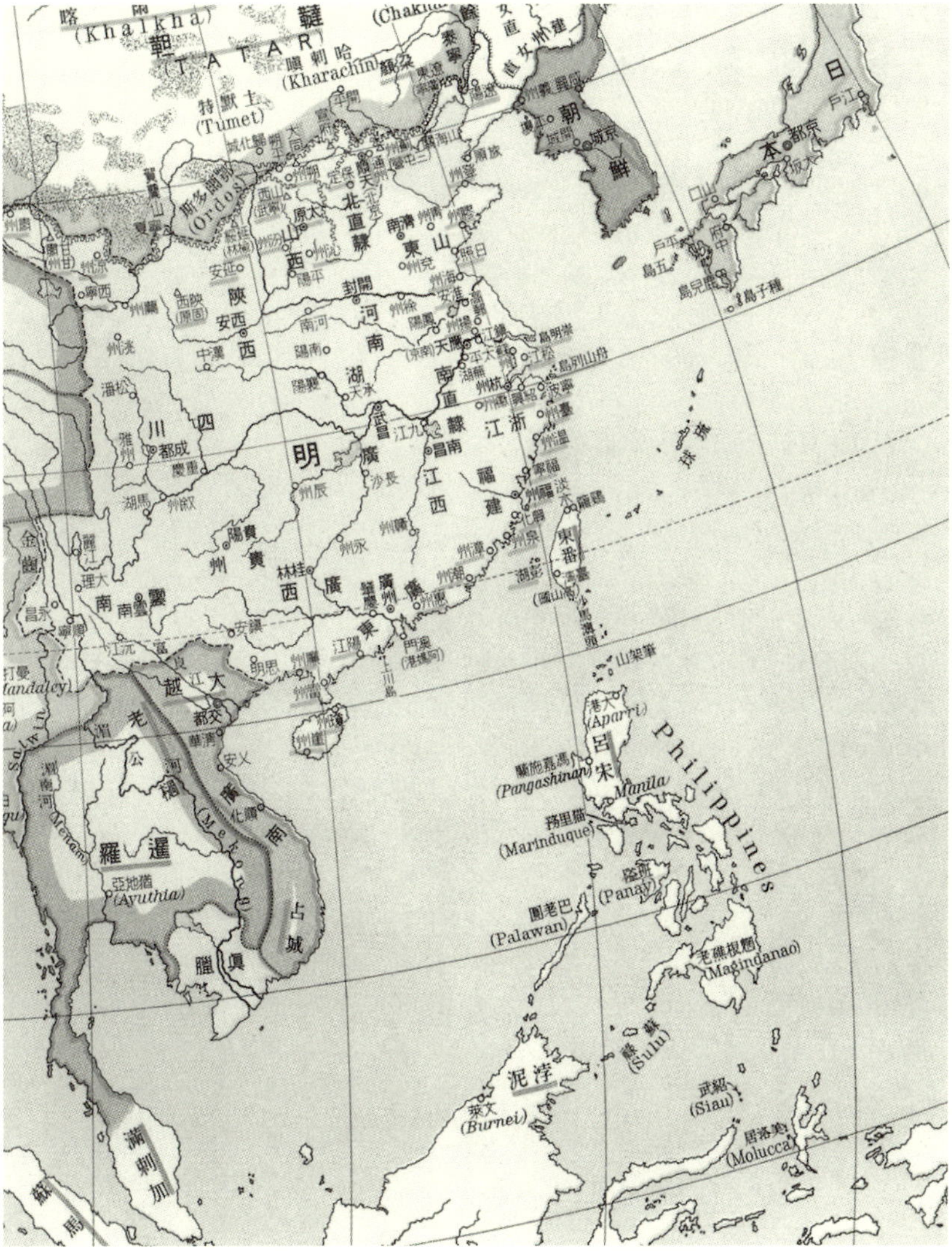

図１　明代の東シナ海、南シナ海海域
（『東洋読史地図』改訂増補版、冨山房、1941年による）

六甲、順化各限二隻。大泥、烏丁礁林、新洲、啞齊、交留吧、思吉港、文林郎、彭亨、廣南、吧哪、彭西寧、陸坤各限一隻。東西二洋、共計八十八隻。又有小番名雞籠、淡水、地隣、北港捕魚之處、産無奇貨、水程最近與廣東、福寧州、浙江北港、船引一例、原無限数歳有四五隻。或七八隻不等。往蒙復舊通商船隻、應寛其数如昔年未限之前、曾經引販占陂、高址州、……

万暦一七年（一五八九）に許可された海外諸国とは、当時の東洋とされたフィリピンやカリマンタンなどの現在の中国福建南部より東側の島嶼部の国々・地域であった。これに対して西洋諸国とは現在のインドシナ半島諸国やマレー半島、インドネシア群島の諸国や諸地域であった。

さらに、同書の貿易品についての規定を記した「定貿易貨物」には、

該府査得、商船興販東西洋諸番去時、随帯本處段布、綵綿、鍋銚、磁器、柑菓、白糖、雨傘、銅盆、銅圏、薬材、草珠、黒沿、小銭及衣服等物、往販貿易回時、除販呂宋多係銀錢、餘國倶係胡椒、象牙、蘇木、檀香、奇楠香、犀角、沈香、没薬、玳瑁、荳蔻、氷片、燕窩、鶴頂、……其私販日本者、須得焔硝、水銀、甘草、糖鐵之物、到彼兌賣白銀、多者空船而返、間或有貨、只馬尾、獺皮、倭刀数物耳、……

とあり、東西洋へ貿易に赴く中国商船の積荷には生糸・絹織物・磁器・砂糖・雨傘や薬剤や衣類などがあり、帰帆のさいには胡椒や象牙・蘇木・檀木などの南洋諸国の物産が積みこまれた。この規定にも記されているように、中国産品の主要な貨物に中国産の磁器が含まれていたことは明らかである。

このように、明代後期から漸次拡大していった海外貿易において、中国産の磁器が主要な貿易品であったことは確実である。

そこで本章では、明代後期から清代の海外貿易や沿海貿易において、交易品として磁器がどのように見られるかについて述べてみたい。

二　明代後期中国貿易船の対日積荷と陶磁器

明朝は当初より朝貢体制を堅持して、諸外国からの朝貢品の献上に対して下賜品を与えたが、その中に中国産の磁器製品が含まれていたことは『大明会典』などの規定に記されていることから知られる。

それでは、明代後期の海外貿易品の中に具体的に陶磁器が見られるのかを見てみたい。具体的な事例として、日本の慶長一三年（万暦三六、一六〇八）に薩摩へ来航した中国船の積荷の場合を述べてみたい。

慶長十三年戊申年、薩摩國に唐船渡来の事、國主島津少将家久言上す。則薬種の御用を命せらる。明年同人よりまた、同國に着岸の船主出す所の貨物目録を捧く(2)。

慶長一三年に来航した中国船に対して島津氏は、翌年には薬剤等の船載を要請し、中国船は再び翌慶長一四年に来航した。その時の様子は、『異国日記』四に、

慶長十四酉年九月二十四日、於本丸上州被仰渡候ハ、薩摩へ船十艘著候、其船ニ積候賣物共、面々ノ船頭ヨリ目録ヲ上候、カナにつけ候へと御申て十通渡被下候、……其目録ノ内、三通留書ヲシテ置候、残リ七通大略同篇ナル故ニ不留書也。船頭ハ皆別人也(3)。

とある。慶長一四年九月二四日までに、薩摩に来航した中国船一〇隻の船主はすべて別人であった。そのうち三隻の積荷目録が知られる。それぞれの船は前年の島津氏の求めた薬剤とともに諸物をもたらしたが、ここでは残された三隻の積荷目録の中に見られる陶磁器関係の積荷について記してみることにする。便宜上、各積荷目録に①～③の番号を付けた(4)。

①薛榮具船積荷目録

上書　　　鹿児島著船

（中略）
尺盤　ちゃわんのはち
花碗　ちゃわんの物
（中略）
慶長拾肆年漆月拾陸日
船収鹿児島
船主　薛榮具　判
陳　鳴　判
如此折本也、立ハ紙立也、ハハハ三寸五分五厘。

②陳振宇船積荷目録
上書
七月初二日、到坊津澳唐船、装載貨物開具
（中略）
碗　ちゃわん
（中略）
唐船主　陳振宇
陳　徳
おく書也、折本也ニシテ立ハ紙立て也、ヨコハ三寸五分五厘

③何新宇船積荷目録
上書
大明船貨物開具
（中略）
碗喋瓶　ちゃわんびん
（中略）
船主　何新宇
客人　謝玉堂　陳仰堂　林文岩　龔愛峰
朱仰雲　余儆寰　等共四十人　新宇　判
おく書如此

以上、三隻の薩摩に来航した中国船の積荷目録から陶磁器関係の積荷のみを掲げた。

これらの輸入磁器と見られる品の用途に関して、中国側の史料として『全新兵制考』附録『日本風土記』巻一、倭好に、明代後期に日本へもたらされた貨物の日本での用途についてうかがい知ることができる記事がある。具体的には、各種の焼き物・尺盤・花盤であり、倭好には次のように記されている。

磁器、擇花様而用之、香炉以小竹節爲尚、碗喋以菊花稜爲尚、碗亦以葵花稜爲尚、制若非觚、雖官窰不喜也。

日本で好まれた磁器の模様は花、特に菊や葵などを描いたものであった。香炉は竹に似た形式のものが好まれたことが知られる。また、明政府の御器廠、すなわち御用窯の製品であっても、日本では特に好まれなかったことが知られる。

その意味で先の薩摩に来航した三隻の積荷目録に見えた陶磁器関係の品は、高級なものではなく、どちらかいえば日用雑器的な焼き物であったと思われる。

このように明代後期における海外貿易の緩和にともない、中国産品が中国船によって海外諸国にもたらされ、とりわけ中国産の磁器製品は海外諸国の強く希求する製品として好まれ、需要の高い物品であったことが知られる。

三　清代沿海・海外貿易船の積荷に見る陶磁器

(1)　清代沿海貿易船の積荷

清代帆船の沿海活動は、南は現在の海南省から北は遼寧省まで、中国大陸沿海のほぼ全域に及んでいる(5)。その地域の中でも多くの海商を輩出した地域が、福建や浙江であった(6)。とりわけ福建では古くから土地が狭く人が多いため住民が海上に進出したとされた。具体的には、福建浙江総督であった高其倬が、雍正四年（一七二六）の上奏の中で、

（雍正）四年疏言、福興漳泉汀五府、地狭人稠、無田可耕、民且去而為盗、出海貿易、富者為船主、為商人。貧者為頭舵、為水手、一舟養百人、且得餘利歸贍家屬(7)。


と記しているように、福建では多くの人が土地耕作に替わって海に進出し、富める者は船主や商人となって、貧しき者は船乗りの頭舵・上級船員やまたは水手の下級船員となってまで海へ出て行ったのであった。

清代沿海商船の活動に関する具体的事例として、清朝の地方官吏が報告した、康熙五六年（一七一七）から雍正一〇年（一七三二）までの間に天津に入港した、浙江省の寧波府やさらにその南の福建省の福州府・興化府・泉州府・漳州府、そして海南島の瓊山県からの帆船、合計一三八隻の記録が知られる。このうちの五隻を除く一三三隻がすべて福建籍の船舶であった。これらの多くの帆船は、南から北の天津へ砂糖類・紙類・食品加工品・乾物

などの他に粗製磁器と見られる盌や茶杯・酒杯・粗盤碟などをもたらしている。(8)

たとえば、実際に陶磁器と思われる物を搭載していた船は次のように記されている。

浙江　寧波府鄞縣商字一五一号　商人蘇永勝　白糖、松糖、粗盌(9)

以下には、記録された積荷が陶磁器のみの場合を中心に抽出した。

福建　福州府閩縣平字三九五号　商人林栄興　粗　碗　二五、〇〇〇個(10)

福建　福州府閩縣平和三九五号　商人潘天順　粗　盌(11)

福建　興化府莆田縣公字五七号　商人黄祥光

松　糖　五〇七包　白　糖　一包　五簋碗　八八〇個

七寸盤　二四〇個　宮　碗　二、〇七〇個　茶　鍾　三、八五〇個

斗　碗　三五〇個　四寸盤　一、六〇〇個　湯　碗　一、六〇〇個(12)

福建　興化府莆田縣公字二一四号　商人陳章盛　粗碗盤　六、五一〇個(13)

福建　興化府莆田縣公字二一八号　商人許廷輔　粗　碗　七、六六〇個(14)

福建　泉州府晋江縣發字二四二号　商人林勝興　粗　盤　九〇、〇〇〇個　粗湯碗　五簍(15)

福建　泉州府晋江縣發字三五八号　商人荘　豸　散粗洋碗　四五、〇〇〇個(16)

福建　泉州府晋江縣發字三五八号　商人荘　豸　粗　碗(17)

福建　泉州府晋江縣發字四七四号　商人林元興　粗　盌　五〇、〇〇〇箇　小磁器　二八、五〇〇箇(18)

福建　泉州府晋江縣發字四七八号　商人丘合興　粗　盌　二五、〇〇〇箇　小磁器　一四、〇〇〇箇(19)

福建　泉州府晋江縣發字九七九号　商人蔡興盛　粗　盌　一九、〇〇〇個(20)

福建　泉州府晋江縣發字一〇四二号　商人王源利　粗　碗　一二五、〇〇〇個(21)

福建　泉州府晋江縣發字一一一二号　商人張寧世　粗　盌[22]
福建　泉州府晋江縣發字一一三六号　船戸陳順興　粗　碗　一五、〇〇〇箇　碗一〇、〇〇〇箇[23]
福建　泉州府晋江縣發字一三一九号　商人陳元興　粗　盌　一八、〇〇〇箇[24]
福建　泉州府晋江縣發字一三三二号　商人曾長源　粗　盌[25]
福建　泉州府晋江縣發字一五二八号　船戸蔡興利　粗　碗　一〇、〇〇〇箇　粗小碗　五、〇〇〇箇[26]
福建　泉州府同安縣同字一一〇八号　商人施傳満　粗　盌　九、八五〇箇　粗白盌[27]
福建　泉州府同安縣同字一一七八号　商人李元美　粗　盌　一、五〇〇箇[28]
福建　泉州府同安縣同字一一七八号　商人李元美　粗　盌　一一、六七〇箇[29]
福建　泉州府同安縣同字一二八二号　商人謝萬勝　粗磁盌　六、〇〇〇箇[30]
福建　漳州府龍渓縣元字四七号　商人張徳興　粗　盌　二二、五〇〇箇[31]
福建　漳州府龍渓縣寧字八一号　商人陳世英　粗　盌　九、七五〇箇[32]
福建　漳州府龍渓縣寧字九四号　商人沈徳興　粗　盌　九、七五〇箇[33]
福建　漳州府龍渓縣寧字一五四号　商人魏徳合　粗　盌[34]
福建　漳州府龍渓縣寧字二四七号　商人魏徳宜　粗　盌[35]
福建　漳州府龍渓縣寧字二九一号　商人郭　長　粗　盌[36]
福建　漳州府龍渓縣龍字六七五号　商人柯瀛興　粗　盌　一二、三五〇箇[37]

以上の事例のなかには、同一船で二度見られるものが二例知られる。泉州府晋江県発字三五八号の商人荘豸と泉州府同安県同字一一七八号の商人李元美の場合である。これら商人には得意とする商品があったことが類推される。そしてこの二人も含め多くの福建省籍の商船が搭載していた磁器は、おそらく福建産の粗製磁器であった

表１　陶磁器を積載した漂着船

番号	西暦	中国暦	出帆地	目的地	積　　荷	出　典
①	1749	乾隆14年	厦門	山東	蘇木・碗・糖	歴代宝案
②	1861	咸豊11年７月	晋江・福建	天津	碗料・木料・白糖	歴代宝案

と思われる。

沿海の航運活動の展開にともない、多くの商品流通が見られ、その中に磁器製品も含まれていたことは確かである。

中国沿海の航運が活発化するにつれ海難事故も見られ、それらの記録が朝鮮王朝や琉球国・日本などに残されている。その記録には若干ながら積荷まで知られるものがあるので、その中から、陶磁器を積載していたことが判明するものを掲げてみた（表１）。

ここに掲げた二隻は福建の船で、①は厦門から山東に向けて航行中に琉球に漂着した船であり、②は福建の泉州府治下の晋江から天津へ航行する途上に海難に遭遇して琉球国に漂着した船である。この二隻の積荷に陶磁器があった。

清代の沿海航運は、中国大陸沿海に沿って広範囲におこなわれていた。その大局的な概要は清末の日本領事報告の中でも述べられている。

『通商報告』明治一九年（光緒一二、一八八六）第二回に掲載された「清式帆船貿易概況」に次のように報告されている。

○清國ノ地勢タル外ニ在テハ東南ニ大海ヲ帯ビ、内ニ在テハ揚子江、黄河、運河等大小数派ノ河流貫通シ、水運頗ブル利便ニシテ、南北ノ人民ニ其有無ヲ通シ、都鄙其富ヲ均フスルヲ得ルハ蓋シ此運輸ノ便ニ由ルモノナリ。因テ其運漕ノ景況ヲ査スルニ、今ヤ外國貿易日ニ隆盛ニシテ、海運ノ業大ニ進歩シ、南北ノ地互ニ其産物ヲ輸送スルニハ大率汽船ヲ用フト雖モ、各産地ヨリ其貨物ヲ市場ニ送出スルニハ、仍舗重モニ清式船ニ依ラザルハナシ。故ニ清國各地人民ノ日用諸品ハ皆必ラズ一タビハ清式帆船ノ搭載ヲ経タル者ナリト爲スモ、決シテ不可ナルベシ。扨テ右清式帆船ノ重モナル航路ヲ舉ケンニ、分テ三区トナシ、其一ハ遼東ノ錦州府・天津・芝罘等ノ諸港ノ間トシ、稱シテ大北ト曰フ。其二ハ上海・寧波・乍浦等ノ諸港ノ間トシ、稱シテ小北ト曰フ。其三ハ厦門及其近傍ノ間トシ、稱シテ厦郊ト曰フ。就中寧波ハ全國中清式帆船ノ出入最モ頻繁ノ港ニシテ、南北ニ回航スル者ハ概ネ該港ニ寄航セザル者ナシ。其寧波ヨリ福建ニ航行スル帆船ノ如キハ、北地ヨリ該港ニ輸入シタル豆餅、豆類、曹達、木綿等ノ品ヲ搭載シ、其福建ヨリ寧波ニ來ル帆船ハ砂糖、唐紙、橄欖、密柑、材木等ヲ回漕ス。又寧波ヨリ鎮江ニ往復スル帆船ハ毎年二百余艘ヲ下ラス。其鎮江ヨリ寧波ニ輸送スル貨物ハ重ニ米穀・生豚ノ類ニシテ、其寧波ヨリ帰航スルモノハ紙、砂糖、蓆等ヲ収載ス。又台州・温州ヨリ寧波ニ往復スル帆船ハ木炭、明礬、豚、密柑、製蓆用料、下等雨衣等ヲ搭載シ、其帰航ニハ薬種、棉花、棉花餅、油等ヲ積載ス。又寧波ヨリ北部ニ出航スル帆船ハ毎年百十艘ニ上リ、其着航地ハ芝罘、牛荘、錦州、天津等ノ諸港ニシテ、其積込高ハ孰レモ巨多ナラザルハナシ。而シテ其物貨ノ過半ハ、京師ニ輸送スル米穀ナリ。其帰航ノ時ハ北産ノ荳類、豆餅、索麵、棗、落花生、落花生油等ヲ搭載シ、或ハ空船ニテ上海ニ寄航シ、杭州及ヒ浙江北部ヨリ同港へ輸入スル米穀ヲ搭載ス。但シ其積込高ノ内、米ハ十分ノ八ヲ以テ率トシ、其十分ノ二ハ薬種、唐紙、明礬、竹竿、木材等ヲ以テスルコトヲ常トセリ。其故ハ米穀ノ積込十分ノ八ニ至レバ他ノ貨物ハ課税ヲ免カルレバナリ。又臺灣ヨリ北海諸港へ航スル帆船ハ毎一年一航海ノ程度ニシテ、其帰航ハ概ネ年末ニ在リ。即チ清暦正月前ニ回到スルヲ以テ常トセリ。而シテ其往航ノ載貨ハ砂糖、茶、板等ニテ、帰航ニハ豆類、索麵、紅棗、獣油、焼酎、羊皮等ヲ積載ス。又南方沿海諸港ヨリ新嘉坡ニ往復シ、彼此ノ物産ヲ交易スル者アリ。該地ニ往航スル帆船ノ貨物ハ竹、木炭、棕櫚皮、薪、密柑、唐紙、板、長材、馬鈴薯、水甕等ニシテ、該地ヨリ來ル帆船ハ樹皮、長材、豆、蛤貝、棉花、棗、花崗岩、茘枝、龍眼肉、薬種油、板、塩魚、砂糖、甘藷、昆布、核桃、米、麥等ヲ積載ス。夫レ清國既ニ内外水運ノ便アリテ、汽船輸送ヲ除クノ外、多ク其清式帆船ヲ用イルコト、此ノ如シ。加フルニ清人ハ用帆ノ術ニ長ジ、其潮勢ニ随ヒ、風位ニ應ジテ、張弛展巻其操縦自在ナリ。故ニ能ク汽船ト並行シテ物貨ノ流通ヲ便ニス。蓋シ清國ノ富源ハ多ク此帆航ニ存スト謂ウモ亦不可ナカルベシ。故ニ該帆船ノ航漕ハ清國通商上ニ於テ最モ注意セザルベカラサルモノナリ(38)。

中国沿海の物流は、ここに述べられたように中国式帆船が担っていたのである。

とりわけ、中国大陸沿海の中で地理的にも航運活動においても基軸的な位置にあったのが寧波である。寧波から福建に向けて航行する帆船は、北方沿海から寧波にもたらされた豆餅・豆類・曹達《そうだ》・木綿等の産品を搭載して福建に赴き、帰帆のさいには福建の産品である砂糖・唐紙・橄欖《かんらん》・密柑・材木などを運んでいた。寧波からは、南への航行だけでなく北への航行も重要であった。寧波から長江下流域で大運河と接合する鎮江との間には、毎年二〇〇隻以上の帆船が航行していた。そして鎮江から寧波へは主として米穀・生豚がもたらされていた。他方、寧波から鎮江にかけては、砂糖・蓆《せき》などが運ばれていた。

寧波から北洋とされた黄海や渤海沿海といった北部に航行する帆船は毎年一一〇隻以上にのぼり、最北の航行地は山東北部沿海の芝罘《チーフー》や、現在の遼寧省にあって遼河の河港である牛荘、同じ遼寧省の錦州そして天津などの港であった。それらの地に航行する帆船の積荷高は巨額であり、その積載貨物の大半は政治都市北京において消費される米穀であった。そして北方からの帰帆のさいには、華北沿海部や東北地方で産出された荳類《とうるい》・豆餅・索麵・棗・落花生・落花生油などを江南地域にもたらすという沿海航運が恒常的に見られたのである。

寧波と同じ浙江省にある南部沿海の台州・温州と寧波との間を航行する帆船は木炭・明礬《みょうばん》・豚・密柑・製蓆用料・下等の雨衣などを搭載して寧波にもたらし、寧波からの帰航においては薬種・棉花・棉花餅・油等を積載していた。

このような沿海航運の形態は、寧波のみにとどまらず福建でも広東でも山東地方においても見られたのである。明治三〇年（光緒二三、一八九七）五月四日に掲載された在厦門駐在領事の上野専一の報告である「支那南部篷船航業状況」は、福建を中心とする帆船貿易の実情を次のように報告している。

清國南部地方ニ於ケル篷船航業ニ状況ニ附キ、厦門駐在帝國一等領事上野専一ヨリ本年三月二十五日附ヲ以テ左ノ如ク報告アリ。

福州　福州海關ノ調査ニ據レハ篷船ノ該地海關ニ登録セシモノ一箇年大凡二千艘ナリ。而シテ是等ハ福州港ト支那沿海各地トノ間ニ通常往來貿易スルモノニシテ、其船籍管轄ノ地方ニ依リテ四種ニ区別セリ。且ツ右等篷船ノ船體ニハ明瞭ニ何地方ニ隷属スルヤヲ著色記號シ以テ一見分別ニ便ナラシム。即チ其種類左ノ如シ。

第一　福建船ヲ緑頭ト稱シ、船首緑色ナルモノ

第二　寧波船ヲ烏艚ト稱シ、船首黒色ナルモノ

第三　廣東船ヲ紅頭ト稱シ、船首紅色ナルモノ

第四　臺灣船ヲ白底ト稱シ、船首白色ナルモノ

烏艚即チ寧波船ハ常ニ山東膠洲、寧波、福州ノ間ニ貿易スルモノ多ク、一箇年大凡三回ノ航海ヲ爲セリ。而シテ是等ノ載貨ハ主ニ綿布、米穀、油、鹽魚等ヲ福州ニ運來シ、出港ノ荷物ハ福州産ノ杉木丸太、紙、竹笋［即チ福州輸出ニ名アル乾筍］ノ類ヲ積載セリ。

緑頭即チ福建船ハ福州及支那北部各地遠キハ天津マデノ回漕事業ニ従事シ、是等ハ一箇年一回航ヲ以テ常トス。而シテ福州出發ノ荷物ハ重ニ紙、竹、笋ニシテ歸港荷物ハ北地産ノ菓物、大豆其他薬材等ナリ。

泉州篷船ニシテ緑頭船ノ團體中ニアルモノハ重ニ福州、臺灣間ヲ往來シ臺灣ヘハ普通雑貨ヲ載運シ、歸航ニハ砂糖及食鹽ノ類ヲ積來ル者多シト云フ。

紅頭即チ廣東船ハ北支那線路ニ對スル福建船ノ一敵手ニシテ往昔ニ在リテハ北部ノ航業ハ殆ト廣東船ノ専有ニ歸シ居リシモ、近時汽船ノ往來頻繁ナルニ随ヒ該船ノ航数モ大ニ殺減セラルルニ至レリ。白底即チ臺灣船ハ福州ト臺北地方トノ間ニ使用セラレ福州ヘノ荷物ハ米穀及砂糖ヲ載積シ、出港荷トシテハ重ニ杉木其他ノ雑貨ヲ載貨ス。

元來支那篷船ノ乗組人員ハ其船ノ大小ニ依リ、一定セスト雖モ概ネ二十人乃至三十人マテナリ。普通ノ水手ハ一箇月二、三圓ノ給料ニシテ、船長ノ俸給ハ其約定ニ依リテ支給スルコト一般ノ習慣ナレトモ概シテ貿易純益高ノ内ヨリ算出給與スルモノ多シト云フ。

篷船一隻ニ附キ運輸貨物ノ價格ハ大凡一箇年二万弗乃至三万弗ニシテ貿易事業ノ活發良好ナル年ニハ其利益ハ資本金ニ對シ、大凡二割内外ナルヘシト云フ。(39)

この上野報告から、帆船は船籍を明確にするために船体を色分けされていたこと、福建船は「緑頭」と呼称され船首が緑色に塗装されていたこと、寧波船は「烏艚」と呼称され船首は黒色に塗装されていたこと、広東船は「紅頭」と呼称され船首は紅色に塗装されていたこと、台湾船は「白底」と呼称され船首が白色に塗装されていたことが知られる。

寧波船は、山東の膠洲や寧波や福州との間を航行して一年に三回の航海をおこない、積荷は主に綿布・米穀・油・塩魚等を福州へもたらし、福州からは福州産の杉木丸太や紙や乾筍などが積載され運ばれていた。

福建船は、福州から中国の北部の港、特に天津までの航運業に従事し、一年に一回の航海をおこなうのが一般的傾向で、福州からは主に紙・竹・筝《たけのこ》などを北方に運び、帰帆にさいしては北地産の菓物や大豆や薬材などが運ばれた。

泉州船は主に福州や台湾との間を航行し、台湾に向けては普通の雑貨を積載し、帰帆には台湾産の砂糖や食塩を積載して来た。

広東船は福建船にとっての最大の敵手であったが、一九世紀末の汽船航運業の台頭によって苦境に達していた。台湾船は、福州と台湾北部の台北地方との間を主に航行し、台湾から福州へは米穀や砂糖をもたらし、福州から台湾に向けては主に杉木などの貨物を運んでいた。

これら中国式帆船の乗組の人員は、乗船する帆船の大小によって異なっていた。しかし、多くの場合二〇人～三〇人ほどであった。一般的には水手は一か月に二、三円の給料であり、船長の俸給には一定の定額があるが、習慣的には貿易の純益高に比例して算出して給与される形態も見られた。

これらの帆船が輸送する貨物の価格は、一九世紀末において一隻当たり一年に二万ドル～三万ドルにのぼり、交易が活況を呈していた時の利益は、資本金のおおよそ二〇%程度に達していた。

(2)　清代海外貿易船の積荷

一八三〇年三月二九日にイギリス議会において、John Crawfurd は、中国帆船により中国とシンガポールとの間におこなわれた貿易に関する証言[40]をし、その中で、福建の厦門からシンガポールに運ばれた積荷について次のように証言している。
私は福建のアモイ（厦門）からのジャンクの積荷の明細書の一覧表を得た。その船は、一八二四年一月二五日にシンガポールに到着したもので、一五日の航海を要している。積み荷は二〇〇トンと二五〇トンの間である。その内容は次の通りである。
陶磁器、三二種のさまざまの形と型からなる　六六〇、二五〇個
床タイル　一〇、〇〇〇個

笠石（冠石）	二〇〇個
黒いニスの光沢ある紙傘	一二、〇〇〇個
斑入り傘	三、〇〇〇個
練り菓子	五〇箱
砂糖飴	一六六箱
干菓子	六〇箱
kin-chin（食用植物）	一二束
干し茸類　食用	六箱
干し茸	六箱
乾燥果物	四〇籠
砂糖菓子	五〇箱
麺	八箱
塩魚	五籠
塩付け果物	一〇〇壺
薬	一〇包
絹製靴	一〇箱
布製靴	一〇箱
藁製靴	五箱
香木	二〇箱

灯火油	二〇箱
タバコ　セレベス市場向け	三五〇箱
タバコ　中国人居住者向け	二三〇箱
櫛	一〇箱
細筆	一箱
乾燥塩漬け野菜	四〇壺
酢漬け野菜	四〇〇壺
南京木綿	一〇〇梱
南京木綿	二〇箱
金モール糸	二〇箱
お茶	一一〇箱

積み荷の総額は六万スペインドルあるいは一三、〇〇〇ポンドに近いと見積もられた。

右の証言は三〇種類の商品について列記している。この中で最も数量が多いのが六六万個にも及ぶ陶磁器である。その他の貨物も、おそらくシンガポールに在住していた華人のための日用嗜好品が中心であったことは想像に難くない。

これに対して、同時期に対日貿易の基地のあった浙江省の乍浦から長崎へ来航した中国商船の積荷について見てみたい。この船は文政六年の六番船として長崎に入港した。

大羅紗	四七反
色へるへとあん	六〇反

ごろふくれん	一〇反
氷砂糖	三九、四〇〇斤
砂糖	一一、〇〇〇斤
最上砂糖	六七、〇〇〇斤
並砂糖	六〇、〇〇〇斤
鼈甲・爪	一、三一〇斤
白鑞	四〇、九三〇斤
格子縞絨緞	二〇反
絨緞	一、二〇〇反
中国紙	四〇〇連
カントン人参	五〇〇斤
沈香	五七〇斤
肉桂	八四〇斤
大腹皮	二、〇六〇斤
薬種	六七、二九〇斤
スタメット	一五反
繻子	四六反
黒紗綾	一〇反
赤縮緬	三〇反

長尺糸巴　　　　　一〇〇反
象牙　　　　　一、五七〇斤
黒檀　　　　一三、二七〇斤
辰砂　　　　　　　三〇〇斤
甘草　　　　　四、六四〇斤
麻黄　　　　　四、七五〇斤(41)

この積荷目録からも明らかなように、積荷のなかで最大の重量を占めていたのは砂糖類である。そして種類が多いのは漢方薬であった。

以上の限られた事例からではあるが、同じ時期に中国からシンガポールと長崎へ渡航した中国帆船が、その地域・国の需要する産品を積載していたことは明らかである。このように中国帆船による沿海航運・海外航運の積荷は多様であった。

福建の磁器製品の状況を知る手がかりとして、清末の日本領事報告がある。明治三九年（一九〇六）一二月一五日付にて在福州帝国領事館報告として公刊された「福建陶磁器製造情況(42)」である。同報告では、「産地並ニ其製産額、福州ニ於ケル一カ年ノ消費額並ニ其供給地、産地ノ情況及其種類、輸出地及其輸出額並荷造法、輸入外國磁器ト土産磁器ノ品質優劣及将來ノ見込、福州陶磁器商店数」などについて報告している。

當地ニ於ケル陶磁器ハ将来専ラ江西産及本省ノミノ独占ナリシガ、近年海外交通ノ頻繁ナルニ従ヒ、本邦製品及独乙製品等ノ輸入ヲ見ルニ至リ、殊ニ花瓶「コップ」菓子皿等ノ琺瑯焼或ハ玻璃器等ヲ輸入スルモノ漸ク増加ノ傾向アルノ今日當地製磁器ノ情況ヲ報告シテ本邦斯業家ノ参考ニ資スルモ、蓋シ又徒労ニアラザルベキカ。

▲福建陶磁器産地並ニ其製産額
本省ノ陶磁器製産地トシテハ先永春州下徳化縣、漳州府下石碼、福州下閩清及古田並ニ延平府下尤渓縣地方等ニシテ就中徳化ヲ第一トシ、閩清之ニ次グ。徳化縣地方ニテハ従来数百個所ノ磁器製造所ヲ有シテ一個年ノ製産額約百萬元許リノ盛況ヲ呈シ來リシモ、今ヨリ二十年前新加坡及安南等ニ於テ磁器製造所ノ設立アリシヨリ以來、其最大得意タリシ南洋地方ノ販路ヲ蚕食サレシ爲メ今ハ大ニ斯業ノ衰退ヲ來タシタリト云フ。

福建省における陶磁器生産の最大の生産地は、泉州の内陸部に当たる永春州ノ徳化県であった。その最大の購買地がシンガポールやベトナム方面であったが、一九世紀末ころからそれぞれの地で磁器生産が進展すると、徳化磁器の販路も大きな打撃を受けることになったのである。そして、新たな販路として見られたのが「近年南洋方面ノ販路振ハサルヨリ臺灣及北清地方ニ輸出スルモノ少カラズ」[43]と報告されるように、福建の徳化磁器は、シンガポールなどの東南アジアの有力な購買地を失うと、新たな販路として中国沿海東北部や台湾へと、新たな購買地を開拓することになったのである。

四　小　結

一六世紀後半以降において中国船による海外貿易が緩和されると、沿海部の中国海商の多く、とりわけ福建省の商人などが東アジア海域のみならず東南アジア海域へと進出していった。

中国の沿海貿易が活発化するのは清代の康熙二三年（一六八四）以降のことである。前年に台湾の鄭氏が清朝に降ると、清朝は海禁令であった〝遷界令〟を廃止し、民衆の海上航行を認めた。その結果、沿海の航運活動は活発化し、先に触れたように、福建と天津を結ぶ沿海航運が積極的に展開されたのであった[44]。

中国船の沿海活動の活発化や、海外進出にともない、中国陶磁器も海外に搬出されている。しかしその中国陶磁器とは必ずしも景徳鎮産の磁器のみではなく、沿海部の各地で製造された磁器であったことは、さまざまな記録から知られるであろう。[45]特に福建沿海部には多くの民窯が存在していたことからも明らかであり、[46]シンガポールの発掘調査によって発見された「砂底足」の青花磁器は、福建南東部の漳州窯の製品であったと考えられている。[47]

（1）佐久間重雄『日明関係史の研究』吉川弘文館、一九九二年二月、二五～三九頁。
（2）『通航一覧』刊本第五、二四一頁。
（3）『大日本史料第一二編之六』東京帝国大学、一九〇四年一二月、五一七～五一八頁。
（4）同右書、五一八～五二一頁。
（5）松浦章「清代における沿岸貿易について——帆船と商品流通——」小野和子編『明清時代の政治と社会』京都大学人文科学研究所、一九八三年三月。
松浦章『清代帆船沿海貿易史の研究』関西大学出版部、二〇一〇年一月、二六～六〇頁。
（6）松浦章「清代福建の海船業について」『東洋史研究』第四七巻第三号、一九八八年一二月。
松浦章「清代寧波の民船業について」『関西大学東西学術研究所紀要』第二一輯、一九八八年三月。

松浦章『清代帆船沿海貿易史の研究』四七五～四九四頁、三六七～三八二頁。
（7）『清史列伝』巻七九、
（8）松浦章「清代における沿岸貿易について——帆船と商品流通——」五九八～六〇三頁参照。
松浦章『清代帆船沿海貿易史の研究』二六～六〇頁。
（9）『宮中檔雍正朝奏摺』第二〇輯、國立故宮博物院、一九七九年六月、七六一頁、雍正一〇年一一月一〇日。
（10）『宮中檔雍正朝奏摺』第一九輯、國立故宮博物院、一九七九年五月、二五五頁、雍正九年一二月一五日。
（11）『宮中檔雍正朝奏摺』第二〇輯、七五九頁、雍正一〇年一一月一〇日。
（12）『宮中檔雍正朝奏摺』第一九輯、二五三頁、雍正一〇年一一月一〇日。

(13) 同右書、二五三頁、雍正一〇年一一月一〇日。
(14) 同右書、二五七頁、雍正一〇年一一月一〇日。
(15) 同右書、二五四頁、雍正一〇年一一月一〇日。
(16) 同右書、二五三頁、雍正一〇年一一月一〇日。
(17) 『宮中檔雍正朝奏摺』第二〇輯、七六〇頁、雍正一〇年一一月一〇日。
(18) 『宮中檔雍正朝奏摺』第一輯、國立故宮博物院、一九七七年一一月、六〇三頁、雍正元年八月一一日。
(19) 同右書、六〇三頁、雍正元年八月一一日。
(20) 『宮中檔雍正朝奏摺』第一九輯、二五七頁、雍正九年一二月一五日。
(21) 同右書、二五二頁、雍正九年一二月一五日。
(22) 『文献叢刊』三三二頁、雍正七年七月二七日。
(23) 『康熙朝漢文硃批奏摺彙編』第七冊、檔案出版社、一九八五年五月、一一六頁、康熙五六年七月一日。
(24) 『宮中檔雍正朝奏摺』第一九輯、二五六頁、雍正九年一二月一五日。
(25) 『宮中檔雍正朝奏摺』第二〇輯、七五九頁、雍正一〇年一一月一〇日。
(26) 『康熙朝漢文硃批奏摺彙編』七輯、一一七頁、康熙五六年七月一日。
(27) 『宮中檔雍正朝奏摺』第三輯、國立故宮博物院、一九七八年一月、一〇四頁、雍正二年九月一日。
(28) 『宮中檔雍正朝奏摺』第一輯、六〇三頁、雍正元年八月一一日。
(29) 『宮中檔雍正朝奏摺』第五輯、國立故宮博物院、一九七八年三月、九九頁、雍正三年九月七日。
(30) 同右書、六四頁、雍正三年九月一日。
(31) 『宮中檔雍正朝奏摺』第三輯、一〇五頁、雍正二年九月一日。
(32) 同右書、一〇五頁、雍正二年九月一日。
(33) 『宮中檔雍正朝奏摺』第二〇輯、七五九頁、雍正一〇年一一月一〇日。
(34) 同右書、七五九頁、雍正一〇年一一月一〇日。
(35) 『宮中檔雍正朝奏摺』第三輯、一〇五頁、雍正二年九月一日。

(36)『宮中檔雍正朝奏摺』第二〇輯、七六〇頁、雍正一〇年一一月一〇日。
(37)『宮中檔雍正朝奏摺』第三輯、一〇五頁、雍正二年九月一日。
(38)「清式帆船貿易概況」『通商報告』明治一九年（光緒一二、一八八六）第二回、一〇八～一〇九頁。
(39)『官報』第四一四八号、明治三〇年（光緒二三、一八九七）五月四日「支那南部篷船航業状況」。
(40)*First Report from the Select Committee on the Affairs of the East India Company*, (China Trade), 8 July 1830, p.322.
(41)永積洋子編『唐船輸出入品数量一覧　一六三七～一八三三年』創文社、一九八七年二月、二四六頁参照。
(42)『通商彙纂』明治四〇年第九号、一九〇七年二月一三日付発行、三五～三七頁。
(43)同右書、三六頁。
(44)松浦章「清代における沿岸貿易について――帆船と商品流通――」。
松浦章『清代帆船沿海貿易史の研究』二六～六〇頁。
(45)葉文程「略論徳化古代陶瓷的製産與外銷」『福建文博　古代徳化瓷専輯』二〇〇四年第四期（一二月）、一～九頁。
庄良有「菲律賓発見的宋元徳化瓷器」『福建文博　古代徳化瓷専輯』二〇〇四年第四期（一二月）、三三～四三頁。
(46)曾凡『福建陶瓷考古概論』福建省地図出版社、二〇〇一年六月、
(47)同右書、一八四頁。

第三章　清国産豚の日本統治台湾への搬出

一　緒　言

清代の有名な料理書といえば袁牧の『随園食単』を第一にあげることができるであろう。その『随園食単』の「特牲単」に、

猪用最多、可称廣大教主、宜古人有特豚饋食之禮、作特牲単。(1)

と記している。『随園食単』を翻訳した青木正児は、

五　豚肉の部　豚の使用は最も多く、広大教主［大衆向きの親玉］と称すべきである。古人に「特豚饋食礼」のあるのは相応しい。そこで豚肉の部を作る。(2)

と翻訳したように、豚肉を使用した中華料理は種類も多く、『随園食単』では四十余種を数える。このように豚肉が中国人に極めて好まれた食材の一つであることは確かである。

また清末に中国を訪れて中国事情を記した宮内猪三郎の明治二七年（一八九四）の『清国事情探検録』「牧畜及ヒ漁獲」に、

彼國《清国》人常に豚肉を多食するに似す、牧場は何に在るやと思考せしに、人家の内にも豚小屋を作り、稀には二三頭を飼育するにも関せず、各地の荒土に豚の絡繹群を為すを見たり、豚の如き価の廉なる者は、此の如く

放飼するにあらされば、出入計算の立たさるは疑なき處なり(3)。

とあように、清末中国での豚肉需要の状況と生産状況を記しているが、これが中国で見られる普遍的状況であったろう。

民国三〇年（一九四一）に刊行された北京を中心とする豚の取引機構に関する調査では、北京で消費される豚がどのような取引過程を経て生産者から消費者までいたったかを明らかにしている。その第一章において、

中国人の食用肉源として豚が最も重要な地位を占めていることは既に常識である(4)。

と指摘され、中華料理の食材として豚肉が重要なものであることは周知のことであった。北京で消費される豚は、従来近隣の諸県からのみ供給されていたが、調査された民国三〇年頃には供給地は西北に拡大し、鉄道の敷設にともない遠隔地から輸送されていたことが指摘されている(5)。

しかし、広大な領域を有する中国においては各地に巨大消費地を有しており、それぞれの消費地にはさまざまな事情があり画一的に理解することは困難である。そこで、海上に孤立する台湾の場合はどのようであったかについて考えてみたい。

清代の台湾において食用肉源として消費される豚肉は、台湾産のものだけでは供給が不足し、台湾在住の人々の需要を満たすことができないため、大陸から帆船で搬出されて台湾の主要な港に輸送されていたことが知られる。

そこで本章は、台湾に豚肉を供給するために、どのように大陸から輸送されていたのかという問題に関して考察してみたい。

二　清代大陸産豚の台湾への搬出事例

清代の台湾において食材の主要な材料であった豚肉が、どのようにして人々の食卓に供せられていたかという問題に関する具体的史料は乏しいが、まず清代の記録から見てみたい。

乾隆元年（一七三六）序の黄叔璥の『台海使槎録』巻二、商販に、

海船多漳、泉商賈、貿易於漳州、則載絲線、漳紗、剪絨、紙料、煙、布、草席、甎瓦、小杉料、鼎鐺、雨傘、柑、柚、青果、橘餅、柿餅。泉州則載磁器、紙張。興化則載杉板、甎瓦。福州則載大小杉料、乾筍、香菰。建寧則載茶。回時載米、麥、菽、豆、黒白糖餳、番薯、鹿肉、售於厦門諸海口、或載糖、靛、魚翅至上海。小艇撥運姑蘇行市、船回則載布疋、紗緞枲棉、涼煖帽子、牛油、金腿、包酒、恵泉酒。至浙江則載綾羅、棉紬、縐紗、湖帕、絨線。寧波則載棉花、草席。至山東販賣粗細椀碟、杉枋、糖、紙、胡椒、蘇木。回日則載白蠟、紫草、薬材、繭紬、麥、豆、鹽、肉、紅棗、核桃、柿餅。關東販賣烏茶、黄茶、紬緞、布疋、椀、紙、糖、麯、胡椒、蘇木。回日則載薬材、瓜子、松子、榛子、海参、銀魚、蟶乾。海壖弾丸、商旅輻輳、器物流通、實有資於内地。(6)

とあるように、一八世紀前半における中国大陸沿海の海船による物資の流通に関して詳細な内容を提供している。この記事の中でも、中国大陸の蘇州方面から福建などへ浙江省の有名な金華ハム（金腿）が舶載されてきたこと、山東方面から肉がもたらされていたことが知られる。

また清末の龔柴の『台湾小志』において台湾の動物の状況について、

驢馬不数数覯、禽鳥亦罕、山内産猴、鹿、西人視為上品。

とあり、台湾では動物は極めて種類も少なかったことが知られる。

これに対して、中国大陸の養豚の事情は先に述べた『清国事情探検録』の記事からも知られるが、台湾の対岸である福建省の同安県の事情を、民国一八年（一九二九）の『同安県志』巻一一、物産、畜属の条は、

豕、俗名猪、歳可産子二次、多者至産十餘頭、為肉食常品、人家多畜之。(7)

と記しているように、豚肉は重要な食料で、しかも豚が多産であることもあり、各家々で簡単に飼育されていたことを、明確に語っているといえる。

対岸の大陸のどの地域から台湾に具体的にどれだけの豚がもたらされたかを明らかにする史料として海関史料がある。

それによれば、光緒七年（一八八一）一年間に淡水に入港した大陸からのジャンクは福州（一二四隻）、泉州（一一二隻）、三沙（四五隻）、頭北（三四隻）、寧波（三〇隻）、金山（二五隻）、温州（二四隻）、厦門（二三隻）、上海（一六隻）、南澳（五隻）、天津（三隻）、海山（三隻）等の地からであり、これらの帆船の合計は四四四隻であった。(8)

この四四四隻のジャンクによって、その内訳は特定できないが"pigs" "pices 4000"という多量の大陸産の豚が台湾に船載されていたことが知られる。(9)

さらに、日本の台湾統治開始直後の光緒二二年（一八九六）の海関史料には、淡水に関して、

昨年に二九三二隻で三五〇三七トンと見積もられる中国ジャンクが多くの種類の中国製品を大量にもたらしてきたが、その多くは豚、柱や紙であり福州や温州や漳・泉州からもたらさている。(10)

とあるように、日本統治直前後の淡水に流入した中国大陸からの中国産品の主要品目に豚が含まれていて、しかもそれらは台湾北部の淡水にとって対岸にあたる福建省の福州や浙江省の温州から船載されてきたことが、如実に記されている。

明治二八年（一八九五）以降において日本が台湾を統治すると、この問題を明らかにする記録がしばしば見られ

る。それは明治三一年（一八九八）五月六日に台北で創刊された『台湾日日新報』に見える記事である。『台湾日々新報』第二号、明治三一年（光緒二四）五月七日の「白米□□」という記事に、

……忽然微落聞係温州帆船、当時載來豬隻、並載些白米。(11)

とある。この記事の中で、五月当初に浙江省の温州から台湾に来航した帆船が豚や若干量の白米をもたらしたことを伝えている。この記事は台湾での需用に対して大陸から豚がおそらく食肉源として供給されていたことを語るものといえる。

大陸産の豚が帆船で台湾に輸送するさいに当然さまざまなことが発生したであろうが、輸送状況が劣悪であれば、輸送中に豚が死んでしまう場合がある。その死んだ豚をどのように処置していたかに関する記事が、次の『台湾日々新報』の記事である。『台湾日々新報』第六七号、明治三一年（光緒二四、一八九八）七月二三日「検査斃豚」に、

臺北人民、邇来略知、潔浄之法、所以住居街市者、絶少養豚、唯村庄人慣養面、已現就當地之豚、以充民食、不敷宰割、故航海諸帆船、常温州頭北等處、運載豚畜、聞載豚者、皆有帯鹽、在船如逢豚斃、不甘投棄水中、恐虧厥本、乃将斃豚割碎蔵諸鹽、裏號曰鹹肉、俟入港時、即為發售、如現時、各港口創設隔離所、専為預防豚疫、起見、恒恐人民食之病気易生無如、諸船商但知圖利値、有斃豚仍舊為鹹肉。茲訪聞去十二日、有帆船柯徳金號自頭北、渡臺入淡水口、私将所載鹹肉販売、有人密告水上警察、會同臺北縣獣医、到船検査、果属豚疫、遂行消毒之法、以船商如斯計利、不関衛生之道、其狗獪可勝言哉。(12)

とある。これは、大陸産の豚が浙江省の温州等から輸送される途中で死んだ場合、その死んだ豚を海中に投棄しないで、船内で解体し用意されている塩を使って塩漬け肉に加工して、入港した台湾の港で陸揚げしていたことが発覚した事例である。塩漬け用に塩が用意されていたことから見て、このような事例は一般的に見られたもの

と思われる。この場合は習慣的におこなわれていた悪弊・違法行為が発覚したといえるであろう。このことからも台湾での大陸産の豚肉の需要が極めて高かったことが知られ、台湾の食糧事情を検討するさいに重要であろう。

『台湾日々新報』第一一五号、明治三一年九月一八日付の「稲江船数」に、

去年二月間稲江沿岸設立淡水税関、出入所至今年本月十日、福州・泉州・厦門諸船、入大稲埕港者、有一千六百四十九隻、内本年一月至本月十日、入港七百三十四隻、而八月中入港者八十一隻、其所来之處、厦門三十七隻、福州三十三隻、寧波十隻、基隆一隻、所載之物、生豚、生鶏、土器、磁器、食塩、材木、鶏、鴨、卵等、煙草、塩肉、紙、酒、油之類、又八月中、大稲埕出港者五十一隻、往厦門二十隻、往福州二十七隻、往寧波四隻云。(13)

とあり、明治三〇年（一八九七）二月から翌年九月一〇日までの間に、淡水の大稲埕港に入港した福州・泉州・厦門からの帆船は一六四九隻あり、このうち、一八九八年一月から九月一〇日までは七三四隻であり、八月一か月中には八一隻であった。その八一隻の出港地の内訳は厦門が三七隻、福州が三三隻、寧波が一〇隻、基隆が一隻であった。これらの淡水・大稲埕港に入港した積み荷の最初に、生豚・生鶏が記されている。これらが台北で需要度が高い豚肉や鶏肉に加工して消費されるための原料だったことは歴然であろう。

『台湾日々新報』第二〇五号、明治三二年（光緒二五、一八九九）一月一〇日「豚價復起」には、

臺北各處、屠場毎日宰豚不少、茲就当地所飼畜、以充臺人日食、甚是不敷、唯視泉州・温州諸口岸、陸続運来、方有可応用。若遅一二個月不來則豚肉漸次昂騰固不待言矣。茲客歳十一二月間、帆船鮮到、豚肉因之、而起價毎龍銀一圓、値買三斤六両而已、及十二月半後、帆船多運豚、入口維持價格漸低、一圓銀買至五斤十二両、若二三日前、因運來之豚宰割甚多、未有復儎入口、則市場肉價毎一圓銀、起至不上五斤、況此際舊暦、将近年終正豚肉昂貴、必更甚於従前可如。(14)

とある。この記事の中でも明らかなように、台北では明治三二年当時豚肉が日常的に不足していた。ところが、明治二八年（一八九五）に日本統治がはじまり、大陸の福建省泉州や浙江省温州からの豚を積載した帆船の台湾への来航が減少するようになると、豚肉価格が高騰していたのであった。この記事は、大陸から台湾へ来航する帆船による生豚の搬入数量と台北での豚肉価格の相関関係を如実に報道しているといえる。そして、豚肉の供給地として大陸の泉州や温州が重要な役割を担っていたことが知られるのである。台湾でも養豚業は盛んとなっているものの、台湾の人々の需要に供するには不足していたため、大陸の福建省の泉州や浙江省の温州から輸送されていた事情を明らかにする記事である。

『台湾日々新報』第一八三号、明治三一年（光緒二四、一八九八）一二月一一日「稲江帆影」に、

大稲埕入津各帆船、多係対岸福州・泉州・温州・臺州等埠船隻、内中福・温両州較勝泉・臺州略少、而福州船載來者木材・器用類多。泉・温・臺三州船載來者、日用雑貨類、如生豚・醃肉・生鶏・鶏蛋・鴨卵・諸食品・酒類等項、或磁器、在臺卸賣、在臺載粉炭・豚牛骨、並内山土産、積載帰帆、船有大小不等、船員多少不一、而往返海道、平穏來去頗捷、在臺滞留少則半月、多則二十天、此等船艘、入淡水港門、一年之中、盛於夏秋、衰於春冬、今将本年自一月至十二月迄進港船数列左。一月七十二艘、二月四十三艘、三月八十七艘、四月八十九艘、五月九十五艘、六月百二十七艘、七月百十九艘、八月八十一艘、九月六十六艘、十月十九艘、十一月五艘云(15)。

とあり、台北の大稲埕に入港してくる大陸からの船のうち、特に、福建の泉州や浙江省の温州・台州からの帆船が食料品として「生豚」を積載してきていたことを具体的に記している。大稲埕には地理的な関係からと考えられるが、福州や温州からの来航帆船数が多かったようである。

このうち、温州と台湾との航運関係を明らかにできる史料が存在する。『通商彙纂』明治四四年（宣統三、一九一

一）第六八号の二月一五日付の在上海帝国総領事館報告である「浙江省視察報告」第八節「温州府」の項に、
商業区域ハ北門ヨリ西門ニ至ルノ大街ヲ推スヘク雑貨店、呉服店多ク、税関、大清郵政局、招商局等ハ皆北門外ニ在リ。重ニ輸出入者ノ問屋櫛比シ、東門外亦殷賑ヲ極メ、主トシテ福建人ノ問屋アリ。台湾ノ砂糖輸入、葉煙草輸出ヲ営ミ……。(16)

とある。この記述から温州府城の東門外の繁華街において多くの福建人が商業活動をおこなっていたことが知られる。しかも彼らの経済基盤は台湾との貿易に依拠していたことが、明確に報告されている。『台湾日々新報』の記事と、『通商彙纂』との間には一〇年余りの時代差はあるが、その間温州から台湾へ食肉用の豚が船載されつづけていた可能性が極めて高かったことは、この『通商彙纂』に見える「福建人ノ問屋アリ台湾ノ砂糖輸入、葉煙草輸出ヲ営ミ」との記述によって断定できるといえるであろう。

温州から豚が積み出されていたことに関しては、福州で刊行されていた新聞『閩報』の次の記事が参考になる。『閩報』第一四九三号、明治四三年（宣統二、一九一〇）一〇月一五日の「三山雑記」の「商船被搶」に、

商船福興隆於月前、由温州採運猪貨到閩、適船将抵亭頭地方、忽遇風霾、該船舵工見封家十八姨、勢甚猛烈、不敢前進、極力駛到浦口躲泊、以防不虞。詎意該處匪徒、及江下船戸、見該船貨物満載、相率登船、搶掠一空而去。

とあるように、商船福興隆号が温州から豚等を満載して福建方面に来航したが風雨に遭遇して緊急避難したが、その地で満載の貨物をすべて強奪されたのであった。この記事からも明らかなように、温州から豚が各地に船舶によって搬出されていたことは恒常的だったと見られる。この時期は台湾が日本によって統治されてすでに一〇年以上経過していた時であるから、清朝の統治時代であれば、温州から台湾に赴いていたものと考えられる。

『台湾日々新報』第三四八号、明治三二年（光緒二五、一八九九）七月一日付の「稲江帆影」には、

大稲埕河津四五六、三月中、海外帆船入港数目列左、四月分福州船二十五隻、寧波船十四隻、廈門船十八隻、合共五十七隻。五月分福州船二十四隻、寧波船二十八隻、廈門船二十二隻、合共七十四隻。六月分福州船九隻、廈門船十四隻、寧波船十三隻、合共三十六隻、以上各船所載材木・雑貨・生豚・生鶏・陶器並日常所用物品云[17]。

とあり、一八九九年の四月から六月までの三か月間に大稲埕に来航した大陸からの帆船は福州・寧波・廈門からの帆船で、その主な積み荷として生豚や生鶏がこれまでの帆船と同様に積載されていた。また同日の記事に「豚疫發生」がある。そこには、

本月十八日、基隆港清國帆船、積載生豚百五十五頭、獣医検査、内有数頭而已罹虎列刺病、即熱症也。即速検疫隔離所入、其後漸々傳染多至五十三頭、斃死頗多、際此炎天、肉食家不可不慎也[18]。

とあり、基隆に入港した大陸からの帆船が生豚一五五頭を積載してきたが、そのうちの数頭が病死していたため検疫の問題に発展したのであった。

『台湾日々新報』第三七五号、明治三二年八月二日付の「生豚銷数」には、

本島土人家常食用、除鶏・鴨・蔬菜外、獨以豚肉為正、牛肉一物、有食不食者、却不以供用酬客、近年來、本島米穀雑糧、皆昂貴、而民家飼養生豚、頓覚減少、但各位置銷售豚肉、皆仰給清國各口岸、帆運而來、今詢各海關彙積生豚進口冊牘、総数列左、二十九年、由外輸入生豚、四萬千四百四頭。三十年、十三萬九千九百五十九頭、三十一年、十萬三千五百六十八頭、由昨年末調査、本島飼養生生豚四十萬六千八百六十二頭云[19]。

とあり、台湾の食糧需要の中で豚肉の占める割合は高かったが、米穀の価格が高騰しているため飼育豚の生産量は減少していたことが知られる。このため大陸から帆船によって舶載される生豚は明治二九年（一八九六）が四一、四〇四頭、明治三〇年が一三九、九五九頭、明治三一年が一〇三、五六八頭であった。これに対して明治三一

年の台湾の飼育豚数は四〇六、八六二頭であった。明治三一年の一年分に限定しても、大陸から舶載される生豚の比率が二〇・三%、台湾で飼育される比率が七九・七%であったことになる。仮に、台湾での養豚生産数を明治三一年と同等とすれば、同二九年の輸入豚の割合は九・二%、同三〇年が二五・六%となり、大陸から舶載される生豚の比率は全体の一〇%〜二〇%を占めていたと考えられる。

『台湾日々新報』第四六三号、明治三二年（光緒二五、一八九九）一一月一六日付の記事である「豚疫又見」によれば、

淡水海港、自去月二十五日至本月七日間、由清國輸來生豚、共四百四頭、内有病豚二百七頭、有疫斃之豚、由淡水輸入、獣医検査、所焚棄百七十餘頭、此種斃豚、不准入港者、誠於衛生経旨、大有裨補、其保護人民、豈僅一方之福哉。[20]

とあり、大陸産の生豚が明治三二年一〇月二五日より一一月七日の間に淡水港に陸揚げされたところ、疫病にかかりおそらく船中で四〇%以上にあたる一七〇余頭も斃死したのであった。淡水港の水際で、斃死した豚を衛生上の理由で処分したという。これも大量に豚が大陸から舶載されていた事例の一である。

また『台湾日々新報』第四九三号、明治三二年一二月二二日付の「帆船觸礁」には、

本月十三日、午後五時頃、淡水口、見有清國温海帆船一艘、王断發號、於淡水口外、突遇暴風、頓失線路、遂觸岩石、船體頓爛、所載生豚十二頭、石油雑貨等物、赴鮫宮、幸船上人員、遇救無恙登陸云。[21]

とあり、淡水口に座礁した温州からの帆船王断發号には生豚一二頭および石油・雑貨が積載されていたことが知られる。

さらに『台湾日々新報』第一六七六号、明治三六年（光緒二九、一九〇三）一二月二日、「清船触礒」には、

上月二十六日、有清國泉州船金興發號、入基隆港、就該港内三沙湾之海岸、卸碇係留、適遇風波大作、致打

触於暗礁、船底遂生破壊、海水因之浸入、頗有危険之迫、是時港内碇泊中諸船、皆走至該處救助、其船長邱日光外十二名、皆得保全生命、其船中積載、豚百二十三頭、煙草四十九梱、亦幸得搬運上陸也。(22)

とあり、福建省の泉州からの帆船が基隆に入港していたが、停泊中に大風に遭って座礁している。その積み荷の中に豚が一二三頭いたことがわかる。

上述のいくつかの『台湾日々新報』の記事に見られるように、少なくとも一九世紀末〜二〇世紀初頭において台湾で消費される豚肉の多くは大陸の福建省泉州や浙江省温州等の地から帆船で輸送されていたことが知られるのである。

三　台湾養豚業の隆盛と大陸産豚需要の減少

『淡水港外四港外国貿易景況報告』第三、物品ノ輸入の「豚」に、

本品ノ三十年年ニ於ケル輸入ハ数量十二萬七百七十三頭、原価六十二萬三千三百七十二圓ニシテ、之ヲ前年ニ比スレハ数量ニ於テ、八萬五千五百八十一頭即二十四割三分二厘、原価ニ於テ四十六萬七千四百五十四圓、即二十九割九分八厘ヲ増加セリ、而シテ本品ノ仕出國ハ支那獨リ之ヲ占ム。乃チ左ニ国別表及港別表ヲ掲ク。(23)

とあるように、明治三〇年（光緒二三、一八九七）当時、一二万頭もの豚が大陸から台湾に船載されていた。この一二万頭のうち、九四％が淡水で荷揚げされ、旧港が四％、後龍が一・三％、梧棲が〇・三％、そして僅か一七頭が鹿港で荷揚げされている。(24) この事実より、大陸から搬出された豚はほとんどが淡水で荷揚げされ、巨大消費地である台北に輸送されていたことが明らかであろう。

台湾総督府民政部殖産局が編集する『明治三十八年上半期産業状況』の「畜産」の項によれば、

豚ハ年々蕃殖シ、殊ニ本期ハ波艦隊ノ東航スルアルニ由リ対岸トノ通航貿易ニ影響スル所アリ、輸入減少セ

リ而シテ市價ハ反テ下落シ需用供給ノ関係上大ナル支障ヲ見サリシハ一般ノ養豚ニ注意シタル結果ト信ス。(25)

とある。この記事中に「波艦隊」と見えるのは、日露戦争のさいに日本海軍が交戦したロシアのバルチック艦隊のことであり、大陸―台湾間の航運者がその噂を聞き恐れて航運を休止していたので、大陸からの輸入豚が減少していたことが知られる。さらに輸入豚減少の別の要因として、台湾での養豚が増加していたことも見られる。

『明治四十一年自一月至六月上半期産業状況』台北庁に、

沿岸移入豚ハ七百九十六頭アリ。之レヲ前期ニ比スレハ千八百九十七頭ノ減少ヲ見ル。之レ庁下飼養豚ノ増セルニ由ルモノナリ。(26)

『明治四十三年産業状況』台北庁の「畜産」の項目には、

輸入豚ハ近年殆ント絶止ノ状況ナリシカ、本年ニ於テ対岸ヨリ六百一頭ノ輸入アリタリ。(27)

とある。これらからも明らかなように、大陸から台北付近に輸入される豚は明治四三年（一九一〇）頃には極めて減少し、「絶止」とまで記されるようになる。『台湾日々新報』創刊の一八九八年頃には大陸、特に浙江省の温州や福建の福州などから帆船で輸入されていた豚が、日本統治開始以降において台湾での養豚が増加していった結果、大陸産の豚を必要としない状況が生じていたのである。その状況になるまでおおよそ一〇年ほどかかっている。一方で、日本統治以前は日常的に大陸産の豚が台湾に移入されていたことは明白である。

この状況を明確に示す『台湾日々新報』の記事が見える。『台湾日々新報』第三三四〇号、明治四二年（宣統元、一九〇九）二月二〇日「豚輸入減退」に、

本島に於ける対岸豚の輸入は、領台当時はなかなか盛んなるものありて、基隆・旧港・後龍・塗葛堀・打狗の各港を経て多数に輸入せられしも、其後年一年と減退し来り、今や僅に淡水の一港を経、しかも極めて少数の豚が輸入せらるるあるのみ。今其の輸入統計を示せば左の如し。

年	噸数	年	噸数	年	噸数	年	噸数
三〇	一一六、〇〇一	三一	八五、九五一	三二	五一、八一〇	三三	三八、〇〇七
三四	二九、〇六七	三五	二七、五四五	三六	二四、八二七	三七	一五、一九五
三八	一〇、九五三	三九	一一、九二四	四〇	九〇七	四一	五九二

以て如何に其の減退の激しさを知るべし。是を畢竟島内に於て漸次養豚業の隆盛となりて、其数の増加し来れると輸入豚に対して高価の関税を課しつつあるがためにして、茲両三年にして輸入豚は全く本島に影を断つに至らんと云う。[28]

とあるように、大陸からの輸入豚が急激に減少していたことはこの記事からも明らかで、ここで指摘される台湾での養豚業の隆盛がその大きな要因であったことは歴然であろう。

大正一二年（一九二三）の台湾総督府殖産局の『台湾ノ畜産』に豚がとりあげられている。「第三章　豚、第一節　沿革」に、

本島ノ養豚ハ其起原甚タ遠ク蕃人占拠時代既ニ多少豚ヲ飼育シタル如クナルモ、現今各地ニ分布セルモノハ多ク支那移民カ本國ヨリ輸入セルモノニ属ス、従テ本島ノ養豚モ亦支那養豚ノ延長ト看做スヘキモノトス。養豚業ハ農家ノ副業中最モ主要ノ地位ヲ占メ、之カ盛衰ハ直ニ地方ノ金融ニ影響ヲ及ホス状態ニ在リ。其飼養頭数ハ年ニヨリテ多少増減アルモ、最近数年間ノ統計ニ依レハ百二十萬頭ヨリ百三十萬頭ノ間ニ在リテ、農家一戸當三頭強、人口千ニ付三六一頭、一平方里内ノ豚数五五〇頭ニ當レリ。本島人ハ豚肉ノ嗜好極メテ深ク一般家庭ノ副食物中、豚肉ハ其ノ首位ヲ占ムルノミナラス、冠婚葬祭ニハ必ス多数ノ豚ヲ使用シ、其ノ消費量ハ獣肉ノ約九割ニ相當スル盛況ナリ。蓋シ民族性ノ然ラシムル處ニシテ養豚業ノ殷盛ナル故ナキニアラサルナリ。[29]

とある。台湾における養豚業は農家の副業として重要な位置にあった。また台湾では豚肉の消費量が多く、日常の副食物としてだけでなく、冠婚葬祭などの儀式行事などにおける供物等としても多く消費されていたのであった。

昭和三年（一九二八）七月の台湾総督府殖産局が刊行した『台湾の養豚と豚肉加工業』によれば、前言に「臺灣養豚の概要を記述し、併せて本島養豚を基礎とする豚肉加工業に必要なる調査資料を蒐集し、之を印刷に付し、企業家の参考に資せんとす」として、「第一　臺灣の養豚、第二　本島養豚界の長所と短所、第三　本島養豚の改良奨励施設、第四　本島養豚の将来、第五　豚肉加工業の将来、第六　製品販路に関する考察、第七　本島豚相場の考察、第八　加工品の荷造及運賃諸掛費、第九　豚肉加工起業の規模と其設計」の九章に分け、台湾における養豚業と豚肉加工業について述べている。「第一　台湾の養豚」では、

本島の養豚は支那養豚の延長にして、其沿革来歴旧き関係上、養豚思想の普及徹底せるは其特質とする處にして、領臺後更に最近科学を基礎とせる諸般の奨励施設により、茲に一大養豚國を出現せしむるに至れり。

現在本島養豚の地位は米、甘藷と共に三大農産業の一を占めつつあるものにして、昭和元年屠殺頭数九二一、〇〇〇頭、此價額二九、四〇〇、〇〇〇圓を算せり、而して同年末飼育頭数一、五四二、八二九頭、農家一戸當四頭に上り、之を人口割、耕作面積より観るも、啻に帝國領土内に其比を見ざるのみならず、欧米養豚國に比し敢て遜色なきこと左表の如し。(30)

とある。一九二〇年代後半には、台湾の養豚業が、台湾の三大農産業の一として、米と甘藷と並び称せられるまでに成長していたのである。

さらに、同書「第五　豚肉加工業の将来」では、

更に本島に於ける本工業経営上内地に比し有利とすべき点は、

一、原料豚騰貴の場合は対岸支那より生豚を輸入し、生肉需要に充つると共に相場の調節を図り得ること。
一、内蔵其の他廃棄物を有利に捌き得ること。
一、近く大消費地たる南支南洋を控え製品の販売上地の利を得居ること。
一、大養豚國なる為め、原料豚の供給豊富なること。(31)

とあるように、台湾の豚肉加工業の発展の方向を示唆している。ここでも指摘されているが、中国大陸からの生豚の輸入が決して困難なことではなかったことが知られるであろう。鑑みれば、日本統治以前の清朝時代から台湾が恒常的に大陸産の生豚を移入していた歴史的背景があったからである。

台湾における養豚業の発展の状況は、『大阪朝日台湾版』昭和一〇年（一九三五）三月一四日付に「台湾豚の新販路　島内は飽和状態　対岸香港が有望　試験輸出はまづ好成績　難点は運賃の過重」という記事があり、

最近その品種の改良と衛生施設の普及によつて著るしい発達を遂げた台湾の養豚業も従来その市場が全く島内に限られていたためこれ以上の発展を期し難いといふ状態に陥ろうとしていたところ昨年八月以来対岸の香港が好市場であることが確かめられ、本年一月に入つてからは民間でも同地に向け輸出を企てるものが急に増してきた。

台湾の昭和九年末における豚の飼養頭数は百八十萬頭でこれに対し九年中に屠殺されたものは百七萬頭に過ぎない有様で台湾の養豚業の今後改良すべき點は良き品種の普及と豚コレラの防遏にあたるとせられるが肝腎の消費市場が島内に限られていたために成育期間の短い種類を飼育しても徒に屠殺適期を過させるばかりでほとんど飽和状態に達していた。

この點に留意した総督府農務課では昨年八月、一カ年に約十五萬頭の消費がある香港に試験的に二十頭を送つてみたところ先方に着いた日に直に全部売り尽され百斤につき二十圓内外といふ有利な取引が出来たが運

賃に八圓餘りも要したので結果においては缺損の形になりもし運賃を三、四圓にすることが出来れば十分採算がとれるといふことが実証されたが、本年一月高雄の日本食料工業株式会社では社所属船で五十頭送り百斤につき平均十八ドルで売捌けたし、また二月には三井が大阪商船の船で五十頭と百頭を二回にわたり輸出し、さらに八日には日本食料工業が社用船で百四十頭、二十日ごろに百頭送り出すことになっている。台湾豚の香港市場における地位は昨年八月および本年一月の際には未数のものとして中等品に取扱はれて来たが台湾の養豚は支那におけるものより遙に進歩してをり質も優れたものとされているので今後毎回輸出される結果は各方面より頗る注目されている［台北］[32]

と報道されている。

また台中で刊行されていた新聞『台湾新聞』一一五五一号、昭和一〇年四月二八日付に「台湾名産由来記　台南州の巻」[33]の記事が掲載され「年産一千萬圓　養豚王國を讃ふ　頭数は全島の三分ノ一」とあり、その本文には、

全島の三分ノ一　本島畜産業の中で最も重要なものは勿論豚である。産額に於ても米・甘藷に次ぎ當州（台南州）だけでも年産特に一千萬圓に達せんとしていることは餘り知られていない様だ。その飼養頭数は全島では百八十萬頭で内地の九十五萬頭、朝鮮の百三十三萬頭に比し人口面積の比率から見て極めて頭数多く之を欧米主要養豚國に対比するも敢て遜色を見ない有様である。（中略）此の僅かの面積二千三百三十二方里、人口五百萬の些々たる本島としては其の頭数の多く内容の充実せる点より観て正に東洋一の地位を占めていると称し得るのである。

とあり、台湾の生産物の代表として米・甘藷についで豚があげられている。さらに同紙には次のようにある。

不足より過剰　殊に今を去る十五年前地方制度の改正当時にては生産豚僅かに十六萬頭で屠殺数十九萬四千頭に足らざること三萬四千頭でそれに加ふるに斃死するもの一萬四千頭、また豚コレラの為殺処分するもの

七百四十八頭で差引四萬九千餘頭の不足を訴へつつあつた哀れな実状にあったのであるが、其の後養殖牝豚の飼育奨励、飼養管理法の改善等為め最近では十九萬頭の生産過剰となり正に二十四萬頭といふ驚くべき生産力の増加を見るに至つたこと、一方バークシャー種の普及力の迅速で大正九年には僅かに純粋種十七頭、雑種二百二十四頭といふ漸く見本的に散在するばかりであつたが最近では主産豚の九十％以上がバークシャー系のものとなり優良種の普及個体品質の向上等実に隔世の感を抱かしむること等と共に産業界の誇りであらねばならぬ。

昭和一〇年を遡ること一五年前といえば、一九二〇年頃にあたる。当時は台湾での養豚業の草創期であったと見られ、その頃から急速に養豚業が進展してきたことが知られる。

さらに同紙には過剰生産豚の販路を、台湾内部のみならず海外にも求めたことが見られる。

加工と海外搬出　高雄港を距る二昼夜の香港が一ケ年約四十萬頭の屠豚を支那の南北より蒐集していることや、其の価格が過去の物価指数に対照して決して低廉ならざることを知つたのは昨年香港に於ける蓬莱水産の前根某氏が本島に来た砌りに端を發する。爾来高雄港から前後数回に亘り輸出し、其の都度相当の純利益をあげていることは本島養豚界に対する一大福音である。

台南の養豚業界にとって航運の便利さからも香港が巨大消費地として注目されていた。

以上のように、一九三五年頃には台湾における養豚業の発展によって海外に輸出できる状況になっていたことはこの記事からも明らかである。大陸産を移入していた時代から、日本統治時代に移って三〇余年の間に、海外に輸出するほどに発展したのであった。昭和一五年（一九四〇）年頃には、

由来豚は相場の変動の著しき事に於て有名で之は世界共通なる事実なるも、臺灣に於ては豚の相場の変動の少いので有名である。之一ツに本島に於ける養豚は前述の如く極めてよく農家の副業として普及徹底して居

表1　台湾における生豚の流入頭数と生産頭数

西暦	大陸より	日本より	生産頭数
1896	42,090	—	—
1897	139,959	—	—
1900	37,477	—	—
1905	11,208	678	—
1910	529	4,113	609,255
1915	41	17,779	675,674
1920	23,406	253	750,544
1925	281	15,047	1,039,341
1930	—	4,615	1,428,676
1935	—	3,661	1,505,669
1940	—	2,122	1,061,752

る為め、相場の変動により其の飼養頭数を極端に増減する事がない為めである。(34)

とされ、豚の飼育は農家の副業として安定した状況にあった。

そして、台湾における豚飼育頭数は明治三一年（一八九八）に四三万餘頭であったものが、大正二年（一九一三）には一一七万餘頭（一戸当たり三頭餘）となり、昭和一三年（一九三八）には一八二万餘頭（一戸当たり四・五頭）にまでなったのである。(35)戈福江氏の「臺灣之猪」には、台湾における移入・輸入生豚数を提示されている。それを参考にすれば、表1になる。(36)

この表からも明らかなように、清朝時代の台湾は大陸から豚が流入し、日本統治時代になると養豚頭数が激増することになっていったことはこの表からも明らかであろう。

民国三六年（一九四七）の『民国台湾新志』第六章、農業資源、四、農村副業に、

台湾農村副業之主要者、有畜業及蚕業、……台湾畜牧事業純為農村副業之一、……猪為台湾肉食物之最主要者、農家毎戸必飼養数頭、以供食用。(37)

とあるように、二〇世紀中葉の台湾では農家の副業の一部として養豚業が普遍的におこなわれていた。当然台湾以外から搬入される豚肉を、必要としない状況になっていたといえるであろう。

四　小結

清代において台湾で消費された豚肉の原料となった生豚の多くは、大陸の福建省の泉州や浙江省の温州方面で

生産され、泉州・温州等の港市から帆船により台湾へ恒常的にもたらされていた。明治二八年（光緒二一、一八九五）以前の台湾は清朝の領土であったため、海を隔てるものの生豚の国内流通ということで大きな問題ではなかった。しかし、同年以降の台湾は日本の統治下に入り、大陸産生豚の台湾への搬入が厳しく監視されることになったのである。そして日本統治下の台湾における養豚業の発展と共に、明治四三年（一九一〇）頃には大陸産生豚の台湾への搬入は激減してしまったのであった。

さらに日本統治下の台湾において養豚業が漸次隆盛をむかえると、昭和一〇年（一九三五）頃には台湾はアジアでも有数の生産額を誇る豚生産地の一地となったのである。このため台湾内部で消費できない過剰部分は、香港を中心に逆に大陸に向かって輸出していく状況になっていったのであった。

このように、台湾における大陸産豚の搬入と台湾での養豚業の隆盛とに関する推移を如実に語っているのが、上述した『台湾日々新報』等の新聞に見られる記事である。

（1）『随園食単』『袁枚全集』伍（全八冊本）、江蘇古籍出版社、一九九三年九月、二〇頁。
（2）青木正児訳注『随園食単』岩波文庫、一九八〇年一月、七九頁。
（3）宮内猪三郎『清國事情探検録』東陽堂、一八九四年九月、一〇丁表、関西大学図書館増田文庫所蔵。
（4）『北京を中心とする豚の取引機構』研究資料第四号、国立北京大学農学院中国農村経済研究所、一九四一年六月、一頁。
（5）同右書、八頁。
（6）『台海使槎録』（一）中国方志叢書、臺灣地区第四七号、成文出版社、一九八三年三月、一二一～一二二頁。
（7）『同安県志』中国方志叢書、第八三号、成文出版社、三三〇頁。
（8）『清末台湾海關歴年資料　Maritime Customs Annual Returns and Reports of Taiwan,1867-1895 Volume I: 1867-1881』中央研究院台湾史研究所籌備處出版、一九九七年六月、総五四二頁。

（9）同右書、総五四三頁。
（10）Foreign Office annual series no.1979: Tamsui and Kelung, 1896, p.8, *Embassy and consular commercial reports, 1896–1899*, British parliammentary papers; Japan 10, Irish University Press area studies series, 1971.
（11）『台湾日々新報』台湾・五南図書出版有限公司、一九九四年八月影印本、第一冊、一九頁。
（12）同右書、第一冊、四五八頁。
（13）同右書、第二冊、九三頁。
（14）同右書、第三冊、四五頁。
（15）同右書、第二冊、五三七頁。
（16）『通商彙纂』明治四四年第六八号、二〇二頁。
（17）『台湾日々新報』第四冊、三二八頁。
（18）同右書、第四冊、三二八頁。
（19）同右書、第四冊、五〇〇頁。
（20）同右書、第五冊、四一五頁。
（21）同右書、第五冊、六一六頁。
（22）同右書、第一七冊、四九六頁。
（23）『明治三十年淡水港外四港外国貿易景況報告』淡水税関編纂、一八九八年九月、七一頁。
（24）同右書、七二頁。
（25）『明治三十八年自一月至六月上半期産業状況』台湾総督府民政部殖産局、一九〇五年一一月、三・四頁。
（26）台湾総督府民政部殖産局『明治四十一年自一月至六月上半期産業状況』一九〇九年一月、七一頁。
（27）台湾総督府民政部殖産局『明治四十三年産業状況』一九一二年三月、七一頁。
（28）『台湾日々新報』第三三冊、三〇三頁。
（29）台湾総督府殖産局『臺灣ノ畜産』殖産局出版第三一八号、一九二三年九月、一八頁。本書は台北にある国立中央図書館台湾分館の所蔵本によった。同書には「大正十二年十月十一日殖産局ヨリ寄贈」とある。

(30) 台湾総督府『臺灣の養豚と豚肉加工業』殖産局出版第五一四号、一九二八年七月五日、一頁。本書は台北にある国立中央図書館台湾分館の所蔵本によった。同書には「昭和三年八月二日殖産局農務課ヨリ寄贈」とある。
(31) 同右書、一六頁。
(32) 『大阪朝日台湾版』昭和一〇年三月一四日、早稲田大学政治経済研究所所蔵。この記事に関しては現・台湾清華大学の王恵珍女史より教示を得た。記して感謝する次第である。
(33) 『台湾新聞』一二五五一号、昭和一〇年四月二八日、第一面掲載、東京大学明治文庫所蔵。この記事に関しても王恵珍女史より教示を得た。記して感謝する次第である。
(34) 蒔田徳義『臺灣の養豚に就いて』台湾畜産會、一九四〇年五月、二頁。本書も国立中央図書館台湾分館の所蔵本によった。
(35) 同右書、二～三頁。
(36) 戈福江「臺灣之猪」『臺灣之畜産資源』台湾研究叢刊第一七種、台湾銀行経済研究室編印、一九五二年一二月、六四・六五頁により作成。
(37) 中国地方志集成『台湾府縣志輯』一（全五冊）、上海書店出版社、一九九九年七月、二五四頁。

第四章　日本植民地時代における台湾産包種茶の海外販路

一　緒言

台湾における茶葉生産は、茶樹が植樹されて以降重要な産業に成長していったことは周知の事実である。とりわけ、清朝統治下の台湾が天津条約によって対外開放した光緒六年（一八八〇）以降において、茶葉は砂糖・樟脳とともに九〇％以上を占める海外販出の重要な産物であったことは、すでに林満紅によって明らかにされている。(1)また、台湾茶業の発展については范増平の成果(2)がある。

その後、台湾を統治した日本も台湾の茶業に着目し重視していた。日本統治以前の台湾茶葉生産の状況は、一九四二年の東亜研究所の報告においても次のように述べられている。

六十年前には日本台湾の茶業は幼稚で、支那人商人によって経営されるか、又は支那を通じて輸出せられ、台湾の茶園経営者及茶輸出商も悉く福建人であった。(3)

茶葉生産や販売は中国の旧来の方法によりおこなわれ、しかもそれを寡占していたのは福建人であった。日本が台湾を統治すると、このような状態から大きく変化することになった。さらに同報告は、

日本の中でも台湾の茶業は特殊の様相をもっている。それは旧来の支那的形態に対して、日本の茶業組合の色彩が入り、更にエステート的な要素も加はつた混合形態であつて、この点我々の興味を惹くものである。(4)

と評しているように、台湾の茶産業は大きな変化を生じ、生産量を増産することになったのである。

それではこのような生産発展を遂げた台湾茶葉は、どのような販路を有していたのであろうか。この問題に関して、すでに許賢瑤は日本統治時期の台湾茶が中国東北部に輸出されていたことを明らかにしている(5)。また林満紅も、台湾産の茶が対岸の厦門《アモイ》や香港を経由して欧米諸国に輸出されていたことを明らかにしているが、輸出先の検討は十分ではない。

そこで本章は、日本統治時代初期の台湾産の茶葉、特に包種茶と呼ばれた台湾の主要茶葉がどのような商人の手を経てどこへ販売されていたかを、主に日本の領事報告である『通商彙纂』に記録された報告により述べてみたい。

二　台湾産包種茶

日本の外国貿易港として主要な位置にあった神戸は海外諸地域の貿易状況に強い関心があった。その一端として、台湾における茶輸出に関する記事が『神戸又新日報』に掲載されている。『神戸又新日報』第九九二一号、明治四一年（光緒三四、一九〇八）七月二九日付に、台湾茶に関して次の記事が掲載されている。

●台湾茶の将来　同島従来製茶を大別すれば烏龍、包種の二種にして、烏龍は重に米国に需用され、包種茶は海峡殖民地及び南洋方面に向ひ輸出され来りたるが、近来米国の市場に於て印度茶［紅茶］の圧迫を受る結果、取引不振の情態に陥るに至れり。左れば新方面に向つて販路を開くの必要を感じ、昨年来露国に向つて紅茶の輸出を試みたる所、頗る有望なるより今後の同島製茶は大別して三種となし、山地の良好なる生葉にては烏龍茶を製造し、平地の生葉にては露國向きの紅茶を製造し、其中間の生葉にては包種茶を製造するに至るべし。尤も此方針に移る時は烏龍茶に対しては消極的に傾く如なれど、今後は大いに広告に努めて一層販路を拡張せん筈なりと。因みに本年の烏龍茶は前年の終了期にあたり、米國に於ける景気引立ち遂に厦門迄手を廻はして買占めたる気合尚衰へず。本年も需要活発なり。包種茶も景気悪しからず、殊に海峡殖民地に於ける需要は例年よりも一層活発にして價格も昨年以上なり。為に大稲埕の取引も頗る活発なりといふ。(6)

二〇世紀当初、台湾を代表する海外輸出茶は烏龍茶と包種茶であり、烏龍茶は主にアメリカに向けて輸出され、包種茶は東南アジア方面に輸出されていた。特にアメリカ向けの烏龍茶の販路を侵害したのがインド産の紅茶であり、その打開策として台湾産の紅茶をロシアに向けて輸出しようとしていたことが知られる。

台湾における茶葉生産に関して、農商務省農務局の一九一四年の『茶業概覧』第二章「台湾ニ於ケル茶業」第一節「台湾ニ於ケル製茶ノ生産」には、

本島南部ノ気候ハ乾燥劇シキカ故ニ概シテ茶樹ノ生育ニ適セサレトモ、北部ハ温暖ニシテ劇変少ク、且降雨多クシテ常ニ湿潤ナルヲ以テ最モ良ク其栽培ニ適當シ四季ヲ通シテ摘採シ得ルノ天恵アリ。即チ四月ヨリ五月中旬迄ニ産スルモノヲ春茶ト云ヒ、五月中旬ヨリ八月中旬迄ニ産スルモノヲ夏茶、八月中旬ヨリ十月下旬迄ニ産スルモノヲ秋茶、十月下旬ヨリ十一月中旬迄ニ産スルモノヲ冬茶ト云フ。就中収量品質共ニ最モ優レルモノハ夏茶ニシテ秋茶之ニ次キ、春茶及冬茶ハ収量最モ少ク品質ニ於テモ香味ニ乏シク水色稀薄ナリ。(7)

とあるように、台湾北部は茶樹栽培に最適の気候条件を保有していた。特に茶樹栽培に適した地について、明治四五年（一九一二）三月付の『台湾税関要覧』に、

茶樹ハ雨量及温度ノ適順ニシテ土壌ノ有機質ニ富メルヲ良トシ、多ク山地ノ傾斜面ニ栽培セラル本島北部山岳丘陵起伏シ、自然ニ有機質ノ富メル傾斜地ヲ有シ適順ナル雨量及温度ヲモ享有シ、最モ茶樹ノ栽培ニ適シ良種ヲ産ス桃園ヲ首トシ、臺北、基隆、宜蘭、深坑、新竹、苗栗ノ北部各庁ニ産シ。大稲埕ハ各地ノ山方ヨリ摘採搬出セラレタル粗茶ノ精製地ニシテ、又唯一ノ集散市場ナリトス。(8)

とあるように台湾北部の北緯二四度五〇分以北の地域が台湾茶樹の主要産地であった。そして、粗茶の精製地でありかつ集散地でもあったのが台北近郊の淡水河流域の大稲埕であった。

これら台湾北部で生産されていた茶葉について同書に、

製茶ノ種類ハ大別シテ緑茶及ヒ、紅茶トナスヲ得ヘシ。コレ其製造法ノ差違ニヨリテ岐カルルモノニシテ、緑茶ハ醗酵作用ヲ施サス。紅茶ハ充分ノ醗酵ヲ遂ケシムルヲ以テ、前者ハ茶精ヲ止ムルコト多ク浸出液ハ苦味ヲ帯ヒ水色緑ニ、後者ハ茶精ヲ残スコト少ク、浸出液ハ渋味強ク暗紅色ヲ帯フ。台湾烏龍茶ハ此ノ二種ノ製造法ヲ折衷セル中間茶ニシテ、厳格ニ之ヲ区分スルトキハ寧ロ紅茶ニ属スヘク、一種独特ノ香味ヲ帯ヒ浸出液ハ橙色ヲ呈シ、一度之ヲ飲用スルモノハ清快神ニ撤スルノ想アラシム。茶トシテハ品質極メテ優等ナル者ニシテ、米國［重ニ東部地方］ヲ最上華客トシ、英國之ニ亞ク。古ヨリ本島輸出品ノ大宗タリ。包種茶ハ原料生茶ノ少シク烏龍茶ニ劣ルヲ常トシ、製造ニ當リ薫花法ヲ施シタルモノニシテ、工程烏龍茶ト異ナルナシ。重ニ南洋土着ノ支那人間ニ愛用セラル。紅茶ハ近年安平鎮製茶会社ニ於テ製造シツツアルモイ未タ盛大ナルニ至ラス、輸出先ハ主トシテ露國ヲ華客トセントスルモノノ如ク、尚ホ試賣中ナリト云フ。他ニ番茶、粉茶、茎茶、緑茶ノ輸出アルモ少量ニシテ稱スルニ足ラス。磚茶ハ三十四年以来輸出全クナシ。而シテ近年所在ニ緑茶ルノ製造行ハルルモノノ如ク目的ハ移入緑茶ノ混交用ナリト云フ(9)。

とあるように、台湾産の茶葉は半醗酵茶である烏龍茶に近い製法で作られる包種茶が主要茶葉であった。

この包種茶が販出されていた諸国については、『台湾税関要覧』に、

包種茶ノ需要地ナル南洋地方トハ安南、暹羅、新嘉坡、ばたびや、すらばや、さまらん、せりぷん等ニシテ、本島茶商ハ以上各地ニ支店又ハ代理店ヲ有シ取引ヲナシツツアリ。該地方ニ散在セル支那人ハ無慮百万ニ達シ、中群島生産者ハ六十万人ヲ算シ、群島中最多数ナルハ爪哇ノ三十萬人ナリトス。其ばたびや、すらばや

等ノ最華客先カ共ニ爪哇ナルヲ見テモ知ルヘシ。而シテ移住支那人中ノ過半ハ出稼ノ盛ナル福建地方ノ住民ニシテ、彼等ノ保守的ナル國民性ハ依然嗜好ヲ支配シ、飲用トシテ郷國茶ナル包種茶ヲ愛用シツツアル。然ルニ本島包種茶ハ福建、若シクハ廣東地方ニ産スルモノト全然同種ノモノニ属シ、品質ノ彼レニ比シ遙カニ優秀ナルヨリ、競フテ本島産ヲ需用スルニヨル者ニシテ、南洋地方移住支那人ノ増殖ニ伴ヒ遂年増加ノ傾向ヲ有ス。(10)

とあるように、台湾産の茶葉、とりわけ包種茶は対岸の福建省や広東省で生産されるものより遙かに品質的に優れていた。そして台湾産の包種茶は、東南アジアを中心とする地域に居住する中国系に人々から高い信用を得ていた。それらの地域は具体的には、ベトナム、タイ、シンガポール、バタビア、スラバヤ、サマラン、セリプン等であったことが知られる。

三　日本植民地時代台湾産包種茶の海外販路と商人

『台湾税関要覧』で述べられたことを具体的に証明する記録が日本の領事報告の中に見られる。それは『通商彙纂』に掲載された報告である。

台湾産の茶葉が厦門から東南アジアにむけて販売されていたことを明確に示す記録で、次にその全文を掲げてみたい。それは『通商彙纂』明治四五年第六号に掲載された明治四四年（一九一一）一二月九日付の在厦門帝国領事館報告の「厦門ニ於ケル台湾包種茶再輸出事情」である。(11)

一　厦門ニ於ケル包種茶ノ重ナル取扱者ノ屋號、姓名、所在、資金並ニ台湾及仕向先トノ聯絡関係

屋号	国籍	営業主姓名	所在	資本金	台湾及仕向先トノ聯絡関係
建興	清	陳子斑	厦門水仙宮街	約十萬金	臺北ニ建泰號ヲ開キサマランニ振隆興ヲ開ク

永裕	日	陳玉露	同	恒勝街	同十萬金	臺北並ニサマランニ義裕號ヲ開ク
錦祥	日	郭春式	同	柴橋内	同十萬金	臺北並ニサマランニ錦祥號ヲ開ク
瑞源	清	陳有志	同	停仔下街	同十萬金	臺北珍記號ニ委託買入、サマランニ瑞源號ヲ開ク
建成	日	黄清標	同	何仔乾街	同十萬金	臺北、サマラン、チェリボン及び暹羅ニ建成號ヲ開ク
成記	西	馬厥猷	同	廟後街	同七八萬金	臺北並ニサマランニ成記桟ヲ開ク
寔芳	日	陳大珍	同	崎頭宮	同五萬金	臺北ニ珍記號ヲ開キ暹羅ニ仙記ヲ開キ、サマランイテハ瑞源ニ委託販賣ス
景茂	清	楊成哲	同	洪本部街	同五萬金	臺北並ニチェリボンニ景茂號ヲ開ク
啓瑞	清	洪天球	同	史巷街	同五萬金	臺北ニ發記號ヲ開キサマラニテ建成ニ委託販賣ス
珍春	清	王芳稱	同	寮仔後街	同四萬金	臺北並ニチェリボンニ珍春號ヲ開ク
耀記	日	陳辰丸	同	後路頭	同三萬金	臺北ニ辰記號ヲ開キサマランニ永綿利ヲ開ク
文川	清	洪　英	同	柴橋内		臺北ニ萬源號ヲ開キサマランニテ瑞和號ト合資營業ス

前記各商ノ多クハ當地ニ本店ヲ有シ、茶ノ出廻時期ニ入リ、臺北或ハ南洋各地ニ出張所ヲ設クルモノニシテ常設ノ支店ヲ有セス。

二　厦門ヨリノ仕向地別数量、價格統計

今當地税関報告ニヨリ最近三ケ年間、厦門ヨリノ再輸出茶［殆ト全部台湾茶］ヲ表セハ左ノ如シ［単位担即チ百斤］。

▲明治四十一年度

仕向地名	コンゴー茶	烏龍茶	包種茶	茎茶	計
香港	｜	二九六	一四	｜	三一〇
新嘉坡及海峡植民地	四	七八	二九七	七	三八六
比律賓	｜	三二六	三	｜	三二九
日本	｜	｜	｜	｜	｜
交趾支那	｜	｜	六	｜	六
暹羅	｜	二二	七五	｜	九七
爪哇	｜	一	一五、五三五	｜	一五、五三六
計	四	七二三	一九、九三〇	七	一六、六六四

▲明治四十二年度

仕向地名	粉茶	烏龍茶	包種茶	茎茶	計
香港	二九	三一	五四	｜	一一四
新嘉坡及海峡植民地	｜	四二	二七八	一二	三三二
比律賓	｜	二九	三五	｜	六四
日本	｜	一五	｜	｜	一五
交趾支那	｜	｜	｜	｜	｜
暹羅	｜	一五	六八	｜	八三
爪哇	｜	一八	一三、八二一	｜	一三、八三九

計	二九	一五〇	一四、二五六	一二	一四、四四七

▲明治四十三年度

仕向地名	コンゴー茶	烏龍茶	包種茶	粉茶	計
香港	—	二六	三六	—	六二
新嘉坡及海峡植民地	一一	一二六	三九三	五	五三五
英領印度	—	二二	二	—	二四
比律賓	—	五四	七二	—	一二六
日本	一	一	—	—	二
暹羅	—	—	—	—	—
爪哇	—	三四	二〇、四四四	—	二〇、四七八
計	一二	二六三	二〇、九四七	五	二一、二二七

前掲表中價額統計ナキヲ以テ台湾包種茶上、下等品ノ厦門、サマラン、チェリボンニ於ケル價格ヲ當業者ニ就キ取調へ附記スルコト左ノ如シ。

上等品　十六元　二十二元
下等品　七　元　十一　元

ヲ以テ普段値段トスト云フ。

尚参考ノ為メ取調ニ係ル仕向地別数量ヲ掲クレバ左ノ如シ。

地名	四十一年度	四十二年度	四十三年度
サマラン	約十一萬六七千件	約十一萬四五千件	約十二萬数千件

チェリボン	同	二萬五六千件	同	二萬三四千件	同	三萬件
暹　羅	同	五千餘件	同	五千件	同	六千件
スラバヤ	同	五六百件	同	七八百件	同	一千件
新嘉坡及海峡植民地	同	千件	同	九百餘件	同	一千件

但シ一件ハ約二十斤［或ハ十五斤位ノモノモアリ］

次ニ当地税関報告ニヨリテ最近三ケ年間ニ於ケル厦門ヨリノ輸出茶［地方産茶］ノ仕向地別数量ヲ表示スレハ、左ノ如シ［単位担即チ百斤］

▲明治四十年度

仕向地名	烏龍茶	包種茶	ソーチヨン茶	茎茶	計
香　港	八七一	一、四一三	一五	─	一、五一五
新嘉坡及海峡植民地	一、一七四	一、一〇九	七七	四	二、三六四
比律賓	一四一	一	一一	─	一五三
日　本	一〇	八	─	─	一八
交趾支那	一二	─	二	─	一四
暹　羅	一〇二	五七	五四	─	二一三
爪　哇	三九一	七一七	一九	─	一、一二七
計	一、九一七	三、三〇五	一七八	四	五、四〇四

▲明治四十一年度

仕向地名	烏龍茶	包種茶	ソーチヨン茶	茎茶	粉茶	計

香港	五五	三〇五	一六	―	―	三七六
新嘉坡及海峡植民地	一、一八一	一、三四七	一三八	一	―	二、六〇四
英領印度	二三	一四	四一	―	―	七八
比律賓	一六九	七二	八	―	―	二四九
日本	四	六	―	―	―	一〇
暹羅	二一	―	―	―	―	二一
爪哇	三八二	一、三五五	二二	―	―	一、七五九
計	一、七七二	三、〇九九	二二五	一	―	五、〇九七

▲明治四十二年度

仕向地名	烏龍茶	包種茶	ソーチョン茶	茎茶	計
香港	六三	八七四	一一	―	九四八
新嘉坡及海峡植民地	一、五三二	一、一八三	六九	一〇	二、七九四
比律賓	一九六	二〇	六	―	二二二
日本	―	一一	―	―	一一
交趾支那	四	一〇五	五	―	一一四
暹羅	一〇九	四三	五九	―	二一一
爪哇	三七二	一、〇七二	一四	―	一、四五八
計	二、二七六	三、三〇八	一六四	一〇	五、七五八

三　厦門ニ於ケル費用

イ　陸揚積換ノ場合

陸揚費　　毎件　銀一仙

倉入費　　同　　同

倉庫料及通関費　毎千斤　銀一元

通関取扱ハ従前徳記、ジャーデン、ボイト等ノミナリシカ現今太古《バターフィールド》、寶記《バセタツク》モ之レヲ取扱フ前記各會社ハ何レモ倉庫ヲ有シ、其取扱ヒタル貨物ヲ其倉庫ニ預置ヲ常トスルヲ以テ通関費倉庫料ハ合算セラル。

多クハ仕向地ニ向フ船便アリ次第再輸出スルヲ以テ、倉庫料ハ期日ヲ論セス。

保険料　普通倉庫保険ヲ付セス

税　金　毎百斤　一両二銭五厘

徳記其他前記諸會社ヲ経テ通関シ、倉入後一年内ニ輸出スル時ハ輸入税ヲ徴セス。

茶商自ラ通関スル時ハ、直接船移ヲナスニアラサレハ輸入税ヲ徴ス。而シテ之レヲ再輸出スル時ハ戻税ヲ請求シ得ルモ税関ハ之レヲ現金ニテ払渡サス。後日該荷主カ他ノ貨物ノ為メニ納ムヘキ税額ト相殺スルノ定ナリ。

倉出汽船積込費　毎件　銀二仙

通関費　輸入通関数料中ニ含メラル

従テ輸出通関費トシテ別ニ支払フヲ要セス。

税金

徳記等ノ會社ヲ経テ通関スル場合ト茶商自ラ通関スル場合トヲ問ハス、台湾茶輸出ハ再輸出ナルヲ以テ輸出税ヲ徴セス。

ロ　船移ノ場合ニ於ケル諸費用

船　賃　毎　件　銀一仙

四　各主要仕向先ヘノ航路汽船會社、輸送状況、運賃、保険率並ニ仕向先ニ於ケル陸揚費、倉庫保険、税金

イ　各主要仕向先ヘノ航路、汽船會社名並船名

(a) Java Ports 線

本店ノルド、ドイツ、エル、ロイド會社當地代理店太古洋行

使用船

芝埋衣、芝腊汁、芝翅執、芝班拿、芝保大士、芝大隆、瓜打

一ケ月ニ一回乃至三回交互来航ス。

寄港地

出　バタビヤ　チエリボン　スマラン　スラバヤ　新嘉坡　マカッサー

セレベス　香港　上海　横濱

入　横濱　厦門　香港　セレベス　マカッサー　新嘉坡　スラバヤ　スマラン

チェリボン　バタビヤ

安南、暹羅行乗客ノ特ニ多キ時ハ是等ノ地方ニ向フコトアリ。

(b) Straits 線

準定期船

英　集記洋行　　使用船　　豊美、豊遠
英　萬記洋行　　使用船　　豊茂、豊盛、雙安
　右は一ケ月一回廻航ス
臨時船
和　建源桟　　使用船　　勿朧卑、時望安、元昌盛
　右四十一日目一回回航ス
寄港地名
厦門、汕頭、新嘉坡、ペナン、新嘉坡、香港、厦門
又時ニラングンニ寄港スルコトアリ
ロ　輸出状況運賃及保険率
前記諸汽船ハ乗客及雑貨ノ運搬ヲ以テ主要業務トセラルカ故ニ茶ノ出盛リト否トニヨリテ隻数若クハ航海数ヲ増減スルコトナシ
而シテ各主要仕向先ニ輸送スル貨物ハ濡、目方減等ノ損害少ナク、安全ニ到着スルヲ常トスト云フ。次ニ主要仕向先、スマラン、チェリボンヘノ運賃ハ従前毎件四角ナリシカ、爾来汽船會社ノ競争ノ為上下一定セス。或ハ一割引、或ハ二割引甚シキハ六割引、即チ僅ニ一角六仙ニ降レルコトスラアリ。現今毎一件二角五仙ナリト云フ。
次ニ重要仕向先スマラン、チェリボンニ至ル間ノ保険率ハ、先ツ浸水保険ニ付テ述レバ毎百元ニ付キ定ムルノ例ニテ会社ニヨリ、或ハ四角、或ハ三角六仙、或ハ三角三仙ヲ要ス。而シテ海難保険ハ浸水保険料ノ半額ナリ。

ハ　仕向先ニ於ケル陸揚費、倉庫料、倉庫保険及税金
揚陸費［船ヨリ税関倉庫庫運搬費］　毎　件　一　角
　倉庫料直チニ各自ノ倉庫ニ入ルルヲ常トス従テ倉庫料ヲ要セス
倉入費［税関倉庫ヨリ各自ノ倉庫迄運搬費］　毎　件　五　仙
税　金　　　　　　　　　毎　件　　三盾半［普通一盾ハ龍銀九十一仙］
通関費　　　　　　　　　一　回［茶量ノ多少ニ不拘］　一　盾

五　為替関係、決済事情其他融通銀行
イ　為替関係
台湾間ノ為替ハ専ラ台湾銀行之レヲ取扱ヒ、特ニ茶為替ト云ヒ、當地ニ於テ取立ツルモノナリ。各仕向先トノ問ノ為替ハ多数ノ銭荘、信局及外国銀行之レヲ取扱フ外國銀行中喳打《チャター》、香港、上海ハ重ナルモノニシテ、此間為替関係ハ多ク片為替ナリ。
ロ　決済事情
多クハ本店、支店間ニ於ケル貨物ノ出入ニ過キサルヲ以テ決済ニ関スル期限等ノ定ナシ。従テ本項ニ於テ述フヘキコトナシ。
ハ　融通銀行
厦門ニ於テハ外國銀行ハ茶商ニ向テ融通ヲナクスコト稀ニシテ、専ラ銭荘之レカ融通機関タリ。南洋ニ在リテハ香・上・喳打《チャター》其他ノ外國銀行、銭荘皆盛ニ融通シ居レリト云フ。
六　厦門ヲ仲継港トスル関係
當港ハ曾テ台湾茶唯一ノ仲継港タリシコトアリシニヨリ、今ニ茶商ノ本拠ヲ茲ニ有スルモノ尠ナカラス。

又台湾、南洋各地間直通航路ヲ有セサルトニヨリ、南洋向臺灣茶ハ當港ヲ経由スルモノナリ。而シテ南洋ニ於ケル該品消費者ハ重ニ清國移民ナルカ近年南洋方面ニ於ケル砂糖、護謨・錫採掘業ノ勃興ニヨル清國移民ノ増加ニ伴ヒ台湾茶ノ該方面ニ向フモノ年一年多キヲ示セリ。

以上のように、明治四〇年〜四二年（一九〇七〜一九〇九）に厦門にあった茶号が日本統治下の台湾から台湾産の茶葉を輸入し、さらにそれらを東南アジア各地に向けて再輸出していたことが具体的に知られるのである。

上記『通商彙纂』において、明治四四年（一九一一）に厦門にあったとされる茶商のうち、実際に台北で茶号を開設した、または販売を委託した茶号名は次に述べる台北の記録によって確認できる。そこで、まず茶号名の確認から進めたい。

上記報告がされた明治四四年より一四年前の台北で開設されていた茶号の名のわかる明治三〇年（一八九七）の「明治三十年茶郊永和興名簿」[12]と「明治三十一年臺北茶商會改組當時之幹部及會員名録」[13]によって、台北の茶号名を厦門の茶号名と比較してみると次のとおりである。上段が『通商彙纂』にみえる厦門の茶号名、下段が台北の茶号名である。

建興	清	陳子珽	臺北に建泰號を開く	陳振記	太平横街三十九番戸（六頁）
永裕	日	陳玉露	臺北に義裕號を開く		
錦祥	日	郭春式	臺北に錦祥號を開く	郭春秧	太平横街第壹番戸（二八頁）
瑞源	清	陳有志	臺北珍記號に委託買入	珍記號、陳大珍	建昌後街五十五番戸（一一・二九頁）
建成	日	黄清標	臺北に建成號を開く	陳清標	怡和巷街第十九番戸（三三頁）
成記	西	馬厥猷	臺北に成記桟を開く		
寔芳	日	陳大珍	臺北に珍記號を開く	陳大珍	建昌後街五十五番戸（一一・二九頁）

景茂	清	楊成哲	臺北に景茂號を開く	
啓瑞	清	洪天球	臺北に發記號を開く	
珍春	清	王芳稱	臺北に珍春號を開く	王芳糧　建興街第三、四番戸（三三頁）
耀記	日	陳辰丸	臺北に辰記號を開く	
文川	清	洪　英	臺北に萬源號を開く	

厦門にあった茶号名のうち、六店の茶号名を台北に見出すことができる。とりわけ「陳大珍」の「珍記號」は茶号名とその経営者名とが一致することからも、一九一一年の厦門における領事報告は正確なものであることがわかる。

さらに、台北における「大正四年同業組合臺北茶商公會設立當時之幹部及會員名録」[14]（下段）によれば、右と同じ厦門の報告に見える次の茶号名が確認できる。

建興	清	陳子珽	臺北に建泰號を開く	建泰號　陳松標（六一頁）
永裕	日	陳玉露	臺北に義裕號を開く	
錦祥	日	郭春式	臺北に錦祥號を開く	
瑞源	清	陳有志	臺北珍記號に委託買入	珍記號　陳大珍（六一頁）
建成	日	黄清標	臺北に建成號を開く	建成號　黄清標（六一頁）
成記	西	馬厥猷	臺北に成記桟を開く	成記桟號　馬亦籛（六一頁）
寔芳	日	陳大珍	臺北に珍記號を開く	珍記號　陳大珍（六一頁）
景茂	清	楊成哲	臺北に景茂號を開く	景茂號　楊升額（六一頁）
啓瑞	清	洪天球	臺北に發記號を開く	

珍春　清　王芳稱　臺北に珍春號を開く――珍春號　王芳順・王連等（六一頁）
耀記　日　陳辰丸　臺北に辰記號を開く――辰記號　陳躍欽（六一頁）
文川　清　洪　英　臺北に萬源號を開く――萬源號　洪其隆（六一頁）

厦門の茶号名のうち八店の茶号名を台北に確認できるのである。

このように、台北の茶号が厦門に進出し、台湾茶葉を海外に販売する一拠点としていたことは、日本側と台湾側との相互の記録を照らし合わせることにより確認できるのである。

また前掲の『通商彙纂』には、これら厦門に茶号を開設していた店の多くは、「サマラン」にも茶号もしくはその支店を保有していたとあるが、「サマラン」とはインドネシア群島の中にあるジャワ島の中部北岸にある三宝壟（Semarang）であった。『海島逸志』の三宝壟に、

三宝壟、巴之所属地方、寥闊物産繁多、賈帆湊集、甲於東南諸島。

とあるように、一八世紀にはすでに各地からの商船が来航する地であった。

先ほどと同じ『通商彙纂』明治四五年第一六号に掲載された明治四五年一月二九日付の在香港帝国領事代理船津辰一郎の報告に、香港から海外に再輸出された台北産の包種茶の状況が知られる。

▲香港ニ於ケル包種茶取扱者ノ屋號、姓名及其業態等

當地ニ於ケル台湾包種茶取扱者ノ主ナル者ハ、錦裕、廣徳發、炳記行、捷盛行ノ四店ニシテ、其中錦裕ヲ以テ最モ大ナルモノトス。凡テ相應ニ信用アル貿易商ニシテ、各種ノ商品ヲ取扱ヒ、皆台湾及南洋方面等ニ取引先［清國］ヲ有シ仲継ヲ為シ居レリ其住所左ノ如シ。

錦　裕　Wing Lock Street, Hongkong.
廣德發　30, Bonham Strand, Honkong.

炳記行　Des Vacux Road, Honkong.
捷盛行　〃　〃　〃

▲香港ヨリノ仕向先

當港ヨリ仕向先ハ主ニ爪哇ニシテ安南、暹羅、比律賓等順次之レニ亞キ、清國内地及香港ニテハ需要極メテ少ナシ。元來南洋方面ニハ支那出稼民頗ル多ク、殊ニ福建人ハ其大部分ヲ占ム。而シテ彼等ハ郷里ニ於テ包種茶ヲ飲用シ、之レニ慣レ居リ自然出稼先ニ於テモ其廉價ナルカ為メ、台湾包種茶ヲ愛用スルモノ多シ。聞ク處ニヨレハ近年南洋土人モ本茶ヲ愛シ、之レヲ飲用スル者漸次増加ノ傾向アリト云フ。

▲香港ニ於ケル費用

イ　陸揚積換ノ場合

陸揚費	一箱［六十封度入］ニ付	二仙・五〇
倉入費	同	一・
倉庫料	同［一週間］	一・
保険料	百圓ニ付	二〇・見當
通関費、税金其他諸費		—
倉出費	一箱ニ付	一・
汽船積込料	同	二・五〇
通関費、税金其他諸費		—

ロ　船移ノ場合ニ於ケル諸費用

一箱ニ付　一・二五

ハ　保険料［諸掛ヲ含ム］
爪哇　百圓ニ付　一弗・七五仙
マニラ　同　〇・八四
安南　同　〇・六二
暹羅　同　〇・八四

香港ヲ仲継港トスル必要事情

台湾産包種茶ハ台湾ヨリ其需要地タル南洋行直接航路ナキ為メ、一旦厦門、香港、汕頭等ニ輸送セラル。而シテ當港ニ於イテ毫モ陸揚セラルルコトナク、香港ニ到着スルヤ直チニ安南、暹羅、爪哇、マニラ方面行船舶ニ積換ヘラレルル状態ニシテ、只當港着後、直チニ南洋行ノ船舶ナキ場合ニハ一時倉庫ニ倉入レシ、次ノ船便ヲ待ツコトアリ。即チ當港ヲ仲継港トスルハ全ク船便ノ都合ニ依ルモノニシテ、若シ台湾ヨリ各需要地ニ向フ直接航路開始セラルルニ至ラハ、本茶ノ當港ヲ経由スルモノ著シク減少スヘキハ明カナリ。

▲台湾ヨリ香港ヘノ輸入包種茶及香港ニ於ケル其價格

台湾総督府ノ調査ニ據レハ台湾ヨリ香港ニ輸入スル包種茶ノ数量、價額ハ左ノ如シ。

四十　年度	一九三、七一三斤	六三、八五九
四十一年度	一二四、八〇二斤	四〇、五九八
四十二年度	一五〇、八八八斤	五二、二八六
四十三年度	一六九、八九九斤	六四、二六九

而シテ當市場ニ於テ本茶ノ有無ヲ取調フル為メ、商店ニテ販賣セル包種茶見本約十種ヲ取寄セタルニ、凡テ二十匁乃至五十匁位宛ノ紙包トナシ、一袋十仙乃至二十仙位ニテ販賣シ居ルモノニシテ、紙袋ノ表面ニ包

種茶ト明記シアルニ拘ハラス、内容ハ廣東、福建産各種ノ茶ヲ含有シ、台湾ニテ包種茶ト稱スルモノトハ全ク別物ナリキ。一支那人ノ云フ所ニ依レハ、此包種ナル文字ハ紙包ヲ意味スルモノニテ、別ニ花香ヲ含マセル所謂包種茶ノ意ニ非ラサル由ナリ。其後當地商店ニ就キ台湾包種茶ヲ求メタルモ、遂ニ之レヲ發見スルコト能ハス。之レニ依リテミレハ、前記ノ如ク年々台湾ヨリ香港ニ輸入セラルル包種茶ノ當地ニテハ毫モ消費セラレス、総ヘテ南洋方面ニ再輸出セラルルモノニシテ、香港ハ本茶ニ於テモ能ク仲継港タルノ實ヲ有スルモノナルコトヲ知ルヘシ(15)。

台湾産の包種茶が香港を経由してインドネシア、フィリピン、ベトナム、タイ方面に輸出されていたことを伝えている。

四　小　結

上述した『通商彙纂』明治四五年第一六号の船津辰一郎の報告によれば、台湾産包種茶は香港から主にインドネシア、ベトナム、タイ、フィリピン等に向けて再輸出され、清国内地や香港において消費されることは極めて少なかった。その原因は、南洋方面には華人の出稼民が極めて多く、特に大部分を占める福建人が、郷里において飲用していた包種茶を好み、自然出稼先においても廉価な台湾包種茶を愛用していたからであった。その影響を受け、近年東南アジアの人々も包種茶を好み、飲用する人々が増加する傾向にあると報告しているように、台湾茶業の主要な輸出茶葉であった包種茶は、特に東南アジア各地で珍重された。

台湾産包種茶の海外搬出の窓口になったのは厦門や汕頭に居住する華人の茶商人であった。清朝籍を有する者も、台湾籍を有する者も、いずれも多くが台北の大稲埕に拠点を持ち、さらに厦門にも本店もしくは支店を有する形態によって、東南アジアに向けて台湾産包種茶を輸出していたのである。

(1) 林満紅『茶・糖・樟脳業與台湾之社会経済変遷（一八六〇～一八九五）』聯経出版事業公司、一九九七年四月。
(2) 范増平『台湾茶業発展史』台北市茶業商業同業公會、一九九二年一一月。
(3) 『支那茶の世界的地位と其の将来』資料乙第五五号C、東亜研究所、一九四二年九月、三頁。
(4) 同右書、一三頁。
(5) 許賢瑤「台湾茶在中國東北的發展（一九三二～一九四四）」『台湾商業傳統論文集』中央研究院台湾史研究所籌備處、一九九九年五月、二六九～二九六頁。
(6) 神戸市立中央図書館所蔵マイクロフィルムによる。
(7) 『農務彙纂第三十一　茶業概覧』農商務省農務局、一九一四年五月、四五頁。
(8) 『台湾税関要覧』台湾総督府税関、一九一二年三月、一一五・一一六頁。
(9) 同右書、一一六・一一七頁。
(10) 同右書、一二六頁。
(11) 『通商彙纂』明治四五年第六号、一九～二四頁。
(12) 徐英祥・許賢瑤『臺北市茶商業同業公會會史』臺北市茶商業同業公會、二〇〇〇年一二月、六～一三頁。
(13) 同右書、二八～四〇頁。
(14) 同右書、二八～四〇頁。
(15) 『通商彙纂』明治四五年第一六号、三二～三四頁。

終章　近世東アジア文化交渉と中国帆船

一　緒言

東アジアの国々の間には渤海・黄海・東シナ海・台湾海峡などの海洋が介在する。そのため古来より、これらの諸国間の交渉はまず船舶によらなければならなかった。しかし造船技術の発達の程度は諸国間で大いに差異があり、結果的には渡海の頻度に顕著な差が見られた(1)。なかでも造船技術などが高度に発達していた中国は、長期間にわたり渡海数がもっとも多かった。その最大の渡海数を担っていたのが中国の木造帆船である。中国帆船は海洋を渡り、朝鮮半島や日本へと来航した。その記録が頻繁に見られるのは、朝鮮半島では高麗時代の記録であり、宋の商人が毎年のように中国の華東・華南沿海地域から高麗時代の朝鮮半島へ来航している。日本へは唐代の中国商人が来航していた記録が知られている。そして、寛平六年（唐・乾寧元、八九四）九月に菅原道真の上表により遣唐使の派遣を廃止して以降の日本から入唐した留学僧たちは、ほとんどが中国商人の船で中国へ渡っていた。これらの留学僧は帰国時にも中国商人の帆船で日本へ帰り、中国で学んできた最新の学術のみならず、多くの中国の物や文化をもたらしたのであった(2)。

明代になると中国は海禁政策を堅持したため、中国商人の渡海はほとんど見られなくなり、商船などの船舶が海域を航行することの激減した時代になった。この時期には鄭和の南海遠征(3)や、朝貢体制の中で東南アジア諸国の朝貢船の中国来航や日本が明朝へ派遣した遣明船、明朝から琉球へ派遣した冊封船のみが、東アジア海域を航行する状況に限定された。ところが明代後期になり海禁が緩和されると、私船の横行や倭寇の跋扈が見られた(4)。これら海賊・倭寇はその被害のみが強調されるが、視点を替えれば文化交渉の一端を担っていたといえる。

清朝は台湾の鄭氏を平定すると、海禁を廃止して商船の海外渡航を認可し、多くの中国帆船が日本のみならず東南アジア諸国へと進出し(5)、東アジアの海域は中国帆船によって制海権を掌握されたともいえる事態にいたった(6)。

そこで本章では、特に清代における中国帆船がどのように東アジア諸国間の文化交渉の一端を担っていたかについて述べてみたい。

二　中国帆船の活動に関する史料

近年東アジア世界の歴史を研究する中で、渤海・黄海・東海の海域を対象にした海洋史の研究が注目されているが、長きにわたって漢字史料による記録を残してきた中国の正史においても、海洋史に関連する記録はそれほど多くない(7)。海域沿海の人々は、これらの海域を舞台にして永きにわたって歴史を形成してきたのであるが、これらの人々の記録が残された例は皆無に近い。東アジアの海域は相互地域の直接交流を阻む一方、これら海域に接する人々は船舶を利用して相互に交流を展開してきた。その交流の中心となったのは人であり船であり物であった。人とは公的な面から見れば、それぞれの国が相手国に派遣した使節や、その随行員であり(8)、また留学の僧侶などであった。私的な面から見れば一攫千金を夢見た商人たちがいた(9)。

船舶はこれらの海域を自由に航行でき、短時間で目的地に到達できる船体堅固なものが求められた。海洋を航行できる帆船は世界各地で古くから利用されてきた。特に中国大陸沿海では西欧人によってジャンクと呼称される帆船が活動し、人々や物資の移動に利用されてきたのである。

中国の帆船航海史を回顧するとき最も活動が顕著な時代は清代であった。しかし清代の帆船航運史を研究するさいに、最も困難な問題は、その史料が乏しく、しかもそれらの多くは諸書に散在しているため、時間をかけて逐次収集する必要がある点である[10]。史料の乏しい理由として、中国の海上交通や航運等の歴史そのものが、これまで付随的に扱われてきたことがある。このような帆船航運史料の欠を補う意味で、これまで等閑視され注目されていなかった清代帆船の漂着史料が重要となろう。

船舶が海上航行をおこなう限り、海難事故は避けることのできないものであろうが、これまでの中国側の歴史史料には漂着に関する記録を多くは見い出せない[11]。ところが朝鮮半島や日本列島・南西諸島に眼を転じるとその事例は決して少なくはない。これらの地では、他国船のことでもあり、各国々の自国船のものに比較して、概して珍奇な記録として詳細に記されて残されている例が多い[12]。

そこでこのような海洋を舞台に活躍した人々や、海域交流に係わった人々の歴史に関する史料を念頭に置いて収集すると、清代には比較的多く残されていることになる。たとえば、朝鮮に漂着した中国帆船の例がある。朝鮮王朝時代の『備辺司謄録』[13]には、清代帆船が朝鮮半島に漂着したさいの、朝鮮官吏と中国帆船の乗組員との間に交わされた問答による筆談記録であり、この中に帆船の航運記録が具体的に記録されていて、清代帆船の航運史料として見ることができよう。

また、清代末期の中国から日本の長崎に貿易のために赴いた商船豊利号の乗員が記した日記『豊利船日記備査』[14]は、東アジアの前近代の海洋史においては珍しい航海日誌に相当する。同時期の欧米においては、Log book（航海日誌）と呼称された記録が多数残されているものの、中国船のそれは稀有であり、管見の限り他に類例を見ないものであり、航運史料としてはこれ以上のものは今のところないであろう。

日清戦争の結果、日本が台湾を領有することになるが、日本が台湾を植民地化した明治二八～昭和二〇年（一八九五〜一九四五）のちょうど半世紀の間には、台湾を中心とする帆船の航運史料が残され、清代における東シナ海や台湾海峡における帆船活動を知る貴重な記録が残されている。その一部が日本の領事報告に見られる[15]。その初期は清朝中国の末期であり、ちょうどその時期に、台湾と中国福建省の福州との間でおこなわれていた帆船貿易の記録を、福州にあった日本領事館の領事上野専一が記録している。それらの記録が当時の日本で刊行された『通商彙纂』に掲載された。これは台湾海峡に見られた帆船貿易の貴重な記録である。

三　近世東アジア文化交渉を担った中国帆船

明代後期に海禁が緩和されると福建省沿海の南部を中心として海外へ進出する船舶が増加してきた。そのなかでも現在の厦門《アモイ》付近からフィリピンへ行く商船が急増していた。これらの船舶が、中国からフィリピンへもたらし、持ち帰ったものについて万暦四五年（一六一七）刊の張燮『東西洋考』巻七、餉税考には次のように記している。

東洋呂宋、地無他産、夷人悉用銀錢易貨、故歸船自銀錢外、無他攜來、即有貨亦無幾。故商人回澳、徵水陸二餉外、屬呂宋船者、毎船更追銀百五十両、謂之加徵[16]。

明代の世界観では中国の華南付近を中心に子午線を引き、東の海洋諸国は東洋で、西は西洋であった[17]。そのためフィリピンは東洋諸国に位置づけられていた。そのフィリピンから産出する物資は少ないが、フィリピンに来航してきたスペイン人との間の交易では、スペイン人たちが新大陸からもたらす銀銭が積荷の大部分を占めていたのであった。そのため福建へ戻ってきた中国商船は一隻ごとに銀一五〇両の追加税を徴収されたのであった。中国からフィリピンへもたらす物資はあっても、中国が必要とする物はほかになく、銀銭のみであった。しかしこの銀銭は、中国経済の質的変化に大いに関係したのである。

それでは、フィリピンにはどのような中国製品が運ばれたのであろうか。マニラにわたったゴンサーレス・デ・メンドーサの一五八五年に刊行された『シナ大王国誌』には、

絹はチナ人商人が毎年大量にこの諸島に運んでくるものである。二十隻以上の船がこの地に舶載して来る品物の名は、とりどりの絹や、陶磁器、火薬、硝石、鉄、鋼、大量の水銀、青銅、銅、小麦粉、胡桃、栗、ビスコチョ、なつめ椰子の実、リンネルの下着類、種種の色合いで細工をした書物机、網のかぶり物、ブラト、エスプミリャ、錫の水差し、飾り紐、絹の縁総、キリスト教諸国ではこれまで見たこともないような作り方の金糸、その他数多くの珍奇なものである。これらの品物は何度も言うように、すこぶる安い値段で提供される[18]。

と記されるように、毎年定期的にマニラに来航する中国商船の積荷は、絹織物などの繊維類や食料品・鉱物類・手芸品など多岐にわたっていた。これに対して中国へ帰帆する商船は、

非常に高価な物資であり、たくさんの金の製品であり、またエスパニャの四レアル銀貨であり、これらのものはフィリピナス諸島に運んで行った物資と交換に入手したものであることを知った[19]。

とされるように、中国への積荷はほとんどが金製品や銀貨で占められていた。

近世中国の海外輸出品の中でもよく知られている陶磁器も、中国帆船で沿海各地や海外へと搬出されている[20]。この事例からも明らかなように、さまざまな中国製品を東アジアの海外諸国、とりわけフィリピンにもたらした中国帆船は、中国国内の経済事情を変革させるのに貢献した銀を持ち帰っていたのである。

中国に持ち帰られた銀銭がどのようになったのかについては、清の記録に見える。慕天顔の「請開海禁疏」によれば、次のようである。

……猶記順治六七年間、彼時禁令未設、見市井貿易、咸有外國貨物、民間行使、多以外國銀錢、因而各省流

行、所在皆有、自一禁海之後、而此等銀錢、絶跡不見一文。即此而言、是塞財源之明驗也。可知未禁之日、歳進若干之銀、既禁之後、歳減若干之利。揆此二十年來、所坐棄之金錢、不可以億萬計、真重可惜也。今則盛京・直隷・山東之海船、固聽其行矣。海洲・雲臺之棄地、亦許復業矣。香山・嶴門之陸路、再準貿販矣。[21]

順治六・七年（一六四九・一六五〇）には清の海禁が実施されていなかったため、外国との貿易がおこなわれ、その結果外国の銀貨が中国に輸入され、中国国内で流通していた。しかし、その後に海禁である遷界令が実施され外国からの銀貨が見られなくなると、中国国内の経済が停滞し国家財政にも影響を及ぼした。しかしその海禁が廃止されると、国内の経済は活性化して東北沿海のみならず江南の沿海地域の市鎮や広東沿海の陸路も、貿易活動に関係しても活性化していったと見られる。

このように、中国帆船によって国内にもたらされた外国銀貨は、中国国内の流通貨幣の代用として使用され、国内経済を活性化するのに大いに貢献していたことがわかる。では、中国帆船によって国内にもたらされた銀貨の量はどれほどであったろうか。雍正一一年（一七三三）の官吏の報告に次のようにある。

閩省一年出洋商船、約有三十隻、或二十八、九隻、毎船貨物價値、或十余萬、六、七萬不等、毎年閩省洋船、約有番銀二、三百萬、載回内地、以利息之盈餘、佐耕耘之不足。[22]

一八世紀前半の福建からは毎年海外に渡航する商船が三〇隻ほどあった。これらの商船は中国からは一隻当たり六万〜一〇万両の価値の中国産品をもたらしていた。一方、海外から持ち帰られた外国銀は毎年合計二〇〇万両〜三〇〇万両にのぼり、国内の農業収入の不足を補うに充分であったと見られていた。

このような物流上の動きのみならず、中国帆船は人的流動にも貢献していた。第二編第二章でもとりあげたように、雍正一〇年（一七三二）の福建省南部の報告では、フィリピンへ渡航した帆船には、次の人々が搭乗していた。

（雍正一〇年）上年十二月二十四日、據南澳鎮呈報、有商船戸姚錦春一船、前往呂宋貿易、配舵水二十四名、又配貨客二十名、另有無照偸渡客民一百五十七名、經雲澳汛外委把總楊光標等盤獲等語。[23]

とあるように、商船戸姚錦春の船には、乗員が二四名、商客が二〇名の他に、「另有無照偸渡客民一百五十七名」[24]と、海外への渡航許可を得ていない乗船者が一五七名もいたのである。彼らが拿捕された南澳島は位置的には広東省の最東端の海上に位置しているが、管轄上、島の西半分が広東省の管轄で、東半分が福建省の管轄になっていたので、南澳汛と雲澳汛とは福建省の管轄であった。その福建省管轄側の南澳島において拿捕されたのである（図1〜3参照）。

南澳島において拿捕されたこれらの人々は、フィリピンに渡り新天地で新たな生活を築こうとした人々であっ

図１　南澳島（2007年８月撮影）

図２　南澳島の旧・閩粤南澳総鎮府跡

図３　旧・閩粤南澳総鎮府跡の「閩粤界」碑
この碑を境に福建省と広東省の管轄を異にした。

た。その報告を受けた福建総督の郝玉麟は、

……呂宋地方、係西洋干絲臘泊船之所、自厦門至彼、水程七十二更、漳泉二府人民、向在該處貿易者甚多、現在住居者、約有一二萬人、地極繁盛、人多殷富、内地載往貨物、倶係干絲臘番舶、運載番銀、至此交易、彼地番人、住居呂宋者、不過二三千人、内地百姓人勢衆多、……(25)

と雍正帝に報告しているように、呂宋(フィリピンのマニラ)はスペインの支配するところであり、厦門から水路七二更(約一二、三日)の距離にあり、福建の漳州府や泉州府の人々が多く貿易に赴き、当時すでに一万~二万の人々が居住しており極めて繁栄していた。福建から中国産の物資を載せて呂宋にいたれば、帰帆にさいしてスペイン船が新大陸からもたらした銀を、中国からの貨物と交易するのであった。フィリピンに居住するスペイン人は二〇〇〇~三〇〇〇人に過ぎないのに対して、呂宋に居住する中国の人々の数は遙かにそれを凌駕していた。すなわちこれらの拿捕された人々は、現在世界に在住する華僑・華人の先駆となる予定の人々であった。こうして海を越えた人々が新天地で小中華世界を築き現地の社会や文化と融合して中国本土とは異なる文化形成をしていったと思われる。

清代の中国は、江戸時代の「鎖国」下の日本に毎年定期的に中国帆船を派遣していた。その中国帆船の中国と長崎との往来によって日中の文化交流が支えられていたのである。清代帆船は日本にどのような物をもたらしたのであろうか。そこで、同時期に中国帆船や琉球帆船によって長崎や琉球・シンガポールに運ばれた積荷から東アジア海域の物流の問題を考えてみたい。

まずはどのような中国産品が日本にもたらされたかを、長崎において商敵として監視し、中国商船の積荷を記録していたオランダ商館の記録からみてみよう。(26)

すなわち、第四編第二章でもとりあげた文政六年(一八二三)に長崎へ来航した中国商船六番船の積荷の記録で

ある。文政六年の未六番船は一二月一九日夕刻に長崎港へ入港した。船主は周藹亭と楊啓堂であった[27]。

文政六年長崎来航中国商船未六番船の積荷

大羅紗	四七反
色へるへとあん	六〇反
ごろふくれん	一〇反
氷砂糖	三九、四〇〇斤
砂糖	一一、〇〇〇斤
最上砂糖	六七、〇〇〇斤
並砂糖	六〇、〇〇〇斤
鼈甲・爪	一、三一〇斤
白鑞	四〇、九三〇斤
格子縞絨緞	二〇反
絨緞	一、二〇〇反
中国紙	四〇〇連
カントン人参	五〇〇斤
沈香	五七〇斤
肉桂	八四〇斤
大腹皮	二、〇六〇斤
薬種	六七、二九〇斤

スタメット　一五反
繻子　四六反
黒紗綾　一〇反
赤縮緬　三〇反
長尺糸巴　一〇〇反
象牙　一、五七〇斤
黒檀　一三、二七〇斤
辰砂　三〇〇斤
甘草　四、六四〇斤
麻黄　四、七五〇斤[28]

このオランダ商館側の記録に対応する中国側・日本側の記録は管見の限り見えない。そこでここに掲げた文政六年の時期に近い、文政九年（一八二六）に静岡県に漂着し、長崎に曳航されて文政八年の酉八番船に番立てされた得泰船の場合の積荷目録である「通船貨数」を示してみたい。酉八番船は文政九年五月七日に長崎に入港している。船主は長崎在留中の劉景筠と同船に搭乗していた楊啓堂であった[29]。得泰船の積荷は次の通りである。

文政八年酉八番船得泰船の積荷目録

通船貨数

計数

一　大呢　ラシャ　十箱
一　嗶吱　ヘルヘトワン　三箱

一　毡毯　ラシャノルイ　六件
一　蛮紬　ケンチウ　十捲
一　紅氈　毛セン　五十捲
一　屑線　糸クズ　二十色
一　奏本　白帋　百三十簍
一　六尺本　紙　四十件
一　琉字玳瑁　二箱
一　真字　同　一箱
一　琉字玳爪　ベッカフ　一箱
一　真字　同　一箱
一　上字　同　一箱
一　上玳瑁　一箱
一　暹木　蘇枋　一百六十梱
一　白鉛　トタン　三百八十提
一　石羔　ヒキカウ　二百包
一　大象牙　ゾウケ　十枝
一　刀砂　朱砂　二箱
一　碗青　ヤキモノ磁器　四簍
一　甘草　四十七件

一　大黄　　四十一件
一　黄芩　　三十七件
一　麻黄　　三十八件
一　檀香　ビャクタン　十五件
一　木香　　三十箱
一　山帰　サンキライ　一百件
一　口茋　黄茋ワウギ　十七件
一　蒼求　ワウシュツ　二十五件
一　屮菓　ソウカユ　四十件
一　西附　ブシ　五件
一　甘松　　四件
一　捲桂　ヤキワツケイ　十二件
一　藿香　藿挭　二十九件
一　猪苓　キヨレイ　十二件
一　象貝　去痰羔　二箱
一　烏蛇　ウジヤ　六箱
一　蘄蛇　ヘビ　一箱
一　赤石脂　シャクセキシ　十二件
一　志條　風ノ羔　十件

一　牛膠　コシツ　三件
一　君子　シクンシ　二件
一　常山　ショウゲン　十五件
一　乳香　五箱
一　大戟　タイゲキ　二件
一　川楝　ツナ　センレンシン　三件
一　雷丸　ライグワン　四件
一　山査　サンサシ　六件
一　甘遂　カンズイ　三件
一　瑣陽　サイヨウ　二件
一　獨活　ドククワツ　三件
一　連翹　レンギヤウ　六件
一　五霊子　ゴレイシ　二件
一　白芷　ビヤクシ　三件
一　棗仁　サンソウニン　二件
一　肉蓯蓉　ニクシュウイツ　四件
一　白氷　氷サトウ　一百連
一　頂番糖　砂糖頂番ハ極上　三百包
一　三盆　上サトウ三盆押シ　六百五十包

一　泉糖　　中サトウ泉ハ地名也　五百包

本船在洋中、因遇風浪、抛同貨物約六七十件、俟到長崎之日、點清另呈報。

文政九年正月　　寧波船主　劉景筠　楊啓堂[30]

この「通船貨数」に記された積荷は、長崎への貿易のために積み込まれていたもので、大別すれば、織物類・漢方薬剤・砂糖類になろう。先のオランダ商館側の記録で見た文政六年未六番船の積荷内容も、この酉八番得泰船の積荷とほぼ同傾向であったことがわかる。

両船に共通して最大の積載量を占めたのは砂糖類で、文政六年未六番船では氷砂糖・砂糖・最上砂糖・並砂糖であり、四種の合計が一七七、四〇〇斤にのぼる。酉八番得泰船の場合は斤数は不明であるが、「通船貨数」の末尾に記される砂糖類三種で合計一四五〇包であった。

このように中国から長崎にもたらされる最大の貨物は砂糖類であった。これに関して道光二三年（一八四三）補刻の『乍浦備志』巻一四、前明倭変において、乍浦から長崎へ貿易に赴く商船の積荷を、

装載閩・廣糖貨、及倭人所需中土雜物、東抵彼國。[31]

と要約するように、福建や広東で生産された砂糖が大部分を占め、他に日本人がもとめた多様な品々を積載して日本へ赴いたのであった。物流上の役割のみならず、それぞれ短期的滞在ではあったが第一編第二章でとりあげたような人的交流も見られ、日本の近代化の基礎的な構築は、この中国帆船の往来によっていたとも考えられる。[32]

島嶼部の琉球王国の場合は、琉球からの朝貢船の派遣という形態がほぼ全体を占めていたといえるが、中国からの物流は同国において大きな役割を担っていた。[33]中国から長崎への貿易船が積載した貨物に対して、ほぼ同時期に福州から那覇へ帰帆した琉球国の朝貢船の荷物はどのようであったろうか。

道光五年（一八二五）五月二八日に琉球国の進貢船二隻が購入した積載貨物の目録を記した清単[34]によれば、全積

荷の免過税銀は二〇九九両五銭四分二厘であった。琉球国は清朝中国の朝貢国であったから、朝貢船が福州への入港・帰港にさいして積載していた貨物に関してはすべて免税扱いとなったが、どれほどの貨物税が免除されていたかが記録されているのである。この二隻の琉球国の朝貢船が那覇への帰帆にさいして免税とされた高額の貨物名を上位から列記してみると次のようになる。

洋　参	六、五〇〇斤	税銀	六八二・五両	三二・五%
銀　朱	二、〇〇〇斤	税銀	五四六両	二六・〇%
細茶葉	二八、八〇〇斤	税銀	一七二両	八・二%……以上三件の小計六六・七%
粗薬材	一二〇、九四〇斤	税銀	一二〇・九四両	
玳　瑁	三、五〇〇斤	税銀	一〇五両	
沈　香	三、四〇〇斤	税銀	一〇二両	
蘇　木	四〇、〇〇〇斤	税銀	六〇両	
粗磁器	一〇、五六〇斤	税銀	一六・九六両	
白　糖	一六、九六〇斤	税銀	一六・九六両	
甲　紙	二五、〇〇〇斤	税銀	一五・七五両	
毛辺紙	七三、六五〇張	税銀	四・七一四両	
合　計		税銀	一八四二・八二四両	以上八七・八%

（全銀税二〇九九両五銭四分二厘　一〇〇%）

この福州からの帰帆貨物で最も高額を示しているのが洋参である。これは外国産の人参と思われる。おそらく漢方薬剤として購入されたと考えられる。一方、薬剤では粗薬材の量が一二万斤を越えている。そして蘇木や細茶葉や紙類が多い。また砂糖を生産する琉球国でも中国産の砂糖を購入しているが、購入量は一万七〇〇〇斤と同時期の長崎にもたらされた量の一〇分の一程度である。これらの傾向は次の道光六年（一八二六）の積荷目録からも明らかである。

道光六年六月に福州から帰帆した琉球の朝貢船の積荷を次に掲げてみたい。

中花紬	二〇〇疋	税銀四両
上縐紗	一一八疋	税銀三両五銭四分
氈條	一、〇〇二斤	税銀二両四分
粗薬材	一八、七四三斤	税銀一〇八両七銭四分三釐
黄連	二〇〇斤	税銀六両
豆蔻	二〇〇斤	税銀二両七銭二分
細茶葉	五四、〇〇〇斤	税銀三二四両
油傘	五、九四〇把	税銀五両九銭四分
粗磁器	四五、六九七斤	税銀四五両六銭九分七釐
白糖	一二、四一〇斤	税銀一二両四銭一分
洋参	三、〇〇〇斤	税銀一二両四銭一分
玳瑁	三、〇〇〇斤	税銀九〇両
丁香	七、〇〇〇斤	税銀一四〇両
沈香	四、〇〇〇斤	税銀一二〇両
木香	四、〇〇〇斤	税銀一六両

蟲絲	三、七〇〇斤	税銀二二両二銭
上象牙	一〇〇斤	税銀三両二銭
毛辺紙	七五、四〇〇張	税銀四両八銭二分六釐
甲紙	一八、六〇〇斤	税銀一一両七銭一分八釐
鐵針	一一〇、〇〇〇根	税銀二両二銭
粗夏布	一、五六八疋	税銀四両七銭四釐
油紙扇	一一、二五〇把	税銀七両五銭
土油紙粗扇	一一、八〇〇把	税銀三両五銭四分
織絨	一三八疋	税銀二両七銭六分
大油紙	五、六二〇張	税銀二両二銭四分
線香	七、八〇〇斤	税銀六両二銭四分
筧箕	二八、二〇〇把	税銀二両二銭五分六釐
土漆茶盤	七、五〇〇箇	税銀一二両
漆箱	一六一箇	税銀三両二銭二分
胭脂	三〇、〇〇〇張	税銀六両
蘇木	三二、〇〇〇斤	税銀四八両
銀硃	一一、二〇〇斤	税銀一四五両六銭
徽墨	八〇斤	税銀四銭
器錫	七五〇斤	税銀一両五銭

苧麻　　　五七八斤　　税銀四錢六分二釐
小鼓　　　　七〇面　　税銀一錢四分
古綢衣　　　一六一件　税銀一両二錢八分八釐
　以上共免過税銀一、四八八両九分二釐(35)

斤数で最も多いのが細茶葉・粗磁器・蘇木・粗薬材・甲紙、そして単位は異なるが、篦箕・土油紙粗扇・毛辺紙・胭脂などが上位を占めている。免過税銀の多い順では細茶が二一・八％、丁香が九・四％、沈香が八・一％、粗薬材が七・三％、玳瑁が六・〇％、粗磁器が三・一％で、これだけで五五％を越えている。この品目を長崎にもたらされた貨物名と比較するだけでも大いに相違することが如実に知られるであろう。

中国から日本へ向けての貨物名に見られないもので、福州から琉球に向けて輸出された注目すべきものは茶葉である。日本ではすでに中国の茶樹が伝来し、茶葉加工の技術が進み製茶されていたことから、輸入は必要でなかったと考えられる。しかし、琉球では中国茶葉が継続的に輸入されていた。

そのことは次に述べる琉球貢船の積荷目録からもわかる。乾隆三二年（一七六七）九月に福州から帰帆した琉球貢船の積荷の清単に「中茶葉　二萬一千七百四十四斤　税銀六十五両二錢三分二厘(36)」とある。乾隆三八年（一七七三）一一月に福州から帰帆した琉球国一号貢船の積荷の清単には「中茶葉　一萬十斤　税銀三十両三分(37)」とあり、二号貢船の清単にも「中茶葉　一萬十斤　税銀三十両三分(38)」とある。この年は二隻の貢船で中茶葉二万二〇斤、約一二トンが琉球国にもたらされたことになる。乾隆四〇年（一七七五）正月に福州から帰帆した接貢船の清単には「中茶葉　一萬三百二十斤　税銀三十両九錢六分(39)」とありこの場合も一隻で六トンほどの茶葉が琉球国にもたらされている。乾隆四〇年一二月に福州から帰帆した貢船の場合は「細茶葉　六萬五千三百七十斤　税銀三百九十二両二錢二分(40)」とある。この場合は細茶ではあるが三八トン以上の量に達している。乾隆四二年（一七七七）正月に帰帆した接貢船は「中茶葉　七千三百六十斤　税銀二十二両八分」[41]、乾隆四三年（一七七八）正月に帰帆した一号貢船は「中茶葉　一萬五百斤　税銀三十一両五銭」[42]、二号貢船は「中茶葉　一萬四百六十四斤　税銀三十一両三銭九分二厘」[43]とあるように二隻の貢船で約一二トンもの中茶葉が琉球国へもたらされた。嘉慶八年（一八〇三）五月に帰帆した二号貢船の清単には「細茶葉　九百八十斤　税銀五両八銭八分」[44]、道光一八年（一八三八）閏四月に帰帆した接貢船の場合は「細茶葉　二萬五千斤　税銀一百五十両」[45]であった。このように琉球国は、中国から大量に中国産の茶葉を輸入していた[46]。それは、琉球国での茶葉栽培が極めて困難であったことと関係があり、永らく福建産の茶葉が好まれていた[47]。

福建省の福州から琉球国に向けて琉球国船が搬出した貨物は時代的に若干の推移があるが、貢船と接貢船とでは大きな差はない。常に金額的に上位を占めていたのは高級織物で、特に羽毛緞や嗶機緞であった。羽毛緞は光緒辛巳（七年、一八八一）刊行の『英話註解』の「進口貨門」によれば、「羽毛　Camlet」とある。これは、らくだの毛かアンゴラやぎの毛を用いた毛織物であり、一般にはらくだ織りとされる毛織物ものである。

嗶機緞も『英話註解』の「進口貨門」に「嗶機　Longells」とあり、毛織物の一種であった。これらは、おそらく福州産ではなく、広東省の広州にヨーロッパ、特にイギリス東インド会社の貿易船によって舶載されるイギリス産の毛織物であった可能性が高い。琉球国にもたらされた毛織物は、広州に輸入されたものが福州にもたらされ福州から琉球に向けて再輸出されたことになる。

清代帆船によって長崎にもたらされた織物にも「嗶吱　ヘルヘトワン　三箱」があり、これは長崎で、〝ペルペトアン〟や〝ヘルヘトアン〟と呼ばれた欧州産の羊毛織物商品であった[48]。なぜこれが中国から日本へ来たのかといえば、琉球の場合と同様で、広州にもたらされたものが、中国国内の流通経路、おそらく沿海商船によって広州から乍浦に運ばれ、それらの一部が乍浦を経由して長崎へもたらされたことは明白であろう。

道光二九年（一八四九）九月に福州から那覇へ帰帆した琉球進貢船の積荷の主要部を占めていたのは、金額面では羽毛緞・嗶嘰緞の毛織物と人参であり、いずれも中国が輸入した外国産品であった。一方、重量的・金額的は中国産の漢方薬剤が常に一定額・一定量を占めていた。その他には、金額的には低いが重量的に多いのが、甲紙・毛辺紙の紙類、白砂糖、粗製磁器、茶葉である。この船の積荷の粗薬材・細茶葉・粗磁器・白糖・甲紙の重量の合計は三三八、一三九斤で約一九二トンに達する。(49)これらの貢船・接貢船のほか臨時的ではあったが、中国から派遣された中山国王の冊封のための封舟の派遣も、文化的な要素があったことは確かである。(50)

右のように、中国帆船と琉球帆船によってそれぞれ、乍浦から長崎、福州から那覇へ運ばれた貨物を紹介してきたが、最後にこれらと比較する意味で、ほぼ同じ時期に福建省の厦門からシンガポールに到着した中国帆船の積荷記録をあげてみたい。それは第四編第二章でもとりあげたが、一八三〇年三月二九日に John Crawfurd がイギリス議会の下院においておこなった証言の中に見られる。彼は次のように報告している。

私は福建のアモイ（厦門）からのジャンクの積荷の明細書の一覧表を得た。その船は、一八二四年一月二五日にシンガポールに到着したもので、一五日の航海を要している。積荷は二〇〇トンと二五〇トンの間である。その内容は次の通りである。(51)

右の証言について、一八二四年（道光二四、文政七）に厦門からシンガポールに到着した中国帆船の積荷目録を掲げている。その積荷とは次のものであった。

一八二四年一月二五日シンガポール到着厦門船の積荷目録

陶磁器、三二種のさまざまの形と型からなる　六六〇、二五〇個
床タイル　一〇、〇〇〇個
笠石（冠石）　二〇〇個

黒いニスの光沢ある紙傘	一二、〇〇〇個
斑入り傘	三、〇〇〇個
練り菓子	五〇箱
砂糖飴	一六六箱
干菓子	六〇箱
kin-chin（食用植物）	一二束
干し茸類　食用	六箱
干し茸	六箱
乾燥果物	四〇籠
砂糖菓子	五〇箱
麵	八箱
塩魚	五籠
塩付け果物	一〇〇壺
薬	一〇包
絹製靴	一〇箱
布製靴	一〇箱
藁製靴	五箱
香木	二〇箱
灯火油	二〇箱

タバコ　セレベス市場向け	三五〇箱
タバコ　中国人居住者向け	二二〇箱
櫛	一〇箱
細筆	一箱
乾燥塩漬け野菜	四〇壺
酢漬け野菜	四〇〇壺
南京木綿	一〇〇梱
南京木綿	二〇箱
金モール糸	二〇箱
お茶	一一〇箱

積み荷の総額は六万スペインドルあるいは一万三〇〇〇ポンドに近いと見積もられた[52]。

廈門のジャンクがこれらの貨物をもたらした当時のシンガポールの状況については、中国側の記録である光緒六年（一八八〇）一〇月の「與上海通商有約各国簡況」に、一八世紀以降のシンガポールにおける華人の状況を簡明に記している。

査新加坡現爲英國所管、距上海六千六百二十一里、距西印度即孟買出小土之國七千一百八十九里、距東印度即加爾客搭出大土之國四千七百六里、該處乾隆・道光年間閩人最多、廣人次之、自道光十八年後、吾通商廣人漸衆、閩人稍次、迫今三五年來、廣人去者毎年萬有餘人、以大勢概之、閩省不過萬人、廣省總有三四萬人。其頭目係廣東番禺人胡玉基[53]。

新加坡すなわちシンガポールはイギリスの支配下にあり、上海から六六二一里、西インドの孟買（ボンベイ、現在のムンバイ）から七一八九里、東インドの加爾客搭（カルカッタ、現在のコルカタ）からは四七〇六里の距離にあるとされ、清朝の乾隆年間（一七三六〜一七九五）には多くの福建人が渡航し、広東人がこれについでいた。道光一八年（一八三八）以降には広東人が多く渡航し、福建人がこれにつぐ状況であった。一八七〇年代後半には、広東人のシンガポールへの渡航者は毎年一万人を越える勢いであった。この状況からシンガポールでは福建人の居住者は一万人以下であり、広東人は三、四万人に達していた。そのためシンガポールの華人の頭目に広東省番禺県出身の胡玉基がなっていた。

このような状況から鑑みても一八二四年にシンガポールに到着した厦門船の積荷は、当地に居住する華人の日用品としての様相を顕著に示しているといえるであろう。とりわけ、積荷目録の最初に見られる大量の陶磁器製品は、シンガポールに居住する華人のみならず、当地の人々の日常食器として大部分が使用されたであろうし、次に見られる床タイルや、笠石は建築資材の一部であり、多くの傘は決して芸術品ではなく、年間二〇〇〇ミリの降雨量を越える多雨の地域における実用的な傘であったことは想像に難くない。貨物のほとんどが、庶民の実用的で日常的な品々で占められていたといっても過言ではあるまい。

同じ東アジア海域に位置する清朝中国の管轄下にあった台湾においても、その経済発展には中国大陸との連携を欠くことができなかった。そのためには台湾海峡を航行する帆船が重視され[54]、日清戦争後に日本が台湾を統治して以降も、なお台湾の帆船が重要な輸送機関として機能していたのであった[55]。

四　小　結

周知のように、東アジア世界には海域が存在し、その海域では古来より帆船航行によって相互に交流が続けられてきた。そのなかでも多くの帆船航運を支配していたのが中国帆船であったことは、歴然とした事実である。

図４　膠州湾金家口天后宮に展示されていた帆船模型（青島市博物館、2007年８月13日撮影）

図５　福建の海船模型（厦門鄭成功紀念館、2007年８月23日撮影）

図６　福州と帆船貿易

1900年頃の閩江福州の大橋付近
右側の帆柱が林立している様子がうかがわれる。
『福州舊影』人民美術出版社、2000年６月、17頁。

1900年頃の福州船
３本マストの大型船で、山東との貿易に従事していたとされる。
『福州舊影』15頁。

厦門高崎の木材ジャンク（1981年4月撮影）

広東省饒平県柘林港の漁船　船体は古来の形式を残していると思われる。（2007年8月25日撮影）

図7　現代の中国帆船

この視点を欠如しては東アジアの文化交渉を論じることは困難であろう。

中国帆船と広義でいえば簡単であるが、海洋の自然条件によって帆船の構造も異なり、中国大陸の中央部に相当する長江口以北の海域では沙船《させん》を主とする平底型海船が優位を占めている。[56] これに対して、長江口以南の海域では鳥船《ちょうせん》を中心とする尖底型海船が有利であった。[57] このように、微視的にみれば中国の主要港を中心に機能を異にする帆船が存在するわけであり、これらが東アジア文化交渉にもさまざまな差異を生じさせているものと考えられる。

また、上述したように広範なアジア海域に位置する長崎・那覇・シンガポールの三地に赴いた中国帆船や琉球帆船の積荷目録を例にとり、ほぼ同時期に一は浙江省嘉興府平湖県乍浦鎮から長崎に向かった中国帆船、二は福建省福州から琉球国の那覇港に帰帆した琉球帆船、三は福建省南部の厦門から東南アジアのシンガポールに赴いた中国帆船が積載していた貨物を比較すると、若干の類似性が見られたものの、大局的にはその内容は大いに相違したことが一目瞭然であろう。各地各国におけるそれぞれの需要と供給の相違が、相互間の物流形態に明確に反映していたことを如実に証明するものであり、このような積荷目録の分析は、それぞれの文化の多重性を剥離し解明する一方法ともなろう。

東アジア海域において圧倒的に優勢であった中国帆船[58]が、東アジア海域の文化交渉の維持に大きく貢献していた事実も看過できるものではない。中国帆船による船舶の航運史[59]や船舶史[60]などの研究は進展してきているが、船舶の航行による文化交渉の歴史がどのようなものであったかの検討は十分にはおこなわれていない。そこでこれら中国帆船による東アジアの海域航運が文化交渉に果たした役割を詳細に検討することが、同時に東アジア文化交渉学の構築の上にも大きく貢献するものと考えられる。

（1）一九七四年に中国の泉州沖で発見された中国帆船以来、東アジア海域での沈没船の発見が報告されている。最近の成果では山東半島東部沿海において発見された明代の帆船を含む「蓬萊古船」と呼称された船舶が知られる。山東省文物考古研究所・烟台市博物館・蓬萊市文物局編『蓬萊古船』文物出版社、二〇〇六年八月。

さらには、明代の南京にあったとされる鄭和の南海遠征のさいの造船所といわれる宝船廠の遺跡の発掘調査も報告されている。南京市博物館編『宝船廠遺址　南京明宝船廠六作塘考古報告』文物出版社、二〇〇六年六月。

（2）松浦章「前近代東アジア海域間の交流――海洋史の視点から――」『第四回日韓・韓日歴史家会議――歴史研究における新たな潮流：伝統的知識の役割をめぐって――』財団法人日韓文化交流基金、二〇〇四年一〇月、八一～九九頁。

山内晋次『奈良平安期の日本とアジア』吉川弘文館、二〇〇三年八月、一六七～一九四頁。

榎本渉『東アジア海域と日中交流――九～一四世紀――』吉川弘文館、二〇〇七年六月、六二～一〇四頁。

（3）松浦章「鄭和下西洋六百年の研究成果」『ＣＳＡＣ環流 inter-action』関西大学アジア文化交流研究センター・ニューズレター、二〇〇六年一月三一日、六～七頁。

（4）松浦章「明代海商と秀吉「入寇大明」の情報」『末永先生米壽獻呈論文集』末永先生米壽獻呈論文集記念会、一九八五年六月。

(5) 松浦章『清代海外貿易史の研究』朋友書店、二〇〇二年一月。
(6) 藤田高夫「文化交渉学の意義」、「グローバルCOEプログラムに採択」、『関西大学通信』第三四六号、二〇〇七年七月一三日、八頁。
(7) 松浦章「中国帆船の航海記録」『関西大学東西学術研究所紀要』第三二輯、一九九九年三月、一～一六頁。
(8) 松浦章編著『明清時代中國與朝鮮的交流――朝鮮使節與漂着船――』楽學書局、二〇〇二年三月。
(9) 松浦章『中国の海商と海賊』山川出版社、二〇〇三年一二月。
(10) 清代の航運史に関する文献に関しては、『水運技術詞典――古代水運與木帆船分冊――』(人民交通出版社、一九八〇年一〇月)が四「水運史籍」の中に関係史籍を掲げ、その内容を紹介している。
(11) 正史にも漂着船の史料が若干見られるが、清・王士禎の『香祖筆記』巻一一に「元裕間、明州士人陳生附賈舶、泛海遇風、引至一島」(『筆記小説大観』江蘇廣陵古籍出版社、第一六冊、五七頁)と宋人の漂着の例をあげている。清代の事例としては『一班録雑述』(『一班録』海王邨古籍叢刊、中国書店、一九九〇年一〇月)巻一「漂泊異域」に記されたものがある。
(12) 松浦章「一八―一九世紀における南西諸島漂着中国帆船より見た清代航運業の一側面」『関西大学東西学術研究所紀要』第一六輯、一九八三年一月。琉球に漂着した中国帆船の漂着記録が掲げられている。松浦章『清代帆船沿海航運史の研究』関西大学出版部、二〇一〇年一月、二二七～二八九頁参照。これに対して日本に漂着した中国帆船の史料をまとめたものが関西大学東西学術研究所から次のように刊行されている。
①大庭脩編著『宝暦三年八丈島漂着南京船資料』関西大学東西学術研究所資料集刊一三―一、関西大学出版部、一九八五年。②田中謙二・松浦章編著『文政九年遠州漂着得泰船資料』関西大学東西学術研究所資料集刊一三―二、関西大学出版部、一九八六年。③松浦章編著『寛政元年土佐漂着安利船資料』関西大学東西学術研究所資料集刊一三―三、関西大学出版部、一九八九年。④松浦章編著『文化五年土佐漂着江南商船郁長發資料』関西大学東西学術研究所資料集刊一三―四、関西大学出版部、一九八九年。⑤大庭脩編著『安永九年安房千倉漂着南京船元順号資料』関西大学東西学術研究所資料集刊一三―五、関西大学出版部、一九九一年。⑥藪田貫編著『寛政十二年遠州漂着唐船萬勝號資料』関西大学東西学術研究所資料集刊一三―六、関西大学出版部、一九九七年。⑦松浦章編著『文政十

年土佐漂着江南商船蔣元利資料』関西大学東西学術研究所資料集刊一三―七、関西大学出版部、二〇〇六年。⑧松浦章編著『安政二・三年漂流小唐船資料』関西大学出版部、二〇〇八年。

(13) 松浦章編「海難史料：清代帆船漂到朝鮮國史料――『備邊司謄録』抄録――」、松浦章編著・卞鳳奎編譯『清代帆船東亞航運史料彙編』楽學書局、二〇〇七年二月、五～一八七頁。

(14) 「清代帆船的航海日誌――咸豊元・二年(一八五二～一八五三)『豊利船日記備査』――」、松浦章編著・卞鳳奎編譯『清代帆船東亞航運史料彙編』一九二～二一六頁。

(15) 「台湾福州間帆船航運史料：一九〇六―一九一三年在福州日本領事館報告「戎克貿易」」、松浦章編著・卞鳳奎編譯『清代帆船東亞航運史料彙編』二二四～三一七頁。

(16) 『西洋朝貢典録校注　東西洋考』中外交通史籍叢刊五、中華書局、二〇〇〇年四月、一三二頁。『東西洋考』巻七、餉税考の記述は、福建漳州府の崇禎六年(一六三三)刻『海澄県志』巻五、賦役志二、餉税考にほぼ引用されている。

(17) 宮崎市定「南洋を東西洋に分つ根拠に就いて」『東洋史研究』第七巻第四号、一九四二年八月。『宮崎市定全集一九　東西交渉』岩波書店一九九二年八月、二五七～二七七頁。

(18) 長南実訳・矢沢利彦訳注『シナ大王国誌』岩波書店、一九六五年一一月、五二一頁。

(19) 同右書、二五九頁。

(20) 松浦章「明清時代中国の海上貿易と陶磁器の流通」『貿易陶磁研究』二七号、二〇〇七年。本書第四編第二章に再録。

(21) 賀長齢『皇朝經世文編』巻二六、戸政一、理財上。

(22) 郝玉麟、雍正一一年四月初五日付奏摺、『宮中檔雍正朝奏摺』第二一輯、国立故宮博物院印行、一九七九年七月、三五三～三五四頁。

(23) 郝玉麟、雍正一一年四月初五日付奏摺、『宮中檔雍正朝奏摺』第二一輯、三五三頁。

(24) 同右。

(25) 同右。

(26) 永積洋子編『唐船輸出入品数量一覧　一六三七～一八三三年』創文社、一九八七年二月。

(27) 大庭脩編著『唐船進港回棹録　島原本唐人風説書　割符留帳――近世日中交渉史料集――』関西大学東西学術研究所資料集刊九、関西大学東西学術研究所、一九七四年三月、一一・一六〇頁。
(28) 永積洋子編『唐船輸出入品数量一覧　一六三七～一八三三年』二四六頁。
(29) 大庭脩編著『唐船進港回棹録　島原本唐人風説書　割符留帳――近世日中交渉史料集――』一一・一七六頁。
(30) 田中謙二・松浦章編著『文政九年遠州漂着得泰船資料』二八～三〇頁。
(31) 『中國地方志集成　郷鎮志専輯⑳』上海書店、一九九二年七月、二二九～二三〇頁。
(32) 松浦章『江戸時代唐船による日中文化交流』思文閣出版、二〇〇七年七月。
(33) 松浦章『清代中国琉球貿易史の研究』榕樹書林、二〇〇三年一〇月。
(34) 中国第一歴史檔案館編『清代中国琉球関係檔案選編』中華書局、一九九三年四月、六二二～六二五頁。
(35) 同右書、六三二～六三三頁。
(36) 『清代中琉関係檔案選編』一一一頁。
(37) 同右書、一五五頁。
(38) 同右書、一五七頁。
(39) 同右書、一六六頁。
(40) 同右書、一七三頁。
(41) 同右書、一八六頁。
(42) 同右書、一九二頁。
(43) 同右書、一九三頁。
(44) 同右書、三五〇頁。
(45) 同右書、七七四頁。
(46) 松浦章『清代中国琉球貿易史の研究』二二五～二二八頁。
(47) 同右書、二二九～二三六頁。
(48) 日本大辞典刊行会『日本国語大辞典』小学館、一九七五年九月、六七四頁。

(49) 松浦章『清代中国琉球貿易史の研究』一四五頁。
(50) 夫馬進編『増訂　使琉球録解題及び研究』榕樹書林、一九九九年九月。
松浦章『清代中国琉球貿易史の研究』一九一～二〇四頁。
(51) *First Report from the Select Committee on the Affairs of the East India Company*, (China Trade), 8 July 1830, p.322.
(52) *Ibid.*, 8 July 1830, p.322.
(53) 中国第一歴史檔案館編『清代中国與東南亞各国関係檔案資料匯編』国際文化出版公司、一九九八年四月、二一七頁。
(54) 松浦章著・卞鳳奎譯『清代臺灣海運発展史』博揚文化、二〇〇二年一〇月。
(55) 松浦章著・卞鳳奎譯『日治時期臺灣海運發展』博揚文化、二〇〇四年七月。
(56) 松浦章『清代上海沙船航運業史の研究』関西大学出版部、二〇〇四年一一月。
(57) 松浦章『清代海外貿易史の研究』。
(58) 松浦章「十七世紀以降的東亞沿海航運與中國帆船――沙船・鳥船爲中心探討――」(卞鳳奎譯)『海洋文化學刊』第二期、国立台湾海洋大学、二〇〇六年一二月、五～二四頁。
(59) 郭松義・張澤咸著『中国航運史』中国文化史叢書六一、台北・文津出版社、一九九六年八月。
(60) 王冠倬編著『中國古船』海洋出版社、一九九一年八月。

跋

本書は、文部科学省グローバルＣＯＥプログラム関西大学文化交渉学教育研究拠点が目指す〝文化交渉学〟構築の一助になればと考え出版を計画したものである。

序にも記したように、現在関西大学のグローバルＣＯＥにおいて構築されつつある〝文化交渉学〟は、従来の一国史の枠組みや二国間の交流史を越え、さらには既存の学問の領域を越えて、多国間に及ぶ相互の文化交渉を主たる研究対象としている。

二〇〇六年六月にこのプログラムが認可され、二〇〇七年四月より関西大学大学院文学研究科に文化交渉学専攻が創設された。そして国内のみならず海外からの院生も擁する専攻となった。現在指導している院生には博士後期課程に六名、前期課程に四名がいる。中国から六名、台湾から三名で、日本人は僅かに一名である。中国や台湾からの院生たちは、母国語はもちろんであるが、日本語を習得して来日しているため、日本語文献の読解力には問題がない。彼らは主として近世近代の日中関係に関する歴史的問題を探求している。後期課程三年目の院生二名は、この十一月末に博士論文の提出を準備している。さらに来年二〇一一年四月より関西大学大学院に新たに東アジア文化研究科博士前期課程（一二名）後期課程（六名）を開設することが文部科学省より認可された。私はその担当教員七名の一人に加えられた。この新研究科は、「東アジアの言語と表象」、「東アジアの思想と構造」、「東アジアの歴史と動態」の三分野を柱に、さらなる文化交渉学の構築と研究の進展を目指す計画である。特に「東アジアの歴史と動態」の分野を担当する教員として、このような分野の研究推進を考えている院生たちの参考になればと思い出版を考えたのも事実である。

本書では、これまでの研究で主として取り上げてきた東アジアの海域を越えての、近世近代の中国や日本・朝鮮・琉球などの交流に関して、文化交渉という視点に特化して発表した近年の論考を収めた。執筆の時期は最も古いものが二〇〇二年のもので、ほとんどがここ二、三年の成果である。これらから本当に文化交渉学が構築できるかどうかは諸賢の御批正を待たなければならないが、しかし現在事業を推進している一担当者としては、少なくともこのような見方が出来るのではないかと考え本書の出版を企図したものである。

華甲を越え、定年も間近になった時期に教育と研究の両面からこのような機会を与えられ、また同時に新たな学問の創生に関与できた幸運を与えてくださった藤田高夫氏をはじめとするグローバルＣＯＥプログラム文化交渉学教育研究拠点の事業担当推進者の同僚に感謝すると同時に、事業の推進を力強く応援して頂いている関西大学当局並びに事務的業務で援助して頂いている事務職員の方々にも感謝を申し上げたい。

出版に際して、前著『江戸時代唐船による日中文化交流』（二〇〇七年）を快く引き受けていただいた思文閣出版に御願いし、今回も快諾を得られ、前著と同様に編集の田中峰人氏に大変お世話になり本書をまとめることが可能となった。

以上、お世話になった方々に末筆ながら謝意を表する次第である。

二〇一〇年一〇月

松浦　章

◆初出一覧◆

序　章　「前近代東アジア海域間の交流――海洋史の視点から――」『第4回日韓・韓日歴史家会議――「歴史研究における新たな潮流：伝統的知識の役割をめぐって」――』財団法人日韓文化交流基金、八一～九九頁、二〇〇四年一〇月二九日を改稿

第一編

第一章　「清「展海令」施行と長崎唐館設置の関係」『関西大学東西学術研究所紀要』第四一輯、四七～六二頁、二〇〇八年四月一日を改稿

第二章　「来舶清人と日中文化交流」中谷伸生編著『東アジアの文人と野呂介石』関西大学出版部、八五～一一〇頁、二〇〇九年三月三一日を改稿

第三章　「近代日中交流の架橋：日本・上海航路」陶徳民・藤田高夫編『近代日中関係人物史研究の新しい地平』関西大学アジア文化交流研究叢刊第二輯、雄松堂出版、三～二三頁、二〇〇八年二月二〇日を改稿

第四章　「清国輪船招商局汽船の日本航行」『関西大学東西学術研究所紀要』第三八輯、一～四八頁、二〇〇六年四月一日を改稿

第二編

第一章　「嘉靖十三年（一五三四）朝鮮使節が北京で邂逅した琉球使節」『南島史学』第七二号、二一～三七頁、二〇〇八年一一月一〇日を改稿

第二章　「清代帆船による海外移民」『アジア文化交流研究』第四号、四九七～五〇八頁、二〇〇九年三月三一日を改稿

第三章　「清代帆船の船内祭祀――沿海地域における宗教伝播の過程において――」『東アジア文化交渉研究』第二号、一〇九～一二〇頁、二〇〇九年三月三一日を改稿

第四章　「清代沿海帆船に搭乗した日本漂流民」『或問』第一二号（近代東西言語文化接触研究会）、五九〜六八頁、二〇〇六年一二月三〇日を改稿

第三編

第一章　「清中期の袁枚『随園詩話』と市河寛齊編『随園詩鈔』」『或問』第一五号、一二五〜一四〇頁、二〇〇八年一二月三一日を改稿

第二章　「十九世紀初期に朝鮮・中国へ漂着した難民との言語接触」『朝鮮学報』第二〇八輯、四九〜八二頁、二〇〇八年七月二六日を改稿

第三章　「清代の買辦について」『或問』第五号、六九〜八二頁、二〇〇三年一月一〇日を改稿

第四章　「清朝中国人とイギリス人との言語接触」内田慶市・沈国威編著『言語接触とピジン――19世紀の東アジア（研究と復刻資料）――』白帝社、八三〜九八頁、二〇〇九年三月三〇日を改稿

第四編

第一章　「江戸時代唐船が中国へ持ち帰った日本書籍――安徽鮑氏『知不足斎叢書』所収の日本刻書――」『東アジア文化交渉研究』第二号、三六七〜三八〇頁、二〇〇九年三月三一日を改稿

第二章　「明清時代中国の海上貿易と陶磁器の流通」『貿易陶磁研究』第二七号、四〜一四頁、二〇〇七年九月一日を改稿

第三章　「清代大陸産豚の台湾搬出について」『南島史学』第五九号、一〜一七頁、二〇〇二年八月八日を改稿

第四章　「日本統治時代台湾における包種茶の海外販路」京都女子大学東洋史研究室編『東アジア海洋域圏の史的研究』京都女子大学、三七五〜四〇五頁二〇〇三年九月一日を改稿

終　章　「近世東アジア文化交渉と中国帆船」『東アジア文化交渉学』別冊（文部科学省グローバルCOEプログラム関西大学文化交渉学教育研究拠点）一、四一〜六二頁、二〇〇八年三月三一日を改稿

◎著者略歴◎

松浦　章（まつうら　あきら）

1947年生．1976年３月，関西大学大学院博士後期課程（日本史学専攻東洋文化史専修）単位修得退学．1989年３月，関西大学文学博士．現在，関西大学東西学術研究所所長，関西大学文部科学省 G-COE プログラム文化交渉学教育研究拠点・事業推進担当者文学研究科担当教授，関西大学文学部教授．
主著に『清代海外貿易史の研究』（朋友書店，2002年），『江戸時代唐船による日中文化交流』（思文閣出版，2007年），『東アジア海域の海賊と琉球』（榕樹書林，2008年）『海外情報からみる東アジア――唐船風説書の世界』（清文堂出版，2009年），『明清時代東亞海域的文化交流』（江蘇人民出版社，2009年），『清代帆船沿海航運史の研究』（関西大学出版部，2010年）など．

近世《きんせい》東《ひがし》アジア海域《かいいき》の文化《ぶんか》交渉《こうしょう》

2010（平成22）年11月３日発行

定価：本体9,000円（税別）

著　者　松浦　章
発行者　田中周二
発行所　株式会社　思文閣出版
〒606-8203　京都市左京区田中関田町2-7
電話 075-751-1781（代表）

印　刷
製　本　株式会社 図書印刷 同朋舎

© A. Matsuura
ISBN978-4-7842-1538-6　C3022

索　　引

あ

い

う

え

お

か

き

す

せ

そ

近世东亚海域之文化交涉

松浦　章

提　要

2007年，日本文部科学省审批指定关西大学执行全球英才中心（G-COE）项目——国家级重点科研基地 “文化交涉学教育研究中心”，以建设“文化交涉学”学科。本书为该项目之相关成果。

所谓“文化交涉学”，指的是“以东亚为具有一定统合性质的文化复合体，关注其内部所发生的有关文化之形成、传播、接触以及变迁现象，运用多元化的视角对文化交涉的整体形态进行全面阐释的一门新兴学科”（引自：“何谓文化交涉学”）。以往的研究往往局限于一国的历史框架或两国间的交流史，而文化交涉学试图突破以国为单位的研究范式，超越以往的研究领域，以多国间的文化互涉为主要研究对象，并以此视角来思考跨国度和跨领域的文化交涉学应为何物。虽然本书所收论文的大多数仍仅限于以往的两国间文化交涉领域，但本书希望能为建设“文化交涉学”这一门新兴学科的思考过程提供些许参考。可以说本书是建设“文化交涉学”、以中国清代为时间轴解析东亚海域诸国间文化交涉形态的尝试之作。

东亚海域交流涵括了中国大陆、朝鲜半岛、日本列岛、琉球诸岛、台湾，长久以来通过各国各地的帆船进行。在帆船性能方面，最具优势的要数中国帆船，因此以东海为中心的台湾海峡及南海领域，中国帆船往来跋扈，长期控制着这一海域。尤其在中国明清时代即14世纪后半期至20世纪的540余年期间，大多数东亚国家都在一定程度上采取闭关锁国政策，其间积极开拓海洋事业的时期非常短暂。由此中国帆船得以在东亚海域长期占据优势地位。本书围绕这一时期的东亚海域文化交涉展开论述。

序论“前近代东亚海域间的文化交涉”中的东亚海域，包括为日本列岛、朝

鲜半岛、中国大陆、台湾、西南诸岛等陆地所包围的渤海、黄海、朝鲜海峡（韩国称作“南海”）、东支那海（中国称作“东海”）、台湾海峡等各个海域。自古以来这些海域因地区相互间直接文化交涉受阻，沿海区域的人们利用船舶展开相互间的文化交涉。本章从围绕船舶开展的文化交涉的视角，以聚焦船舶的海洋史的研究手法，提供东亚海域研究的具体事例。

在第一编“跨海域的日中文化交涉”中，第一章“清‘展海令’的颁布与长崎唐馆设置的关系”论述清朝政策的变更对于无外交关系并处于锁国状态的日本的影响。第二章“来航清人与日中文化交流”则阐述海禁中的近代日本如何通过每年来到长崎的中国帆船船员进行日中文化交流。第三章“日中通道：上海航路之开设”叙述日本开国之后首先开设的便是从日本至上海的轮船航线，成为连接近代日中两国间的重要通道。与此对应的第四章“清国轮船招商局的日本航线”则讨论清国轮船招商局试图开设日本航线却遭到日本政府的抵制的相关问题。

第二编“跨海域的文化交涉”以中国为中心，论述中朝关系以及跨海域交涉等问题。第一章“嘉靖十三年（1534）朝鲜使节在北京邂逅琉球使节”讲述来到明朝都城北京的朝鲜使节与同时造访的琉球使节之间所进行的交往接触。第二章“扬帆踏波而来的清人”则论述从中国越洋而来开创新生活的人们如何利用中国帆船，即围绕航海过程中的问题展开讨论。第三章“越洋之船神”探讨以帆船为载体从中国传播到海域诸国的中国神灵问题。第四章“搭乘清代沿海帆船的日本漂流民”中论述锁国时代遭遇海难漂流至亚洲地域的日本人如何回国的问题。

第三编“言语接触层面的文化交涉”中，第一章“清中期的袁枚《随园诗话》与市河宽斋编辑的《随园诗钞》”考证了江户时代后期的汉诗人市河宽斋为普及汉诗所出版的《随园诗钞》依据的并非是袁枚的《随园诗话》，而是袁枚《小仓山房诗集》的缩略版《小仓山房诗钞》，从中可见江户时代文化交涉形态。第二章“十九世纪初期与漂流至朝鲜、中国的难民的语言接触”分析当时对于漂流至中国且不识汉字的朝鲜人以及漂流至朝鲜半岛的东南亚人如何进行国籍甄别。第三章“清代前期广东、澳门的买办”中的研究对象“买办”，作为清朝对外交流史中担当对外贸易交涉功能的中介为人所熟知。买办（Mae Pan）是商人的一种，解释为外国商馆中的中介商“Comprador”。买办的含义在清末定型。本章对“Comprador”这一含义从何时产生这一问题进行了考证。第四章“清朝中国人与

英国人的语言接触”中，关于作为英国东印度公司职员来到中国的洪任辉（James Flint）中文会话能力、英国人斯当东（Sir George Thomas Staunton）学习中文的情况及中方对其评价问题进行了论述。

第四编“物流层面的文化交涉”聚焦于越洋而来的舶来品，特别关注书籍、陶瓷器、生猪、茶叶等，解析物流层面的文化交涉形态。第一章“清代帆船携归之日本书籍”阐述中国学术界对中国帆船从锁国期的日本长崎携带归来的、在日本翻刻的中国佚书的反应。第二章“明清时代中国帆船进行的陶瓷器流通”阐述中国产的陶瓷器如何船运海外。第三章“清国对日治台湾的生猪输出”明确指出中国大陆生猪通过帆船运输到日本殖民地的史实，以及作为日本殖民地的台湾如何发展经营养猪业。第四章“日治台湾产包种茶的海外销路”则阐述日治时期台湾产包种茶的生产及海外销路情况。

结论“近世东亚文化交涉与中国帆船”作为全书的综括，从帆船航运的视点论述中日、中国与琉球的交易物品的变迁，借此论证近世东亚海域文化交涉中最具实力的中国帆船航运的功效。

敬请学界贤哲批评指正。

目　录

（翻訳：中国・杭州・浙江工商大学日本文化研究所孔颖副教授）